RIVALITÉ
DE
FRANÇOIS Ier
ET DE CHARLES-QUINT

I

Paris. — Typographie Georges Chamerot, rue des Saints-Pères. 19.

RIVALITÉ

DE

FRANÇOIS Ier

ET DE

CHARLES-QUINT

Par M. MIGNET

de l'Académie française
Secrétaire perpétuel de l'Académie des sciences morales et politiques.

I

PARIS

LIBRAIRIE ACADÉMIQUE

DIDIER ET Cie, LIBRAIRES-ÉDITEURS

35, QUAI DES AUGUSTINS

—

1875

Tous droits réservés.

RIVALITÉ

DE

FRANÇOIS IER ET DE CHARLES-QUINT.

INTRODUCTION.

GUERRE D'ITALIE SOUS CHARLES VIII ET SOUS LOUIS XII.

État politique de l'Italie et de la France vers la fin du quinzième siècle. — Droit de succession au royaume de Naples et au duché de Milan, réclamé par Charles VIII, comme héritier de la maison d'Anjou et par Louis XII comme héritier direct des Visconti. — Expédition de Charles VIII en 1494. — Conquête rapide et perte non moins prompte du royaume de Naples. — Avénement au trône de Louis XII, qui prend le titre de duc de Milan et de roi de Naples. — Invasion, en 1499, de la Lombardie milanaise, concertée avec les Vénitiens, qui étendent leurs possessions de terre ferme jusqu'à la rive gauche de l'Adda. — Louis XII, affermi dans le duché de Milan, suit une dangereuse politique en agrandissant dans l'Italie centrale la puissance territoriale des papes Alexandre VI et Jules II, et en introduisant tour à tour dans l'Italie inférieure le roi Ferdinand d'Aragon, et dans la haute Italie l'empereur Maximilien. — Accord, en 1501, des rois Louis XII et Ferdinand d'Aragon pour conquérir et partager le royaume de Naples, qui reste pris tout entier par Ferdinand, en 1503. — Ligue de Cambrai, en 1508, entre Louis XII, l'empereur Maximilien, le roi Ferdinand, le pape Jules II, qui dépouillent de leurs possessions italiennes les Vénitiens vaincus à la bataille d'Agnadel. — *Sainte Ligue* qu'ourdissent, en 1511, contre Louis XII, le pape Jules II, le roi d'Aragon et de Naples Ferdinand, le roi d'Angleterre Henri VIII, que secondent les troupes des cantons suisses et à laquelle se joint l'empereur Maximilien pour expulser les Français de l'Italie. — Résistance opiniâtre de Louis XII à cette redoutable coalition. — Succès de ses armes à Ravenne, où est remportée, en 1512, une brillante victoire qui retarde, sans l'empêcher, l'évacuation du Milanais, définitivement perdu pour Louis XII après la défaite de son armée à Novare, en 1513. — Situation périlleuse de Louis XII, attaqué par le roi Henri VIII et l'empereur Maximilien en Picardie, par les Suisses en Bourgogne. — Mesures qu'il prend pour y remédier; sa mort.

I.

Le règne de François Ier a été rempli en grande partie par les guerres d'Italie. Ces guerres se prolongèrent même sous le règne de son fils Henri II. Commencées en 1494 par la conquête aventureuse de Naples, elles se terminèrent en 1559 par l'humiliante évacuation du Piémont. Pendant plus d'un demi-siècle la France fut détournée des voies naturelles de son agrandissement par l'ambition égarée de ses rois, qui se perdit en efforts souvent glorieux mais toujours stériles au-delà des Alpes, où elle ne parvint à fonder aucun établissement durable. L'Italie devint ainsi pour longtemps un champ de bataille sur lequel la France attira la plupart des autres nations, et elle fut comme le grand théâtre où, par les armes et par les négociations, s'agita la politique de l'Europe.

Un jeune roi, Charles VIII, devait ouvrir imprudemment l'ère de ces longues luttes, au moment même où plusieurs pays parvenaient à une extension de territoire et à une concentration d'autorité qui allaient les mettre, pour ainsi dire, face à face et les faire entrer en conflit les uns avec les autres. L'Italie restait toujours profondément désunie. Elle était coupée en nombreux États, moins disposés à s'accorder qu'à se combattre, et elle s'offrait par là comme une proie à celles des puissances continentales que l'accroissement de leur force militaire et l'habitude des agrandissements poussaient à l'envahir et à se la disputer.

Plusieurs de ces États formaient des seigneuries plus ou moins étendues. Sur le revers méridional des Alpes, la principauté de Piémont, acquise par les ducs de Savoie, confinait avec les marquisats beaucoup moins importants de Saluces et de Montferrat. Un peu au-dessous du lac de Garda et dans les plaines marécageuses que traverse le Mincio, était le marquisat de Mantoue, appartenant à la famille guerrière des Gonzague. Le duché de Ferrare, qui s'étendait du pays de Reggio et de Modène jusqu'aux basses embouchures du Pô, était possédé par l'ancienne et politique maison d'Este. Les belliqueux Montefeltri étaient les maîtres du duché d'Urbin sur le territoire du Saint-Siége. Il restait aussi dans la péninsule italienne quelques républiques comme Lucques et Sienne, à qui leur faiblesse ne laissait pas beaucoup d'importance, ou comme Gênes, dont les divisions perpétuelles et les assujettissements variables avaient réduit la turbulente indépendance et affaibli l'ancienne grandeur.

Il y avait surtout cinq États d'une dimension et d'une force plus considérables, qui auraient pu suppléer au défaut de cohésion territoriale par une ligue politique et mettre la péninsule italienne à l'abri des attaques du dehors, en s'unissant entre eux d'une manière étroite au dedans.

Ces cinq États principaux étaient : au nord de l'Italie, le vaste duché de Milan, tombé sous la domination des Sforza après la mort du dernier des Visconti, et la puissante république de Venise, qui, dirigée par l'aristocratie la mieux organisée en même temps que la plus ambitieuse, avait porté ses conquêtes du fond du Frioul jusqu'aux approches de l'Adda (1) ; au centre, l'industrieuse et démocratique république de Florence, maîtresse d'une bonne partie de la Toscane et gouvernée

---

(1) Voici comment Paul Jove peint le caractère et la puissance des Vénitiens :

« Sono i Venetiani nello universale gravi di consiglio, severi ne' giudicii, costanti nella fortuna aversa, et nell' altra non mai disordinati. Et havendo tutti un medesimo et incredibile desiderio di conservare la libertà et di accrescere lo Stato.... Furono suggetti loro da principio, in quel tempo massimamente ch' essi valevan molto nell' armato di mare, gli Istri, i Corvatti, la contrada della Dalmatia et della Schiavonia, et molte nobili città della Grecia ancora, con l' isola di Negroponte et di Candia. Et poi passando in terra ferma lor vicina, s'impadronirono di Padova, di Verona, di Trivigi et di Vicenza.... Aggiungesi a queste Ravenna, che fu già la sedia regale de' Gothi et un altro bellissimo porto de tutta Italia. Perchè ingranditi con questo acquisto, et accresciuti di soldati di terra, poco dapoi tolsero Brescia et Bergamo a Filippo Visconte, stanco per molte guerre. Toccò anco Crema concedendogliele Francesco Sforza ; et d' allora in poi la grandezza de' Venetiani cominciò a essere di grandissimo spavento a tutti in Italia. » (*Delle Istorie del suo tempo* di Mons. Paolo Giovio da Como, vescovo di Nocera ; tradotte da M. Lodovico Domenichi, p. 6, in-4°, in Venegia, 1572.)

depuis plus d'un demi-siècle par les chefs opulents et habiles de la famille populaire des Médicis, et le domaine territorial du Saint-Siége, dont les papes étaient alors encore plus les souverains de droit que les possesseurs de fait, et qui s'étendait du duché de Ferrare aux frontières napolitaines ; enfin, à l'extrémité inférieure de la péninsule, le grand et riche royaume de Naples, qu'avaient enlevé aux héritiers légitimes de la seconde reine Jeanne les princes de la maison d'Aragon, contre lesquels l'avaient, à deux reprises, vainement revendiqué par les armes le roi René d'Anjou, de 1438 à 1442, et son fils Jean, duc de Calabre, de 1458 à 1462.

Vers le milieu du quinzième siècle, il s'était formé entre ces cinq grands États italiens une sorte de confédération. Due surtout aux patriotiques sollicitudes du pape Pie II, qui redoutait pour l'Italie l'approche menaçante des Turcs, à l'habileté intéressée du duc de Milan François Sforza, qui y trouvait une garantie contre les prétentions du duc d'Orléans, héritier direct des Visconti, aux craintes encore plus vives du roi aragonais de Naples, qui y cherchait un appui contre les attaques des princes de la maison d'Anjou, cette confédération avait été conclue pour vingt-cinq ans. Mais elle avait rencontré dans l'esprit qui animait des États si dissemblables trop de diversité, et dans les vues particulières de ceux qui gouvernaient ces États trop peu d'accord pour être toujours fidèlement observée. Des infractions l'avaient quelquefois troublée, et la concorde italienne n'avait été rétablie un peu plus solidement que par une nouvelle tentative d'union faite dans les dernières vingt années du quinzième siècle. Le chef modéré et prévoyant de la république de Florence, Laurent de Médicis, s'était entendu avec le roi Ferdinand de Naples, le duc Sforza de Milan, dont les familles s'étaient déjà alliées par des mariages, et avec le pacifique souverain pontife Innocent VIII, au fils duquel il avait fait épouser sa fille, pour concerter un régime de paix et d'équilibre, que les Vénitiens eux-mêmes avaient été obligés d'admettre, tout disposés qu'ils fussent à rechercher les occasions d'étendre leur territoire et leur puissance. Cette union avait été fort avantageuse à l'Italie, dont elle avait accru les progrès pacifiques et dont elle semblait pouvoir assurer l'indépendance. Aussi l'historien Guichardin dit-il au début même de son grand ouvrage :

« L'Italie n'avait jamais joui d'une aussi grande prospérité, ne s'était jamais trouvée dans un état aussi désirable que celui où elle se reposait avec sécurité, l'année du salut chrétien 1490, et les années qui avaient précédé celle-là et qui la suivirent. Vivant en effet dans une paix profonde et dans une parfaite tranquillité, cultivée dans les lieux les plus montueux et les plus stériles, non moins que dans les plaines et dans les régions les plus fertiles, n'étant soumise à d'autre domination qu'à celle des siens, non-seulement elle abondait en habitants, en marchandises, en richesses, mais elle était illustrée par la magnificence de plusieurs princes, par la splendeur de beaucoup de nobles et belles cités ; elle florissait en hommes qui excellaient dans l'administration des choses publiques, en nobles esprits formés à toutes les doctrines; elle brillait par les arts et par l'industrie, et, ornée de tant de dons, elle avait, à juste titre, la célébrité de la renommée la plus éclatante auprès de toutes les nations (1). »

L'heureux accord qui pouvait fermer aux étrangers l'accès de la péninsule italienne fut bientôt troublé par des accidents naturels et par des intérêts contraires. En 1492, Laurent le Magnifique mourut, et son fils Pierre de Médicis, héritier de son autorité dans Florence, ne le fut ni de son habileté ni de sa sagesse. La même année, au politique Innocent VIII, qui avait partagé les vues du roi Ferdinand de Naples et de Laurent de Médicis sur l'Italie, succéda Alexandre VI, pape non moins turbulent qu'avide et l'un des hommes les plus corrompus. Pendant que disparaissaient de l'Italie centrale les deux hommes qui avaient le plus concouru à maintenir le repos et l'équilibre dans la péninsule, il s'était produit de graves causes de trouble dans la haute Italie et dans l'Italie inférieure. Ludovic Sforza, dit le More, oncle et tuteur du jeune et incapable

---

(1) *Istoria d'Italia* di Francesco Guicciardini, lib. I.

Jean Galéas Sforza, qui avait épousé une petite-fille du vieux roi Ferdinand Ier, convoitait le duché de Milan, dont il espérait déposséder son neveu, s'il empêchait la maison de Naples de mettre obstacle à son ambition. Dans le royaume de Naples, l'esprit de mécontentement s'était beaucoup étendu. Les exactions des rois aragonais, et leurs perfides cruautés envers les grands barons napolitains, avaient grossi le parti angevin favorable à la France, où s'étaient réfugiés les princes de Salerne et de Bisignano, qui invitaient le roi Charles VIII, héritier de la maison d'Anjou, à la conquête de ce royaume. Ludovic Sforza, de son côté, avait envoyé le comte de Belgiojoso à Charles VIII pour le presser d'entreprendre cette expédition, dont il lui représentait le succès comme facile.

II.

En ce moment l'unité territoriale de la France était fort avancée. Œuvre ancienne et persévérante de la grande famille qui régnait depuis plus de cinq siècles sans aucune interruption, elle avait été opérée : par des arrêts de justice contre les feudataires provinciaux infracteurs des lois ou des obligations féodales ; par des mariages opportuns avec les héritières des grands fiefs ; par droit de succession aux maisons apanagées éteintes dans les mâles et dont les possessions faisaient retour à la couronne; par voie de donation légitime ou de conquête motivée. Les plus nombreuses et les plus nécessaires annexions s'étaient effectuées avec bonheur autant qu'avec habileté. Les dernières, et ce n'étaient pas les moins considérables, étaient dues à Charles VII et à Louis XI.

Charles VII, sorti victorieux d'une guerre séculaire avec les Anglais, leur avait repris toute la partie du royaume de France qu'ils avaient envahie, et il avait définitivement conquis sur eux la vaste province de Guyenne, qu'ils avaient si longtemps possédée. Louis XI, secondé par un concours heureux de circonstances et poussé par une ambition infatigable, avait contribué plus qu'aucun autre roi à l'agrandissement territorial et à l'unité politique de la France. Il avait profité de la mort de son redouté rival Charles le Téméraire (1), qui ne laissait qu'une fille, pour réunir à la couronne, avec les villes de Picardie placées sur la Somme et que les malheurs des temps passés en avaient momentanément détachées, le duché de Bourgogne, grand fief apanagé qui s'étendait jusqu'au-delà d'Auxerre à trente-cinq lieues de distance de Paris. Il s'était même approprié par les armes la Franche-Comté et l'Artois, que son fils Charles VIII ne sut pas garder et restitua à la descendance féminine de la maison de Bourgogne. L'extinction des mâles dans une autre puissante maison apanagée avait

---

(1) Tué le 5 janvier 1477, devant Nancy.

permis à Louis XI d'incorporer au royaume d'abord l'Anjou, ensuite le Maine (1). Il s'était fait céder avec une louable adresse le comté longtemps convoité de Provence, que le dernier comte souverain Charles III avait détaché définitivement de l'empire et légué par son testament à la couronne de France. Dans des vues non moins habilement intéressées, il avait reçu en gage le Roussillon et la Cerdagne pour une forte somme d'argent qui, prêtée aux rois d'Aragon et ne pouvant pas être rendue par eux, faisait du gage laissé au monarque français une continuation du royaume de France porté jusqu'à la ligne des Pyrénées.

La France, à laquelle le mariage du fils de Louis XI avec l'héritière du duché de Bretagne devait réunir cette importante province, avait acquis sous ce roi aussi avide de conquêtes que jaloux d'autorité, la plus utile extension. Avant la fin du quinzième siècle, elle avait atteint, à l'est, le Jura et les Alpes ; au sud, les Pyrénées ; à l'ouest, les côtes de l'Océan, qu'elle occupait sans interruption depuis Bayonne jusqu'à Calais. Le nord seul restait ouvert aux entreprises de ses rois, qui furent longtemps dans l'impossibilité de s'en rendre maîtres.

Le royaume de France n'avait pas été seulement agrandi sous ces deux princes, il avait été plus fortement organisé. Charles VII et Louis XI en avaient

---

(1) L'Anjou, en 1480, après la mort du roi René; le Maine, en 1481, après la mort de Charles d'Anjou, comte du Maine et devenu depuis un an comte de Provence.

accru la puissance par les établissements militaires qu'ils avaient créés pour la sécurité du pays et par les ressources financières qu'ils avaient assurées à la couronne. Ils avaient formé et entretenu une armée permanente composée d'une cavalerie nombreuse, d'une infanterie exercée et d'une artillerie supérieure. Le service de cette armée permanente était assuré par le produit d'une taxe perpétuelle. La noblesse la plus belliqueuse était encadrée dans des compagnies d'ordonnance soldées qui s'élevaient au nombre d'environ neuf mille hommes d'armes et archers à cheval tenant garnison aux frontières en temps de paix et toujours prêts à combattre en temps de guerre. L'infanterie comprenait des francs archers instruits dans les villages au tir de l'arc, l'arme de jet encore le plus en usage, et des bataillons de piquiers et d'arquebusiers suisses que Louis XI y avait ajoutés en contractant une étroite alliance avec les cantons helvétiques (1) qui, après avoir victorieusement résisté à la maison d'Autriche, avaient triomphé de la maison de Bourgogne. L'artillerie était composée de pièces de divers calibres, fondues en bronze, montées sur affûts, traînées par des chevaux et que leur mobilité rendait d'un emploi facile et d'un effet puissant.

(1) L'alliance entre la couronne de France et la ligue helvétique, commencée sous le règne de Charles VII, avait été resserrée par le prévoyant Louis XI, le 10 janvier et le 26 octobre 1475, presque à la veille des grandes journées de Granson, de Morat et de Nanci, où Charles le Téméraire devait être vaincu et tué par les Suisses. Voir les *Traités dans le corps diplomatique,* de Du Mont, t. III, 1re partie, p. 466 et 520.

A l'époque où le successeur de ces deux monarques atteignit l'âge de sa majorité et où le débile Charles VIII fut en droit plus qu'en état de gouverner lui-même le royaume qu'avait conduit, durant sa minorité, d'une main si ferme et avec un esprit si viril, la dame de Beaujeu sa sœur, fille habile du grand politique Louis XI, que pouvait faire la royauté? N'ayant plus à exercer son action envahissante dans l'intérieur du pays, où il n'y avait pas de province à reprendre ni de soulèvements féodaux à réprimer, il était à croire que, obéissant à une impulsion dès longtemps reçue, elle porterait cette action au dehors. Ce fut précisément alors que surgit pour les rois de France la question de double succession qui devait les attirer en Italie et les y retenir si longtemps. Le principe patrimonial des héritages étant une des lois qui régissaient cette monarchie, les rois de France allaient recourir aux armes pour revendiquer le royaume de Naples et le duché de Milan, qui leur revenaient par droit de succession : le royaume de Naples (1), sous Charles VIII; le duché de Milan, sous Louis XII (2).

Entreprenant comme le reste de sa race, le

(1) Depuis l'extinction de la postérité masculine de la seconde maison d'Anjou, en 1481, par la mort de Charles III, comte du Maine et de Provence, et légataire du roi René pour le royaume de Naples, que Charles III laissa en héritage au roi de France.

(2) Louis XII, en étant duc d'Orléans, ne cessa pas de réclamer son droit à la possession du duché de Milan, comme l'avait fait son père Charles d'Orléans, fils de Valentine Visconti; mais il ne put le faire valoir efficacement qu'en 1499, après être monté sur le trône de France.

jeune roi Charles VIII était d'un esprit assez faible, mais d'un cœur très-hardi. Il crut qu'il était de son honneur comme de son droit de se jeter en Italie, où les princes de Salerne et de Bisignano le pressaient d'occuper le royaume de Naples, dont Ludovic Sforza lui offrait de seconder l'invasion. Aussi, dès la fin de 1492, fût-il conclu un arrangement en vertu duquel Ludovic Sforza assurait à Charles VIII un passage à travers le Milanais, un prêt de 200,000 ducats et le secours de cinq cents lances italiennes, et Charles VIII, de son côté, garantissait à Ludovic Sforza le gouvernement du duché de Milan, qu'au besoin il promettait de défendre.

Avant de s'engager dans cette expédition lointaine, Charles VIII voulut être certain que son royaume ne serait pas attaqué pendant qu'il en envahirait un autre. Pour faciliter une entreprise plus périlleuse qu'utile, il fit de regrettables sacrifices. Il avait trois ennemis à craindre : les Anglais, auxquels son aïeul Charles VII avait repris la Normandie et enlevé la Guyenne; l'empereur Maximilien, père de l'archiduc Philippe le Beau, dont l'héritage avait été diminué du duché et du comté de Bourgogne, du Charolais et de l'Artois par Louis XI; enfin le roi Ferdinand d'Aragon, dont le père Jean avait engagé pour 300,000 écus les comtés de Roussillon et de Cerdagne, que Ferdinand ambitionnait de reprendre. Charles VIII, traita avec chacun d'eux, achetant fort cher leur amitié, qui n'avait rien de sûr, et leur inaction, qui, du côté de l'Espagne et de l'empire, ne devait pas être durable.

Par le traité d'Étaples, du 13 décembre 1492 (1), il se reconnut débiteur envers le roi d'Angleterre Henri VII de 740,000 couronnes d'or, en dédommagement de la Normandie et de la Guyenne, et il s'engagea à lui payer 50,000 couronnes d'or par an. Ce tribut en argent fut suivi de cessions territoriales faites au roi Ferdinand et à l'empereur Maximilien pour prévenir leurs hostilités. Par le traité de Barcelone, du 19 janvier 1493 (2), Charles VIII rendit à Ferdinand les comtés de Roussillon et de Cerdagne, unis depuis tant d'années à la France et qu'il aurait pu facilement garder sans l'entreprise inconsidérée de Naples. Ce qu'il avait fait vers le sud, il le fit vers le nord et vers l'est, en restituant à l'archiduc Philippe, fils de l'empereur Maximilien et héritier des Pays-Bas par sa mère Marie de Bourgogne, les provinces que Louis XI avait prises et qui étendaient de ces deux côtés les limites trop resserrées du royaume. Le 23 mai 1493, il conclut à Senlis avec l'empereur Maximilien, agissant au nom et dans l'intérêt de l'archiduc Philippe son fils, un traité (3) par lequel la Franche-Comté, l'Artois, le Charolais et la seigneurie de Noyers lui étaient rendus avec pro-

---

(1) *Corps diplomatique*, de Du Mont, t. III, 2ᵉ partie, p. 296.
(2) *Ibid.*, p. 297.
(3) *Ibid.*, p. 303.

messe de remettre à l'archiduc Philippe les villes de Hesdin, d'Aire, de Béthune, lorsqu'il aurait atteint l'âge de sa majorité, et qu'il aurait prêté foi et hommage pour la Flandre et les autres possessions qu'il tenait sous la suzeraineté de la couronne de France. Ainsi, dans les deux années qui précédèrent son expédition et pendant qu'il se disposait à l'accomplir, Charles VIII céda des portions de son royaume, qui pouvaient lui être contestées, il est vrai, mais qui semblaient acquises, pour aller conquérir au loin un autre royaume qu'il ne parviendrait pas à conserver, s'il parvenait à le prendre.

III.

Ce fut le 23 août 1494 qu'il partit de Lyon, à la tête d'une armée qui n'était pas de plus de seize à dix-huit mille hommes. Véritable élite de troupes diverses, cette armée comprenait, avec l'excellente cavalerie que Charles VII avait organisée dans les compagnies d'ordonnance, l'infanterie la plus solide, formée surtout de ces bataillons suisses qui venaient de vaincre trois fois Charles le Téméraire à Granson, à Morat, à Nancy, et d'abattre la puissance des ducs de Bourgogne. Elle conduisait aussi l'artillerie la plus considérable, la plus mobile, la mieux manœuvrée et à laquelle rien alors ne pouvait résister. Sans compter les troupes auxiliaires du duc de Milan, qui le secondèrent d'abord et qui lui furent assez vite retirées, Charles VIII avait de quinze à dix-huit cents lances fournies (1), c'est-à-dire plus de six mille hommes d'armes ou d'archers à cheval, cinq mille Suisses rangés en corps épais, armés de longues piques et de tranchantes hallebardes, flanqués d'adroits arquebusiers et marchant à l'ennemi tout à la fois avec une grande impétuosité et dans un ordre solide. Il avait de plus quelques milliers de soldats allemands, d'agiles arbalétriers gascons, de francs archers exercés, et deux cents pièces d'artillerie qui, sous la dénomination de *canons*, de *serpentines*, de *faucons*, de *moyennes*, n'étaient pas la moindre partie de sa force. Par la qualité des troupes, leur bonne organisation, leur confiance belliqueuse, cette armée était plus que suffisante pour conquérir le royaume de Naples, qui d'ailleurs devait être très-mal défendu.

Après avoir repoussé les Napolitains qui s'étaient avancés jusqu'à Rapallo, dans l'État de Gênes, l'armée française, ayant traversé le Piémont et le Milanais, passa par Plaisance, Firenzuola, Borgo san Donino, Fornovo, et arriva à Pontremoli, qui séparait le duché de Milan de la Toscane. Elle s'engagea alors sur le revers méri-

---

(1) La lance fournie devait se composer, au moment où furent formées les compagnies d'ordonnance, d'un homme d'armes, de trois archers, d'un coutilier, et d'un page. Elle ne comptait pas alors plus de deux archers.

dional de l'Apennin dont les passages étaient très-faciles à garder. Elle les franchit sans rencontrer de sérieux obstacles. L'avant-garde cependant, conduite par l'intrépide Gilbert de Bourbon, comte de Montpensier, eut à s'ouvrir la route que barrait la place de Fivizzano, appartenant aux Florentins, gouvernés par Pierre de Médicis, allié des princes napolitains. Gilbert de Montpensier la battit en brèche, la prit d'assaut et y passa tout le monde au fil de l'épée. Cette manière hardie d'attaquer, violente et inexorable de vaincre, était peu usitée en Italie où elle jeta l'épouvante. Aussi, après la prise et le sac de Fivizzano, aucune place ne voulut se laisser forcer, comme après la défaite de Rapallo aucun corps italien ne put se résoudre à combattre.

De Fivizzano, l'armée se porta devant Sarzana que surmontait à peu de distance la forteresse de Sarzanello. Ces deux places, situées entre d'âpres montagnes et la mer, fermaient la route vers la Toscane. Elles appartenaient aux Florentins, qui les avaient enlevées à la république de Gênes. Charles VIII aurait pu être arrêté longtemps devant elles, s'il avait été réduit à les prendre; mais elles lui furent ouvertes. Pierre de Médicis, troublé à l'approche des troupes françaises, abandonna le parti des princes aragonais auquel il avait été attaché jusqu'alors, alla au-devant de Charles VIII et mit entre les mains de ce facile vainqueur la plupart des places de la Toscane. Outre Sarzana et

Sarzanello, il lui livra Pietra Santa, qui gardait le littoral de ce côté et était d'une défense aisée, Libreffata, le port de Livourne et la ville de Pise. Pierre de Médicis avait espéré sauver son autorité dans Florence par les cessions que la peur lui arracha; il la perdit. Les Florentins indignés se soulevèrent contre lui, renversèrent sa domination et reprirent leur liberté. Ils exilèrent Pierre de Médicis, dont ils pillèrent les palais et confisquèrent les biens, tout en subissant les conditions du traité qu'il avait fait avec Charles VIII.

Après avoir si aisément traversé la Toscane, où les points les plus importants du territoire lui avaient été livrés, Charles VIII parut, passa et agit en maître dans le reste de la péninsule. Il n'y rencontra plus que des soumissions. Il occupa Sienne, où il mit garnison. Il s'avança ensuite vers Rome, en prenant sur sa route Aquapendente, Montefiascone, Viterbe. Le 31 décembre 1494, il fit, dans un appareil guerrier et à la tête de ses troupes, une entrée solennelle dans la ville pontificale. Victotorieux sans combat et s'établissant en dominateur partout, il demeura plus d'un mois à Rome pour conclure un accord avec Alexandre VI, qui s'était réfugié dans le château Saint-Ange. Il aurait voulu détacher le pape de la maison d'Aragon et obtenir de lui, comme suzerain des Deux-Siciles, l'investiture du royaume de Naples que le pape avait tout récemment accordée au roi Alphonse, successeur de son père Ferdinand Ier. Après bien des jours de négociation, Alexandre VI effrayé se décida à traiter. Sans déposséder la maison d'Aragon, il promit de ne plus être contraire au roi de France, auquel il livra les forteresses de Civita-Vecchia, d'Ostie, de Spolète et de Terracine.

A la suite de cet arrangement, que le pape avait conclu par crainte et qu'il ne devait pas observer longtemps, Charles VIII se remit en marche. Il tenait pour ainsi dire sous sa main toute l'Italie. Depuis le Piémont jusqu'aux abords du royaume de Naples, il gardait une suite de places dont la possession était tout à la fois un moyen présent de sûreté et une cause prochaine de péril. Il ne lui restait plus qu'à pénétrer dans le pays qu'il revendiquait comme son héritage.

Les princes aragonais ne devaient pas même le lui disputer. Ils se savaient haïs, se sentaient abandonnés et l'épouvante les saisit. Alphonse II, qui passait en Italie pour avoir de l'habileté et du courage, quoiqu'il n'eût montré, sous le règne de son père Ferdinand Ier, que de la fourberie et de la cruauté, se troubla et abdiqua. Il alla s'enfermer dans un couvent de la Sicile, laissant la couronne à porter et le royaume à défendre à son fils le duc de Calabre, qui monta sur le trône, sous le nom de Ferdinand II. L'éphémère monarque n'y resta pas longtemps. Tout d'abord, il sembla prendre des mesures qu'une ferme résolution, soutenue avec une courageuse constance, aurait pu faire réussir. Il se transporta avec son armée jusqu'à la frontière la plus difficile à franchir et qui était la porte du royaume. Il s'établit à San Germano, et y garda les défilés vers lesquels les Français s'avançaient avec confiance. Quelques hommes déterminés auraient suffi à en empêcher le passage, et une armée entière n'osa pas le faire. A l'approche de l'avant-garde française, Ferdinand et ses troupes quittèrent cette forte position, en se repliant sur Gaëte et sur Naples. Ce fut le signal d'une complète déroute et d'un universel abandon. Charles VIII arriva comme à la course jusqu'à Naples, d'où Ferdinand s'enfuit par mer, un mois après que s'était enfui Alphonse son père.

Le peuple de Naples, las du joug aragonais et désireux de choses nouvelles, pilla les palais de Ferdinand et accueillit avec la plus grande faveur Charles VIII, qui, le 22 février 1495, fit son entrée dans sa capitale enthousiasmée et y fut couronné roi des Deux-Siciles. Les deux forts châteaux de Naples, le château Neuf et le château de l'Œuf, après avoir tenu quelques jours, battus en brèche par l'artillerie française et livrés par la faiblesse de leurs défenseurs, étaient bien vite tombés entre ses mains. Tout le pays se soumit à lui. Les provinces à l'envi, les villes, avec empressement, reconnurent les droits de Charles VIII et obéirent à ses envoyés. Le jeune roi étendit sa domination dans le royaume de Naples aussi facilement qu'il y avait pénétré.

Cette conquête, en peu de temps opérée, fut en très-peu de temps perdue. Charles VIII commit deux fautes graves qui la compromirent. Il avait traversé l'Italie en dominateur inquiétant; il s'établit dans le royaume de Naples plus en prince étranger qu'en souverain national. De ces deux fautes, la première, en alarmant tous les potentats italiens qui se coalisèrent contre lui, ne permit pas à Charles VIII de rester quatre mois dans le pays conquis ; la seconde fit enlever la possession de ce royaume, en moins d'une année, à ceux que Charles VIII y laissa pour le garder.

L'expédition de Naples avait surtout réussi par les divisions des Italiens, dont les craintes avaient fait cesser les désaccords. Pendant que Charles VIII, après avoir pris et gardé tant de villes et de points fortifiés dans la péninsule, occupait le royaume de Naples, il s'était formé sur ses derrières une redoutable coalition. Cette coalition comprenait: le nouveau duc de Milan, Ludovic le More, qui craignait que la maison de France, après avoir acquis l'héritage des Angevins, ne revendiquât l'héritage des Visconti ; les puissants Vénitiens, qu'effrayait la domination française dans la péninsule ; le pape Alexandre VI, l'empereur Maximilien et le roi Ferdinand d'Aragon, également infidèles aux engagements qu'ils avaient pris avec Charles VIII.

Au moment où cette ligue s'ourdissait à Venise et tandis qu'elle préparait ses dangereuses attaques, Charles VIII ne faisait rien pour affermir son autorité dans le royaume de Naples et s'y mettre à l'abri des soulèvements intérieurs et des agressions du dehors. Il avait négligé de s'emparer des points qui tenaient encore sur les côtes pour la dynastie dépossédée, points par lesquels celle-ci pourrait faire des descentes et s'étendre dans le pays, en mettant à profit les mécontentements et les occasions. Il rétablit en partie les barons exilés ou opprimés, dans leurs biens et dans leurs charges; mais, loin de satisfaire le vieux parti angevin, il le refroidit en accordant toutes ses faveurs aux Français qui l'avaient accompagné. Sans avis dans les décisions à prendre, flottant entre les conseils contraires de ceux qui l'entouraient, manquant d'autorité par insuffisance d'esprit, comme de résolution par ignorance des choses, ne sachant ni se faire craindre ni se faire obéir, d'une douceur et d'une légèreté également dangereuses, il se montra incapable de tenir longtemps sous sa main le royaume dont il s'était rendu si rapidement le maître. Les peuples furent vite déçus; les habitudes licencieuses des soldats ne furent contenues par personne; les chefs furent désunis, et chacun d'eux suivit sa fantaisie ou contenta sa cupidité sans avoir à redouter ni répression ni disgrâce.

Après un séjour de peu de durée dans le pays qu'il n'était pas en état d'organiser ni capable de satisfaire, Charles VIII le quitta assez précipitamment. Il y laissa, sous les ordres du comte Gilbert de Montpensier, qu'il avait nommé son lieutenant général, et de Beraut Stuart, seigneur d'Aubigny, qu'il avait fait grand connétable, la moitié de sa petite armée pour contenir, garder et défendre ce royaume. Le 20 mai 1495, il partit de Naples avec le reste de ses troupes, pour retourner en France, en traversant de nouveau l'Italie dans toute sa longueur. Bien qu'il dût rencontrer des forces très-considérables que les confédérés réunissaient au-delà de l'Apennin avec le projet de l'arrêter à son passage et de lui faire mettre bas les armes, il s'avança avec une lenteur extrême. Ce fut le 6 juillet seulement qu'il arriva sur les bords du Taro, au débouché de l'Apennin, du côté de Parme, et qu'il trouva en face de lui l'armée italienne, que commandait le marquis de Mantoue, et qui était cinq fois plus forte que la sienne. S'il manquait d'habileté et de prévoyance, il avait un grand courage, et il fit face, sans se troubler, à la position périlleuse où il s'était mis. La solidité des Suisses et la valeur des hommes d'armes de France le tirèrent de ce mauvais pas. Les lances italiennes furent battues par les lances françaises à Fornoue, où le combat fut surtout un combat de cavalerie. La petite armée de Charles VIII s'éloigna précipitamment des bords du Taro, et continua sa retraite à travers le Milanais sans rencontrer d'obstacle sérieux. Elle ramena toute son artillerie, que les Suisses aidaient à traîner dans les passages difficiles des montagnes, et elle rentra en France victorieuse.

Le royaume de Naples, qu'avait laissé affaibli le départ de la moitié de l'armée conquérante, fut bientôt attaqué par Ferdinand II, accouru de Sicile, par les troupes que Ferdinand le Catholique avait envoyées d'Espagne sous le commandement du fameux Gonzalve de Cordoue, et par les flottes vénitiennes. D'Aubigny battit d'abord à Seminara Ferdinand II et Gonzalve. Mais cet avantage fut le seul que remportèrent les Français, en quelque sorte abandonnés à eux-mêmes. Salerne et la côte d'Amalfi se donnèrent à Ferdinand, en faveur duquel Naples se souleva. Capoue, Aversa, imitèrent cet exemple. Les Vénitiens s'emparèrent de Monopoli, de Polignano, ainsi que d'Otrante, de Brindisi et de Trani, sur la côte de l'Adriatique. Bientôt même le comte Gilbert de Montpensier et le grand connétable d'Aubigny, auxquels Charles VIII n'envoyait aucun secours, ne furent plus assez forts contre les soulèvements et les attaques. Le premier succomba avec la plus grande partie des siens; le second capitula et, à la tête des troupes qu'il avait encore conservées, il évacua le royaume, qui fut entièrement perdu environ quinze mois après avoir été conquis. La dynastie aragonaise fut rétablie sur le trône de Naples, où Frédéric, oncle de Ferdinand II, succéda à ce prince, qui mourut peu de temps après avoir recouvré sa couronne.

Charles VIII, rentré en France, se livrait à de frivoles amusements. Pendant que les Français qu'il avait laissés au fond de l'Italie y luttaient sans être suffisamment soutenus, il songeait, mais avec mollesse, à les secourir; après que la défaite et leur petit nombre les eut contraints de capituler, il rêvait plus encore qu'il ne préparait une seconde conquête de Naples. Deux ans et demi se passèrent ainsi, au milieu de volontés sans consistance et dans des projets sans exécution. Toutefois Charles VIII tenait l'Italie en inquiétude et en suspens, lorsque, en allant voir jouer à la paume dans les fossés du château d'Amboise, il heurta du front contre une porte, et ce faible coup détermina vers ce cerveau débile une congestion violente qui enleva le jeune roi au bout de quelques heures (1), le 7 avril 1498.

Ludovic Sforza, dont les intrigues et l'ambition avaient également réussi, était parvenu au trône ducal à l'aide de l'invasion des Français, et paraissait s'y être affermi à la suite de leur expulsion. Suivant la différence de ses intérêts, il avait provoqué l'une et concouru à l'autre. La dynastie napolitaine était restaurée, sans qu'il eût désormais rien à craindre de sa part. Il n'y avait plus que des potentats italiens en Italie. Mais Ludovic, qui s'applaudissait de ses menées, n'était pas au bout de ses périls : le successeur de Charles VIII devait être plus redoutable pour lui que ne l'avait été Charles VIII pour la famille qui régnait à Naples. Ce successeur était Louis XII, qui, petit-fils de Valentine de Milan, s'était porté depuis longtemps comme le légitime héritier des Visconti.

(1) *Mémoires de Commynes*, liv. VIII, chap. xxv.

IV.

En arrivant à la couronne, Louis XII prit le titre de roi des Deux-Siciles et de duc de Milan. Il était dans la force de l'âge. Il avait trente-six ans, beaucoup de bravoure, une ambition agitée, le goût de la guerre beaucoup plus que l'entente de la politique, un grand esprit de justice et un penchant marqué pour l'économie qui devaient le faire aimer en France et l'y rendre très-populaire, une honnêteté naturelle qui ne le préserva cependant pas toujours des perfidies communes à son temps, et malgré laquelle il se montra quelquefois peu fidèle à ses engagements et assez déloyal dans ses entreprises. Afin de prendre plus aisément possession du Milanais, il chercha des alliés qui fussent en position de seconder son dessein. Charles VIII avait eu besoin de Ludovic Sforza pour s'emparer du royaume de Naples, Louis XII avait besoin des Vénitiens pour s'emparer du duché de Milan. Par le traité de Blois, conclu avec eux en 1499, il fut stipulé que le roi de France et la république de Venise feraient en commun la conquête du Milanais, dont une portion, située entre l'Oglio et l'Adda et comprenant le pays de Crémone, serait dévolue aux Vénitiens (1), qui

---

(1) Voici ce qu'il leur cédait du duché de Milan, pour prix de leur alliance et de leur coopération : « Pro securitate status dicti dominii Veneti, ipse rex christianissimus contentus est quod civitas Cremonæ

étendraient de ce côté leurs possessions de terre ferme, déjà si considérables.

Louis XII gagna en même temps le pape Alexandre VI, mécontent du roi Frédéric qui s'était refusé aux ambitieux désirs de César Borgia. Ce fils du souverain pontife, après avoir tué son frère aîné le duc de Gandia, et avoir quitté l'Église, où il était cardinal, pour devenir bientôt gonfalonier et capitaine général du Saint-Siége, avait vainement demandé la fille naturelle du roi de Naples en mariage avec la principauté de Tarente. Il avait été plus heureux du côté du roi de France, qui voulait se servir du pape Alexandre VI pour rompre son mariage avec la fille de Louis XI, épouser Anne de Bretagne, veuve de Charles VIII, n'être pas contrarié dans ses projets sur Milan, et obtenir plus tard l'investiture du royaume de Naples. Aussi Louis XII donna à César Borgia une compagnie de cent hommes d'armes, une forte pension, le duché de Valentinois, et une princesse de la maison d'Albret pour femme.

Avant d'attaquer Ludovic Sforza, Louis XII rendit à l'empereur Maximilien, qui avait assailli la Bourgogne à l'instigation de Ludovic et avec son

---

una cum territorio Cremonense et civitatibus, terris, villis, arcibus, locis et castellis omnibus, cum fluminibus, aquis, territoriis, et pertinentiis suis, quæ pertinent statui et dominio mediolanensi quæ sunt ultra flumen Adduæ versus Cremam et Bixiam, simulque omnis ora fluvialis cum ripis ipsius fluvii Adduæ usque ad aquam exclusive... remaneant perpetuo pleno jure prædicto dominio Veneto...» *Corps diplomatique* de Du Mont, t. III, part. II, p. 407.

argent, les places de l'Artois qu'avait gardées Charles VIII. Ayant, à ce prix, conclu la paix avec l'empereur, étant assuré du pape et s'entendant avec les Vénitiens, il fit envahir le Milanais, dont il avait isolé le duc, par une armée de seize cents lances et de treize mille hommes d'infanterie, Suisses et Français. Pendant que ses généraux le comte de Ligny, le seigneur d'Aubigny, le maréchal J.-J. Trivulzi, y pénétrèrent du côté du Piémont, les Vénitiens y entrèrent du côté de l'Adda. La conquête du Milanais fut encore plus rapide que ne l'avait été naguère celle de Naples. Ludovic, n'ayant préparé aucun moyen de défense et ne rencontrant aucun appui dans la population, s'enfuit en Allemagne, où il emporta de fortes sommes d'argent et où son frère, le cardinal Ascanio Sforza, alla le rejoindre. Le partage du pays conquis se fit, entre les Français et les Vénitiens, conformément aux stipulations de Blois. Louis XII eut depuis la plaine du Piémont jusqu'à l'Adda, dont les deux rives lui appartinrent. A soixante et dix pieds de la rive gauche de ce fleuve qui, descendu des Alpes, traverse le lac de Como et, à la suite d'un cours un peu oblique vers l'est, va se jeter dans le Pô, le pays conquis fut cédé aux Vénitiens.

Louis XII prit bientôt possession de son nouvel État et fit une entrée triomphale à Milan, le 6 octobre 1499, un mois après l'occupation militaire du duché. Il crut si bien en être le maître qu'il négligea les moyens d'y maintenir sa domination. Avec beaucoup d'imprévoyance et par trop de parcimonie, il en retira l'armée qui l'avait conquis et le laissa presque dégarni de troupes lorsqu'il retourna en France. Ludovic Sforza et son frère le cardinal Ascanio profitèrent habilement de cette faute. Avec l'argent qu'ils avaient emporté dans leur fuite, ils levèrent huit mille Suisses dans les cantons et cinq cents hommes d'armes dans la Franche-Comté, et ils reparurent en Lombardie six mois après en avoir été expulsés. A la tête de cette petite armée, Ludovic n'eut aucune peine à rentrer dans son duché où les peuples, dans leur inconstance, mirent à le recevoir le même empressement qu'ils avaient mis à l'abandonner. Il recouvra ainsi Milan et la plus grande partie du Milanais. Mais ce retour de fortune ne dura point. Voulant reprendre toute la partie haute du duché, Ludovic alla, avec les Suisses qu'il avait levés, assiéger la citadelle de Novare, que défendait une garnison française.

C'est là qu'après s'être montré si souvent perfide, il tomba victime de la perfidie d'autrui. Les Suisses au service de Louis XII et commandés par ses généraux, arrivèrent devant Novare pour faire lever le siége de la citadelle et en débloquer la garnison. Au lieu d'attaquer leurs compatriotes à la solde de Ludovic, ils s'entendirent avec eux et les décidèrent à abandonner sa cause. Le délaissement alla même de leur part jusqu'à la trahison, et des Suisses eurent la honte de laisser prendre au milieu de leurs bataillons celui qu'ils s'étaient engagés à servir et qui devait compter sur leur foi. Livré par eux, le 10 avril 1500, le malheureux Ludovic fut conduit en France, où il vécut encore dix ans enfermé dans le château de Loches et soumis par Louis XII à une dure captivité. Sa tentative infructueuse et sa longue prison assurèrent la domination française dans le Milanais, qui fut assez sagement constitué et assez doucement conduit.

Louis XII, dont l'établissement dans la Lombardie fut cette fois affermi, ne devint pas seulement le maître incontesté du Milanais, mais l'arbitre tout-puissant de l'Italie. Les gouvernements et les seigneurs du centre de la péninsule se placèrent sous sa protection. Le marquis de Mantoue, le duc de Ferrare, Jean Bentivoglio, seigneur de Bologne, la république de Florence, où le parti favorable à la France continuait à l'emporter sur le parti renversé des Médicis, mirent leur politique et leurs forces à sa disposition.

Afin de conserver sa prépondérance en Italie, Louis XII aurait dû ne pas y agrandir les États principaux aux dépens des petites seigneuries, et surtout ne pas appeler d'autres grandes puissances du continent à s'établir à côté de lui dans la péninsule. La concentration des territoires ou l'introduction des princes étrangers en Italie ne pouvait se faire qu'à son détriment. Il ne sut ni le voir ni l'éviter. Après avoir étendu la domination des Vénitiens dans la Lombardie, il accrut dans l'Italie centrale la puissance des souverains pontifes, et il appela bientôt lui-même le roi d'Aragon dans le royaume de Naples.

Depuis longtemps les papes manquaient de la force nécessaire pour se faire obéir dans leurs États. Le territoire de l'Église, sur lequel s'exerçait très-faiblement leur autorité, était couvert de villes et de seigneuries qui se régissaient d'une manière presque indépendante. Non loin de Rome, deux familles puissantes, celle des Colonna et celle des Orsini, possédaient beaucoup de places et de châteaux (1).

Ces familles entreprenantes, qui fournirent à l'Italie des capitaines renommés, pouvaient inquiéter les papes, souvent réduits à combattre l'une en se servant de l'autre. Un peu plus haut, vers l'Apennin et dans la Romagne, Città di Castello obéissait à la race guerrière des Vitelli; Pérouse, à J.-P. Baglioni; Pezaro, à Jean Sforza; Camerino, à Jules Varano; Rimini, à Pandolfo Malatesta; Forli et Imola, à Jérôme Riario; Faenza, à Astor Manfredi; Bologne, à Jean Bentivoglio; Ravenne et Cervia, aux Vénitiens, qu'il était très-difficile d'en déposséder; Urbin et son duché, à la vieille famille des Montefeltri, à laquelle s'était unie par mariage la famille génoise de la Rovere, sous le pontificat de Sixte IV.

(1) Les Colonna avaient le port de Nettuno, Marino, Amelia, Cavi, Palestrina, Rocca di Papa; les Orsini, dont les forces balançaient celles des Colonna, possédaient Bracciano, Campagnano, Trivignano, Lisola, Vicovaro, Pitigliano, Cere.

Les papes avaient plusieurs fois tenté de rentrer en possession du domaine du Saint-Siége; mais la guerre contre les barons romains et contre les détenteurs du territoire pontifical ne fut systématiquement entreprise et poursuivie sans relâche, que depuis Alexandre VI. Ce pape demanda à Louis XII et il obtint de lui trois cents lances françaises et quatre mille Suisses qui furent mis à la disposition de César Borgia, devenu gonfalonier de l'Église, pour commencer la dépossession aussi violente que perfide des seigneurs de la Romagne, dont son père Alexandre VI le nomma duc. Se servant des troupes qu'il devait surtout à Louis XII et auxquelles l'argent qu'il reçut du pape lui permit d'en ajouter d'autres, l'ambitieux et terrible gonfalonier de l'Église romaine prit d'abord Imola, Forli, Pesaro, Rimini, Césène, et peu de temps après Faenza. Les Colonna furent dépouillés de leurs biens et de leurs places fortes, à l'aide des Orsini et des Vitelli, qui devaient l'être à leur tour.

En même temps qu'il secondait, dans l'intérêt des Borgia, l'extension d'une puissance qui se tournerait plus tard contre lui, Louis XII songeait à envahir le royaume de Naples. Procédant partout de la même manière, il voulut faire cette expédition de concert avec un souverain redoutable qu'il appela lui-même en Italie, à son futur détriment. Il s'entendit avec Ferdinand le Catholique, déjà roi d'Aragon et de Sicile, pour conquérir en commun le royaume de Naples, et se le partager après l'avoir conquis. Il obtint sans peine l'assentiment de ce prince habile et heureux, qui, profitant de toutes les occasions pour s'agrandir, se servait avec à-propos de la faveur des conjonctures, tirait parti des fautes d'autrui, ne se considérait jamais comme lié par ses engagements, et mettait tant d'adresse dans ses perfidies et tant d'opportunité dans ses agrandissements qu'il trompait ceux avec lesquels il traitait sans décourager leur confiance, et qu'il acquérait toujours sans jamais rien perdre.

Ces deux rois, également ambitieux, mais l'un sans scrupule et l'autre sans prévoyance, signèrent un traité secret de partage du royaume objet de leur convoitise commune. Ferdinand le Catholique dut avoir la Pouille et la Calabre; Louis XII, l'Abruzze, la Terre de Labour et Naples; le premier, la partie de ce royaume qui avoisinait la Sicile; le second, la partie supérieure qui était la plus rapprochée du duché de Milan. Par une insigne perfidie, Ferdinand, dont Frédéric avait invoqué l'assistance, envoya, sous le commandement de Gonsalve de Cordoue, une armée qui se joignit à celle de Louis XII et rendit la soumission du royaume facile et prompte.

L'accord ne se maintint point entre Louis XII et Ferdinand. Ils s'étaient entendus pour s'emparer du royaume de Naples, ils se divisèrent pour savoir qui en resterait le maître. La délimitation des deux partages n'ayant pas été faite avec assez de précision, Louis XII revendiqua des droits sur une province qui semblait être dans le partage de Ferdinand le Catholique. La guerre s'ensuivit presque aussitôt. Louis XII, qui était le plus fort, la commença. Il réussit d'abord, et il enleva aux Espagnols presque tout le pays de leur partage, sauf quelques villes des côtes de la Pouille et de la Calabre. Le général très-affaibli du roi Ferdinand fut réduit à s'enfermer dans Barlette, et si Louis XII, qui était alors en Italie, avait poursuivi avec vigueur la dépossession des Espagnols, il l'aurait peut-être rendue définitive.

Mais, regardant sans doute comme d'un succès assuré une entreprise jusque-là victorieusement conduite, il retourna en France, d'où il n'envoya pas même à ses lieutenants dans le royaume de Naples les renforts qui leur étaient nécessaires pour jeter les Espagnols hors des places qu'ils y occupaient encore. Gonsalve de Cordoue reçut, au contraire, du roi Ferdinand des troupes qui permirent au rusé et habile capitaine de prendre l'offensive. Pendant l'année 1503, les Français furent battus dans diverses rencontres. Outre les petits revers qu'ils essuyèrent à Terranuova et à Calimera, ils perdirent les deux batailles de Seminara, en Calabre, et de Cerignola, en Pouille, à la suite desquelles Gonsalve de Cordoue se rendit maître de Naples et de la plus grande partie du royaume.

Louis XII voulut se relever de cet échec par un

puissant effort. Il forma trois armées qu'il envoya, l'une en Roussillon, l'autre en Navarre, la dernière et la plus forte en Italie. Mais les deux armées de diversion, du côté des Pyrénées, se fondirent sans avoir rien fait, et celle qui devait recouvrer le royaume de Naples fut arrêtée sur la frontière même par le prudent Gonsalve, qui s'était retranché sur les bords du Garigliano. Elle s'y consuma et finit par y être défaite. Gonsalve choisit son moment pour la combattre affaiblie, et pour la vaincre le 28 décembre 1503.

Ce dernier revers décida de la perte définitive du royaume de Naples, qu'évacuèrent de nouveau les Français, qui avaient su y pénétrer deux fois sans savoir s'y établir, perdant à la longue par inhabileté politique ce qu'ils avaient d'abord acquis par la force des armes. Deux ans plus tard, en octobre 1505, Louis XII se désista même de la part à laquelle il avait droit en vertu du traité de 1500, et céda tout le royaume à Ferdinand le Catholique lorsqu'il maria sa nièce, Germaine de Foix, à ce prince après la mort de la reine Isabelle de Castille. Les Espagnols devaient garder plus de deux siècles ce beau pays, qui fut pour eux le prix de la ruse, de la victoire et d'une conduite plus habile.

V.

Louis XII avait suivi dans le centre de l'Italie la

même fausse politique qui, en y favorisant l'extension de la puissance pontificale sous Alexandre VI, devait contribuer aux revers de sa propre puissance dans la Lombardie sous Jules II. Il avait facilité les conquêtes de César Borgia. Celui-ci, après s'être rendu maître des villes de la Romagne, après avoir dépossédé les Colonna et les Savelli de leurs États, après s'être emparé de Piombino sur Jacques d'Appiano, du duché d'Urbin sur Guido Ubaldo qu'il dépouilla avec perfidie, de Camerino sur Jules Varano qu'il fit étrangler avec ses deux fils, avait obtenu de Louis XII l'autorisation d'enlever Bologne à Jean Bentivoglio, Pérouse à Jean-Paul Baglioni, et il eut l'art d'attirer Vitellozo Vitelli, seigneur de Città di Castello, Oliverotto da Fermo, et les puissants chefs des Orsini, qui s'étaient séparés de lui, après l'avoir servi, dans un piége savamment préparé à Sinigaglia, où il se débarrassa d'eux par le meurtre.

Ce féroce ambitieux, maître de la Romagne dont le pape l'avait fait duc, tout-puissant dans les autres États de l'Église, convoitait la Toscane, où il avait déjà attaqué Sienne, lorsque la mort de son père Alexandre VI et sa propre maladie arrêtèrent le cours monstrueux de sa fortune. L'appui de l'autorité pontificale lui manquant, il dut perdre bien vite tout ce qu'il avait pris.

C'est à lui cependant que remonte le rétablissement de l'autorité territoriale des papes dans les États de l'Église romaine. Les familles qu'il avait dépouillées de leurs possessions y rentrèrent bien un moment; mais bientôt le cardinal Julien de la Rovere, qui avait succédé, sous le nom de Jules II, à Pie III dont le pontificat, après la mort d'Alexandre VI, n'avait été que de vingt-cinq jours, s'attacha à recouvrer tout ce qui appartenait au Saint-Siége. L'entreprenant pontife reprit le système de conquête des Borgia, et il le poussa beaucoup plus loin. Il était passionné au dernier point, et il avait déployé pendant les dix années du pontificat d'Alexandre VI un caractère indomptable. Ennemi déclaré de ce pape, dont il avait fui la haine et les piéges, il était allé, dans l'ardeur de ses ressentiments, jusqu'à provoquer la descente de Charles VIII en Italie et jusqu'à le presser de faire déposer Alexandre VI. Pour devenir pape, il avait suspendu ses animosités, et, se condamnant à la dissimulation, il avait négocié avec tout le monde. Il avait même promis à César Borgia, en retour des voix espagnoles dont César disposait dans le conclave, le titre de gonfalonier de l'Église. Une fois arrivé à la chaire pontificale, le vieux mais ardent Jules II y porta l'esprit d'un politique, l'ambition d'un conquérant, le courage d'un soldat, le patriotisme d'un Italien. Il se proposa deux buts : l'agrandissement de la puissance territoriale du Saint-Siége, et l'expulsion des étrangers de l'Italie. Il y marcha d'abord avec une astucieuse habileté, puis avec une opiniâtre violence.

Loin de nommer César Borgia capitaine général

de l'Église, il le dépouilla de tout ce qu'il conservait encore. Réduit à se réfugier auprès de Gonsalve de Cordoue, qui l'envoya captif en Espagne, ce formidable aventurier, traité avec la perfidie dont il avait si souvent usé envers les autres, fut enfermé par le roi catholique dans la forteresse de Medina del Campo, parvint à s'en évader au bout de quelques années et alla périr obscurément devant une ville de Navarre. Jules II revendiqua ensuite les places dans lesquelles étaient rentrés, après la mort d'Alexandre VI, les seigneurs particuliers que ce pape et son fils en avaient dépossédés. Par une bulle il les en déclara détenteurs illégitimes, et il les excommunia. Ajoutant alors l'emploi des armes à celui des excommunications, il se rendit maître des villes de la Romagne, à l'exception de Ravenne, de Cervia, de Faenza, de Rimini, que les Vénitiens avaient enlevées, les deux premières depuis longtemps, les deux dernières tout récemment, au Saint-Siége. Il se dirigea ensuite vers Pérouse et Bologne, dans la ferme intention d'en expulser les Baglioni et les Bentivoglio, avec l'aide des troupes françaises que Louis XII, continuant à concourir à la restauration d'une puissance qui allait bientôt se tourner contre lui, avait mises peu prudemment à sa disposition.

Pendant cette expédition guerrière, il traversa les États de l'Église à cheval. En arrivant dans les villes, il s'y occupait moins des devoirs du pontife que de l'autorité du prince, prescrivant d'y relever ou d'y construire des forteresses propres à en assurer l'obéissance (1). Lorsqu'il s'approcha de Pérouse, les Baglioni intimidés lui en ouvrirent les portes, sans attendre pour se soumettre d'y être forcés. Il n'en fut pas de même des Bentivoglio. Jules II, outré de leur résistance, publia une bulle terrible contre Bologne. Dans l'emportement de sa colère, il ordonna que, si la ville était prise, tout y fût mis à feu et à sang et qu'on n'y laissât pas une âme vivante (2). Bologne épouvantée se rendit ; les Bentivoglio en sortirent, et Jules II y établit une forme nouvelle de gouvernement et y éleva une citadelle (3).

A son retour d'une campagne où il avait rétabli glorieusement l'autorité du Saint-Siége, il fut reçu dans Rome comme un triomphateur (4). Il y rentra au milieu des transports d'enthousiasme du peuple, au bruit du canon tiré du château Saint-Ange,

(1) *Diarium Curiæ romanæ*, par Paris de Grassis, « magistri ceremoniarum apostolicarum sub Julio secundo et Leone decimo », et évêque de Pesaro. Ms. 5165 de la Bibliothèque nationale, t. I, p. 42 à 55. Il n'allait qu'à cheval et sans suivre le cérémonial usité pour les souverains pontifes, p. 42. « Papa impatiens moræ quod fit propter episcopum deferentem corpus Christi..... præmittit sacramentum ut ipse liberius possit properare, properat autem ita ut pauci pedites sequi possint, et aliqui ex parafrenariis cardinalium pro cursura continua in via defecerunt et mortui sunt. » P. 46.

(2) Ibid., t. I, p. 97. « Papa Gallos excitavit ut non parcerent viventi, quin omnia ferro, flammisque et suspendiis perderent. » P. 120.

(3) « Ad Forum Magnum qui mercatus dicitur..... adiit, revisitque fundamenta antiquæ arcis et fossas semiplenas, laudatoque ejus loci pro arce et citadella struenda situ, inde ad palatium rediit delatus in equo potius cursario quam gradatorio. » — Ibid., t. I, p. 170.

(4) « Currus erat triumphalis a quatuor equis albis tractus, et is erat in formam rotundam. » — Ibid., p. 278.

en passant sous des arcs de triomphe dressés à son honneur et sur l'un desquels on avait mis : « A Jules II, pontife très-bon et très-grand, de retour d'une expédition où par son courage, son habileté, son bonheur, il a délivré l'État pontifical des tyrans, et a établi partout la paix et la liberté (1). » La ville des papes célébra sous toutes les formes cette restauration de sa grandeur qu'il fallait compléter en reprenant les places dont les Vénitiens s'étaient emparés dans la Romagne. Jules II s'occupa de ce dessein. Pour le faire réussir, il avait besoin encore du concours militaire de Louis XII.

VI.

Ce prince à bon droit populaire en France, mais inhabile en Italie, continua à commettre la même faute sous la même forme. Dans son inquiète et peu clairvoyante ambition, il employa pour s'agrandir au-delà des Alpes des procédés qui, à la longue, lui firent perdre tout ce qu'il y possédait. Il avait partagé le duché de Milan avec les Vénitiens en 1499, le royaume de Naples avec le roi

(1) « Alius arcus præparatus fuit cæteris omnibus visu ac magnitudine decorus, ante portam palatii, æqualis de toto in magnitudine et forma et gratia arcu Constantiniano apud amphitheatrum sive colliseum..... In hoc erant omnes actus et gesta pontificis in tota peregratione habita et facta prout ex pictura videbantur. Titulus autem videlicet : Julio II, pontifici optimo maximo, reduci, quod virtute, consilio, felicitate, rem pontificiam a tyrannorum servitute liberavit, pacem, libertatemque ubique constituerit. » — *Diarium curiæ romanæ* t. I, p. 280-281.

d'Aragon en 1501. Après avoir tenté de dépouiller le roi d'Aragon de sa part dans le sud de la péninsule, et avoir été réduit à lui abandonner la sienne qu'il avait perdue à la fin de 1503, il projeta de dépouiller les Vénitiens du territoire qu'il leur avait cédé sur la rive gauche de l'Adda. Déjà, en 1504, il avait eu l'imprudence de concerter le partage de la Lombardie vénitienne avec l'empereur Maximilien, par un traité secret (1), qui ne fut pas exécuté tout de suite et qui aurait introduit les Allemands dans le haut de l'Italie, comme les Espagnols avaient été introduits dans le bas. Mais la spoliation de la puissante république n'avait été qu'ajournée. Quatre ans après, par la ligue conclue à Cambrai, le 10 décembre 1508 (2), il avait été convenu entre le roi de France, l'empereur Maximilien, le pape et le roi catholique, qu'on déclarerait la guerre aux Vénitiens pour leur prendre : Louis XII, Crémone, la Ghierra d'Adda, Crema, Bergame, Brescia; Jules II, Ravenne, Cervia, Faenza, Rimini; Ferdinand, Brindisi, Trani, Otrante, Gallipoli et les autres ports que les Vénitiens détenaient dans le royaume de Naples; Maximilien, Vérone, Vicence, Padoue, Roveredo, Trévise, le Frioul, l'Istrie, c'est-à-dire tout le reste de leurs États de terre ferme qui relevaient de l'empire.

(1) Ce traité est dans le *Codex Italiæ diplomaticus*. Lunig, t. I, part. I, sect. I, XXVI.
(2) *Corps diplomatique* de Du Mont, t. IV, part. I, p. 113 à 116.

Louis XII fut le plus tôt prêt. Il attaqua seul les Vénitiens et les vainquit au profit des autres confédérés. Leur vaillant général, Barthélemy d'Alviano, par trop de hardiesse, perdit la bataille d'Agnadel, où il fut même fait prisonnier. La défaite de son armée jeta Venise dans une telle consternation que le sénat épouvanté abandonna, pour ainsi dire, tous ses États de terre ferme. Louis XII se mit en possession de ce qui lui était dévolu par le traité de Cambrai. Jules II et Ferdinand firent de même, sans effort et sans délai, recueillant les fruits de la victoire des Français qui travaillaient peu prudemment à accroître la force de leurs adversaires naturels en Italie. Maximilien fut le seul qui, par indécision d'esprit, manque de troupes et d'argent, ne profita pas suffisamment du trouble des Vénitiens pour occuper fortement les pays qu'ils lui abandonnaient presque sans les défendre. Il les laissa revenir de leur épouvante, reprendre Trévise et Padoue, qu'ils ne devaient plus perdre, et lui disputer peu à peu la possession du reste de leurs États.

Dès que les Vénitiens eurent été vaincus, la position respective des confédérés changea. Le pape Jules II, rentré dans les places de la Romagne, ayant redonné au Saint-Siége tout ce que César Borgia avait pris naguère pour lui-même, s'étant rendu maître de Pérouse sur Baglione, de Bologne sur Bentivoglio, ne voulut pas laisser écraser une puissance italienne comme la république de Venise.

Il ne songea plus qu'à ourdir des ligues contre les Français pour les affaiblir en Lombardie, et à la fin les en expulser.

De son côté, Ferdinand se retira d'une alliance où il n'avait plus rien à gagner, et il s'entendit bientôt avec Jules II, afin d'affermir sa propre domination dans le royaume de Naples et d'acquérir aux Espagnols la prépondérance en Italie. Réconcilié avec les Vénitiens, le pape attaqua le duc de Ferrare, allié de Louis XII, et suscita bientôt contre ce dernier prince l'hostilité des Suisses qui avaient été jusque-là ses plus valeureux appuis, et qu'il eut l'imprudence de changer en ennemis.

Ces montagnards belliqueux et cupides s'étaient emparés depuis longtemps de Bellinzona, dans une des vallées qui débouchent sur le Milanais, au-dessus du lac de Como. Louis XII aurait voulu la reprendre pour fermer la route du duché. Lorsque, en 1509 (1), était arrivé le terme des dix années de l'utile alliance qu'il avait conclue avec eux au début de son règne, il n'avait rien

(1) Le 16 mars 1499, Louis XII avait conclu avec les Suisses un traité pour dix ans, en vue surtout de la conquête du duché de Milan et du recouvrement du royaume de Naples. Il devait donner tous les ans, aux cantons, la même pension que les deux rois ses prédécesseurs. « Præterea majestas sua pro suæ in nos pietatis comprobatione, durante decennio... in civitate sua Lugdunensi expediri et dari disponat et teneatur per modum pensionis annuæ 20 millia francorum, æqua ratione inter nos dividendorum, videlicet pro singulo pago memoratæ ligæ nostræ duo millia francorum præscriptorum. » Il devait donner de plus comme paie, à chaque soldat suisse qu'il lèverait, 4 florins et demi d'or par mois. « Pro stipendio consueto, contribuere debet aureos rhenenses quatuor et medium. » *Corps diplomatique*, t. III, part. II, p. 406.

fait pour les engager de nouveau au service de la France. Loin de là, il avait pris à sa solde des lansquenets levés dans le pays de Gueldres et dans les villes d'Allemagne, et, par esprit de parcimonie et de fierté, il avait hésité à acheter l'assistance militaire des Suisses et à se rendre par là tributaire de ces montagnards dont il parlait dédaigneusement. Il avait ainsi rompu avec le peuple aguerri, dont Louis XI avait su acquérir l'amitié, qui, n'ayant jamais été vaincu, se croyait invincible, et qui avait fourni jusque-là sa meilleure infanterie à la France.

Pendant que Louis XII se séparait des Suisses, Jules II s'unissait étroitement avec eux. Le prévoyant et fougueux pontife, qui projetait dès lors d'expulser les Français de l'Italie, voulut faire des soldats de la Confédération suisse les instruments de ses desseins, et les fermes appuis de la puissance de plus en plus agrandie du Saint-Siége. Il conclut, par l'entremise de l'évêque de Sion, Matthieu Schinner, qu'il avait nommé cardinal, un traité qui mettait au service de l'Église et pour sa *sûreté* les troupes levées dans les cantons. Réconcilié avec les Vénitiens et d'accord avec Ferdinand le Catholique, auquel il donna la pleine investiture du royaume des Deux-Siciles, l'impétueux Jules II commença ses attaques contre le roi de France. Il appela les Suisses dans le Milanais et il envahit lui-même le duché de Ferrare, qu'il prétendait réunir au Saint-Siége. En janvier 1511, au cœur du plus rigoureux hiver, il attaqua avec acharnement le fidèle allié de Louis XII. Il conduisit son armée, à travers l'Apennin, devant la Mirandole, dont la prise faciliterait, espérait-il, la conquête du Ferrarais. Le monde apprit avec étonnement qu'un vieillard de plus de soixante et dix ans, qu'un souverain pontife, campé au milieu des neiges, insensible aux fatigues comme aux périls de la guerre, avait dirigé les opérations du siége, et, dans sa belliqueuse ardeur, y était entré par la brèche (1). Rien ne parut plus au-dessus de ce courage déplacé mais héroïque, et de cette indomptable opiniâtreté.

En effet, poursuivant son œuvre d'inimitié contre Louis XII et d'ambition pour le Saint-Siége, Jules II fomenta, avant la fin de l'année 1511, la *Sainte Ligue*, dans laquelle entrèrent, avec lui, le sénat de Venise, le roi d'Aragon et de Naples, le roi d'Angleterre Henri VIII, gendre de Ferdinand le Catholique, où devait être entraîné bientôt l'empereur Maximilien lui-même, et que les Suisses allaient renforcer en la soutenant de leurs intrépides soldats. Cette formidable coalition, qui mit du temps à se former, mit aussi du temps à vaincre. Louis XII se défendit de son mieux contre elle. Il eut recours aux armes spirituelles pour résister au pape, en même temps qu'il employa les armes temporelles

---

(1) « Nam sanctissimus dominus noster, qui indesinenter in castris sub mœnibus ipsius oppidi fuit, nunquam ex expugnatione et a tormentis jaciendis cessare voluit, quin semper suus exercitus ad illius capturam procederet. » Ms. 5165, t. II, p. 153.

pour repousser les attaques de la Ligue. Il fit convoquer à Pise, par quelques cardinaux attachés à sa cause, un concile destiné à déposer ou à intimider Jules II, cité à comparaître devant eux. Mais, plus courroucé qu'effrayé, le bouillant pontife convoqua à Rome un autre concile où siégèrent, dès l'ouverture, seize cardinaux, près de cent prélats, les quatre chefs des grands ordres monastiques, et qu'il présida avec solennité, tandis que le concile de Louis XII, après avoir tenu timidement quelques séances au milieu des clameurs injurieuses du peuple de Pise, fut contraint de se réfugier à Milan. Jules II avait lancé l'anathème contre ses membres et ses adhérents, qu'il avait déclarés schismatiques, et il alla même jusqu'à excommunier Louis XII, jeter l'interdit sur ses États et dégager ses sujets des liens de l'obéissance.

Les armes temporelles avaient été tout d'abord pour Louis XII d'un emploi plus heureux que les armes spirituelles, et de brillants succès furent encore obtenus par les troupes françaises en Italie. Le neveu de Louis XII, Gaston de Foix, était alors à leur tête. Ce vaillant jeune homme se montra tout d'un coup habile capitaine par la rapidité de ses mouvements, la sûreté de ses combinaisons et le nombre de ses victoires. L'armée espagnole, réunie à l'armée pontificale, avait mis le siége devant Bologne, revenue, grâce à l'intervention française, sous l'autorité de J. Bentivoglio, tandis que l'armée vénitienne attaquait les places qu'occupaient les Français au-delà de l'Adda et de l'Oglio. Gaston de Foix se porta vivement du Milanais sur Bologne, dont il fit lever le siége, poursuivi par les troupes de Jules II et de Ferdinand le Catholique, qu'il rejeta du côté de Ravenne. Puis, remontant avec non moins de rapidité vers la ville de Brescia, que les Vénitiens avaient surprise et dont le château tenait encore pour Louis XII, il écrasa une partie de l'armée vénitienne qu'il rencontra sur sa route, et anéantit le reste dans Brescia qu'il prit d'assaut. Il revint peu de temps après en Romagne où il battit, le 11 avril 1512, l'armée espagnole et l'armée pontificale, retranchées sur le Ronco, en avant de Ravenne, et il serait allé sans doute dicter la paix dans Rome même à Jules II déconcerté, si, par une imprudente ardeur, cet héroïque jeune homme n'avait pas voulu, après sa victoire, poursuivre un corps d'infanterie espagnole qui se retirait en bon ordre et au milieu duquel il trouva la mort. Avec lui disparut la fortune de Louis XII.

Privée de son glorieux chef, fort réduite en nombre par les pertes considérables qu'elle avait faites à Brescia et à Ravenne, et par l'abandon des lansquenets impériaux, auxquels l'empereur Maximilien, qui venait de rompre son alliance avec Louis XII pour se rattacher à la *Sainte Ligue,* avait donné l'ordre de quitter le service de la France, l'armée victorieuse se replia, sous le commandement de la Palice, vers le Milanais, qu'elle eut bientôt à défendre. Elle n'avait pas plus de dix mille hommes que Louis XII, comptant trop sur les succès de Brescia et de Ravenne, négligea de renforcer, lorsqu'elle y fut attaquée par des forces très-supérieures. Plus de vingt mille Suisses, descendus dans le Véronais par le Tyrol où l'empereur Maximilien leur avait livré passage, s'étaient réunis à l'armée vénitienne. Ils pénétrèrent facilement dans le Milanais, et n'eurent pas de peine à en expulser les Français affaiblis, qui furent contraints de battre en retraite devant eux. Ils rétablirent aussitôt dans le duché, dont l'ambitieux Jules II détacha Parme et Plaisance pour les annexer au Saint-Siége, le fils aîné de Ludovic le More, Maximilien Sforza, qu'ils prirent sous leur protection.

La restauration des Sforza, œuvre des Suisses, qui y trouvèrent de grands avantages, convint surtout aux deux principaux membres de la *Sainte Ligue,* au pape Jules II et au roi Ferdinand le Catholique. Jules II crut apercevoir, dans le rétablissement en Lombardie d'un prince italien que soutenait l'armée helvétique, dont le cardinal de Sion était le guide et le chef, un commencement de succès pour ses grands desseins en faveur de l'indépendance italienne.

Le roi Ferdinand, de son côté, ne craignant plus rien pour le royaume de Naples de la part des Français rejetés au-delà des Alpes, se considéra désormais comme le principal arbitre des affaires dans la péninsule. En politique consommé, ce monarque astucieux gagnait quelque chose à toutes ses alliances et à toutes ses ruptures. La première expédition de Charles VIII en Italie lui avait valu le Roussillon et la Cerdagne; son traité de partage avec Louis XII lui avait valu la moitié du royaume de Naples ; sa rupture avec ce prince, l'autre moitié ; sa participation à la ligue de Cambrai contre les Vénitiens, les places que les Vénitiens avaient prises ou reçues sur les côtes de la Pouille et de la Calabre ; enfin son entrée dans la *Sainte Ligue,* l'expulsion des Français du duché de Milan. Mais il ne s'était pas contenté de ce dernier avantage. Son gendre Henri VIII ayant déclaré la guerre à la France, Ferdinand lui avait persuadé de transporter ses troupes à Fontarabie et de les joindre aux siennes, afin de prendre la Guyenne, que Charles VII avait enlevée aux Anglais depuis près de soixante ans. Le crédule Henri VIII, sans rien acquérir pour lui, avait aidé son beau-père à s'emparer de la Navarre sur Jean d'Albret, que Jules II avait excommunié comme allié de Louis XII, et à compléter ainsi vers les Pyrénées la frontière espagnole, qu'il avait eu la gloire d'achever aussi vingt ans auparavant sur les côtes méridionales de l'Espagne, en face de l'Afrique, par la conquête du royaume de Grenade.

VII.

Louis XII comprit alors les fautes qu'il avait faites en se brouillant avec les Suisses et en s'unissant à ceux qui devaient être ses adversaires, pour dépouiller les Vénitiens. Il essaya de renouer l'alliance rompue avec les Cantons. Mais les Suisses, pleins de ressentiments, trouvèrent d'ailleurs plus avantageux de soutenir Maximilien Sforza, qui s'engagea à leur payer 200,000 ducats pour la remise du duché, à leur faire une pension annuelle de 40,000 ducats, leur céda les vallées de Domodossola, de Lugano, de Locarno, etc., par lesquelles ils descendaient facilement dans la Lombardie, et leur accorda l'exemption de péages jusqu'aux portes de Milan.

Sans se décourager, Louis XII se prépara à reconquérir, malgré eux, le Milanais, où les citadelles de Milan et de Crémone tenaient encore pour lui. Il fit avec Ferdinand le Catholique une trêve partielle ne comprenant que la frontière du côté des Pyrénées, et il conclut un nouveau traité d'alliance (1) avec les Vénitiens, auxquels il rendit le vaillant Barthélemy d'Alviano, resté son prisonnier depuis la bataille d'Agnadel. Par ce traité, les Vénitiens, qu'il devait aider à reprendre Vérone, Brescia et tout ce que l'empereur Maximilien tenait encore de leurs États de terre ferme, s'engageaient de leur côté à fournir à Louis XII 800 lances, 1,500 chevau-légers et 10,000 hommes de pied, pour seconder le recouvrement du Milanais (2). Revenant pour ainsi

(1) Le 23 mars 1513, *Corps diplomatique*, t. IV, part. I, p. 182.
(2) Dont cette fois ne devaient pas être détachées pour eux Crémone et les possessions situées à la gauche de l'Adda.

dire aux débuts de son règne, et rentrant dans l'alliance qu'il avait si utilement conclue treize années auparavant, Louis XII condamnait en quelque sorte ce qu'il avait fait depuis avec une ambition si inhabile.

Son plus dangereux ennemi, l'implacable Jules II, venait de mourir. Ce pape entreprenant semblait être arrivé à ses fins. La retraite des Français et la restauration de la maison italienne des Sforza avaient rempli son âme de joie. Après avoir affermi l'autorité pontificale dans les États de l'Église, auxquels il avait ajouté, outre Parme et Plaisance, détachées du duché de Milan, Modène, Reggio et Brescello, pris sur la maison d'Este, il préparait tout pour l'attaque de Ferrare, qu'il voulait rendre au Saint-Siége. Il rêvait ensuite l'expulsion de tous les barbares de l'Italie (1), lorsque la mort le surprit au milieu de ses enivrantes agitations et de ses orgueilleuses espérances.

Le peuple de Rome, qui l'admirait, le regretta. Il accourut en foule lui baiser les pieds. « Jamais, dit le journal de sa vie, on ne vit une si grande multitude se presser autour des restes d'un souverain pontife. Tous s'écriaient, au milieu de leurs larmes, qu'il avait été le vrai pontife romain, vicaire du Christ, en observant la justice, en poursuivant et en abattant les tyrans et les barons ennemis de

---

(1) « Cum summus pontifex animo pertinacissimo inciperet velle Italiam a furore barbarico liberare. » Paris, de Grassis, ms. 5165, t. II, p. 155.

l'Église apostolique. Ceux même auxquels on supposait que sa mort devait être agréable pleuraient aussi et ne pouvaient s'empêcher de dire : Ce pape nous a délivrés tous, nous, l'Italie et la chrétienté, du joug des Français et des barbares (1). » Jules II, qui fut moins un bon pape qu'un grand prince, laissait une mémoire plus glorieuse que respectable. Pour fonder la puissance territoriale du Saint-Siége, il avait déployé l'habileté tortueuse d'un politique italien et les ardeurs guerrières d'un conquérant. Mêlant ensemble ses passions et ses desseins, il n'avait été ni dépourvu de fourberie dans ses emportements, ni exempt de variations dans ses opiniâtretés. S'il avait rendu la papauté plus puissante en Italie, il fut de ceux qui la rendirent moins vénérable en Europe.

Au pontife à cheveux blancs succéda un pontife plein de jeunesse ; à l'ambitieux emporté, un politique circonspect ; au conquérant hardi, un conservateur adroit ; à Jules II, Léon X. Ce fils préféré de Laurent le Magnifique, nommé cardinal à l'âge de treize ans, fut, après quelques jours de conclave, élu pape à l'âge de trente-huit. Il avait été fait pri-

(1) « Non vidi unquam ab annis quadraginta, nec credo visum unquam fuisse, tam ingentem populorum multitudinem ad ullum pontificis cadaver effusam... Omnes acclamantes inter lacrymas salutem animæ suæ qui vere romanus pontifex fuerit, justitiam tenendo, Ecclesiam apostolicam applicando, tyrannos et inimicos prosequendo et debellando. Omitto multos quibus credibile erat hanc mortem gratam fuisse, etiam ubertis lacrymis flevisse, quoniam (ut dicebant) hic pontifex, nos omnes, omnem Italiam, omnem christianitatem a jugo barbarorum et Gallorum eripuit. » Ms. 5165, t. II, p. 690.

sonnier à la bataille de Ravenne, où il se trouvait comme légat de Jules II, et il s'était échappé des mains des Français, au moment de leur retraite un peu confuse, pour monter presque aussitôt sur le trône pontifical.

Élevé au milieu des beaux esprits dont son père, dans les splendeurs de l'opulence, s'était rendu le protecteur, il avait pris les goûts les plus nobles, sinon les plus religieux. Aussi souple que Jules II était rude, aussi fin que Jules II etait violent, d'une imagination enjouée, d'un caractère équivoque, insinuant, spirituel, ami des plaisirs, passionné pour les productions renaissantes des lettres et les œuvres des arts, alors dans tout leur éclat, il avait le bon sens un peu raffiné, l'élégante somptuosité, la prudence cauteleuse et, au besoin, l'ambition résolue des Médicis.

Ce que ses deux prédécesseurs avaient acquis, il mit son savoir-faire à le conserver et, s'il en trouvait le moyen, à l'accroître. Il s'attacha surtout à consolider avec adresse les possessions nouvelles du Saint-Siége, et pour cela il crut ne devoir combattre à outrance personne, afin de pouvoir, selon les occasions et les succès, tirer parti de tout le monde. Sa vie devint ainsi une négociation permanente, et, flottant sans cesse entre les princes qui se disputaient l'Italie, il se montra tour à tour leur allié infidèle et leur ennemi accommodant. Dès le début de son pontificat, il suivit cette politique artificieuse. Il assura aux adversaires de Louis XII, dont les revers avaient déterminé dans Florence la chute du parti républicain et la rentrée des Médicis, qu'il voulait l'expulsion des Français de l'Italie, ce qui était vrai, et il laissa espérer à Louis XII qu'il ne s'opposerait pas à son rétablissement dans le duché de Milan.

Louis XII avait fait un grand effort pour reprendre le Milanais, qu'il avait possédé douze ans, et que son droit comme héritier des Visconti, son orgueil comme roi de France, ne lui auraient jamais permis d'abandonner. Il sembla sur le point d'en redevenir le maître au printemps de 1513. Son armée, que commandaient la Trémoille et J.-J. Trivulzi, déboucha dans la haute Italie par le Piémont. Elle s'empara d'Asti, d'Alexandrie, et occupa même Milan. Maximilien Sforza en était sorti à la tête d'un corps considérable de Suisses et s'était jeté dans Novare. L'armée française alla l'assiéger dans cette ville, qu'elle aurait forcée, si des bataillons nombreux de confédérés n'avaient pas été levés en toute hâte dans les Cantons et n'étaient pas accourus, par la vallée d'Aoste, au secours du duc Maximilien et des Suisses enfermés dans Novare.

A leur approche, la Trémoille et Trivulzi avaient levé le siége de cette place, déjà battue en brèche, et avaient transporté leurs troupes à quelques milles de là, à la Riotta, où ils avaient dressé leur camp dans un lieu coupé de canaux et peu favorable aux mouvements de leur nombreuse cavalerie. A peine entrés dans Novare, les bataillons suisses, auxquels se joignirent les bataillons assiégés, sortirent en bon ordre et allèrent attaquer avec furie le camp des Français. Ils écrasèrent d'abord les lansquenets, que les hommes d'armes ne purent pas secourir. Ils s'emparèrent de l'artillerie, qui avait été placée sous la garde des lansquenets, et la tournèrent contre le reste de l'armée française, qu'ils mirent en pleine déroute.

La défaite de Novare, après laquelle le Milanais fut définitivement perdu pour Louis XII, eut des suites encore plus désastreuses. Henri VIII fit, avec une forte armée, une descente en Picardie, où, réuni à l'empereur Maximilien, il prit Térouanne et Tournay, après que les troupes françaises eurent été mises en fuite à la journée de Guinegate. De leur côté les Suisses, qu'animait la passion et que poussait en avant la victoire, envahirent la France par la frontière de l'Est. Au nombre de vingt mille, ils descendirent par le Jura dans la Bourgogne et s'avancèrent jusque sous les murs de Dijon, sans rencontrer des forces capables de les arrêter. Cette invasion aurait pu les conduire au cœur même de la France, si la Trémoille, qui n'avait que peu de monde sous la main, outre-passant ses pouvoirs pour écarter le danger qui menaçait le royaume, ne les avait pas renvoyés dans leurs montagnes en convenant avec eux que Louis XII renoncerait à ses droits sur le Milanais et leur payerait 400,000 ducats en différents termes.

Loin de ratifier le traité qui délivrait le royaume

d'un si grand péril, Louis XII songea à reconquérir le duché de Milan. Il entama, dans cette vue, des négociations assez habiles avec la plupart de ses ennemis. Il se réconcilia avec le Saint-Siége, en renonçant au concile de Pise et en adhérant au concile de Latran. Il prolongea d'un an sa trêve avec le roi catholique; il parut disposé à accepter la proposition que lui firent ce prince et l'empereur Maximilien de marier l'archiduc Ferdinand, leur petit-fils, avec sa seconde fille, la princesse Renée, à laquelle il céderait ses droits sur le duché de Milan. Enfin il traita avec Henri VIII, mécontent de son beau-père Ferdinand qui avait conclu des trêves sans le consulter et l'avait trompé plusieurs fois. La paix fut signée entre eux, au commencement d'août 1514. Louis XII céda Tournay à Henri VIII et s'engagea à lui payer par an 100,000 livres jusqu'au complet acquittement d'une somme de 600,000 écus. Il alla même plus loin. Il avait perdu sept mois auparavant, le 9 janvier 1514, Anne de Bretagne sa femme, et, pour rendre l'alliance plus étroite avec Henri VIII, il épousa, le 11 octobre, la jeune sœur de ce prince, Marie, à laquelle il reconnut 400,000 fr. de dot.

Ainsi rassuré du côté de l'Angleterre, en état de trêve avec l'Espagne, allié avec les Vénitiens, n'ayant point à craindre les forces pontificales que le prudent Léon X, avec lequel il s'était réconcilié, n'avait d'ailleurs envie d'engager au service de personne, sachant qu'il n'aurait à rencontrer en

Italie que les troupes suisses, il fit des préparatifs pour reconquérir de nouveau le duché de Milan. Mais la mort le surprit avant de les avoir achevés. Marié, à l'âge de cinquante-trois ans, à une jeune femme de dix-huit, il changea toutes ses habitudes, épuisa ses forces et succomba, le 1er janvier 1515, à une fièvre accompagnée de dyssenterie.

Ce prince excellent, doué d'un grand courage, animé au dedans de son royaume des intentions les plus bienfaisantes, entraîné au dehors par une ambition que ne secondait pas assez d'habileté et qui se prêtait à des arrangements sans prudence, aimant beaucoup son peuple qu'il gouverna avec douceur et avec justice, trop entreprenant pour son esprit d'économie ou trop parcimonieux pour son esprit d'entreprise, compromit par des fautes tout ce qu'il tenta, et ruina même par des maladresses tout ce qui lui avait d'abord réussi. Après seize ans de règne, il était moins avancé qu'à son début. Il avait cédé Naples, perdu le Milanais, et avait laissé entamer son propre royaume, sur la frontière duquel le roi d'Espagne avait pris la Navarre, où le roi d'Angleterre occupait Tournay, et où les Suisses s'étaient avancés jusqu'à Dijon.

CHAPITRE PREMIER.

PASSAGE DE FRANÇOIS Ier EN ITALIE. — BATAILLE DE MARIGNAN. —RECOUVREMENT DU MILANAIS.

En arrivant à la couronne, François Ier songe à reconquérir le duché de Milan. — Négociations qu'il engage dans cette vue et mesures qu'il prend. — Rassemblement d'une armée considérable à la tête de laquelle il franchit les Alpes par le col jusque-là impraticable de l'Argentière, afin de tourner les Suisses qui gardaient en force les passages du mont Cenis et du mont Genèvre, pour l'empêcher de descendre en Italie. — Sa marche victorieuse à travers le Piémont, son arrivée dans le Milanais. — Traité de paix convenu à Gallerate avec les chefs des troupes suisses, qui enfreignent ce traité en attaquant à l'improviste l'armée française campée à quelques lieues au-dessous de Milan. — Rude bataille de deux jours, le 13 et le 14 septembre 1515, à Marignan. — Éclatante victoire de François Ier, qui se fait recevoir chevalier par Bayard, sur le champ de bataille même. — A la suite de cette victoire, François Ier recouvre tout le Milanais, auquel il force Léon X de restituer Parme et Plaisance, que Jules II avait réunies aux États du Saint-Siége. — Entrevue du pape et du roi à Bologne; pourparlers au sujet des affaires d'Italie et négociation d'un concordat religieux. — Retour de François Ier dans son royaume. — Le Milanais, qu'il laisse sous le gouvernement du connétable de Bourbon, est attaqué presque aussitôt par l'empereur Maximilien, qui l'envahit à la tête d'une armée d'Allemands et de Suisses. — Retraite précipitée de l'empereur Maximilien après une agression infructueuse et dispersion de son armée faute d'argent. — Affermissement de la conquête du Milanais par des traités successivement conclus : à Noyon, avec l'archiduc Charles, qui, devenu l'héritier des royaumes d'Espagne à la mort de son grand-père Ferdinand le Catholique, doit épouser la fille de François Ier, et règle la question de Naples ; à Fribourg, avec les treize cantons suisses, qui acceptent une alliance perpétuelle ; à Bruxelles et à Cambrai, avec l'empereur Maximilien, qui renonce à Vérone et se résigne à la paix; à Londres, avec Henri VIII, qui rend à François Ier Tournay, Saint-Amand et Mortagne, naguère enlevés à Louis XII. — Succès des trois premières années du règne de François Ier. — Grande situation de la France, due à ses victoires et à sa politique.

I.

Le successeur de Lous XII, François Ier, n'avait guère plus de vingt ans lorsqu'il monta sur le trône. Il appartenait à la branche de Valois-Orléans, comme Louis XII, dont il avait, en 1514, épousé la fille aînée, Claude, héritière par sa mère du duché de Bretagne, et par son père du duché de Milan. Ce mariage laissait la Bretagne unie à la couronne et permettait à François Ier de revendiquer le Milanais, dont le recouvrement par une guerre heureuse devait être encore moins difficile que la conservation par une habileté soutenue.

A la fleur de l'âge, d'une haute stature, d'une force de corps à laquelle s'ajoutait beaucoup d'adresse, d'une grande bravoure, d'un esprit enjoué et d'un caractère chevaleresque, François Ier avait la plupart des qualités qui font briller un prince, et même quelques-unes de celles qui peuvent le rendre grand. Il avait le goût des lettres, le vif sentiment des arts, et il nourrissait des ambitions élevées.

Aux dons naturels de l'intelligence il savait, au besoin, joindre les calculs réfléchis de la politique. Quoiqu'il aimât beaucoup ses plaisirs, il était capable de s'en détacher pour suivre un dessein important, ou de les oublier dans la recherche ardente de la gloire. Ce qu'il y avait en lui de bouillant ne l'empêchait pas d'être avisé, et, malgré sa fougue un peu légère, il ne manquait ni de prévoyance ni d'application. Il le montra surtout au début de son règne, en préparant et en exécutant l'entreprise qui devait le rendre maître de la haute Italie.

Avant d'engager les négociations propres à lui en faciliter le succès, il pourvut aux plus hautes dignités et régla les affaires intérieures de son royaume, qui resta d'abord administré comme il l'avait été sous le bon roi Louis XII. Il donna l'épée de connétable au duc Charles de Bourbon, que son titre de second prince du sang et ses brillants services aux batailles d'Agnadel et de Ravenne appelaient à cette grande charge de la couronne (1). Il ne restait qu'un seul maréchal de France, l'expérimenté Jean-Jacques Trivulzi, chef du parti français en Lombardie, et qui, vieilli sous les armes, avait conservé la réputation d'un infatigable et habile capitaine. François Ier nomma deux autres

(1) Louis XII avait eu le projet de le faire connétable. « Avant son trépas, ledit roy, voulant faire son écu et son bouclier de mondit sieur de Bourbon pour ses prouesses et vertus, lui avoit dit qu'il vouloit qu'il fût son connétable. » *Vie du connétable Charles de Bourbon*, par Marillac, son secrétaire, p. 259, v°, dans *Desseins de professions nobles et publiques*, etc., par Antoine de Laval, Paris, MDCXIII, in-4.

maréchaux : Odet de Foix, seigneur de Lautrec, cousin de l'héroïque vainqueur de Ravenne, bataille où Lautrec lui-même avait été grièvement blessé, et Jacques de Chabannes, seigneur de la Palice, qui s'était distingué dans de hauts commandements et par ses qualités guerrières pendant toutes les expéditions d'Italie. La Palice, en devenant maréchal, céda la charge de grand maître à Arthus de Boisy, que le nouveau roi avait eu pour gouverneur, et qui fut ainsi le plus près de sa personne, comme il était le premier dans sa confiance. Les sceaux furent remis à Antoine Du Prat, premier président du parlement de Paris, que François Ier nomma chancelier de France et qu'il garda comme son principal ministre pendant près de vingt ans. Un personnage fort important, le trésorier Florimond Robertet, qui avait sagement servi l'État sous les trois rois précédents Louis XI, Charles VIII, Louis XII, et qui, à la fin du règne de ce dernier prince, après la mort du cardinal Georges d'Amboise, avait eu beaucoup de part à la direction des affaires, conserva, avec le maniement financier, l'autorité due à son expérience et à sa modération.

Après avoir mis ordre aux affaires intérieures de son royaume et s'être fait sacrer à Reims, François Ier tourna toutes ses pensées du côté de l'Italie, soit dans les négociations qu'il poursuivit, soit dans les armements qu'il prépara. Il négocia d'abord une alliance étroite avec l'archiduc Charles, petit-fils du roi Ferdinand et de l'empereur Maximilien, héritier futur de leurs États d'Espagne, d'Italie et d'Allemagne, et déjà souverain des Pays-Bas. Né avec le siècle, l'archiduc Charles n'avait alors que quinze ans ; mais il venait de sortir de tutelle et il s'occupait activement de ses vastes intérêts, sous la direction vigilante de Guillaume de Croy, seigneur de Chièvres, devenu son grand chambellan et qui, après avoir été son gouverneur, restait son précepteur politique. Le modéré et habile Flamand voulait affermir le repos des Pays-Bas et rendre facile l'avénement prochain de l'archiduc Charles aux couronnes d'Espagne par une bonne paix avec le nouveau roi de France qui ne la désirait pas moins, pour n'être pas exposé à des attaques sur la frontière septentrionale de son royaume, lorsqu'il descendrait en Italie. D'ailleurs, les dispositions que le roi catholique montrait en faveur de son second petit-fils Ferdinand, élevé à ses côtés et pour lequel il avait une prédilection marquée, inquiétaient la cour prévoyante de l'archiduc Charles.

Le jeune prince s'empressa donc d'envoyer à François Ier une ambassade solennelle dont faisaient partie le comte de Nassau, le seigneur de Sempy et le président de Bourgogne Mercurin de Gattinara, afin de conclure un double traité d'alliance et de mariage. Chargés de prêter hommage pour la Flandre et les autres fiefs relevant de la couronne de France, les ambassadeurs de l'archiduc demandaient pour lui la main de la princesse Renée, seconde fille de Louis XII, avec les duchés de Bourgogne et de Milan, et 200,000 écus d'or comme dot.

François Ier les reçut courtoisement, mais non sans montrer la supériorité un peu hautaine du suzerain à l'égard du vassal. « Mon cousin le prince d'Espagne, leur dit-il, en me rendant comme mon vassal les devoirs des fiefs qu'il tient, me trouvera de ce côté tout raisonnable. Si, comme mon parent et voisin, et à cause des autres pays qu'il a, il désire mon amitié et que nous ayons union et intelligence ensemble, je le désire aussi et suis bien joyeux qu'il soit hors de tutelle et que j'aie affaire à un homme seul (1). » Tout en consentant au mariage de l'archiduc et de la princesse Renée, il en repoussa les inadmissibles conditions, et il ajouta fièrement, au sujet de la Bourgogne et du Milanais, « que tous les princes, grands et petits, ne l'amèneraient jamais à souffrir une diminution de sa hauteur (2). » Il convint qu'une rupture entre eux ne s'arrangerait pas aisément, et que la chrétienté entière s'en ressentirait, entrevoyant ainsi de loin les effets redoutables de leur rivalité future.

A la suite de longues négociations, le mariage fut convenu le 24 mars, moyennant une dot de

---

(1) *Négociations diplomatiques entre la France et l'Autriche durant les trente premières années du seizième siècle,* publiées par Le Glay, dans la collection des documents inédits du ministère de l'instruction publique, t. II, p. 6.

(2) Lettre des ambassadeurs de l'archiduc Charles à ce prince. *Correspondenze des Käisers Karl V,* publiée par Lanz, t. I, p. 11.

600,000 écus d'or au soleil, et le duché de Berry qui serait donné pour 400,000 écus et dont François Ier se réservait la pleine souveraineté (1). La jeune princesse, qui n'avait que quatre ans, ne devait être remise à l'archiduc Charles que dans les deux mois qui suivraient sa douzième année, et elle renoncerait aux droits qu'elle pouvait prétendre sur les duchés de Bretagne et de Milan. Une étroite alliance fut en même temps conclue entre ces deux princes. François Ier y fit comprendre le duc de Gueldre, tandis que l'archiduc Charles dut inviter l'empereur et le roi catholique, ses grands-pères paternel et maternel, à y prendre une place qui leur était réservée et qu'ils refusèrent. Tels furent les premiers rapports établis entre les deux souverains qui devaient plus tard remplir le monde de leurs luttes et qui, dans ce traité où ils prétendirent s'allier ensemble, eurent surtout en vue chacun un grand intérêt : Charles, la succession d'Espagne qu'il espérait ainsi recueillir sans trouble ; François Ier, la conquête du Milanais, à laquelle il désirait rencontrer moins d'obstacle.

C'est dans cette intention qu'il renouvela avec le roi d'Angleterre le traité (2) signé par Louis XII. Il

---

(1) La souveraineté, l'hommage-lige, les églises cathédrales, les cas royaux et ceux dont, par prévenance, la connaissance appartient à ses juges, desquels connaîtra le bailli de Saint-Pierre le Moustier. *Corps diplomatique*, t. IV, p. 1, p. 200.

(2) Rymer, *Acta publica*, t. XIII, p. 273, sq.

maintint également le traité que son prédécesseur avait naguère conclu avec les Vénitiens, dont la coopération armée lui était nécessaire. Les Vénitiens, qui avaient aussi besoin de l'assistance de François Ier pour reprendre celles de leurs possessions que l'empereur Maximilien détenait encore en Lombardie, s'étaient empressés de lui envoyer une ambassade extraordinaire afin de le complimenter sur son avénement à la couronne et de l'inviter à descendre en Italie. Les deux ambassadeurs, Pietro Pasqualigo et Sebastiano Giustiniano, arrivés à Paris peu de temps après que François Ier eût été sacré à Reims, furent reçus le 25 mars en audience solennelle. Les évêques d'Angoulême et de Coutances et le sénéchal de Toulouse, étant allés les prendre à leur hôtellerie, les conduisirent dans une grande salle du Palais, où les attendait François Ier entouré de toute la pompe royale. Il était assis sous un dais, ayant à sa droite le duc d'Alençon, le connétable de Bourbon, tous les princes et seigneurs du sang ; à sa gauche le grand chancelier et beaucoup de prélats; derrière son trône le bâtard de Savoie son oncle, le grand maître de sa maison Arthus de Boisy, le maréchal de la Palice, le grand écuyer San Severino, le trésorier Florimond Robertet et plusieurs autres personnages de son conseil et de sa cour. A l'entrée des ambassadeurs, le roi se leva, tenant son béret à la main. Lorsque Pietro Pasqualigo et Sebastiano Giustiniano lui eurent fait la révérence, il ne voulut point, quelque instance qu'ils en fissent, qu'ils lui baisassent la main et il les embrassa (1).

Les ambassadeurs présentèrent alors leur lettre de créance, et s'étant assis, selon la volonté du roi, toute l'assistance s'assit également. Giustiniano, prenant ensuite la parole, adressa, dans un discours latin très-orné, les condoléances de la république sur la mort de Louis XII et aussi ses félicitations sur l'avénement de François Ier, auquel elle se déclarait très-affectionnée, comme elle l'avait toujours été à la royale maison de France. Après cette harangue et la réponse du grand chancelier, faite aussi en latin au nom du roi, François Ier se leva, et appelant près de lui les ambassadeurs qu'il conduisit dans l'embrasure d'une fenêtre, il leur demanda s'ils n'avaient rien de secret à lui communiquer. A cela Pasqualigo répondit que la ferme intention de la Seigneurie était de persévérer dans l'alliance avec Sa Majesté très-chrétienne, et il pressa le roi d'envoyer au plus tôt des forces nouvelles en Italie. François Ier dit aux ambassadeurs qu'avant d'être roi, il avait eu pour leur république une affection qui devenait plus grande aujourd'hui qu'il avait plu à Dieu de l'élever à ce haut rang. « Vous en donnerez de ma part, ajouta-t-il, l'assurance à l'illustrissime Seigneurie. Je partirai bientôt pour l'Italie avec mon armée, qu'il siérait mal à un roi jeune,

(1) *Despaci* di Sebastiano Giustiniano alla Marciana, et dans Romanin, *Storia documentata di Venezia*, t. V, p. 298, 299, 300, in-8, Venezia, 1856.

comme je le suis, d'y laisser conduire par d'autres. J'ai et toute la France a de grandes obligations à la république de Venise, laquelle, pendant que les autres, après s'être servis de la France pour leur profit, l'ont ensuite abandonnée, lui est restée fidèle malgré beaucoup de périls et de pertes. C'est ce que je dois reconnaître, et je lui serai meilleur ami que jamais roi de France l'ait été. J'ai résolu de l'aider, de la faire plus grande qu'elle n'a été par le passé, et je maintiendrai inviolablement avec elle une bonne alliance (1). »

Assuré par cette alliance de l'appui militaire de Venise, François Ier gagna secrètement le doge de Gênes. La république de Gênes, aussi turbulente que divisée, ne savait ni se gouverner elle-même, ni rester soumise à autrui. Depuis quelque temps, elle était devenue comme une dépendance seigneuriale du duché de Milan. Louis XII, en s'emparant du duché sur Ludovic Sforza, avait pris facilement possession de la seigneurie de Gênes, qui, révoltée un moment contre lui en 1507, avait été ramenée assez vite sous son obéissance. Mais, après la défaite de Novare, elle avait été soustraite à la domination française par les confédérés victorieux, qui lui avaient donné pour chef Octavien Frégose, créé doge de la république affranchie. L'autorité du nouveau doge n'avait pas été longtemps respectée. Menacé par Maximilien Sforza qui voulait, à l'aide des Suisses,

(1) Ouvr. cité.

reprendre la seigneurie de Gênes, qu'avait eue son père Ludovic Sforza ; assailli dans Gênes même par le parti des Fieschi et des Adorni, dont il avait repoussé avec peine les attaques, il était exposé au péril continuel des conspirations et de la dépossession. C'est afin d'y échapper qu'il traita de la reddition de Gênes à François Ier, qui en acquerrait la seigneurie et l'en ferait gouverneur perpétuel. Frégose prit toutes ses mesures pour se déclarer avec succès, et il fut prêt à recevoir les troupes françaises que le roi lui enverrait sur une flottille.

II.

En même temps qu'il avait mis son royaume à l'abri des agressions et qu'il s'était assuré des appuis en Italie, François Ier réunissait entre la Saône, le Rhône et les Alpes une armée très-considérable. Elle devait comprendre 3,000 hommes d'armes (1), plus de 30,000 hommes de pied et avoir 72 pièces de grosse artillerie. Le duc de Lorraine, le duc de Gueldre et Robert de la Marck, seigneur de Sedan et de Bouillon, amenaient à François Ier 20,000 lansquenets des plus aguerris, armés et combattant comme les Suisses. Le comte Pedro Navarro, fait prisonnier à la bataille de Ravenne où il commandait l'infanterie espagnole et généreusement délivré

---

(1) Au moins dix mille chevaux.

par François Ier, avait quitté le service du roi catholique qui avait refusé de payer sa rançon, et il apportait au service de la France, outre sa rare habileté, une troupe de quatre à six mille Gascons, levés vers la frontière d'Espagne et la plupart très-bons arbalétriers. Le reste de l'infanterie se composait d'aventuriers français armés diversement et plus hardis que disciplinés. Cette armée, où étaient appelés tous les princes du sang et tous les capitaines distingués dans les guerres précédentes, devait trouver de grandes difficultés pour franchir les Alpes. Les passages ordinaires du mont Cenis et du mont Genèvre, aboutissant à Suze et à Pignerol, étaient gardés par les troupes suisses qui s'y étaient postées en force pour empêcher les Français de déboucher en Italie.

Sentant de quelle importance il était, pour le succès de son dessein, de se réconcilier avec les Suisses, François Ier avait tenté à plusieurs reprises de renouer les relations amicales qui avaient si utilement existé entre les rois de France et les cantons helvétiques. Le 2 janvier 1515, le lendemain même de son avénement au trône, il avait écrit aux cantons que, le roi son seigneur et beau-père étant mort, le Dieu tout-puissant l'avait élevé à la couronne de France ; qu'en l'annonçant à ses chers et grands amis les confédérés, il leur déclarait qu'il avait extrêmement regretté la mésintelligence survenue entre eux et son prédécesseur, à qui la mort n'avait pas permis de conclure avec les cantons un traité conforme à l'honneur et à l'intérêt des deux parties ; qu'il désirait ardemment reprendre ce traité et demandait un sauf-conduit pour les ambassadeurs qu'il chargerait de présenter ses propositions à la diète helvétique (1). Le messager qui était allé faire de sa part ces pacifiques ouvertures avait été fort mal reçu, et la diète de Zurich avait répondu que le traité entre la couronne de France et les confédérés avait été conclu à Dijon ; que, si le roi voulait l'observer, c'était bien : sinon, que toute négociation était superflue (2). On lui signifia en même temps que ses envoyés ne seraient pas en sûreté s'ils mettaient le pied sur le territoire helvétique.

Ce refus de s'entendre avec lui, à moins qu'il n'accomplît le traité de Dijon par la renonciation absolue au duché de Milan et par le payement intégral des sommes alors stipulées, avait déterminé François Ier à hâter et à multiplier ses préparatifs de guerre. Tout en se disposant à lutter contre cette nation belliqueuse et violente, que ses victoires rendaient opiniâtre dans ses animosités et arrogante dans ses exigences, François Ier n'avait pas désespéré de la ramener avec des

(1) Cette lettre, en date du 2 janvier 1515 et contre-signée Robertet, est en français dans la collection des *Choses mémorables*, t. XXXII, et en allemand dans les documents de Tschudi VI, 54b ; *Histoire de la Confédération suisse*, par Jean de Müller, continuée par Robert Gloutz-Blozheim, t. IX, p. 425, traduite de l'allemand par Ch. Monnard, in-8, Genève, chez Cherbuliez, 1840.

(2) *Recès, Zurich*, 16 janvier 1515, dans la collection des Recès de M. F. de Müllinen. — Ibid., t. IX, p. 426.

offres de paix et d'argent. Quatre mois après, et par l'entremise de son oncle le duc de Savoie, il avait adressé de nouvelles propositions à la diète, assemblée cette fois à Berne, dont le canton était moins contraire à la France que ne l'était le canton de Zurich. La diète allait délibérer sur ces propositions lorsqu'elle apprit le changement inopiné qui venait de s'opérer dans Gênes, où Octavien Frégose s'était déclaré pour le roi de France et lui en avait rendu la seigneurie. A cette nouvelle, l'irritation et l'alarme avaient été extrêmes, et la diète avait ordonné la levée soudaine de quatorze mille hommes pour renforcer les Suisses qui, à la solde de Maximilien Sforza, étaient déjà chargés de la défense du Milanais. Ces quatorze mille hommes, promptement levés, étaient partis vers le milieu du mois de juin (1), avec l'ordre d'occuper fortement les passages des Alpes et de rendre l'entrée de l'Italie inaccessible aux Français. Tous les cantons, malgré les divisions qui commençaient parmi eux et les désaccords qui s'étaient déjà manifestés au sujet de l'alliance avec François Ier, s'entendirent encore pour s'opposer à l'invasion du duché de Milan.

C'est dans les mêmes vues que fut conclu, le 17 juillet, un traité de confédération armée entre le pape Léon X, l'empereur Maximilien, le roi Ferdinand et le duc Maximilien Sforza. Par ce traité, les

---

(1) Ouvr. cité, t. IX, p. 429 et 430.

confédérés s'unissaient « pour la défense et la liberté de l'Italie ». Les villes de Parme et de Plaisance étaient définitivement cédées au Saint-Siége par le duc de Milan, qui, en compensation, recevrait le comté d'Asti appartenant au roi de France, les villes de Crème et de Bergame appartenant aux Vénitiens (1). Léon X et Maximilien Sforza devaient surtout pourvoir à la solde des Suisses et leur procurer l'utile renfort d'une bonne troupe de cavalerie, à la tête de laquelle s'avança bientôt Prospero Colonna, l'un des meilleurs capitaines de l'Italie. L'empereur Maximilien, qui possédait encore Brescia, Vérone et leurs dépendances, s'engagea à envoyer de l'argent et des lansquenets dans la Lombardie vénitienne, où le vice-roi de Naples, don Ramon de Cardona, qui avait commandé l'armée espagnole à la bataille de Ravenne, se trouvait avec huit ou dix mille bons soldats de Ferdinand le Catholique.

Léon X, que la conservation de Parme et de Plaisance intéressait aux succès militaires de la ligue, fit partir pour les bords du Pô son neveu Laurent de Médicis, qui, commandant à la fois les troupes pontificales et les troupes de la république de Florence, eut sous ses ordres une armée un peu plus forte que celle de Ramon de Cardona. Le pape avait nommé comme son légat auprès de la confédération, dont les forces se réunissaient dans la

(1) *Histoire de la Confédération suisse*, etc., t. IX, liv. vi, ch. 4, p. 431. — Guicciardini, lib. xii. — Paul Jove, liv. xv, p. 394.

haute Italie, le fameux cardinal Schinner, évêque de Sion en Valais, qui, par son éloquence passionnée et ses perpétuelles intrigues, avait entretenu dans les cantons une haine opiniâtre contre la France.

Telles étaient les dispositions prises par les nouveaux confédérés. Les obstacles qu'avait à surmonter François Ier pour se rendre maître du Milanais s'accumulaient devant lui. Il fallait d'abord franchir les Alpes avec l'armée la plus considérable qu'on eût encore vue, et que suivaient de lourds équipages d'artillerie et un immense attirail de munitions. Vers la mi-juillet François Ier arriva à Lyon, au milieu de ses troupes. Quelques jours auparavant, la reine Claude lui avait fait une donation régulière (1) du duché de Milan, qu'elle tenait de son père Louis XII, à qui l'empereur Maximilien lui-même en avait donné l'investiture en 1504 et en 1509, qu'il avait étendue à ses descendants (2). Aussi, dans les lettres patentes qu'il publia à Lyon, le 15 juillet, pour conférer pendant son absence la régence du royaume à sa mère Louise de Savoie, François Ier disait-il avec confiance : « Comme nous avons juste droit et titre au duché de Milan notre héritage, lequel duché à présent est détenu et usurpé par Maximilien Sforza, notre ennemi et adversaire, avons par mûre et grande délibération fait dresser et mettre sus une grosse et puissante

---

(1) Elle est du 28 juin 1515. *Corps diplomatique*, t. IV, part. I, p. 211.

(2) Dans le *Corps diplomatique*, t. IV, part. I, p. 60 et 118.

armée, afin de le réduire en notre obéissance, moyennant l'aide de Dieu notre créateur et de nos bons et loyaux serviteurs, amis et confédérés. Tous les princes et seigneurs de notre sang nous suivent et accompagnent en notre entreprise. A cette considération avons avisé de bailler la charge et pouvoir de gouverner le royaume à notre très-chère et très-amée dame et mère, la duchesse d'Angoulême et d'Anjou, comme à celle en qui avons entière et parfaite confidence et qui, par sa prudence, saura sagement et vertueusement s'en acquitter (1). »

III.

Il partit ensuite de Lyon pour se frayer une route à travers les Alpes. Mais par où franchir ces montagnes, dont les ouvertures principales sur l'Italie étaient occupées par un ennemi nombreux et vigilant? Le maréchal J.-J. Trivulzi avait été envoyé dans les Alpes pour y chercher un autre passage que les chemins interceptés du mont Genèvre et du mont Cenis (2). Il en avait découvert un, âpre,

---

(1) Cette déclaration est dans le tome second, p. 153, du *Recueil des traités de paix, de trève*, etc., par Frédéric Léonard.

(2) « Et pour ce que le seigneur Jean-Jacques de Trévolze, mareschal de France, estoit souvent adverty des nouvelles de Milan, ledict seigneur (François Ier) l'envoya en Dauphiné pour mettre peine de trouver quelque passage par les montagnes par où ledict seigneur et l'armée qu'il entendoit mener avec luy peust passer sans aller par le mont Genesve et le mont Cenys. » Fol. 28, v° du vol. ms. 17,523 de la Bibliothèque nationale. C'est une histoire inédite, détaillée et curieuse, des

difficile, périlleux, placé plus au sud que les autres et qui, par le col étroit et abrupt de l'Argentière, pouvait conduire des Alpes du Dauphiné dans la plaine du Piémont, des bords de la Durance aux sources de la Stura. Ce chemin, que suivaient les pâtres et que n'avait jamais pris un homme à cheval, était presque entièrement barré sur deux points, du côté de la France par le rocher de Saint-Paul entre Embrun et Barcelonette, et du côté de l'Italie par le rocher de Pié di Porco, entre Sambuco et Rocca Esparvero. C'est néanmoins ce chemin que J.-J. Trivulzi proposa de suivre afin de tourner l'ennemi, et dans lequel on s'engagea avec un grand entrain et le plus industrieux courage.

Dès le commencement d'août, une troupe de plus de douze cents pionniers avait travaillé à le rendre moins impraticable. Le 7 août l'armée, après avoir pris plusieurs jours de vivres, partit d'Embrun et s'avança résolûment à travers ce long et rude défilé qu'elle devait franchir en plusieurs étapes. Il fallut en bien des endroits élargir la route ou l'aplanir, élever des galeries sur les flancs de la montagne, faire même sauter les rocs qui interceptaient ou gênaient le passage. Les chevaux ne pouvaient descendre qu'un à un, tenus par la bride, et le

sept premières années du règne de François Ier, écrite par Jean Barillon, secrétaire du chancelier Du Prat. Elle est intitulée : *Registre en forme de journal faict par un domestique de monsieur le chancelier Du Prat, contenant ce qui s'est passé depuis l'advenement du roy François Ier à la couronne qui fut le premier janvier 1514 (vieux style), jusqu'en l'année 1521 includ.*

moindre faux pas les exposait à tomber dans des ravins où roulaient des torrents d'eau neigeuse. Il semblait surtout impossible de traîner la grosse artillerie jusqu'au haut de ces rudes montées, le long de ces rampes étroites, dans ces descentes presque à pic (1). Aussi proposait-on de la laisser de ce côté-ci des Alpes. Mais François Ier, qui était au milieu des troupes dont il partageait les fatigues, insista avec une volonté prévoyante pour qu'elle fût transportée au-delà des Alpes. Les soixante et douze gros canons, tantôt traînés à bras, tantôt descendus avec des cordes, suivirent l'armée qu'ils devaient contribuer à rendre victorieuse à Marignan. François Ier, alors non moins avisé qu'entreprenant, l'annonçait lui-même à la régente sa mère, presque au moment où il pénétrait en Italie. « Madame, lui écrivit-il, nous sommes dans le plus étrange pays où jamais fût homme de cette compagnie. Mais demain j'espère estre en la plaine du Piémont avec la bande que je mène, ce qui nous sera grand plaisir, car il nous fâche fort de porter le harnois parmi ces montagnes, parce que la plupart du temps nous faut estre à pied et mener nos chevaux par la bride. A qui n'auroit vu ce que voyons, seroit im-

(1) Pour frayer et exécuter ce passage des Alpes, voir l'histoire de J. Barillon, qui accompagna le chancelier Du Prat dans cette expédition d'Italie. Ms. 17,523, p. 35 et suiv. Voir aussi *Voyage et conquête du duché de Milan en 1515, par François Ier, rédigé en vers et en prose par Pasquier le Moyne, dit le Moyne sans Froc, portier ordinaire du roi.* — Paris. Couteau, 1520, in-4. Pasquier le Moyne a suivi l'armée comme Barillon, et comme lui il était à Marignan. — Paul Jove, liv. xv, p. 400 et 401.

possible de croire qu'on pût mener gens de cheval et grosse artillerie, comme faisons, Croyez, Madame, que ce n'est pas sans peine, car si je ne fusse arrivé, notre artillerie grosse fût demeurée. Mais, Dieu merci, je la mène avec moi ; vous avisant que nous faisons bon guet, car nous ne sommes qu'à cinq ou six lieues des Suisses. Et sur ce point va vous dire bonsoir votre très-humble et très-obéissant fils, François (1). » Le lendemain en effet, l'armée déboucha en Piémont, dans la partie la plus méridionale du marquisat de Saluces. Elle se porta tout entière sur les derrières des Suisses, qui venaient de perdre la cavalerie que leur avaient envoyée le pape et le duc de Milan, sous le commandement de Prospero Colonna.

Le maréchal de la Palice, qu'accompagnaient le chevalier Bayard, les seigneurs d'Imbercourt et d'Aubigny, était descendu des premiers et en force dans le marquisat de Saluces. Il avait diligemment et secrètement marché contre Prospero Colonna, qui allait joindre les Suisses du côté de Pignerol et de Suze, l'avait atteint dans Villafranca pendant qu'il faisait reposer et manger sa troupe, et l'avait pris avec les sept à huit cents chevaux qu'il conduisait aux confédérés, sans qu'il pût se défendre ou fuir (2).

(1) Ms. de la Bibliothèque nationale; Collection Béthune, vol. 8546, fol. 2.

(2) *Histoire du bon chevalier sans paour et sans reproche*, t. XVI de la collection Petitot, p. 92 à 97, et *Mémoires de Robert de la Marck*, sei-

La défaite et la capture du célèbre capitaine italien, le passage inattendu des Alpes exécuté avec tant de hardiesse et de succès, la présence au-delà des monts d'une armée puissante que conduisait un roi jeune et hardi, troublèrent les Suisses et changèrent leurs desseins. La division qui existait déjà parmi eux s'y mit de plus en plus. Le parti des Bernois, à la tête duquel étaient Albert de Stein, J. de Diesbach et Supersax, inclinait à la paix, tandis que le parti des Zurichois, qu'appuyaient de leurs animosités toujours ardentes les cantons forestiers d'Uri, de Schwitz et d'Unterwalden, voulait la continuation de la guerre. Compromis dans leur position et par leur désaccord, ils abandonnèrent les lieux qu'ils occupaient au pied des Alpes et rétrogradèrent en se dirigeant vers le haut Milanais. Ils passèrent par Rivoli près de Turin, pillèrent Septima, saccagèrent Chivasso qui leur avait fermé ses portes, traversèrent Verceil, laissèrent à Novare leurs gros canons comme trop lourds à traîner, et, après s'être formés en deux grandes colonnes, ils marchèrent, ceux de Berne, de Fribourg et de Soleure sur Arona à la pointe du lac Majeur, ceux de Zurich, d'Uri, de Schwitz et des autres cantons à Varese, non loin de Como, et à Monza, un peu au-dessus de Milan.

François Ier avait suivi à peu près la même

gneur de Fleurange, depuis maréchal de France. — Chap. xi, ix, p. 281, f. 281 à 285 du vol. XVI, de la collection Petitot. Fleurange dit que Prospero Colonna avait douze cents hommes d'armes, p. 283.

marche avec son armée. De Coni sur la Stura, il s'était porté à Carmagnola, de Carmagnola à Moncalieri, où il avait passé le Pô et d'où le duc de Savoie son oncle, qui était venu à sa rencontre, l'avait conduit et reçu avec magnificence à Turin. Traversant ensuite Chivasso, Verceil, Novare, il avait franchi le Tessin à Turbigo, s'était avancé par Magenta et Binasco vers le cœur du Milanais et avait pris position à Marignan. Situé au-dessus de Pavie, qu'occupait Louis d'Ars avec une troupe suffisante, Marignan était à une petite distance de Milan, dont François Ier espérait se rendre bien vite maître, et de Lodi, où avait pénétré sur sa droite l'armée vénitienne, que commandait Barthélemy d'Alviano, et par laquelle il pouvait être secouru au besoin. Ainsi placé entre les Suisses échelonnés au-dessus de Milan, les Espagnols de Ramon de Cardona et les Italiens de Laurent de Médicis établis sur le Pô assez près les uns des autres, il rendait la jonction des confédérés aussi périlleuse à tenter que difficile à exécuter. C'est dans cette position si bien prise que vint le rejoindre Aymar de Prié, qu'il avait envoyé naguère dans Gênes (1) recouvrée et qui, sorti de cette ville à la tête de trois cents hommes d'armes et de cinq mille hommes de pied,

---

(1) «Aussi envoya messire Emard de Prie avec trois cents lances montées sur mer à Marseille, pour aller se joindre avec quelque armée que les Genevois (Génois) mettoient sus pour aider audict seigneur.» *Hist. manuscr. de François Ier*, par le secrétaire du chancelier Du Prat. — Ib., f. 35 v°; Paul Jove, liv. xv, p. 407.

s'était emparé, sur la route, de Tortone et d'Alexandrie.

IV.

Pendant que François Ier s'était avancé vers Marignan, de nouvelles négociations avaient été engagées, par l'entremise du duc de Savoie, avec les Suisses, qui, sous l'influence des derniers événements, avaient consenti cette fois à écouter des propositions de paix. C'est à Gallerate, dans le voisinage de leurs cantonnements, que se réunirent leurs députés, et que François Ier envoya le bâtard de Savoie son oncle, chargé d'offres tellement avantageuses que le traité fut bientôt conclu. Il y fut stipulé que les Suisses retourneraient au service de la France moyennant les anciennes pensions accordées aux cantons; qu'ils recevraient 300,000 écus pour les dépenses qu'ils avaient faites; 300,000 autres pour la restitution des vallées du duché de Milan qu'ils s'étaient appropriées et dont ils avaient formé les six bailliages de Mendrisio, de Balemo, de Lugano, de Locarno, de la Maggia et de Domodossola, en leur laissant le comté de Bellinzone; qu'il leur serait compté en outre les 400,000 écus réglés à Dijon (1); enfin que le roi donnerait à Maximilien Sforza un établissement en France,

(1) Le traité avec toutes ses clauses est dans l'*Histoire manuscr.* de Barillon, vol. 17,523, f. 61 à 68.

avec une pension considérable et le commandement d'une compagnie de cinquante lances (1). Par ce traité, convenu le 8 septembre, que le roi ratifia et qui fut soumis à l'acceptation des troupes suisses, un premier payement de 150,000 écus devait être fait sur-le-champ. En moins de dix heures, François Ier trouva ces 150,000 écus, que prêtèrent en partie les princes et les seigneurs de son camp et qu'il fit transporter à Gallerate par Lautrec et par son frère Lescun, sous l'escorte de 400 hommes d'armes (2).

Tout semblait terminé, et François Ier croyait avoir obtenu, avec l'alliance des Suisses, la possession incontestée du duché de Milan, qu'il aimait mieux acquérir par des concessions d'argent qu'au prix plus coûteux d'une bataille sanglante. Néanmoins la paix avec tous les Suisses n'était pas définitivement faite. Ceux de Berne, de Fribourg et de Soleure avaient bien souscrit au traité de Gallerate, et la plupart d'entre eux, sous Albert de Stein, Diesbach et Supersac, allaient reprendre le chemin de leurs montagnes. Mais ceux de Zurich, d'Uri, de Schwitz, d'Unterwalden, de Zug, de Lucerne, restaient encore incertains sur l'acceptation d'un traité dont leur cupidité appréciait les avantages et dont leur

(1) « Et nommément a esté accordé que le roy baillera à Maximilien Sforze le duché de Nemours vallant vingt mille livres tournois par an; douze mille livres de provision aussi par chacun an; cinquante hommes d'armes et le mariera hautement à quelque dame de sang royal. » — Ibid., f. 63 v°.

(2) Barillon, f. 68 et 71.

orgueil sentait la faiblesse. Ils venaient d'être rejoints par une nouvelle armée levée dans les cantons, au moment même où l'on y avait su que Prospero Colonna avait été pris, que les Suisses qui gardaient les passages des Alpes étaient en pleine retraite et que le roi s'avançait en maître dans la haute Italie (1). La diète avait décidé que chaque canton mettrait des troupes sur pied « selon son pouvoir et son honneur (2) ». Ces troupes, composées d'hommes valeureux parmi lesquels se trouvaient encore quelques-uns des anciens vainqueurs de Charles le Téméraire à Morat et à Nancy, avaient été promptement levées et avaient accouru par le Simplon et le Saint-Gothard au secours de leurs compatriotes affaiblis. Elles étaient arrivées non loin de Milan, après que s'était négocié le traité de Gallerate. S'accorderaient-elles avec les bataillons restant des Zurichois et des Waldstetten pour adhérer au traité, ou bien rejetteraient-elles ce traité pour tenter fièrement le sort des armes? C'est à ce dernier parti que, par des discours passionnés et des manœuvres adroites, sut les entraîner le cardinal de Sion.

Cet opiniâtre ennemi de la France avait sur les confédérés suisses le crédit d'un compatriote, l'ascendant d'un évêque, l'autorité d'un légat. Il avait cherché d'abord à les détourner d'entrer en négociation. N'y étant point parvenu, il s'était transporté

(1) *Histoire de la Confédération suisse*, etc., t. IX, p. 450 à 457.
(2) *Recès*, Zurich. — Ibid., p. 433.

auprès de Ramon de Cardona et de Laurent de Médicis, afin qu'ils vinssent dans le haut Milanais opérer la jonction des troupes espagnoles et pontificales avec les Suisses, qu'un aussi puissant renfort aurait décidés à continuer la guerre. Mais là encore les efforts de sa haine avaient échoué. Ni le vice-roi de Naples, qui attendait les lansquenets et l'argent que l'empereur Maximilien avait promis et qu'il était hors d'état d'envoyer, ni Laurent de Médicis, à qui le pape, son oncle, avait défendu de rien hasarder, ne voulurent se mettre en mouvement. D'ailleurs ils se défiaient l'un de l'autre. Laurent de Médicis suspectait l'inaction des Espagnols et n'était pas loin de penser qu'elle tenait à un arrangement secret conclu entre Ferdinand le Catholique et François Ier ; à son tour don Ramon de Cardona suspectait avec plus de raison les projets de ses alliés italiens, qu'il savait en pourparlers avec le roi de France. Il avait appris en effet que Léon X, qui négociait avec tout le monde, voyant que François Ier l'emportait en Italie, lui avait dépêché son secrétaire Cinthio (1), afin de se ménager auprès de lui s'il était victorieux. Dans cet état de timide hésitation et de commune méfiance, les deux chefs des deux armées étaient demeurés immobiles sur la ligne du Pô, et le cardinal de Sion était revenu en toute hâte vers les confédérés suisses, avec le désir ardent de faire rejeter le traité qu'il n'avait pas pu

---

(1) Paul Jove, liv. xv, p. 403.

empêcher de négocier et qu'on venait de conclure.

De Varese et de Monza il fit descendre tous les confédérés à Milan. Il assembla dans le château, et en présence de Maximilien Sforza, leurs chefs, dont la plupart étaient plus enclins à admettre la paix qu'à continuer la guerre. Il les exhorta à ne pas se laisser tromper par les promesses de François Ier, qui ne seraient pas mieux tenues que n'avaient été exécutés les engagements pris à Dijon au nom de Louis XII. Il ajouta qu'il serait honteux pour les Suisses de ne pas défendre Maximilien Sforza et d'abandonner le fils après avoir livré le père ; qu'ils auraient à céder de plus les six bailliages détachés du duché de Milan, au grand profit des confédérés qui les gouvernaient en commun et auxquels la possession de ces vallées ouvrait un accès commode dans la haute Italie. Ranimant leur haine en même temps que leur confiance, il leur rappela les offenses qu'ils avaient naguère reçues, les victoires qu'ils avaient récemment remportées et leur annonça, s'ils voulaient combattre, des succès aussi glorieux sous Milan que devant Novare. Ainsi l'astucieux et bouillant cardinal parvint à rendre incertaine de leur part la ratification du traité de Gallerate (1).

Après avoir cherché à détourner les chefs de souscrire à la paix, il fallait pousser la masse des confédérés à poursuivre la guerre par une attaque précipitée contre le camp des Français, placé à peu

(1) Ouvr. cité, p. 458 et 459.

de distance et où une fausse sécurité s'était déjà introduite. C'est ce qu'il fit habilement. Le vendredi 13 septembre, quelques compagnies d'hommes d'armes s'étant avancées jusqu'aux portes de Milan, il s'engagea avec elles une escarmouche dont Matthieu Schinner profita pour entraîner toute l'armée suisse à la bataille. Le tocsin fut sonné; les tambours battirent; tous les Suisses se rangèrent rapidement sous leurs enseignes et sous leurs chefs; le cardinal de Sion les harangua, exaltant au dernier point leur courage et les invitant à aller sur l'heure assaillir le camp des Français avec l'impétuosité qui leur avait jusque-là si bien réussi. Quoique la journée fût déjà avancée, ils sortirent aussitôt de Milan, se formèrent en trois corps de huit à dix mille hommes chacun, traînant avec eux cinq ou six petites pièces d'artillerie et suivis de quatre à cinq cents cavaliers milanais du parti de Sforza. Le cardinal de Sion, monté sur un genet d'Espagne et précédé de la croix, était à leur tête. Ils marchèrent ainsi aux sons des cornets d'Uri et d'Unterwalden, vers le camp français, avec la plus confiante ardeur.

V.

Dès que François Ier apprit que les Suisses s'avançaient contre lui, il s'apprêta à les recevoir vigoureusement. Le duché de Milan, qu'il avait espéré obtenir par une prudente négociation, ne pouvait plus être gagné que par une complète victoire. Son armée était échelonnée en trois lignes sur la route de Marignan à Milan. L'avant-garde, que commandait le connétable de Bourbon, campait au village de San-Giuliano, un peu au-dessous de San-Donato. Le corps de bataille, dont le roi s'était réservé la conduite, se trouvait à Sainte-Brigide, à un grand jet d'arc du connétable. L'arrière-garde, placée sous les ordres du duc d'Alençon, était à peu près à la même distance du corps de bataille du roi. L'armée ainsi disposée en échelons, tenant la chaussée de Milan sur sa gauche et appuyant sa droite à la rivière du Lambro, occupait un terrain couvert par des fossés, entrecoupé de petits canaux d'irrigation, où elle pouvait être protégée contre des attaques trop impétueuses de l'infanterie suisse et aussi être quelquefois gênée pour le déploiement et les charges de sa propre cavalerie, dans laquelle résidait une partie principale de sa force.

François Iᵉʳ prit à la hâte ses dispositions pour faire face au danger et résister au choc des masses suisses. Comme il le dit lui-même dans le récit animé qu'il fit de la bataille à la régente sa mère, il *mit ses lansquenets en ordre* (1). Il en avait formé

(1) « Laquelle chose entendue jetâmes nos lansquenets en ordre, c'est à savoir en trois troupes. » Lettre de François Iᵉʳ à la duchesse d'Angoulême sur la bataille de Marignan, écrite du camp de Sainte-Brigide, le 14 sept. 1515, le jour même de la victoire. Dans le XVIIᵉ vol. des mémoires de la collection Petitot, p. 184 à 188. C'est dans cette lettre que, malgré quelques exagérations, sont le mieux présentés les arrangements

deux corps de neuf mille hommes chacun, placés sur les côtés des avenues par lesquelles s'avançaient les Suisses, outre le corps d'élite des six mille lansquenets des bandes noires. Les arbalétriers gascons et les aventuriers français occupèrent non loin de là, sous Pierre de Navarre, une position très-forte près de la grosse artillerie, que dirigeait habilement le sénéchal d'Armagnac (1).

Les Suisses arrivèrent alors. Ils avaient fait, sans s'arrêter, le chemin qui séparait Milan du camp français. « Il n'est pas possible, dit le roi, de venir en plus grande fureur, ni plus hardiment (2). » L'artillerie, qui tira sur eux, les força un moment à se mettre à couvert sous un pli de terrain. Ils fondirent ensuite sur l'armée française, les piques baissées. Le connétable de Bourbon et le maréchal de la Palice, à la tête des gens d'armes de l'avant-garde, les chargèrent sans pouvoir les entamer.

pris et les incidents survenus dans les deux journées de cette rude bataille.

Outre cette lettre, il faut lire : Paul Jove, qui donne un récit très-détaillé et en général exact de la bataille, liv. xv, p. 416 à 424 ; l'*Histoire de la Confédération suisse*, etc., t. IX, liv. vi, ch. 9, p. 455 à 474, où se trouve tout ce qui, dans cette grande mêlée, concerne l'armée suisse; l'*Histoire du bon chevalier sans peour et sans reproche*, ch. lx, p. 98 à 105 ; les *Mémoires de Fleurange*, ch. l, p. 287 à 298 ; la *Vie du connétable de Bourbon*, par son secrétaire Marillac, p. 365 v° à 370 ; l'*Hist. ms. de François Ier*, par Jean Barillon, fol. 80 à 83 ; le récit de Pasquier le Moyne, contenant des particularités diverses sur les deux journées de Marignan, dans lesquelles Bayard et Fleurange ont combattu, et dont Marillac, Jean Barillon et Pasquier le Moyne ont été témoins.

(1) Galiot de Genouillac, seigneur d'Acier.
(2) Lettre de François Ier à sa mère.

Repoussés eux-mêmes sur leurs gens de pied, ils furent suivis par les Suisses, qui attaquèrent les lansquenets avec acharnement et les mirent en désordre (1). On était presque au déclin du jour, et la bataille, qui avait commencé tard (entre quatre et cinq heures), prenait la même tournure qu'à Novare. La plus grosse bande des Suisses, après avoir refoulé les hommes d'armes et culbuté les lansquenets, marchait sur l'artillerie pour s'en emparer, la tourner ensuite contre l'armée française et achever ainsi sa défaite.

Mais elle rencontra dans ceux qui commandaient à Marignan des cœurs plus fermes et des volontés plus résolues qu'à Novare. François Ier, armé de pied en cap, monté sur un grand cheval de bataille dont le caparaçon était couvert de fleurs de lis et de ses F couronnés, s'était élancé à la tête de deux cents hommes d'armes (plus de huit cents chevaux) au-devant des Suisses, en ce moment victorieux. Après avoir vaillamment chargé une de leurs bandes, à laquelle il avait fait jeter ses piques, il avait attaqué une bande plus nombreuse qu'il n'avait pas pu rompre, mais qu'il avait forcée de reculer (2). Se portant alors du côté de son artillerie

(1) « Ils (les Suisses) trouvèrent les gens de cheval de l'avant-garde par le côté; et combien que lesdits hommes d'armes chargeassent bien et gaillardement, le connétable, le maréchal de Chabannes, Ymbercourt, Telligny, Pont de Remy et autres qui étoient là, si furent-ils reboutez sur leurs gens de pied... Il y eut quelque peu de désordre. » — Lettre de François Ier, p. 185.

(2) « Deux cens hommes d'armes que nous étions, en desfismes bien quatre mille Suisses et les repoussâmes assez rudement leur faisant jeter

menacée, il y avait rallié cinq à six mille lansquenets et plus de trois cents hommes d'armes, avec lesquels il tint ferme contre la plus grosse bande des Suisses (1), qui ne put pas atteindre les pièces de canon et les enlever, comme elle en avait le dessein. Afin de mieux l'arrêter, il fit faire sur elle une décharge d'artillerie qui l'ébranla ; puis il la contraignit à repasser un fossé qu'elle avait franchi et à s'y mettre à couvert (2). Le connétable, de son côté, ayant rallié une forte troupe d'hommes d'armes et le plus grand nombre des hommes de pied, avait assailli avec beaucoup de vigueur cinq à six mille Suisses qu'il avait refoulés dans leurs quartiers (3).

La nuit arriva pendant qu'on combattait ainsi des deux parts, les Suisses sans parvenir à enlever le camp français, les Français sans repousser complétement l'attaque des Suisses. On se battit encore

---

leurs piques... laquelle chose donna haleine à nos gens de la plupart de notre bande, et ceux qui me purent suivre allâmes trouver une autre bande de huit mille hommes... qui nous jetèrent cinq à six cens piques au nez... non obstant cela, si furent-ils chargés et remis au dedans de leurs tentes en telle sorte qu'ils laissèrent de suivre les lansquenets. » Lettre de François Ier, p. 185.

(1) « Et m'en allai jeter dans l'artillerie, et là rallier cinq à six mille lansquenets et quelques trois cens hommes d'armes, de telle sorte que je tins ferme à la grosse bande des Suisses. » — Ibid., p. 186.

(2) « Leur fismes jeter une volée d'artillerie, et quand et quand les chargeâmes, de sorte que les emportâmes, leur fismes passer un gué qu'ils avaient passé sur nous. » — Ibid.

(3) « Et cependant mon frère le connétable rallia tous les piétons françois et quelque nombre de gendarmerie, leur fit une charge si rude qu'il en tailla cinq ou six mille en pièces, et jeta cette bande dehors. » — Ibid.

pendant plusieurs heures avec opiniâtreté et non sans un peu de désordre, aux faibles lueurs de la lune, que voilaient encore des nuages de poussière. Les troupes ennemies avaient peine à se reconnaître dans cette mêlée vaste et confuse. Vers onze heures du soir, la lune ayant fait défaut, l'obscurité empêcha de continuer cette lutte acharnée. Le combat avait été à l'avantage des Suisses au commencement de l'action, puisqu'ils avaient forcé les lignes des Français, mais il leur avait été moins favorable à la fin, puisqu'ils avaient été en partie ramenés dans les leurs. Malgré leurs efforts, ayant attaqué ce jour-là sans vaincre, ils attendirent le lendemain pour recommencer la bataille.

De part et d'autre on passa la nuit sous les armes, dans les positions qu'on occupait au moment où l'on cessa de combattre, faute d'y voir, et assez rapprochés les uns des autres. François Ier, à la suite de nombreuses charges, était retourné à l'artillerie qui, tirant à propos sur les bataillons suisses, les avait plusieurs fois entamés, et qui devait être bientôt d'une assistance encore plus puissante. Montrant la prévoyance d'un chef après avoir eu l'intrépidité d'un soldat, il fit écrire par le chancelier Du Prat, qui l'avait suivi dans cette campagne, et porter par des messagers sûrs trois lettres très-importantes. La première était adressée au général vénitien Barthélemy d'Alviano, qu'il pressa de se mettre sur le champ en marche et de venir de Lodi avec sa rapidité accoutumée, afin de joindre les forces qu'il commandait aux siennes, dans la journée du lendemain (1). La seconde enjoignait à Louis d'Ars, qui occupait Pavie, de garder avec soin cette forte place, qui pourrait servir de point de retraite, en cas de malheur. Par la troisième, il prévenait Lautrec de l'attaque des Suisses et l'invitait à ne pas remettre et à ne pas laisser surprendre l'argent qu'il portait, en exécution du traité violé de Gallerate. Ces soins pris, il *demeura le reste de la nuit*, ainsi qu'il l'écrivit après la bataille, *le cul sur la selle, la lance au poing, l'armet à la tête* (2), et ne se reposa que quelques instants, appuyé sur l'affût d'un canon.

Une heure avant l'aube, il prépara tout pour la bataille qui allait se livrer. Il prit, un peu en arrière, une position plus favorable que celle qu'il occupait le jour précédent (3). Au lieu de laisser son armée échelonnée sur trois lignes, il la mit de front en une seule. Restant au centre avec sa bataille, il appela le connétable de Bourbon à former son aile droite avec l'avant-garde, et son beau-frère le duc d'Alençon à former son aile gauche avec l'arrièregarde (4). L'artillerie, bien placée et bien défendue,

(1) *Histoire manuscr.* de Barillon, f. 80 v°, et 81 r°. — Paul Jove le dit aussi : « Subito poi ritornato agli ufficii di capitano, mandò messi al Liviano (à Barthélemy d'Alviano), avisandolo ch' egli venisse con l'essercito. » Lib. xv, p. 421.

(2) *Lettre de François Ier à la duchesse d'Angoulême*, p. 186.

(3) « Une heure avant jour, pris place autre que la nôtre, laquelle sembla bonne aux capitaines des lansquenets. » Ibid. — Paul Jove le dit également. « Io intendi poi del re medesimo. » Lib. xv, p. 418. « Retiro aliquanto i suoi allogiamenti. » P. 421.

(4) « Et l'ai mandé à mon frère le connétable, pour soi tenir à l'autre avenue, et pareillement l'ai mandé à mon frère d'Alençon, qui au soir

fut en mesure d'ébranler, par des coups bien dirigés, l'ennemi dans sa marche, et put difficilement être abordée par lui. C'est dans ces dispositions que François Ier attendit l'attaque des Suisses.

Les chefs des confédérés avaient tenu conseil dans la nuit, pour s'entendre sur le combat du lendemain et le rendre plus décisif. Dès le point du jour, ils réunirent leurs épais bataillons, qui se mirent assez pesamment en marche. Ils parurent d'abord se porter en masse contre le centre de l'armée française. Mais des décharges d'artillerie, qui percèrent leurs rangs, les firent reculer vers les positions qu'ils avaient occupées la nuit. Là ils se formèrent en trois bandes qui se dirigèrent sur le corps de bataille et sur les deux ailes des Français. La première bande, que soutenaient les six petites pièces de canon des Suisses, s'avança contre François Ier, dont la ferme attitude et la puissante artillerie la contint à une certaine distance. Pendant que cette bande de huit mille hommes faisait face au roi et l'attaquait, les deux autres bandes, d'une force à peu près égale, s'étaient jetées sur les deux ailes, que commandaient le connétable et le duc d'Alençon, pour les rompre (1), afin d'envelopper en-

---

n'étoit pu venir. » *Lettre de François Ier sur la bataille de Marignan*, p. 186. — « Et avise Borbone et Lansone che di quà e di là con eguale ordine accostassero la prima e la terza ordinanza à suoi fianchi. » Paul Jove, lib. xv, p. 421.

(1) « Ils me laissèrent à mon nez huit mille hommes et toute leur artillerie, et les autres deux bandes les envoyèrent aux deux coins du camp, l'une à mon frère le connétable, et l'autre à mon frère d'Alen-

suite le corps de bataille et le battre alors aisément. Soit que les Suisses eussent moins de confiance que la veille, soit qu'ils rencontrassent encore plus de courage et de solidité, ils virent leurs ennemis affronter leurs piques comme ils ne l'avaient jamais fait encore. Le connétable avec ses lansquenets et ses hommes d'armes, et Pierre de Navarre avec les arbalétriers gascons et les aventuriers, résistèrent à la bande qui attaqua l'aile droite, et après une rude mêlée la rejetèrent en arrière (1). A l'aile gauche, le duc d'Alençon fut d'abord moins heureux. Pendant que le roi arrêtait sur place la colonne centrale des Suisses, et que le connétable de Bourbon repoussait victorieusement leur colonne de gauche, leur colonne de droite avait tourné et assailli les troupes du duc d'Alençon, qui avaient été ébranlées et avaient reculé en désordre. Malgré l'épouvante des fuyards, qui avaient quitté précipitamment le champ de bataille et qui répandaient sur la route de Pavie la nouvelle de la victoire des Suisses, la lutte continua sur ce point. D'Aubigny et Aymar de Prie, ayant rallié les troupes, réparaient de leur mieux l'échec du duc d'Alençon, et chargeaient intrépidement les Suisses. Ils étaient aux prises avec eux, lorsque Barthélemy d'Alviano, parti de grand matin de Lodi, arriva vers dix

çon. » *Lettre de François Ier à sa mère sur la bataille de Marignan*, Petitot, t. XVII, p. 187, et Paul Jove, liv. xv, p. 422.
(1) *Lettre de François Ier*, ibid.
(2) Paul Jove, liv. xv, p. 423 et 424.

heures de ce côté du champ de bataille. A la tête de ses hommes d'armes et de sa cavalerie légère (1), il fondit aussitôt sur les Suisses au cri de SAINT-MARC ! Cette attaque inattendue les troubla. Ils craignirent d'avoir sur les bras toute l'armée vénitienne et ils reculèrent. Poursuivis la lance dans les reins, ils se replièrent vers le centre, où les bataillons de confédérés placés en face de François Ier n'avaient pu faire aucun progrès. Ils tiraient et recevaient des coups de canon depuis plusieurs heures, attendant peut-être l'issue victorieuse des deux attaques de l'aile droite et de l'aile gauche pour essayer plus sûrement d'enfoncer le corps de bataille. Ils tentèrent alors un dernier et vigoureux effort. Une bande de cinq mille hommes s'en détacha et marcha avec une résolution désespérée jusqu'aux lignes françaises. Mais, prise en écharpe par l'artillerie, chargée par François Ier et ses hommes d'armes, atteinte à coups de haches et de piques par les vaillants lansquenets de la bande noire placés au centre avec le roi, percée par les arbalétriers gascons qui étaient accourus de la droite où

(1) Paul Jove, liv. xv, p. 424, et *Lettre de François Ier*, à la p. 187. Les Vénitiens se considérèrent comme ayant déterminé la victoire. Le provéditeur général Domenico Contarini écrivait au doge de Venise, le 14 septembre de Marignan, le jour même de la victoire : « Principe serenissimo, *testor Deum* che un Cesare non ebbe mai tanto valore nè magnanimità quanto il suo illustrissimo capitano a demonstrata et de proprio li ne posso far ampla fede appresso che etiam questa christianissima maestà e tutti questi signori amplamente parlino la vittoria esser causata dalla valerosità di sua Eccelenza e dalla temenza avuta per Svizzeri visto soprazonser le floride genti di Vostra Serenità.» Dans Sanuto, *Diarii* xxi, p. 90, et dans Romanin, *Storia documentata di Venezia*, t. V, p. 305.

ils étaient vainqueurs, elle fut taillée en pièces et personne n'en échappa (1).

Le roi, par un mouvement décisif, fondit alors avec sa cavalerie sur les autres confédérés, qui abandonnèrent leur position et leurs canons (2). Les Suisses, repoussés ou battus sur tous les points, donnèrent le signal de la retraite et quittèrent le champ de bataille, sur lequel ils laissèrent sept à huit mille morts (3). Ils reprirent, en assez bon ordre et sans être poursuivis, le chemin de Milan, emportant leurs blessés, et ils rentrèrent dans cette ville avec une contenance fière, et non comme des vaincus. Ils l'étaient cependant, et le prestige qui, depuis Sempach, Granson et Morat jusqu'à Novare, les avait rendus invincibles, ils venaient de le perdre à Marignan, aux yeux du monde et aux leurs propres. La bataille avait duré deux jours (4).

(1) « A la fin de cette grosse bande qui estoit vis-à-vis de moi, envoyèrent cinq mille hommes, lesquels renversèrent quelque peu de nos gendarmes... Vinrent jusques aux lansquenets, qui furent si bien recueillis de coups de haches, butes, de lance et de canon qu'il n'en acchappa la queue d'un, car tout le camp vint à la huée sur ceux là. » Lettre de François Ier.

(2) Ibid.

(3) D'après l'*Histoire manuscr.* de Barillon, ils en auraient laissé davantage. « Après disner, le dit seigneur commanda qu'on fist de grandes fosses pour mettre les corps des morts, et ceux qui les mirent dedans les dites fosses rapportèrent y avoir mis seize mil cinq cents corps. On estimoit qu'il y avoit de treize à quatorze mille Suisses. » Vol. 17,523, fol. 83 v°.

(4) « La bataille a été longue et dura depuis hier... jusques aujourd'hui, sans savoir qui l'avoit perdue ou gagnée, sans cesser de combattre ou de tirer l'artillerie jour et nuit... Ce sont les gens d'armes qui ont fait l'exécution et ne penserois point mentir que par cinq cents et par cinq cents, il n'ait été fait trente belles charges avant que la bataille

C'était la plus sanglante et la plus acharnée qui eût encore été livrée. Elle couvrait de gloire le jeune roi, qui l'avait valeureusement gagnée, après l'avoir habilement préparée.

Le jour même où il avait obtenu cette grande victoire et sur le champ de bataille où il l'avait remportée, François Ier voulut se faire recevoir chevalier. Le roi, qui ne jurait que sur la *Foi de gentilhomme* dont il aimait à prendre le titre (1), désira tenir du plus preux des gentilshommes l'ordre de chevalerie. Il appela Bayard, dont l'intrépidité s'était signalée à Marignan comme partout, et lui dit : « Bayard, mon ami, je veux être fait aujourd'hui chevalier par vos mains, parce que le chevalier qui, comme vous, a combattu en tant de batailles et

fût gagnée... Madame... Le sénéchal d'Armagnac avec son artillerie ose bien dire qu'il a été cause en partie du gain de la bataille, car jamais homme n'en servit mieux. Et Dieu merci, tout fait bonne chère, je commencerai par moi et par mon frère le connétable, par M. de Vendôme, par M. de Saint-Pol, M. de Guise, le maréchal de Chabannes, le grand maitre, M. de Longueville. Il n'est mort de gens de renom qu'Ymbercourt et Bussy... et est grand dommage de ces deux personnages... Le prince de Talmond est fort blessé, et vous veux encore assurer que mon frère le connétable et M. de Saint-Pol ont aussi bien rompu bois que gentilshommes de la compagnie quels qu'ils soient; et de ce j'en parle comme celui qui l'a vu, car ils ne s'épargnoient non plus que sangliers échaufés. » *Lettre de François Ier*, p. 187 et 188.

(1) « J'ai lu parmi les papiers de nostre maison les serments de quatre roys : Quand la *Pasque-Dieu* décéda (Louis XI) par le *Jour-Dieu* lui succéda (Charles VIII), le *Diable m'emporte* s'en tint près (Louis XII), *Foy de gentilhomme* vint après (François Ier). » Brantôme, *Vie des grands capitaines*, le grand roy François.

Le roy François disoit souvent : « Nous sommes quatre gentilshommes de la Guyenne qui combattrons en lice et courrons la bague contre tous allans et venans en France : moy, Sansac, d'Essé et Chastaigneray. » Brantôme, *Vie des grands capitaines*, M. d'Essé.

contre tant de nations est tenu et réputé le plus digne chevalier. — Sire, répondit Bayard, celui qui est couronné et sacré, et qui est roi d'un si noble royaume et fils aîné de l'Église, est chevalier sur tous autres chevaliers. — Allons, Bayard, dit le roi, il ne faut alléguer ici ni lois ni canons ; faites mon commandement si vous voulez être du nombre de mes bons serviteurs. — Puisqu'il vous plaît, répliqua Bayard en tirant son épée, et autant vaille, Sire, que si j'étais Roland ou Olivier, Godefroy ou Baudoin son frère. Certes vous êtes le premier prince que oncques fis chevalier. Dieu veuille que en guerre ne preniez la fuite. » S'adressant ensuite à son épée, dont il avait touché l'épaule du roi : « Tu est bien heureuse, lui dit-il, d'avoir aujourd'hui à un si beau et si puissant prince donné l'ordre de chevalerie. Certes, ma bonne épée, vous serez gardée comme relique et sur toutes autres honorée (1). » Le roi, devenu chevalier, conféra à son tour l'ordre de chevalerie à plusieurs de ceux qui s'étaient le mieux montrés dans ces deux rudes et glorieuses journées.

VI.

Il fallait cependant recueillir les fruits de la vic-

(1) *Les Gestes ensemble la vie du preux chevalier Bayard*, etc., par Symphorien Champier, ouvrage publié en 1525, et réimprimé dans les *Archives curieuses de l'histoire de France*, 1re série, t. II, p. 161, et l'*Histoire du bon chevalier sans paour et sans reproche*, ch. LX, p. 103 du t. XVI de la collection Petitot.

toire, reprendre le duché tout entier en recouvrant les villes qui étaient entre les mains de Maximilien Sforza, comme Milan et Crémone, et celles qui avaient été naguère incorporées à l'État de l'Église, comme Parme et Plaisance. C'est à quoi s'appliqua François Ier. Les Suisses, en se retirant en bon ordre du champ de bataille de Marignan et plus irrités qu'abattus des pertes qu'ils y avaient faites, étaient rentrés dans Milan sans s'y arrêter. Ils avaient demandé leur solde arriérée au duc Maximilien hors d'état de la leur payer, et ils avaient repris le chemin des Alpes, en annonçant qu'ils reviendraient bientôt en force pour venger l'affront qu'ils avaient reçu et remettre Maximilien en possession de son duché. Ils avaient laissé environ quinze cents des leurs, qui s'étaient enfermés avec lui dans la forte citadelle de Milan.

La ville, abandonnée par ses défenseurs, ouvrit ses portes à François Ier, qui lui imposa, en châtiment de sa rébellion, une taxe de 300,000 ducats, y envoya le connétable de Bourbon avec des troupes et en fit assiéger la citadelle par Pierre de Navarre. Vingt jours après, le 4 octobre, cette place capitula. Le duc Maximilien, dépourvu d'énergie comme d'ambition, fatigué d'une souveraineté dont le souci troublait son indolence, traita fort sincèrement avec François Ier, heureux, disait-il, d'échapper aux inconstances de l'empereur, aux fourberies du roi catholique, aux tergiversations du pape, aux assistances onéreuses et violentes des Suisses. Il renonça à ses droits sur le duché de Milan et reçut du roi, avec la promesse de lui faire obtenir un chapeau de cardinal qui ne lui fut jamais donné, une pension annuelle de 36,000 ducats, qui lui fut payée en France où il se retira, et où il vécut sans aucun regret de ce qu'il avait perdu et sans avoir la moindre envie de le reprendre.

Avant de faire, le 14 octobre, son entrée solennelle dans Milan, à la tête de l'armée victorieuse, François Ier s'était établi à Pavie. Il avait fait jeter un pont sur le Pô, d'où s'était éloigné précipitamment don Ramon de Cardona, qui avait opéré sa retraite vers Naples. Le roi projetait de se porter de là sur Plaisance et sur Parme et d'attaquer ensuite la république de Florence, que le parti des Médicis avait entraînée dans les rangs de ses ennemis. Cette attitude menaçante avait décidé le pape intimidé à entrer en sérieuse négociation avec François Ier.

Léon X avait été atterré de la défaite des Suisses, à laquelle il ne s'attendait pas. Le premier jour, la bataille avait paru tourner à l'avantage de ses alliés, et le bruit qu'ils étaient victorieux s'était répandu dans Rome, où des feux de joie avaient été allumés. Léon X avait annoncé lui-même à Marino Giorgi, ambassadeur de la république de Venise auprès du Saint-Siége, que l'armée du roi de France avait été mise en déroute par l'armée des cantons. Le lendemain l'ambassadeur, ayant reçu des lettres de la Seigneurie qui lui apprenaient au contraire que les troupes françaises, secondées par les troupes vénitiennes, avaient battu complétement les Suisses, se rendit en toute hâte auprès de Léon X. Le pape se levait tard, et il était encore au lit. Surpris de cette visite inusitée à une pareille heure, il sortit de sa chambre à moitié habillé (1). — « Saint père, lui dit l'ambassadeur de Venise, hier votre Sainteté me donna une nouvelle mauvaise et fausse ; aujourd'hui je vous en apporte une bonne et vraie. » Il lui montra en même temps les lettres qu'il venait de recevoir, et Léon X, certain alors du grand revers essuyé par les Suisses, et en redoutant les suites pour tous les États italiens, dit avec effroi : « Qu'adviendra-t-il de nous et de vous aussi (2) ? — Quant à nous, répondit Marino Giorgi, nous sommes avec le roi très-chrétien, et votre Sainteté n'a rien à craindre de lui, non plus que le Saint-Siége ; n'est-il pas le fils aîné de l'Église ? — Nous verrons, ajouta Léon X, ce que fera le roi de France ; nous nous mettrons entre ses mains en demandant miséricorde (3). »

Aussi, loin de s'opiniâtrer dans la lutte après Marignan, comme l'avait fait Jules II après Ravenne, Léon X chargea Louis de Canossa, évêque

(1) « E cosi svegliato et non vestito intieramente, il papa venne fuora. » *Sommario della relazione di Roma* di Marino Giorgi, dans Alberi, t. III, de la seconde série, p. 43.

(2) « Padre santo, ieri Vostra Santità mi diede una cattiva nuova e falsa ; io gliene darò oggi una buona e vera : gli Suizzeri sono rotti. Allora il papa, lette le lettere, disse : Quid erit de nobis et quid de vobis ? » Ibid., p. 43 et 44.

(3) Ibid.

de Tricarico, de négocier sa paix avec François Iᵉʳ. Cette paix ne put se faire qu'au prix de la restitution de Plaisance et de Parme, dont Léon X dut subir la dure contrainte(1). Le roi prit, en retour, la république de Florence sous sa protection, et promit de soutenir le frère et le neveu du pape, Julien et Laurent de Médicis, qui la gouvernaient. La conclusion de la paix fut bientôt suivie d'une entrevue que désiraient également le pape et le roi, et qui eut lieu, vers les commencements de décembre, dans la ville de Bologne, où Léon X se transporta de Rome avec la cour pontificale, et François Iᵉʳ se rendit de Pavie avec une partie de son armée.

Pendant plusieurs jours le pape et le roi, qui habitaient le même palais, eurent de fréquentes conférences et y traitèrent des affaires d'Italie. Le roi, dans son ardeur, s'efforça de gagner entièrement le pape, et le pape mit toute son habileté à donner le change au roi. François Iᵉʳ demanda que Modène et Reggio fussent rendues au duc de Ferrare, à qui les avait fait perdre son fidèle attachement à la cause de la France. Léon X parut y consentir moyennant certaines conditions auxquelles se soumit plus tard, mais inutilement, le duc de Ferrare.

Animé de toutes les ambitions qu'avait eues Louis XII et disposant d'une armée victorieuse, François Iᵉʳ songeait à revendiquer et à conquérir

(1) « Ex nunc eidem christianissimo regi Parmam et Placentiam civitates relaxamus et dimittimus. » Traité du 13 octobre 1515, dans Léonard, t. II, p. 137 et 138, et dans Du Mont, t. IV, p. ɪ, p. 214.

le royaume de Naples. Léon X, dont l'assentiment, comme suzerain de ce royaume, était nécessaire à l'exécution d'une pareille entreprise, sut l'en détourner adroitement. Il allégua les traités qui le liaient au roi Ferdinand d'Aragon, et il persuada à François Ier d'attendre le moment, peu éloigné, où mourrait ce prince, dont la santé déclinait chaque jour davantage. Du reste, en faisant ajourner ce dangereux projet, Léon X épargnait à François Ier une faute qui l'aurait affaibli au commencement même de son règne, en même temps qu'il évitait au Saint-Siége et à la république de Florence le double voisinage de la puissance française dans le haut et dans le bas de la péninsule.

Les intérêts des deux princes en Italie ne furent pas le seul objet de leur entrevue. Le roi et le pape s'entendirent pour détruire, l'un au profit de sa couronne, l'autre au profit du pouvoir pontifical, la constitution, trop indépendante à leurs yeux, de l'Église de France. La célèbre pragmatique sanction de Bourges, qu'une docte et religieuse assemblée, d'accord avec le roi Charles VII, avait établie en 1438 conformément aux décrets des conciles réformateurs de Constance et de Bâle, était attaquée depuis plus d'un demi-siècle par la cour de Rome et venait d'être condamnée par le concile de Latran. Elle consacrait d'anciens droits et de libres élections dans l'Église gallicane, qui restait cependant unie à Rome par la communauté de la foi, et dont les évêques se rattachaient au souverain pontife par les liens de la hiérarchie catholique. Entrée dans les mœurs du pays, conforme à ses idées, favorable à ses intérêts, elle devait être opiniâtrément réclamée par l'Université de Paris et soutenue par le parlement, bien après que la politique du roi l'eut sacrifiée à l'animadversion du pape.

A la place de la libérale constitution qui régissait l'Église de France, le nouveau concordat, alors concerté entre François Ier et Léon X (1), assujettit cette Église au roi et au pape. Le roi eut désormais la nomination directe aux évêchés et aux abbayes; le pape institua les évêques et confirma les abbés nommés par le roi en leur accordant les provisions apostoliques, qu'ils durent payer du revenu réel de leur bénéfice pendant la première année. Ainsi substitué aux pouvoirs des chapitres de chanoines et des communautés monastiques, le roi devint le dispensateur des évêchés et des abbayes, qu'il put accumuler sur la même tête, et donner même en commende. Il acquit par là une autorité croissante sur le clergé de son royaume, qui d'une indépendance presque républicaine passa bientôt à la soumission monarchique.

Après ces divers arrangements, François Ier quitta Bologne et se sépara de Léon X, dont il

---

(1) Achevé de négocier dans ses clauses diverses avec la cour romaine par le chancelier Du Prat, le concordat fut publié par le pape à Saint-Pierre, le 15 des kalendes de septembre 1516 (1er septembre). *Bulla concordatorum,* etc., et confirmé par une bulle dans le concile de Latran, le 14 des kalendes de janvier (17 déc. 1516). La *Bulla concordatorum* et la *Bulla confirmationis* sont dans Du Mont, t. IV, p. I, p. 229.

croyait avoir gagné l'amitié. Il partit ensuite pour la France, en laissant le connétable de Bourbon comme son lieutenant général dans le Milanais. Il y laissa aussi sept cents lances, six mille lansquenets et quatre mille aventuriers français, dont la plus grande partie devait s'unir à l'armée vénitienne pour aider la république son alliée à reprendre les possessions de terre ferme que l'empereur Maximilien lui avait enlevées dans la Lombardie orientale. Ces forces combinées des Français et des Vénitiens se portèrent en effet dans le Véronais, prirent Lonato, Sirmione, Peschiera, Asola, et se disposèrent à attaquer l'importante place de Brescia.

VII.

Mais, vers le temps même où François Ier était revenu dans son royaume, le Milanais, dont il considérait la possession comme solidement affermie, était bien près d'être envahi. Une dangereuse coalition pour le lui enlever s'était formée entre le roi Ferdinand d'Aragon, qui ne se croyait pas assuré du royaume de Naples si le roi de France conservait la haute Italie, le roi d'Angleterre Henri VIII, offusqué des succès militaires de François Ier (1)

---

(1) Lettre du 6 novembre 1515 de l'ambassadeur de France Bapaume à la régente Louise de Savoie. Henri VIII avait appris la victoire de Marignan avec un vif chagrin qu'il n'avait pas pu cacher, « tellement qu'il

non moins qu'irrité de son intervention dans les affaires d'Écosse (1), et l'empereur Maximilien, dont l'inimitié s'était accrue par la crainte d'être dépossédé de ce qui lui restait en Lombardie. Ferdinand d'Aragon et Henri VIII (2) avaient mis de l'argent à la disposition de Maximilien pour lever une forte armée en Allemagne et en Suisse.

Don Pedro de Urrea et sir Richard Pace, envoyés vers l'empereur à Inspruck, étaient intervenus à cet effet auprès des diètes helvétiques. Secondés par l'implacable cardinal de Sion, ils avaient excité les animosités des Suisses contre la France et les avaient détournés de l'union que François Ier cherchait à conclure avec eux, depuis même qu'il les avait vaincus. Tenant à les remettre dans son alliance, le roi victorieux leur avait fait offrir à Genève, par le duc de Savoie et par ses négociateurs le bailli de Mâcon, le président le Viste et le seigneur de Fresnes, les mêmes sommes et les mêmes avantages qu'il leur avait accordés par le traité de

---

semblait à le voir que des larmes deussent lui tomber des yeux. » — Archiv. nation., J. 965, liasse I, n° 12.

(1) Par le duc d'Albanie. — Ibid.

(2) Henri VIII offrait 100,000 couronnes. Maximilien écrivait le 1er déc. 1515 à sa fille l'archiduchesse Marguerite : « Le roy d'Angleterre fait mener et conduire pratiques pour divertir la ligue des Suyches contre les Franchois, et à ceste cause il a nagaires envoyé par deçà un sien serviteur nommé Richard Lacens (Pace), lequel dit et assure que le dit roi son maistre tient pour le présent prest, en nostre ville d'Anvers, la somme de cent mil escus d'or pour vouloir bailler aux dits Suyches, affin de continuer leur assistance à la sanctissime lighe, et résister aux injustes emprinses que font les dits François. » Le Glay, *Correspondance de Maximilien Ier*, etc., t. II, p. 304.

Gallerate. Dix cantons avaient d'abord accepté ces propositions (1), et une diète avait été convoquée à Zurich pour y faire adhérer les trois cantons de Schwitz, d'Uri, d'Unterwalden, qui voulaient venger leurs morts et réparer l'affront qu'avaient reçu leurs armes. Mais, loin de faire cesser les divisions parmi les Suisses, la diète de Zurich les avait accrues. Les menées du cardinal de Sion et les excitations des ambassadeurs de Maximilien, de Ferdinand et de Henri VIII avaient rendu plus grand le désaccord entre les cantons, dont huit s'étaient prononcés pour l'alliance du roi très-chrétien, et cinq s'y étaient montrés contraires (2). Les huit cantons, au nombre desquels étaient Berne, Fribourg, Lucerne, devaient envoyer environ dix mille hommes, sous Albert de Stein et François de Supersax, dans le Milanais au secours au roi, qui leur avait déjà fait tenir 200,000 francs. Les cinq cantons de Schwitz, d'Uri, de Zug, d'Unterwalden et de Zurich, décidés par l'argent des souverains coalisés et entraînés par leurs propres ressentiments, levèrent une armée de douze à quinze mille hommes qui, sous les ordres d'un chef renommé, Jacques Stapfer de Zurich (3), alla se joindre aux dix mille lansquenets ou Espagnols et aux cinq mille chevaux que l'empereur Maximilien réunissait dans le Tyrol.

---

(1) *Histoire de la Confédération suisse,* etc., t. IX, p. 483. Le traité est dans Du Mont, t. IV, p. I, p. 418.
(2) *Histoire de la Confédération,* p. 489 et 490.
(3) Ibid.

C'est à la tête de cette armée, forte de près de trente mille hommes, que l'empereur Maximilien descendit, au mois de mars 1516, dans la Lombardie vénitienne. Il lui importait de se servir au plus vite de ces troupes que, faute d'argent, il ne pourrait pas tenir longtemps sur pied, et il aurait dû se porter sans retard de Vérone sur Milan, afin d'y attaquer les Français avant qu'ils reçussent le renfort des Suisses levés dans les huit cantons. Mais ce prince bizarre, toujours plus disposé à entreprendre qu'habile à exécuter, au lieu de s'avancer à marches forcées sur Milan, comme le conseillaient le chef des Suisses impériaux, Jacques Stapfer, et le général des troupes pontificales, Marc-Antoine Colonna, qui s'était joint à lui, s'arrêta devant Asola pour en faire le siége.

Asola était une petite place, située un peu au-dessous de l'Oglio, entre le lac de Garda et le Pô. Elle faisait partie du Véronais, et l'empereur voulut la reprendre aux Vénitiens, afin de ne pas en laisser la garnison sur ses derrières. Il en fit donc les approches, et, après l'avoir battue en brèche, il y donna l'assaut, qui fut bravement repoussé. Sans s'obstiner à la prise de cette place, devant laquelle il avait perdu plusieurs jours, le mobile empereur leva le siége d'Asola et se dirigea sur Milan. Il passa le Mincio, l'Oglio et l'Adda, qu'abandonnèrent successivement les Français et les Vénitiens en se retirant devant lui. Arrivé près de Milan, il campa avec son armée dans le voisinage de la ville, qu'il somma de se rendre en menaçant; si elle se laissait forcer, de la traiter plus durement que ne l'avait fait quatre siècles auparavant l'empereur Frédéric Barberousse. Mais le peuple milanais, qu'il espérait soulever par là, ne bougea point, maintenu qu'il fut dans l'obéissance par la ferme attitude du connétable de Bourbon. Le connétable avait pris des mesures extrêmes. Il avait fait brûler les faubourgs qui auraient pu faciliter aux ennemis l'accès de la ville, qu'il mit en état de défense et où, deux jours après, entraient les bataillons suisses qu'amenaient Albert de Stein et François de Supersax.

L'empereur Maximilien, n'ayant pas enlevé Milan par une attaque soudaine, se voyait réduit à en faire le siége. Mais il n'avait pas le moyen ni le temps de prendre de vive force une ville alors si bien défendue. Il manquait d'argent, comme toujours, et ses troupes demandaient leur solde. Préoccupé de leurs exigences, qu'il ne pouvait satisfaire, il craignit même une trahison. Par un stratagème qu'imagina J.-J. Trivulzi, une lettre fut écrite au nom des Suisses du parti français aux Suisses du parti impérial, et tomba entre les mains du défiant Maximilien, qui crut à un complot ourdi contre lui. Son imagination se troubla, et, dans les rêves de la nuit, il vit l'archiduc Léopold d'Autriche, son bisaïeul, et le duc Charles de Bourgogne, son beau-père, tués par les Suisses à Sempach et à Nancy, qui lui apparurent tout sanglants et le pressèrent d'échapper au péril qui le menaçait (1). Ces visions alarmantes et le souvenir de Ludovic Sforza, que la perfidie des Suisses avait livré au roi de France Louis XII, à la sortie de Novare, le décidèrent à quitter brusquement le camp impérial.

Après son départ, l'armée, restée sans commandement et sans paye, fut hors d'état de continuer une entreprise qu'il n'aurait pas pu achever lui-même. Elle rebroussa chemin, franchit de nouveau l'Adda, pilla Lodi, marqua partout son passage par ses dévastations et finit par se débander. Les Suisses retournèrent dans leurs pays. Les Français et les Vénitiens reprirent aussitôt l'offensive et ils attaquèrent de concert les villes que Maximilien conservait encore dans la Lombardie orientale. Ils enlevèrent ainsi Brescia à l'empereur, qui n'eut bientôt plus que Vérone dans la haute Italie.

Cette place, aussi forte que bien défendue, n'était pas facile à prendre. Les troupes combinées de la république de Venise et du roi de France, commandées par le maréchal de Lautrec, qui venait de succéder au connétable de Bourbon dans le gouvernement du Milanais, l'assiégèrent longtemps et vainement. L'empereur Maximilien, encore aidé

---

(1) « Et affermò poi che quella notte egli haveva veduto in sogno Leopoldo arciducha d'Austria, suo bisavolo, et Carlo duca di Bourgogna, suo socero, con quello horribil volto e con quel sanguinoso habito d'armatura... i quali con parole terribili gli commendavano che subito si devesse levar di quel pericolo. » Paolo Giovio, *delle Istorie del suo tempo*. Lib. XVI, p. 461, in-4. In Vinegia, 1572. Traduction de Lodovico Domenichi.

par les subsides de Henri VIII, que la politique et la jalousie rendaient l'adversaire persévérant de François I*er*, la secourut à la tête de nouvelles troupes. Il tenait beaucoup à garder Vérone, qui était pour lui une source de revenus (1), couvrait le Tyrol, et demeurait comme un pied à terre impérial d'où il pouvait pénétrer aisément dans le reste de l'Italie et se mêler avec avantage de ses affaires. Comment le faire renoncer à cette possession précieuse, que les Vénitiens désiraient ardemment remettre sous leur domination et qu'il était si difficile de lui prendre de vive force? Comment surtout l'amener à conclure avec François I*er* une paix à laquelle il s'était jusqu'alors obstinément refusé?

VIII.

Ce fut son petit-fils, l'archiduc Charles, qui l'y décida. Le jeune souverain des Pays-Bas était devenu, par la mort de son aïeul maternel, Ferdinand le Catholique, survenue le 23 janvier 1516, l'héritier effectif des royaumes de Castille, d'Aragon, des Deux-Siciles, sur lesquels sa mère, Jeanne la Folle,

(1) Le 3 décembre 1515, il écrivait à sa fille l'archiduchesse Marguerite que si les Français et les Vénitiens lui enlevaient Brescia et Vérone, « ils porteroient grand dommage à nostre maison d'Austrice, car ce sont les deux meilleures citez de rente et revenus que avons en toute nostre maison d'Austrice et Bourgogne, et se peuvent bien extimer bonnes parties ; car elles vaillent beaucoup de millions d'or. » *Correspondance de l'empereur Maximilien I*er* et de Marguerite d'Autriche*, publiée par Le Glay, d'après les manuscrits originaux, t. II, p. 307. Paris, 1839.

se trouvait par son infirmité hors d'état de régner. Il avait besoin, pour la plus grande sécurité de ses héritages, d'être en accord avec le prince redoutable qui, voisin de tous ses États, pouvait, s'il devenait son ennemi, envahir les Pays-Bas par le nord de la France, attaquer l'Espagne par la frontière des Pyrénées, et descendre par la Lombardie dans le royaume de Naples. Il lui importait en effet, non-seulement de se maintenir en paix avec François Ier, mais de nouer avec lui une étroite alliance, afin de n'être pas troublé d'abord dans la prise de possession, ensuite dans le gouvernement de ses nombreux royaumes.

C'est ce que comprit l'habile seigneur de Chièvres, qui dirigeait avec sagesse la conduite de ce jeune monarque, à peine âgé de seize ans, et administrait prudemment toutes ses affaires. Il s'entendit avec le grand maître de France, Arthus de Boisy, qui jouissait d'une semblable autorité auprès de François Ier, et les deux avisés négociateurs travaillèrent de concert à établir la plus étroite union entre les deux princes. Par le traité de Noyon, qu'ils conclurent le 13 août 1516 (1), au nom de leurs maîtres, ils réglèrent du mieux qu'ils purent leurs intérêts, s'attachèrent à prévenir leurs différends, et crurent resserrer leur amitié par un mariage qui les rapprocherait encore davantage. Au lieu de la princesse Renée, fille de Louis XII, que devait

---

(1) Dans Du Mont, t. IV, p. 1, p. 224.

épouser l'archiduc Charles d'après le traité de Paris
1515, ce fut la princesse Louise, fille de François Ier,
qui fut désignée dans le traité de Noyon comme la
future femme du roi d'Espagne. La partie du
royaume de Naples à laquelle prétendait François Ier
dut servir de dot à sa fille. Il fut convenu seulement
que, jusqu'à l'accomplissement du mariage, qui
ne pouvait être que fort tardif, vu l'âge très-tendre
de la princesse, le roi catholique payerait annuellement au roi très-chrétien cent mille écus d'or. Il fut
aussi convenu qu'un dédommagement serait accordé par le roi d'Espagne à la reine Catherine,
veuve du roi de Navarre, dépouillé de son royaume
en 1512, à cause du dévouement qu'il avait montré
à la France.

Gendre éventuel et en ce moment ami déclaré du
roi très-chrétien, le nouveau roi catholique voulut
réconcilier son aïeul Maximilien avec François I^{er}(1).
Par une clause particulière du traité de Noyon,
l'empereur fut invité à donner son adhésion à cet
utile accord et à céder, pour une somme d'argent,
la ville de Vérone aux Vénitiens. Le politique archiduc pressa vivement son aïeul de faire ce sacrifice

(1) Malgré le traité qui avait été conclu à Londres le 19 octobre 1516.
« Liga inter Leonem papam romanum, Maximilianum I, Romanorum
imperatorem, Carolum I, Hispaniarum principem, et Henricum VIII regem
Angliæ pro defensione Ecclesiæ edita et statuum eorum cujuslibet. »
Du Mont, t. IV, p. 240. Cette ligue avait été sans doute conclue par
l'entremise du dangereux cardinal de Sion, qui s'était rendu de Bruxelles à Londres en habit déguisé, ainsi que le signalait à l'amiral la
Fayette une lettre de François Ier, à la date du 13 octobre. Ms. Béthune, 8582, f. 201.

T. I. 8

à la paix, dans l'intérêt de leur maison. Il eut quelque peine à l'y déterminer, mais il y parvint. L'empereur consentit, par le traité de Bruxelles du 3 décembre 1516 (1), à se dessaisir de Vérone moyennant 200,000 ducats. Trois jours après, le 6 décembre, Charles annonça lui-même cet heureux résultat à François Ier. — « Monsieur, lui écrivit-il, après plusieurs longues poursuites, intercessions et diligences par moi faites avec l'empereur mon seigneur et père, j'ai tellement besongné que l'empereur s'est condescendu à prendre appointement et amytié avec vous, et que vos ambassadeurs étant icy et moy, avons présentement conclu cet appointement à votre désir. Monsieur, je vous assure qu'il a esté bien dur à l'empereur d'abandonner Vérone, et que sans grand'peine et grande despense je n'en fusse venu à bout, et vous prie de considérer que je l'ai fait pour mieux assurer notre alliance, la rendre plus ferme, espérant et connoissant aussi que ce sera le bien de toute la chrétienté (2). »

Cet arrangement fit rentrer Vérone sous le pouvoir des Vénitiens, au prix de 200,000 ducats qui furent comptés au besoigneux empereur, confiné de nouveau dans le comté héréditaire du Tyrol et rejeté hors de la haute Italie, que possédèrent, en

---

(1) Léonard, t. II, p. 158 et ms. Dupuy, vol. 174.
(2) Cette lettre se terminait ainsi : « Escript à Bruxelles le 5 de décembre, de mein (de la main) de votre bon fils. » Ms. Béthune, vol. 8489, f. 3.

bon accord, le roi de France et la république de Venise. Après s'être alliés pour la recouvrer ensemble, ils restèrent unis pour la défendre au besoin en commun (1). La domination de François Ier sur le Milanais fut, du reste, d'autant mieux affermie qu'il venait de renouer complétement la vieille amitié de la France et de la Suisse. Une alliance perpétuelle, conclue le 29 novembre 1516 à Fribourg avec les treize cantons (2), rétablit cette amitié aux conditions que François Ier avait proposées et que les Suisses acceptèrent alors irrévocablement.

La paix fut rendue plus stable encore entre l'emreur Maximilien, le roi Charles et François Ier, par le traité de Cambrai du 11 mars 1517 (3). Les trois

(1) Ligue du 3 octobre 1517, entre le roi François Ier et la seigneurie de Venise, par laquelle il devait être fourni, pour la défense de leurs États, de la part du roi à la seigneurie, 800 lances (more Galliæ), 6000 hommes de pied, une bande d'artillerie suffisante; de la part de la seigneurie au roi, 800 lances (more Italiæ), 500 chevaux légers (equites levis armaturæ), 6,000 fantassins et une bonne bande d'artillerie. » — Léonard, t. II, p. 154 et 155.

(2) Les Suisses devaient recevoir 700,000 écus d'or au soleil, dont 400,000 pour les engagements du traité de Dijon, 300,000 pour les frais de la guerre d'Italie, avec 2,000 francs de pension annuelle pour chacun des treize cantons, 2,000 fr. au pays de Valais, 2,000 fr. départis à l'abbé de Saint-Gall, au comté de Togenbourg, à la ville de Mulhouse, aux sujtes du comté de Gruyères. Du Mont, t. IV, p. I, p. 249.

(3) Du Mont, t. IV, p. I, p. 228. Avec ce traité public fut conclu, le 11 mars 1517, un traité secret destiné à mieux gagner l'empereur Maximilien, en contentant son imagination entreprenante et chimérique. Par ce traité secret, le haut et une partie du centre de la péninsule italienne devaient être divisés en deux royaumes, dont l'un s'appellerait le royaume d'Italie, l'autre le royaume de Lombardie, érigés, le premier, pour l'un des petits-fils de Maximilien, le second, pour François Ier. Le royaume d'Italie, qui serait donné à l'archiduc Charles ou à son frère

princes s'y garantissaient leurs États, promettaient de s'assister mutuellement, et s'engageaient à dresser une forte armée pour résister en commun aux Turcs, dont les invasions dans l'Europe orientale devenaient de plus en plus menaçantes. Quelque temps après, François Ier s'accorda même avec Henri VIII, son ennemi couvert mais opiniâtre. Par les stipulations du traité de Londres en 1518 (1), le roi d'Angleterre rendit à la France Tournay, Mortagne, Saint-Amand, dont François Ier dut payer la cession à Henri VIII en lui comptant, à diverses échéances, la somme de 600,000 écus d'or.

Ferdinand, comprendrait Padoue, Trévise, Roveredo, le Frioul, Florence, Pise et Sienne ; le royaume de Lombardie, dont le roi de France recevrait l'investiture, comprendrait Vérone, Vicence, Lignago, Valese, Brescia et Crémone, qui seraient ajoutés au duché de Milan, avec les marquisats de Mantoue et de Montferrat, Malespine, Ancise, la seigneurie de Gênes, le comté d'Asti et la principauté de Piémont. Ce traité, dont les pièces sont aux *Archives de Simancas*, Leg. D^8 1 $\frac{55}{}$ 27, n'avait au fond rien de sérieux. François Ier avait paru entrer par là dans les rêves de Maximilien, toujours avide de puissance et intempérant dans ses projets, qui aspira toute sa vie à se faire couronner empereur dans Rome sans y parvenir, et visa même un moment à devenir pape. Mais il avait fait insérer une clause expresse qui le dégageait : « Toutefois, était-il dit, comme le roi de France n'a pour le moment ni matière ni occasion pour rompre avec les Vénitiens, avec lesquels il a fait des traités d'alliance, et que son honneur, qui est la chose qu'il a la plus chère en ce monde, seroit blessé en le faisant, il jurera solennellement à l'empereur et au roi catholique d'exécuter incontinent le partage dans le cas où les Vénitiens feroient quelque chose pour laquelle il sauroit honnestement et sans enfreindre sa foi rompre avec eux. » — Ibid. Il était de plus convenu que, si dans le délai de deux ans, le roi de France n'avait eu occasion de se déclarer contre les Vénitiens, le traité serait annulé quant au fait des partages. — Ibid. Ce qui prouve bien les intentions réelles de François Ier à cet égard, c'est le traité de défense mutuelle qu'il fit sept mois après (le 8 octobre) avec les Vénitiens.

(1) Léonard, t. II, p. 156 à 167.

Un mariage fut en même temps projeté entre le Dauphin de France, qui venait à peine de naître, et la princesse Marie d'Angleterre, qui n'avait pas encore deux ans, comme si l'on avait espéré, par cette lointaine alliance de famille, ajouter à la force et contribuer à la durée de l'union entre les deux rois et les deux pays.

François Ier avait ainsi mené à bien tout ce qu'il avait entrepris. Il avait mis non moins d'application que de persévérance dans la conduite de ses affaires. Après avoir recouvré le duché de Milan malgré les Suisses, et y avoir réuni Parme et Plaisance malgré le pape Léon X ; après avoir fait restituer à ses fidèles alliés les Vénitiens ce qui leur avait appartenu dans la haute Italie ; après s'être attaché de nouveau et par les liens d'une amitié perpétuelle les confédérés des treize cantons ; après avoir réglé ce qui pouvait devenir un sujet de différend avec le jeune roi catholique désigné pour être son gendre ; après avoir conclu la paix avec l'empereur Maximilien, en l'évinçant de l'Italie où l'avait introduit l'imprudence de Louis XII, il achevait cette œuvre d'agrandissement et de pacification en désarmant les animosités du roi d'Angleterre et en retirant de ses mains les trois places que Henri VIII avait prises sous le règne précédent et qui furent alors restituées à la France. Il avait été constamment heureux, parce qu'il avait été appliqué et habile. Ces quatre années de juste félicité semblaient être les débuts éclatants d'un grand règne. Couvert de gloire et parvenu à un haut degré de puissance, François Ier avait montré une égale entente de la guerre et de la politique. Aussi avait-il tourné vers lui les regards du monde et les espérances d'une partie de l'Allemagne qui, menacée d'être envahie par les Turcs, sembla prête à le prendre pour chef du saint-empire, à la mort de Maximilien. De là vint à François Ier la dangereuse ambition qui fit de lui le compétiteur de l'archiduc Charles à la couronne impériale et commença entre les deux princes, jusque-là appliqués à vivre en bon accord, la longue rivalité qui devait les transformer en ennemis durant plus d'un quart de siècle.

CHAPITRE II.

ÉLECTION A L'EMPIRE EN 1519 ; PREMIÈRE RIVALITÉ DE FRANÇOIS Ier ET DE CHARLES-QUINT.

L'empire d'Allemagne et les sept électeurs en 1518. — Prétention de François Ier à la couronne impériale. — Ses négociations et ses traités avec les électeurs, du vivant même de l'empereur Maximilien. — Quatre électeurs lui promettent et lui engagent leurs voix. — Charles est instruit des brigues de François Ier au moment où il va quitter les côtes de la Zélande pour se rendre en Espagne. — Il confie, en partant, les intérêts de sa future élection à l'empereur, son grand-père. — Moyens que Maximilien conseille de prendre pour déjouer les manœuvres de François Ier. — Arrivée de Charles en Espagne ; il se fait reconnaître, et non sans peine, comme roi de Castille par les Cortès de Valladolid, et comme roi d'Aragon par les Cortès de Saragosse. — Pendant ce temps, Maximilien convoque une diète impériale à Augsbourg. — Dans cette diète, dont l'objet ostensible est la formation d'une ligue contre les Turcs et dont le but secret est la future élection de Charles à l'empire, Maximilien ramène fort coûteusement à son petit-fils la majorité des électeurs. — Mort de Maximilien et vacance de l'empire. — La lutte électorale recommence avec plus de vivacité entre les deux compétiteurs à la couronne impériale. — Tentatives nouvelles et d'abord heureuses de François Ier pour regagner les voix que Maximilien lui avait enlevées à Augsbourg. — Ambassadeurs qu'il envoie en Allemagne, argent qu'il y répand, troupes qu'il y lève pour le succès de sa candidature, en faveur de laquelle se déclare et agit le pape Léon X. — Poursuites ardentes du roi Charles qui, de son côté, presse les électeurs par ses agents, les tente ou les séduit par ses offres, et obtient à sa cause le puissant appui de l'opinion allemande et de la ligue armée de Souabe. — Aspect que présente l'Allemagne devenue comme un marché et comme un camp où, de part et d'autre, s'achètent les suffrages et s'enrôlent des soldats. — Péripéties des deux candidatures et, jusqu'au dernier jour, efforts des deux compétiteurs. — Assemblée et délibérations du collége des électeurs à Francfort. — Élection de Charles-Quint.

I

L'empire germanique, dont François Ier chercha, de bonne heure, à s'assurer la possession lorsqu'il deviendrait vacant, et auquel devait naturellement prétendre l'archiduc Charles à la mort de son aïeul Maximilien, était extrêmement divisé. Ce grand corps était composé d'une multitude de membres mal proportionnés et mal joints. Il renfermait des États héréditaires et des États électifs, un royaume, des électorats, des duchés, des margraviats, des landgraviats, des comtés, des seigneuries de dimensions variées, des villes libres de diverse importance, des principautés ecclésiastiques d'ordre différent, depuis les archevêchés jusqu'aux prieurés souverains. Ainsi composée, l'Allemagne, malgré les récentes tentatives de l'empereur Maximilien, qui avait voulu y fonder une justice commune par la création de la *chambre impériale*, une milice régulière par l'établissement des *cercles*, conservait un esprit d'insubordination que la force fédérale n'avait pu réduire à l'obéissance et une diversité d'intérêts que rien n'était capable de ramener à l'accord.

Lorsqu'il fallait donner un chef à cette vaste et faible confédération, au milieu de laquelle se maintenaient toujours les ligues des villes, les associations des nobles, les alliances particulières des princes, le droit de le nommer appartenait aux sept électeurs. Les archevêques de Mayence, de Cologne, de Trèves, comme archichanceliers du saint-empire, pour les anciens royaumes de Germanie, d'Italie, d'Arles, le roi de Bohême, le duc de Saxe, le comte palatin de Bavière, le margrave de Brandebourg, comme archiéchanson, archimaréchal, archisénéchal et archichambellan de l'empire, élisaient seuls, au nom de tous les souverains allemands, dont ils étaient les premiers et les plus considérables, le roi des Romains, futur empereur. Ce haut pouvoir, qu'ils exerçaient depuis le treizième siècle, avait été réglé, en 1356, par la bulle d'or de Charles IV, qui prescrivait de faire l'élection dans la ville de Francfort et qui rendait cette élection valide à la majorité des suffrages.

Quelle était la position des sept électeurs vis-à-vis des deux futurs compétiteurs à l'empire, et par suite de quels intérêts ou de quels sentiments devaient-ils se déclarer pour les prétentions de l'un ou de l'autre ? La maison de Hohenzollern possédait les deux électorats de Brandebourg et de Mayence. Le margrave Joachim, chef de cette puissante famille, avait reçu héréditairement le premier de ces électorats en 1499, et son frère, l'archevêque Albert, avait obtenu le second par élection depuis 1514. En toute rencontre, l'empereur Maximilien s'était prêté à l'agrandissement de leur maison. Il avait accordé au margrave l'expectative du duché de Holstein, laissé réunir par l'archevêque, à peine âgé de trente et un ans, les siéges importants d'Halberstadt, de Magdebourg et de Mayence, et contribué à faire donner la grande maîtrise de l'ordre teutonique à leur cousin le margrave Frédéric. Il semblait donc pouvoir compter sur ces deux frères pour faciliter l'élévation de son petit-fils à l'empire; mais ils étaient ambitieux et fort cupides. D'ailleurs les Hohenzollern se dirigeaient d'après l'utilité, non d'après la reconnaissance; et un avantage présent leur faisait aisément oublier les bienfaits passés.

La maison de Saxe n'avait aucun motif d'affermir et de rendre héréditaire la puissance de l'Autriche en Allemagne. Loin de là : elle était pour ainsi dire disgraciée par l'empereur. Maximilien avait refusé à l'électeur Jean-Frédéric les duchés de Berg et de Juliers, dont il lui avait cependant promis l'expectative ; il avait contraint le duc George, son cousin, à rétrocéder la Frise aux Pays-Bas ; il avait désiré, après la mort du grand-maître Frédéric de Saxe, qu'un prince de Brandebourg fût mis à la tête de l'ordre teutonique. La maison de Saxe nourrissait contre lui de légitimes ressentiments. Aussi l'électeur Jean-Frédéric, que recommandaient en Allemagne de nobles sentiments de justice et un véritable esprit de sagesse, s'était déjà opposé dans plusieurs diètes, bien qu'il fût très-mesuré et peu entreprenant, aux projets généralement mal conçus de Maximilien. Il était beau-frère du duc de Lunebourg, le plus puissant des princes de la vieille maison de Brunswick, et oncle du duc de Gueldre, alliés l'un et l'autre de François Ier.

L'électeur palatin, Louis V de Bavière, n'avait pas de moindres griefs. La succession de Bavière-Landshut avait été refusée en 1503 à son père Philippe, qui, l'ayant alors revendiquée les armes à la main, avait été mis au ban de l'empire, battu et dépouillé même de l'*avouerie* de Haguenau, dont l'empereur s'était emparé et qu'il avait gardée. Le comte palatin Louis n'avait pas encore reçu l'investiture impériale. Sa politique et ses ressentiments le poussaient du côté de la France, mais ses craintes et son avarice pouvaient le ramener à l'Autriche.

Richard de Greiffenclau de Wolrath, archevêque-électeur de Trèves, était préoccupé des périls de l'Allemagne, et voyait avec alarme la grandeur toujours croissante de la maison de Habsbourg. La contiguïté des territoires avait amené entre elle et lui, ainsi que cela arrive ordinairement, l'opposition des intérêts. Voisin des Pays-Bas comme le duc de Gueldre, le prince-évêque de Liége, le duc de Bouillon, seigneur de Sedan, le duc de Lorraine, il était, comme eux, l'adversaire naturel de leur jeune souverain, et il ne se souciait pas que celui-ci, déjà possesseur de tant de royaumes, devînt le chef de l'empire. Aussi penchait-il pour François Ier. Son appui était d'autant plus précieux, qu'il joignait à une rare prudence une fermeté habile.

L'archevêque-électeur de Cologne, Hermann de Wied, lui ressemblait peu. C'était un prince sans direction fixe. Timide par scrupule autant que par faiblesse, manquant à la fois de lumières et de volonté, il était livré à des influences qui entraînaient ou paralysaient ses résolutions, selon qu'elles s'accordaient ou se combattaient entre elles. Avec ce caractère, il était à croire qu'il attendrait le dernier moment pour se prononcer en faveur du prétendant qui lui semblerait avoir le plus de droits, parce qu'il aurait le plus de chances. Quant au jeune roi Louis, électeur de Bohême, il ne disposait pas encore de son suffrage. A peine âgé de treize ans, il était placé sous la double tutelle de son oncle, le roi Sigismond de Pologne, et de l'empereur Maximilien. Le pacte de succession qui unissait les maisons de Bohême et d'Autriche, les mariages projetés entre le roi Louis et l'archiduchesse Marie, sœur du roi catholique, l'archiduc Ferdinand, frère de celui-ci, et Anne, sœur de Louis, assuraient en quelque sorte d'avance le suffrage de cet électorat à un prince autrichien.

II.

Plus de deux ans avant la mort de Maximilien,

plusieurs électeurs, séduits par la valeur de François Ier, frappés de sa puissance, qui lui aurait permis de protéger efficacement l'Allemagne, et attirés par son argent, songèrent à lui assurer la future possession de la couronne impériale. L'archevêque de Trèves ouvrit à ce sujet des négociations. Dès le mois de novembre 1516, il envoya de son château d'Ehrenbreitstein le docteur Henri Dungin de Vuitlich, son chancelier, auprès de François Ier (1), auquel il engagea son vote. Le margrave Joachim de Brandebourg ne fit pas attendre le sien. Le docteur Bernard Zedwitz, le bourgmestre de Crossen Melchior Pful, le gentilhomme brandebourgeois Joachim de Moltzan, ses conseillers et ses plénipotentiaires, se rendirent des bords de la Sprée sur ceux de la Somme, et en traitèrent à Abbeville avec le chancelier Du Prat, investi de la confiance et dépositaire des pouvoirs particuliers de son maître. Une étroite confédération fut conclue, le 26 juin 1517, entre le roi et le margrave. Le roi devait donner la seconde fille de Louis XII, la princesse Renée, alors âgée de huit ans, en mariage au prince électoral de Brandebourg, avec une dot de 150,000

(1) Archives nationales de France, section historique, carton J., 995. Pièce du 8 novembre 1516. L'original latin avec les sceaux pendants en cire noire. — Plus tard, le 23 octobre 1518, le roi le fit remercier de la fidélité qu'il lui avait gardée à la diète d'Augsbourg. « Et primum archiepiscopo treverensi dicet quod christianissimus rex ingentes ei gratias agit, tum propter firmam et constantem voluntatem quam illi servavit... tum quod cæteros principes hortatus est et monuit ut idem facerent. » Instructions à J. de Moltzan. Ibid., carton J., 952.

écus d'or au soleil (8,300,000 francs au moins) (1) et une pension de 4,000 livres. Une autre pension de 8,000 livres était accordée au margrave, qui s'obligeait à fournir, en cas de guerre, des levées de reîtres et de lansquenets aux frais de François Ier, qu'il promettait de plus de porter à l'empire (2).

Le 17 août, l'électeur Joachim ratifia en ces termes, à Cologne sur la Sprée, et le traité de confédération, et la promesse de son suffrage : « Nous nous attachons, disait-il, au seigneur François Ier, roi des François, duc de Milan, seigneur de Gênes, dont la renommée et l'*humanité* brillent dans tout l'empire, et, requis par ses ambassadeurs, nous avons promis pour la gloire du Dieu tout-puissant, de la foi chrétienne et de l'Église catholique, pour l'honneur, l'avantage et l'élévation de tout l'empire romain, et par ces présentes nous promettons de bonne foi qu'à la mort du sérénissime et très-invincible empereur notre maître, le seigneur Maximilien, que Dieu par sa grâce fasse vivre longtemps, lorsque l'empire romain vaquera, et qu'avec nos confrères amis et cousins les princes électeurs, nous nous réunirons dans le lieu ordinaire de notre libre

---

(1) L'écu d'or au soleil de François Ier de 1519 pesait 3 grammes 25 centigrammes à 3 fr 30 cent. le gramme, ce qui en portait la valeur métallique à 11 fr. 5 cent. Or, le pouvoir de l'or et de l'argent étant à cette époque cinq fois plus fort au moins qu'aujourd'hui, un écu d'or au soleil de 1519 avait la valeur relative de 55 fr. 25 cent. de notre monnaie actuelle.

(2) Minute originale.

élection, et que nous pourrons comprendre que leur voix et la nôtre serviront à procurer l'empire au seigneur François, roi des François, non-seulement nous ne l'empêcherons pas, mais nous y contribuerons de toutes nos forces et par notre vote (1). »

L'archevêque de Mayence suivit assez promptement l'exemple de son frère le margrave. Ayant appris les arrangements convenus avec le chef et dans l'intérêt de la maison de Brandebourg, il avait donné le 12 octobre de pleins pouvoirs, pour traiter de sa part en France, à l'un des hommes qui faisaient l'ornement de sa petite cour splendide et lettrée, au célèbre Ulric de Hutten, qui représentait à la fois les idées nouvelles et les mœurs anciennes de l'Allemagne érudite et guerrière. « Par ces lettres patentes, disait-il, nous déclarons et faisons savoir que nous députons le vaillant et parfaitement docte notre féal et notre conseiller Ulric de Hutten, chevalier à l'éperon d'or et docteur, auprès du sérénissime et très-chrétien prince François Ier, roi des Français, notre seigneur et notre ami, afin qu'il conclue avec sa sérénité et en notre nom un pacte de solide alliance, et qu'il y termine certaines autres affaires que nous lui avons commises..... Tout ce qu'il aura conclu, nous le tiendrons pour ferme et inébranlable (2). » L'archevêque vendit mystérieu-

---

(1) Archives nationales de France, carton J. 952, pièce 3. L'original sur parchemin, signé de l'électeur et muni de son scel en cire jaune.

(2) Ibid. L'original sur parchemin.

sement le suffrage (1) que le margrave avait vendu éventuellement.

François Ier n'avait plus qu'un vote à acquérir pour disposer de la majorité électorale. Il gagna (2) celui du comte palatin Louis, qui lui offrit de *travailler* au succès *de l'affaire si bien connue de Sa Majesté* en répandant son argent en Allemagne, et qui supplia toutefois de jeter sa lettre au feu (3). Avec les quatre voix de Trèves, de Brandebourg, de Mayence et du Palatinat, François Ier put se croire assuré de l'empire et rêver, en sa faveur, le rétablissement de la puissance de Charlemagne sur le continent. Se regardant déjà comme le chef convenu de l'Allemagne, il étendit dans cette vaste contrée ses rapports et son influence pour la mieux préparer à sa prochaine souveraineté. Outre les quatre électeurs dont il était devenu l'ami et le candidat, il se fit d'utiles alliés et il entretint de puissants pensionnaires dans tout le corps germanique. Ainsi il eut dans son alliance ou il prit à son service : sur la frontière sud-est des Pays-Bas, le duc Antoine de Lorraine; Robert de la Marck, duc de Bouillon et

---

(1) L'original sur parchemin : « Christianissimus rex habet in scriptis fidem et promissionem dicti archiepiscopi maguntini. » Instructions du 23 octobre 1518 à J. de Moltzan. Carton J. 952, p. 8.

(2) « Iceluy conte palatin a juré et promis que advenant icelle vacation (de l'empire) eslira le dit seigneur et lui aideroit envers les autres pour le faire eslire. » Instruction de février 1519 pour Cordier (conseiller du roi en son grand conseil) et La Mothe au Groing (l'un de gentilshommes de la maison du roi), envoyés auprès de l'électeur. Bibl. nat. Mss. de La Mare, $\frac{10332}{3}$.

(3) L'original a été conservé et se trouve dans le carton J. 995.

seigneur de Sedan, son frère Éberhard de la Marck, prince-évêque de Liége ; sur la frontière nord-ouest, le belliqueux duc de Gueldre, auquel offrit de s'adjoindre cette année même le duc de Clèves, de Juliers et de Berg (1); dans le voisinage du Rhin, le comte Gerlach d'Isenbourg (2) et le comte Jean de Salm, seigneur de Reiferscheid, de Dyk et d'Alster, maréchal héréditaire de l'électorat de Cologne (3); vers l'Allemagne septentrionale, le duc de Brunswick-Lunebourg, gendre de l'électeur de Saxe, et le duc Frédéric de Holstein (4), souverain du Schleswig et héritier du royaume de Norvége, tandis que, du côté de l'Allemagne méridionale, le duc de Wurtemberg, le margrave de Bade et l'évêque de Strasbourg n'étaient pas éloignés de se mettre à sa dévotion.

Il y avait alors dans le corps germanique un homme très-puissant quoiqu'il ne fût ni électeur, ni prince, ni comte, et François Ier ne manqua point de se l'attacher : c'était le fameux Franz de Sickingen. Il appartenait à la plus ancienne noblesse possessionnée des environs du Rhin ; ses ancêtres avaient combattu en Italie pour les empereurs souabes, et son père avait été proscrit par l'empe-

---

(1) Pièce 48, carton J. 952, pension de 4,000 livres promise en échange de ses services qu'il a offerts.

(2) Ibid. Carton J. 995, pension de 4,000 livres tournois, du 4 avril 1518, et promesse originale du comte de servir François Ier, dans le carton J. 952, pièce 7.

(3) Ibid. Pension de 1,200 livres du 10 février 1518.

(4) Ibid. Traité original du 19 mai 1518, avec pension de 4,000 liv.

reur Maximilien pour avoir soutenu, les armes à la main, les prétentions de la maison palatine à l'héritage de la Bavière-Landshut. Sickingen avait acquis une importance extraordinaire en Allemagne (1). Il pouvait à toute heure mettre au service de ses alliés deux mille chevaux bien équipés, dix mille vaillants lansquenets, une nombreuse artillerie, et leur ouvrir les portes de plus de vingt-trois forteresses (2). D'une bravoure entreprenante, d'un caractère chevaleresque, d'un esprit cultivé, élève de Reuchlin, le chef des érudits allemands, ami d'Ulric de Hutten, qui fut son compagnon à la guerre, son lecteur pendant la paix, et se fit le chantre poétique de sa renommée de la Moselle à l'Elbe (3), Sickingen aimait les armes et les lettres. Continuateur des vieilles mœurs de son pays, défenseur des idées nouvelles de son temps, il se plaisait dans les hasards des grandes aventures et les entretiens élevés des savants, et avait dans le principal de ses châteaux une imprimerie à côté de ses canons (4).

A cette époque d'impuissance publique et de

(1) *Vie de Franz de Sickingen,* par M. Münch; 2 vol. in-8. Stuttgart et Tubingen, 1827.
(2) *Mémoires du maréchal de Fleuranges,* dans la collection Petitot, vol. XVI, p. 316.
(3) Voir les vol. II, III et IV de Ulric de Hutten, et une dédicace dans le vol. V, p. 157 — *Ulrichi ab Hutten equitis germani Opera,* édition de J.-H. Münch, in-8. Berlin, 1822.
(4) La plupart des lettres véhémentes et des formidables pamphlets d'Ulric de Hutten contre l'Église romaine et pour la liberté germanique sont datés en 1520-1521 de la citadelle d'Ebernbourg. *Opera Ulrichi ab Hutten,* vol. III, IV.

guerres privées, où il n'était guère possible d'obtenir justice qu'en se la rendant à soi-même, Franz de Sickingen s'était fait comme le justicier général et armé de la vaste contrée qu'arrosent la Moselle, le Rhin, le Necker, le Mein et la Lahn. La noblesse, accoutumée aux confédérations particulières, s'enrôlait avec empressement sous sa victorieuse bannière. Sickingen, à la tête d'armées de plus de douze mille hommes, se chargeant des querelles des faibles et des droits des impuissants, avait tour à tour marché contre le comte Reinhard des Deux-Ponts, la ville impériale de Metz, le duc Antoine de Lorraine, le landgrave Philippe de Hesse, qu'il avait contraints à accorder des réparations ou réduits à souscrire des arrangements. Mis au ban de l'empire pour avoir pillé les marchands de Worms et fait le siége de leur ville, il avait bravé la colère de Maximilien dans sa citadelle d'Ebernbourg, près de Creuznach, qui devint bientôt l'asile des lettres effrayées ou de la piété en péril, et que ses protégés reconnaissants appelèrent l'*Hôtellerie de la Justice* (1). Cette forteresse s'élevait sur un rocher vaste et escarpé au pied duquel coulaient les eaux de l'Alseuz; ses abords étaient protégés par de nombreuses

---

(1) *Ebernburg*, ubi pretium est equis et armis, ubi Dei cultus, hominum cura et charitas, ubi virtutibus honor, ubi liberaliter liberi sunt viri, ubi pecuniam contemnunt homines et magni fiunt;... ubi innocentia propugnatur, viget probitas, fœdera valent, hoc illud est æquitatis receptaculum. *Ulrichi ab Hutten Opera*, etc., vol. IV, p. 84. — Gardesius dit : « Arx Eberburgensis portus et asylum veritatis testium, eruditionis et depressæ libertatis vindicum. » *Monumenta*, t. Ier, p. 161.

batteries de canons, et les voûtes intérieures en avaient été mises à l'épreuve de la bombe. Le puissant possesseur d'Ebernbourg, le chef valeureux de la noblesse secondaire de l'Allemagne, entra alors au service de François Ier. Le seigneur, plus tard maréchal de Fleuranges, de la maison de La Marck, avec laquelle Sickingen était en étroite alliance, le conduisit au château d'Amboise, où ce prince lui fit le plus grand accueil. François Ier donna à Sickingen et aux douze gentilshommes de sa suite de magnifiques chaînes d'or, et il accorda une pension considérable de 3,000 livres(1) au précieux auxiliaire qui pourrait plus tard, s'il en était besoin, lever une armée à l'appui de ses desseins.

Cependant le jeune roi catholique ne devait pas se laisser enlever ainsi la couronne impériale qu'avaient portée dans le treizième et dans le quatorzième siècle Rodolphe de Habsbourg et Albert Ier, ses ancêtres paternels, et qui, depuis quatre-vingt-un ans que s'était éteinte la maison de Luxembourg, en 1438, semblait être fixée dans sa maison. Ses vastes États auraient été compromis si François Ier, qu'il avait pour voisin en Flandre, en Franche-Comté, en Espagne, en Italie, s'établissait aussi en Allemagne. Le descendant des maisons de Bourgogne, de Castille, d'Aragon, d'Autriche, voulait d'ailleurs recueillir tout leur héritage et ne rien laisser perdre de

---

(1) *Mémoires de Fleuranges*, vol. XVI, p. 319.

leur autorité. Sa position l'avait préparé aux affaires compliquées et lui rendait naturelles toutes les ambitions. Sans annoncer entièrement ce qu'il fut depuis, il le laissait pressentir. Chièvres, qui l'avait élevé et qui le dirigeait encore, aimait sa grandeur et tenait à ce qu'il devînt capable de la conserver et de l'accroître. Il l'avait formé de bonne heure à la connaissance et à la conduite de ses intérêts divers. Dès l'âge de quinze ans, Charles présidait tous les jours son conseil. Il y exposait lui-même le contenu des dépêches qui lui étaient remises aussitôt qu'elles arrivaient, fût-ce au milieu du sommeil de la nuit (1). Son conseil était devenu son école, et la politique, où il devait se rendre si habile, avait été son principal enseignement. Réfléchi comme celui qui est appelé à décider, patient comme celui à qui il appartient de commander, il avait acquis une dignité précoce. Ayant beaucoup de sens naturel, une finesse d'esprit pénétrante, une rare vigueur d'âme, il apprenait à juger, dans chaque situation et sur chaque chose, ce qu'il y avait à faire et comment il fallait le faire. Il s'apprêtait ainsi à être le plus délié et le plus ferme politique de son temps, à regarder la fortune en face, sans s'enivrer de ses faveurs, sans se troubler de ses disgrâces, à ne s'étonner d'aucun événement, à se résoudre dans tous les périls.

(1) *Mémoires de Martin du Bellay,* qui l'avait appris de Chièvres même, dans son voyage aux Pays-Bas en 1515, t. XVII, p. 238-239 de la collection Petitot.

Après les pacifiques transactions de Noyon et de Cambrai, Charles, ayant contracté une alliance étroite avec François Ier et se trouvant en accord parfait avec Maximilien, se disposait à partir pour l'Espagne afin d'y consolider sa puissance, qu'il avait mise à l'abri de toute atteinte du côté des Pays-Bas, qu'il comptait avoir assurée en Italie et qu'il espérait étendre plus tard à l'Allemagne. C'est dans ce moment qu'il fut instruit des dangereuses menées de François Ier. Il ne voulait pas enfreindre la paix, qui lui était nécessaire, et qu'il avait contribué à rétablir avec tant de peine dans l'occident de l'Europe; mais il n'entendait pas non plus que le roi de France se servît de la paix pour lui enlever d'avance la couronne impériale. Des côtes de la Zélande, où il allait s'embarquer, il chargea le trésorier Villinger d'informer l'empereur de toutes les pratiques françaises auprès des électeurs. Plusieurs de ceux-ci s'offraient à soutenir ses propres prétentions, qu'il était résolu à faire prévaloir par tous les moyens, s'il obtenait l'assentiment et le concours de son aïeul (1). Il monta ensuite sur la flotte qui devait le conduire en Espagne, et, le 7 septembre 1517, il partit de Middlebourg, et fit voile vers les côtes des Asturies, s'éloignant des lieux où s'était déjà ouvert le marché électoral.

Mais l'empereur son grand-père y restait pour lui.

---

(1) Instruction donnée à Villinger par le roi de Castille en août 1517, dans Bucholtz, *Geschichte der Regierung Ferdinand des Ersten*, in-8; Vienne, 1831, vol. Ier, p. 84.

Attaché à la grandeur de sa maison, qu'il avait singulièrement accrue, Maximilien sentait la nécessité de ne pas la laisser déchoir, et d'en unir les États dispersés par le lien puissant de l'autorité impériale. Il entra donc, et avec son ardeur accoutumée, dans les vues de son petit-fils. Avant tout, il lui fit connaître ce qu'il devait accorder de faveurs, dépenser d'argent, offrir de pensions, s'il ne voulait pas échouer dans une pareille entreprise. C'est ce que lui écrivirent de sa part le trésorier Villinger et le secrétaire Renner (1), instruits à fond de la position, du caractère et des intérêts des princes allemands.

Charles était aux prises avec les difficultés d'un règne nouveau, lorsqu'il reçut en Espagne les instructions qui lui étaient transmises et les demandes qui lui étaient adressées par les deux conseillers de l'empereur. Il venait de prendre possession de la souveraine autorité dans la Castille. Ce n'était pas sans quelque peine qu'il avait été reconnu roi du vivant de sa mère, Jeanne la Folle, enfermée à Tordesillas, que sa maladie empêchait de gouverner, mais à laquelle seule appartenait le droit de régner. Les cortès de Valladolid, en consentant à ce que Charles fût à la fois l'administrateur unique et le co-souverain du royaume, avaient déclaré que sa mère, dont le nom précéderait le sien sur tous

---

(1) Le contenu de cette lettre est mentionné dans la lettre de Maximilien au roi de Castille du 18 mai 1518, extraite des archives de Lille et publiée dans les *Négociations diplomatiques entre la France et l'Autriche* par le savant archiviste M. Le Glay, in-4, vol. II, p. 126.

les actes publics, reprendrait le gouvernement de l'État, si Dieu lui rendait la santé et la raison. Les grands et les villes lui avaient ensuite prêté serment d'obéissance, après qu'il eut juré lui-même d'observer leurs lois et de garder leurs priviléges. Les cortès lui accordèrent en même temps un *servicio* de 600,000 ducats, à lever en trois années dans les royaumes de Léon, de Castille et de Grenade.

Malgré tout cela, l'entente était très-faible entre le jeune roi et ses nouveaux sujets. Les Flamands qui l'entouraient avaient excité l'animadversion et la jalousie des Castillans par l'excès de leur pouvoir et de leur cupidité. Le gouverneur Chièvres et le chancelier Jean Le Sauvaige dirigeaient tout et vendaient tout autour de lui. Les Flamands traitaient l'Espagne comme les Espagnols avaient traité l'Amérique, et, dans leur avidité cynique et offensante, ils allaient jusqu'à appeler ceux-ci *leurs Indiens* (1). Aussi préparaient-ils le terrible soulèvement des *communeros*, et ils rejetaient même du côté de la France les *grands*, indignés de l'abandon où on les laissait. Les personnages les plus considérables des deux Castilles visitaient assidûment la Roche-Beaucourt, et, aussi nombreux à la table de l'ambassadeur de François Ier qu'à la cour du roi Charles, ils lui disaient : « Quand il le vouldra, votre maistre trouvera autant de serviteurs en ce

---

(1) Sandoval, *Historia de Carlos Quinto*, t. I, lib. x, § II.

pays qu'en lieu qu'il sauroit souhaiter (1). » La présence de l'infant Ferdinand dans la péninsule, l'ambition qu'il avait déjà montrée, l'attachement que lui portaient les Espagnols, au milieu desquels il avait été élevé, dont il parlait la langue et suivait les mœurs, n'inspiraient pas moins d'inquiétude au roi son frère. Aussi, malgré le vœu formel des cortès, se décida-t-il à ne pas le laisser dans un pays où les mécontents pourraient un jour le prendre pour chef. Dans son trajet de Valladolid à Saragosse, il l'éloigna sans bruit de l'Espagne et l'envoya en Flandre. Fort soucieux des dispositions des Castillans, encore incertain sur l'obéissance des Aragonais, par lesquels il allait se faire reconnaître comme roi, il se trouvait de plus tellement pauvre, qu'il fut réduit, peu de temps après, à emprunter 70,000 ducats du duc de Verajas, du duc d'Arcos et du comte de Benavente pour l'entretien de sa maison (2). Il en était là quand lui parvint le message de son grand-père Maximilien.

Malgré la pénurie de ses finances, Charles, en engageant le produit du *servicio* voté par les cortès de Valladolid, se procura 100,000 ducats, qu'il fit porter à l'empereur par son chambellan Jean de Courteville. Il obtint en outre de trois banquiers de Gênes et d'Augsbourg qu'ils en mettraient bientôt à

---

(1) Lettre de La Roche-Beaucourt de mars 1518. Mss. Béthune, n° 8487, f. 128 et suiv.

(2) Dépêche de La Roche-Beaucourt, de Saragosse, 1518. Mss. Béthune, n° 8485, f. 26 et suiv.

sa disposition 200,000 autres; mais il n'offrit que des pensions de 4,000 florins aux électeurs, et il défendit à Courteville de rien débourser sans être certain que l'empire lui serait accordé. Maximilien, mécontent de cette parcimonie et de ces précautions, également contraires au succès d'un dessein qui exigeait beaucoup de libéralité et de confiance, écrivit à son petit-fils pour lui en exprimer sa surprise. Il lui dit que les pensions offertes étaient trop petites, que la somme envoyée était insuffisante, et que d'ailleurs il fallait pouvoir s'en servir tout de suite, parce que sans cela les princes allemands croiraient plus à l'argent comptant des Français qu'à ses bonnes paroles. Il insista fortement sur la nécessité de dépenser sans hésitation et d'agir sans retard. « Pour gagner les gens, ajouta-t-il, il faut mettre beaucoup en aventure. Veuillez donc bien penser à notre conseil et le suivre, autrement il n'y a pas d'apparence de conduire notre affaire au désir et à l'honneur de nous deux. Il nous déplairoit fort d'avoir eu tant de peine et labeur pour faire grande et exalter toute notre maison et toute notre postérité, et de voir tout mis au hasard par une faute ou une négligence (1). » Il convoqua en même temps les électeurs à Augsbourg pour le mois d'août.

---

(1) Lettres de Maximilien au roi Charles, du 18 et du 24 mai 1518 (archives de Lille), imprimées, la première, dans les *Négociations diplomatiques*, t. II, p. 125, la seconde, dans *Anzeiger für Kunde der Teutschen Vorzeit*, par F.-J. Mone, Karlsruhe, 1836, in-4, p. 14.

III.

La diète se réunit à l'époque fixée. Elle avait deux grands objets : l'un public, la défense de la chrétienté contre l'invasion imminente des Turcs ; l'autre secret, la succession à l'empire d'Allemagne. Le premier n'était cependant pas étranger au second, car le pape devait se déclarer ouvertement en faveur de celui des deux compétiteurs qui, par son âge, sa gloire, sa puissance militaire, lui semblait le plus capable d'arrêter les progrès de l'invasion musulmane. Léon X ne semblait occupé dans le moment que de cet immense péril. Sélim Ier, continuant l'œuvre de ses plus heureux et de ses plus terribles prédécesseurs, s'apprêtait à attaquer l'Occident. En trois années, de 1514 à 1517, il avait vaincu le sophi de Perse Ismaïl à Tschaldiran, et lui avait enlevé le Diarbekir, Orfa et Mossoul, entre l'Euphrate et le Tigre ; il avait battu complétement le soudan d'Égypte à Alep et au Caire, détruit l'empire des Mamelucks, occupé la Syrie, la Palestine, l'Égypte, reçu la soumission du chérif de la Mecque et de beaucoup de tribus arabes. Après avoir consolidé ses conquêtes et créé une puissante flotte de plus de deux cents voiles, il était rentré à Constantinople, plus menaçant que jamais pour l'Europe, dont ses armes n'avaient été détournées que par la guerre si vite achevée d'Orient.

L'approche du danger avait ému le chef spirituel de la république chrétienne. Il craignait que les Turcs, établis sur le Bosphore, maîtres de la Bessarabie, de la Bulgarie, de la Roumélie, de la Servie, de la Bosnie, déjà parvenus dans la Croatie et sur les côtes de la Dalmatie, n'attaquassent en même temps le boulevard le plus avancé et le centre même du christianisme par une invasion en Hongrie et une descente en Italie. Il poussa de bonne heure le cri d'alarme, et s'efforça d'unir les rois et les peuples de l'Occident, alors en paix les uns avec les autres, dans une nouvelle guerre contre l'ennemi de leur foi et de leur indépendance. Il fit décréter la croisade dans la douzième et dernière session du concile de Latran, autorisa les souverains confédérés à Cambrai à tirer du clergé, par des décimes, l'argent qu'exigerait la levée des troupes, et leur adressa un long mémoire pour concerter avec eux la conduite de l'expédition sacrée.

Chacun d'eux proposa un emploi différent des forces chrétiennes. François Ier déclara qu'il consacrerait armes, hommes, chevaux, canons, vaisseaux, argent, sa vie même, à une si sainte et si nécessaire entreprise. Il s'engagea, pourvu qu'on préparât les fonds nécessaires, à réunir quatre mille hommes d'armes, huit mille chevau-légers, cinquante mille hommes de pied, ét, suivi des Écossais, des Suisses, des Lorrains, des Savoisiens, des Vénitiens, des Florentins, des Siennois, à attaquer les Turcs par le Frioul et l'Illyrie, tandis que l'empereur, les rois de

Hongrie et de Pologne, les princes d'Allemagne, marcheraient contre eux du côté de la Hongrie, et que les rois d'Espagne, de Portugal, d'Angleterre, leur feraient face dans la Méditerranée.

L'empereur Maximilien, à l'imagination duquel rien ne coûtait, avait conçu un plan gigantesque et chimérique, dont l'exécution aurait exigé plusieurs années, et qui, faisant remonter les nouveaux croisés d'occident en orient par l'Afrique, l'Europe et l'Asie, aurait conduit leurs bandes victorieuses jusqu'à Jérusalem, où elles se seraient rejointes, après avoir chassé devant elles les Turcs dépossédés de leurs anciennes et de leurs récentes conquêtes. Moins intempérant et plus judicieux que lui, son petit-fils demanda que l'expédition fût ajournée à l'année suivante, les princes chrétiens n'étant pas encore en mesure de l'entreprendre, et qu'en attendant la France, l'Espagne, le Saint-Siége, Venise, Florence, etc., défendissent l'Italie contre les Turcs. Les forces de l'Allemagne, de la Pologne, de la Bohême et de la Hongrie serviraient à les repousser, s'ils attaquaient la chrétienté du côté du Danube (1).

Afin de poursuivre ce projet et d'y faire entrer l'Allemagne, Léon X avait envoyé à Augsbourg, comme son légat auprès de l'empereur et de la

---

(1) Toutes les pièces relatives à ce projet de croisade, la plupart extraites des cartons des archives et des manuscrits de la Bibliothèque nat., sont imprimées dans le vol. Ier, p. 10 à 82, des *Négociations de la France dans le Levant,* publiées par M. Charrière, in-4, collection des *Documents inédits sur l'Histoire de France.*

diète, le dominicain Thomas de Vio, cardinal de Saint-Sixte. Le légat apporta à Maximilien l'épée et le chapeau bénits par le souverain pontife, et conjura la diète germanique de fournir son contingent dans la grande croisade qui servirait à délivrer l'Europe, à reprendre Constantinople, à conquérir même Jérusalem. Il fut donc proposé de lever un homme par cinquante propriétaires de maison, et d'appliquer à l'entretien de cette armée le dixième du revenu des gens d'église et le vingtième du revenu des laïques ; mais la diète refusa cet impôt comme trop écrasant pour l'Allemagne, déjà épuisée par toutes les exactions ecclésiastiques. Mêlant le cri public à la parole depuis quelque temps tonnante de Luther, elle fit entendre ses plaintes sur les abus du pouvoir pontifical, l'extension des annates, le mépris des concordats, et elle prétendit que l'argent demandé ne serait pas plus employé à la guerre contre les Turcs que celui des indulgences ne l'était à la construction de l'église de Saint-Pierre. Agitée par un esprit nouveau de résistance, elle fit au nom des intérêts ce que Luther entreprenait au nom des croyances. Elle ne céda pas plus aux invitations du souverain pontife que Luther n'obéit aux injonctions du légat, devant lequel il comparut à Augsbourg, et la diète, défiante et indocile, renonçait aux croisades au moment même où le moine convaincu et désobéissant commençait les révolutions. Elle se borna en effet à prescrire que, durant trois années, chaque personne admise à la communion payât au moins le dixième d'un florin, et que le produit de cette contribution pieuse fût conservé par les gouvernements jusqu'au moment de la guerre. Accorder si peu et si tard, c'était tout ajourner et tout interdire.

Tandis que se discutait cet objet ostensible de la diète, les négociations secrètes pour la future possession de l'empire se poursuivaient avec les électeurs. Maximilien, arrêté un instant par la défiance parcimonieuse de son petit-fils, avait emprunté à la banque des Fugger 30,000 florins d'or pour défrayer les princes venus surtout à Augsbourg dans un intérêt qui lui était particulier (1). Enfin arrivèrent les nouvelles instructions du roi catholique, qui envoyait une assignation de 100,000 ducats de plus sur le royaume de Naples, et qui autorisait à se servir immédiatement de l'argent porté par Courteville. Maximilien se mit alors à l'œuvre vivement. Il obtint sans peine la voix du jeune roi de Bohême en distribuant 11,000 florins d'or aux ambassadeurs du roi de Pologne, qui était avec lui cotuteur de ce prince. Le suffrage de l'électeur de Cologne n'avait pas été engagé encore ; il l'acquit au prix peu élevé de 20,000 florins d'or et d'une pension de 6,000. Afin

(1) *Estat de l'argent comptant que à cette journée impériale d'Augsbourg a, pour et au nom du roy, esté desboursé.* Dans Mone, p. 407 à 411. Le florin d'or valait un peu moins que l'écu d'or au soleil. Il pesait 3^{gr},225, ce qui lui donnait une valeur métallique de 10 fr. 64 cent., qu'il faut multiplier par 5 pour avoir sa valeur relative.

de l'affermir dans ses volontés, qu'il savait n'être pas invariables, il gratifia, de sommes et de pensions proportionnées à l'influence qu'ils exerçaient sur lui, ses deux frères, les comtes Guillaume et Jean de Wied, son chancelier, ses divers conseillers, et Guillaume de Newenar, l'un des comtes les plus puissants de l'électorat,

Il semblait beaucoup moins facile de gagner l'archevêque de Mayence et le margrave de Brandebourg. Ce dernier, en partant pour la diète d'Augsbourg, avait fait assurer François Ier de la fidélité persévérante qu'il garderait envers lui, et le prince électoral son fils avait envoyé une bague montée d'un beau diamant à Mme Renée de France, qu'il considérait comme sa fiancée (1). Il n'avait su cependant résister ni aux instances ni aux offres de Maximilien. Défaisant un mariage par un autre, l'empereur avait promis la plus jeune de ses petites-filles, l'infante Catherine, au fils du margrave, auquel elle serait remise l'année suivante avec une dot de 70,000 florins d'or payables le jour de l'élection, outre 30,000 en don gratuit. L'archevêque de Mayence, qui reçut le chapeau de cardinal à Augsbourg, dut avoir pour sa part 52,000 florins d'or comptant, une crédence et un service d'argent à sa discrétion, et le prix d'une belle tapisserie qu'il avait commandée en Flandre. Deux pensions de 8,000 florins d'or étaient assurées

(1) Instructions latines données à Moltzan par François Ier le 23 octobre 1518. Archiv., carton J. 952, pièce 8.

aux deux frères sur les villes d'Anvers et de Malines, dont ils exigeaient la garantie formelle. Maximilien s'applaudissait d'avoir détaché de François Ier l'électeur de Brandebourg, tout en trouvant qu'il faisait payer cher son infidélité à la France et son retour à l'Autriche. « Le marquis, disait-il, couste beaucoup à gagner ; toutefois son avarice est avantageuse au seigneur roi (mon petit-fils), car par elle il parvient à son désir (1). » Il récompensa d'une somme de 12,000 florins d'or et d'une pension le zèle ardent que déployait pour la maison impériale le margrave Casimir de Brandebourg de la branche de Franconie.

Le comte palatin ne s'était pas rendu à la diète. Il avait envoyé un messager à François Ier pour l'assurer de ses bonnes dispositions (2), et il chassait à Dilsberg (3) pendant que Maximilien pratiquait les électeurs à Augsbourg. Son éloignement inquiéta le vieil empereur, qui en connaissait les causes trop fondées. Il se servit, pour l'amener et le séduire, de son frère le comte Frédéric, qui n'avait pas moins à se plaindre de la maison d'Autriche, dont il avait reçu naguère un affront public, mais à laquelle il portait un long et inébranlable

---

(1) Mémoire du 27 octobre, dressé par l'empereur Maximilien pour le roi catholique. Le Glay, *Négociations*, etc., t. II, p. 172.

(2) Lettre de remerciment de François Ier à l'électeur palatin, du 13 août. Minute sur parchemin. Archives, carton J. 942, pièce 24.

(3) « Annalium de vita et rebus gestis, etc., Frederici II, electoris palatini, libri XIV. » Authore Huberto Thoma Leodio. In-4. Francofurti, 1624, lib. IV, p. 68.

attachement. Ce cadet de la maison palatine, élevé auprès de l'archiduc Philippe le Beau, demeuré à la cour du roi Charles, avait conçu une passion romanesque pour l'infante Éléonore, qui le payait de retour ; il avait même obtenu de cette princesse, alors âgée de vingt ans, qui épousa en 1518 le roi de Portugal Emmanuel le Fortuné, et en 1530 François Ier, une promesse de mariage. Le roi Charles surprit entre les mains de sa sœur une lettre d'amour du comte Frédéric, qui l'appelait *sa mie* (1) et lui disait : « Je suis prest de ne demander aultre chose, synon que je soye à vous et vous à moy. » L'altier descendant des empereurs et des rois, courroucé de ce langage et d'une semblable prétention de la part d'un petit prince sans territoire et sans souveraineté, fit rompre devant un notaire apostolique, en présence du seigneur de Chièvres, du seigneur de Rœulx, du baron de Montigny, du chambellan Courteville, tous chevaliers de la Toison-d'Or, et par la déclaration des deux parties, l'engagement qu'elles avaient pris l'une à l'égard de l'autre (2); puis il éloigna durement le comte Frédéric sans consentir à le voir, malgré ses supplications (3), et il conduisit sa sœur en Espagne pour la marier avec le roi de Portugal.

Après cette expulsion offensante, qui avait eu

---

(1) Cette lettre est parmi les papiers de Simancas aux Arch. nat., sér. B., lia. 2. n° 79.
(2) Cet acte est dans les papiers de Simancas. Ibid., n° 79[1].
(3) Lettres du comte Frédéric. Ibid., n° 79[4].

lieu l'année d'auparavant, vers la fin d'août, le comte Frédéric s'était retiré à Amberg, dans le haut Palatinat. Son affection pour le roi Charles survivait à sa disgrâce. Il lui avait écrit, en le quittant, qu'il continuerait à le servir en quelque lieu qu'il se trouvât et qu'il ferait avec bonheur tout ce qu'il lui commanderait (1). Mandé alors à Augsbourg, il se rendit en toute hâte auprès de l'empereur, qui oublia les hardiesses qu'il s'était permises et lui fit oublier les affronts qu'il avait reçus. Maximilien le combla de ses bonnes grâces et lui accorda 20,000 florins d'or avec une pension, s'il entraînait l'électeur son frère à Augsbourg et le décidait à conclure avec lui un accord politique et électoral. Afin de faciliter sa venue, il mit ses États sous la sauvegarde de l'empire, et il interdit à la ligue de Souabe d'exercer contre lui aucune espèce de représailles à cause des déprédations dont avaient souffert les marchands de Worms de la part de Franz de Sickingen, l'un des châtelains du Palatinat. Il promit de faire la paix de l'électeur avec cette redoutable ligue et de le dédommager de ce que la maison d'Autriche avait enlevé à la maison palatine. Le comte Frédéric partit pour Dilsberg et persuada si bien le faible et changeant électeur par la double considération de la crainte et de l'intérêt, qu'il le conduisit à la diète presque vaincu. Maximilien acheva sa défaite assez facilement. Il acquit son

(1) Papiers de Simancas aux Arch. nat., n° 755.

suffrage en lui accordant l'investiture de ses fiefs, en renouvelant l'alliance héréditaire entre l'Autriche et le Palatinat, en lui assurant 80,000 florins comme compensation de l'*avouerie* d'Haguenau qu'il ne pouvait pas lui rendre parce qu'elle couvrait les possessions autrichiennes du côté de l'Alsace (1), enfin en offrant de donner 20,000 florins d'or à la ville de Worms pour réparer les dommages commis envers elle par Sickingen. L'empereur voulait réconcilier avec les confédérés de la ligue de Souabe, — dont faisaient partie vingt-deux villes impériales, les nobles de la compagnie de Saint-George, les ducs de Bavière et les archiducs d'Autriche, — cet indomptable chef de bande qui devait jouer un grand rôle dans l'élection. Sickingen venait de se brouiller avec François Ier fort peu de temps après être entré à son service. Un marchand allemand, en contestation avec des marchands milanais qui ne voulaient pas le payer, s'adressa à lui comme au justicier national. Sickingen acheta sa créance, qu'il fit acquitter les armes à la main par les Milanais qui trafiquaient en Allemagne. Ceux-ci portèrent leurs plaintes à leur souverain François Ier, qui suspendit la pension de Sickingen (2). L'aventurier alle-

(1) Lettres de Maximilien au roi de Castille, du 24 mai. Le Glay, *Négociations*, etc., t. II, p. 127. — *Estat de l'argent comptant*, Mone, p. 407 à 411.

(2) *Mémoires de Fleuranges*, édit. Petitot, vol. XVI. p. 324-325. « Lequel Francisque, dit-il, porta depuis au roi grand dommage et spécialement pour le faict de l'empire. »

mand fut par là poussé du parti de la France dans celui de l'Autriche. Maximilien s'empressa de l'attacher aux intérêts de son petit-fils, auquel il écrivit : « Touchant Francisque de Sickinghe, il nous semble bien fait de le bien entretenir avec pension et aultrement. Nous l'avons aussi actrait (attiré) à nous, car nous savons qu'il peut faire grand service à nous deux (1). »

Maximilien avait réussi auprès de cinq électeurs, mais il échoua auprès des deux autres. L'archevêque de Trèves demeura fidèle à François Ier. Il refusa d'engager d'avance au roi catholique sa voix, que la bulle d'or lui prescrivait de conserver libre jusqu'au jour de l'élection. Ce qui ne fut pour lui qu'un prétexte, dont il couvrit sa politique et sa loyauté, servit de fondement à la conduite du duc Frédéric de Saxe. Cet électeur, dont la probité et la fermeté étaient inaccessibles à la corruption et à la crainte, se déclara ouvertement contre les arrangements proposés. Son opposition et la résistance de l'archevêque de Trèves contrarièrent Maximilien sans l'arrêter. Assuré de la majorité du collége électoral qu'il avait enlevée à François Ier, moyennant la somme énorme de 514,075 florins d'or (ayant une valeur relative d'à peu près 27,245,975 fr. de notre monnaie), indépendamment de 70,400 de pensions qui seraient touchées à Malines, à Anvers, à Franc-

(1) Lettre de Maximilien au roi de Castille, du 24 mai. Le Glay, *Négociations,* etc., t. II, p. 127.

fort (1), et dont le gouvernement des Pays-Bas cautionnerait l'exact payement, il se montra décidé à passer outre. Il fit signer, le 27 août, aux quatre électeurs gagnés, ainsi qu'aux représentants du cinquième, la promesse formelle d'élire roi des Romains son petit-fils, au nom duquel il leur garantit, par des lettres reversales, le maintien de leurs priviléges particuliers, des droits généraux de leur pays, et donna l'assurance que l'administration de l'empire serait concertée avec les princes allemands et confiée à des mains allemandes (2). Ces engagements réciproques furent échangés le 1er septembre 1518.

L'empereur Maximilien fit aussitôt partir pour l'Espagne Jean de Courteville, avec les seize pièces relatives aux acquisitions de votes, convention de mariage, promesses d'argent et de pensions, garanties de priviléges, qu'il avait stipulées dans l'intérêt et au nom de son petit-fils (3). Il invitait celui-ci à les signer sans retard, à n'y introduire aucun changement, à les expédier bien vite, afin de lier définitivement les électeurs envers lui et de ne pas ébranler l'édifice si coûteusement élevé de sa grandeur. Il lui représentait de plus comme indispensable l'envoi immédiat de lettres de change

(1) Mémoire de Maximilien, du 27 octobre. Le Glay, *Négociations*, etc., t. II. p. 170-172-173.

(2) Ces lettres sont dans Bucholtz, *Histoire de Ferdinand Ier*, vol. III, p. 665.

(3) Mémoire de Maximilien du 27 octobre. Le Glay, *Négociations*, etc., vol. II, p. 171.

sur les banques des Fugger et des Welser à Augsbourg pour 450,000 florins d'or à toucher avant l'assemblée de Francfort. Sur ces 450,000 florins qui s'ajoutaient aux 100,000 déjà apportés par Courteville, le besoigneux empereur, que les Italiens appelaient si justement *pochi danari*, s'en attribuait 50,000. Ils étaient destinés à le défrayer de ses dépenses à la diète prochaine de Francfort, où, après avoir reçu la confirmation que le roi Charles donna le 24 décembre des arrangements pris à Augsbourg, il devait se rendre avec les électeurs pour y faire nommer et proclamer son petit-fils roi des Romains.

IV.

François Ier n'avait pas appris sans une pénible surprise ce qui s'était passé à Augsbourg. L'archevêque de Trèves lui avait envoyé son secrétaire pour l'en instruire. L'électeur de Brandebourg lui-même, embarrassé de son infidélité et voulant en atténuer la honte, avait, le 16 août, prévenu Baudouin de Champagne, seigneur de Bazoges, ambassadeur de François Ier auprès de Maximilien, que l'entreprise de son maître était désespérée, parce que le roi catholique avait déjà 5 voix contre 2. Il avait ajouté cependant qu'on pourrait regagner l'archevêque de Mayence et les autres électeurs à force d'argent ; mais il n'avait donné pour avoir la réponse du roi que dix-huit jours, terme au bout duquel tout serait conclu. Ce délai était illusoire, car il était déjà expiré lorsque la dépêche de Bazoges fut remise, le 4 septembre, à François Ier, qui était alors à Vannes (en Bretagne). Ce prince n'en expédia pas moins sur-le-champ cinq pouvoirs en blanc à Bazoges, auquel il adjoignit Marigny, bailli de Senlis, pour traiter avec les électeurs (1); mais il n'y avait déjà plus personne à Augsbourg.

François Ier ne se laissa point décourager par le manque de foi du comte palatin, de l'archevêque de Mayence et du margrave de Brandebourg. Il pensa que, les ayant perdus malgré leurs anciennes promesses, il pourrait les regagner malgré leurs nouveaux engagements. Il fit donc partir pour l'Allemagne d'abord Joachim de Moltzan, conseiller de l'électeur de Brandebourg et qu'il avait pris à son service, ensuite Baudouin de Champagne, avec les offres les plus capables de tenter ces princes (2); mais, pour qu'ils se laissassent séduire, il fallait que l'élection ne se fît pas tout de suite à Francfort. Or cette élection rencontra un obstacle légal : Maximilien, n'ayant pas été couronné empereur, n'était que roi des Romains. Dès lors, un roi des Romains existant déjà, on ne

(1) Lettre originale de François Ier au chancelier Du Prat, du 5 septembre. Mss. Dupuy, vol. 486, f. 114.

(2) Instructions du 23 octobre 1518 à Joachim de Moltzan, et de la fin de novembre à Baudoyn de Champagne, seigneur de Bazoges. Carton J. 952, pièces 8 et 45.

pouvait pas en nommer un second, comme le représentèrent avec force et non sans succès le duc Frédéric de Saxe et l'archevêque de Trèves.

Maximilien n'osa point procéder à une élection nouvelle avant d'avoir reçu lui-même la couronne impériale. Cette couronne se donnait en Italie. Irait-il la prendre à Rome à la tête d'une armée, au risque de remettre ce pays en feu et de troubler la paix toute récente de l'Europe? C'est ce que craignait la cour timide du roi d'Espagne. Peu rassurée sur les dispositions de la Castille et de l'Aragon et devant bientôt chercher à résoudre amiablement dans les conférences de Montpellier les difficultés qui subsistaient entre elle et la cour de France relativement au royaume de Navarre, elle ne voulait pas s'exposer dans ce moment à la guerre et souhaitait que l'empereur n'entreprît pas ce périlleux voyage (1). Maximilien se borna donc à faire demander par son petit-fils au pape que la couronne impériale lui fût envoyée dans la ville de Trente, et que les cardinaux de Médicis et de Mayence fussent désignés pour y accomplir, le jour de la Noël, la cérémonie solennelle de son couronnement (2). Ce projet était inexécutable. Il devait rencontrer et l'objection des usages jusquelà consacrés et la résistance du pape Léon X, qui,

---

(1) Lettres de La Roche-Beaucourt, écrites de Saragosse, du 16 novembre 1518, au grand-maître Boisy, et du 20 novembre à François Ier. Mss. Béthune, n° 8486, f. 81 et 63.

(2) Mémoire de Maximilien du 27 octobre. Le Glay, *Négociations*, etc., t. II, p. 175.

alors uni à François Ier, ne se souciait pas de favoriser l'élévation du roi de Naples à l'empire, contrairement aux intérêts de son allié et aux maximes du Saint-Siége depuis la bulle de Clément IV.

Aussi Maximilien, avant d'avoir pu réaliser le dessein qui devait assurer la grandeur héréditaire de sa maison, fut surpris par la mort. Il avait bien près de soixante ans, et sa santé était depuis quelque temps chancelante. Tourmenté par la fièvre dans le Tyrol, il était allé, pour s'en délivrer, dans la haute Autriche. Là pendant qu'il était à la chasse, il éprouva une soif ardente qu'il crut apaiser en mangeant du melon avec excès. Cette imprudence augmenta son mal. D'intermittente, la fièvre devint continue et l'enleva à Wels le 12 janvier 1519. Depuis 1515, il portait toujours avec lui un coffre destiné à recevoir ses restes après sa mort. On l'entendait souvent lui adresser la parole lorsqu'il était seul. Pendant ses nuits sans sommeil, il se fit lire l'histoire de ses ancêtres qu'il allait bientôt rejoindre. Il régla lui-même ses funérailles et demanda que son cœur fût porté à Bruges auprès de sa première femme, Marie de Bourgogne; mais, bizarre jusqu'au bout, il prescrivit qu'on rasât son corps et qu'on arrachât ses dents avant de l'inhumer (1).

(1) Voir ce qu'en dit Cuspinien son médecin et son ambassadeur. — « De Cæsaribus atque imperatoribus romanis. » — *Maximilianus Cæsar*, p. 610, in-fol.; Basle, 1561, et *Correspondance de l'empereur Maximilien*, Le Glay, t. II, p. 411, 412 et 413.

Ce prince avait l'âme noble, l'esprit inventif, le caractère affable et l'humeur entreprenante. Réunissant en lui toutes sortes de contrastes, il était crédule et défiant, courageux et irrésolu, pauvre et prodigue, emporté et inconstant. Il agissait tantôt en empereur, tantôt en aventurier. On l'avait vu se mettre de sa personne à la solde des princes avec lesquels il combattait, stipuler une sorte de gratification impériale dans tous les traités qu'il avait conclus, quitter brusquement son armée au milieu d'une campagne, songer même un moment à se faire élire pape à la mort de Jules II.

Du reste les singularités de sa vie avaient contribué à développer ses bizarreries naturelles, et la dispersion de ses intérêts en plusieurs pays avait provoqué l'inconstance de ses desseins. Enfermé à l'âge de cinq ans dans la citadelle de Vienne, où son père, Frédéric III, était assiégé et où il avait eu pour toute nourriture un mauvais pain de son, longtemps fugitif avec la famille impériale dépouillée de ses États par Mathias Corvin, plus tard prisonnier des Flamands, contre lesquels il avait eu à défendre son pouvoir sous les minorités de son fils et de son petit-fils, après avoir protégé leur territoire contre les manœuvres tortueuses de Louis XI, son imagination s'exalta, et il lui laissa prendre trop d'élan et trop d'empire. Tour à tour occupé des affaires de l'Allemagne sans avoir assez de force pour y introduire la règle, des troubles des Pays-Bas sans posséder l'autorité nécessaire pour les administrer en maître, des guerres d'Italie sans disposer de l'argent indispensable pour y entretenir des armées et s'y établir solidement, il commença beaucoup d'entreprises et n'en acheva aucune. Néanmoins il jeta les fondements d'un ordre plus régulier en Allemagne, en y supprimant de droit les guerres privées, en y abolissant les tribunaux vehmiques, en y fondant la justice légale de la chambre impériale et du conseil aulique, en achevant de la diviser par cercles. Il fut aussi le véritable auteur de la puissance de sa maison. Par son mariage avec Marie de Bourgogne, il lui procura les Pays-Bas; par le mariage de son fils Philippe le Beau avec Jeanne de Castille et d'Aragon, il lui ménagea la possession de l'Espagne et du royaume de Naples; par le mariage projeté de son petit-fils Ferdinand avec Anne de Bohême, il lui valut quelques années plus tard le riche héritage de la Bohême et de la Hongrie. Enfin la transmission de la couronne impériale à Charles, son autre petit-fils, préparée de son vivant, fut assez avancée pour avoir des chances de réussir après sa mort.

V.

Cette mort remettait cependant tout en question. Dès que François Ier en fut informé par la voie de la banque des Fugger (1), il ne perdit pas un instant pour renouer fortement sa trame brisée. Il fit partir pour les cours de tous les électeurs des hommes habiles pris dans la noblesse et dans la judicature, et il couvrit l'Allemagne de ses agents. Il envoya même le maître des requêtes Langhac et le bailli des Montagnes de Bourgogne, Antoine Lamet, seigneur du Plessis, au fond de la Pologne. Ces derniers devaient se rendre, déguisés en pèlerins ou en marchands, auprès du roi Sigismond, tuteur de l'électeur de Bohême, et traiter secrètement avec lui de l'élévation de leur maître à l'empire dans l'intérêt même de la Pologne et de la Hongrie, menacées d'une invasion prochaine (2). Comme il importait à François Ier de ramener à lui son ancien pensionnaire Sickingen, qui pouvait également le seconder ou le desservir, il chargea le capitaine Brander (3) d'aller lui offrir, avec le retour de son amitié, les avantages les plus considérables. Il dépêcha le bâtard de Savoie en Suisse pour se rendre les cantons favorables en cette importante occasion. Il fit en même temps supplier le pape Léon X de lui accorder l'appui de toute son influence en Allemagne, et prier le roi d'Angleterre, Henri VIII, de s'y déclarer pour sa candida-

(1.) Histoire inédite écrite du temps du chancelier Du Prat. Mss. Colbert, n° 8437, et Mss. Dupuy, vol. 745.
(2) Minute originale des instructions données à Langhac et à Lamet, carton J. 952, pièce 9.
(3) Instruction pour le capitaine Brander, envoyé par le roy devers Franciscus de Sieckemgen. Carton J. 953, pièce 62.

ture. L'ambassadeur de ce prince, Thomas Boleyn, lui ayant demandé s'il irait faire la guerre en personne aux infidèles dans le cas où il serait élu, il le saisit vivement par la main, et, posant l'autre sur son cœur, il lui dit : « Trois ans après l'élection, je jure que je serai à Constantinople ou que je serai mort. » Puis, il ajouta : « Je dépenserai trois millions pour être élu empereur (1). »

Indépendamment des agents particuliers qui furent attachés à chaque électeur, François Ier nomma des ambassadeurs chargés de la conduite générale de l'entreprise. Postés en Allemagne, ceux-ci devaient recevoir toutes les correspondances, donner toutes les directions, et conclure les divers traités électoraux qu'il promettait, sur sa parole royale, de ratifier et d'exécuter. Jean d'Albret, comte de Dreux, sire d'Orval et gouverneur de Champagne, Guillaume Gouffier, seigneur de Bonnivet, amiral de France, et Charles Guillart, président au parlement de Paris, furent chargés de cette importante mission (2). Ils établirent d'abord le quartier général de la négociation à Lunéville en Lorraine, et le rapprochèrent ensuite davantage des quatre électeurs du Rhin en le transportant à Coblentz. François Ier les autorisa à ouvrir

---

(1) Lettre de Thomas Boleyn au cardinal Wolsey, du 28 février. Dans Ellis, *Original Letters*, vol. Ier, p. 147.

(2) Original de leur nomination sur parchemin, signé du roi et de Robertet, et muni du grand scel en cire jaune. Carton J. 952, pièce 6. — Leur curieuse et complète correspondance avec le roi et celle du roi avec eux est dans les mss. de La Mare $\frac{1032}{3}$ à la Bibl. nat.

toutes les dépêches qui lui étaient adressées. Il leur donna ou leur envoya tous les blanc-seings qui le rendaient en quelque sorte présent sur la frontière d'Allemagne, et leur confia le *sceau du secret* (1). Ne négligeant rien durant le cours de cette active négociation, il leur écrivit presque chaque jour pour les tenir en haleine, pour les encourager, pour aplanir de sa main souveraine les difficultés suscitées par l'avarice ou la mauvaise foi des princes allemands, et, lorsque la timidité de ses ambassadeurs hésitait devant de trop grandes concessions, pour accorder hardiment tout ce qui pouvait faciliter un dessein dont la poursuite agitait son âme et occupait toute sa politique.

Le scrupuleux président Guillart aurait voulu que François Ier persuadât les Allemands au lieu de les acheter, et qu'il obtînt auprès d'eux la préférence sur son rival pour les éclatants mérites de sa personne et les grandes ressources de sa puissance. Il dit au chancelier Du Prat qu'il était de la gloire comme de l'honnêteté du roi son maître de *ne parvenir à l'empire ni par force ni par dons*. François Ier n'accepta pas cette manière un peu trop pure et complétement inusitée de traiter avec des princes allemands, et il écrivit à son candide négociateur : « Si nous avions à besogner à gens vertueux ou ayant l'ombre de vertus, votre expédient seroit très honneste; mais en temps qui court de

(1) Lettre de François Ier à ses ambassadeurs, du 20 février. Mss. de La Mare $\frac{10333}{5}$, f. 54.

présent, qui en veult avoir, soit papauté, ou empire, ou aultre chose, il y fault venir par les moyens de don et force, et ceulx ausquels l'on a à besogner ne font la petite bouche de demander, et jà l'argent de la marchandise menée par l'empereur, s'il estoit encores en vie, estoit prest aux bancques d'Allemaigne pour estre délivré. La fin que je tendz n'est pernicieuse ni mauvaise, car avarice, cupidité de dominer, ni ambition ne me meuvent, mais seulement l'intention qu'ay de faire la guerre aux Turcs que j'exécuterai par là plus facilement (1). »

Argent, pensions, faveurs, les agents de François Ier étaient autorisés à tout offrir à chaque électeur, pour le gagner à quelque prix que ce fût. Ils devaient en outre faire valoir des raisons générales assez habilement exposées dans leurs instructions. L'empereur étant le chef suprême et le défenseur naturel de la chrétienté, ces instructions recherchaient quel était le prince qui pouvait le mieux remplir cette grande charge dans un moment où le territoire chrétien était menacé. François Ier s'y exprimait en ces termes sur lui-même : « Content de ce qu'il a plu à Dieu de lui donner, le roi très-chrétien, qui n'est mu par aucun motif d'intérêt ni d'ambition, n'aurait point visé à l'empire qu'il sait lui devoir plus coûter et peser que profiter, s'il n'y avait pas été invité par ceux qui demandent à être défendus, et si son grand désir d'être utile à

---

(1) Dépêche du roi du 7 février. Mss. de La Mare $\frac{1283}{3}$, f. 50, sqq.

la chrétienté ne l'y avait point décidé. Il est jeune et à la fleur de son âge, libéral, magnanime, aimant les armes, expérimenté et habile à la guerre, ayant de bons capitaines, un gros royaume, plusieurs pays, terres et seigneuries riches et puissantes où il est aimé et obéi tellement qu'il en tire ce qu'il veut; il a un grand nombre de gens d'armes qu'il tient continuellement à sa solde, et qui sont aussi vaillants que nuls autres de la chrétienté, beaucoup d'artillerie montée et d'aussi bons canonniers qu'on puisse trouver, des ports et havres en son royaume et dans ses autres pays, tant sur la mer Méditerranée que sur l'Océan, avec navires, galères, carraques, etc., équipés et armés. Il a bonne paix et amitié avec tous ses voisins, en sorte qu'il pourra employer au service de Dieu et de la foi sa personne et tout son avoir, sans que nul ne le détourne et que rien ne l'en empêche (1). »

Il peignait son rival, le roi catholique, sous de tout autres couleurs, et chargeait ses ambassadeurs de représenter « qu'il était en bas âge, qu'il n'avait aucune expérience et aucune pratique de la guerre, où il n'avait jamais paru encore; qu'il était maladif et hors d'état de porter un si lourd fardeau; qu'il gouvernait par des serviteurs qui bien souvent s'occupaient plus de leur intérêt que de la chose publique; que ses royaumes étaient éloignés de l'Allemagne, et qu'il lui serait impossible de la secou-

(1) Instructions pour les électeurs de l'empire, — fin de janvier. Minute originale. Arch. nat., carton J., 952, pièce 9.

rir dans ses dangers et de l'aider dans ses affaires; que les mœurs des Espagnols étaient tout à fait contraires à celles des Allemands, comme on l'avait vu lorsqu'ils avaient fait la guerre ensemble; enfin que le roi catholique était roi de Naples, et qu'aucun roi roi de Naples, par suite même du serment qu'il prêtait lors de son investiture, ne devait aspirer à l'empire, et que, s'il y parvenait, ce serait entre lui et le pape un commencement de guerre qui remettrait la division dans la chrétienté, maintenant unie (1). » Le grand intérêt de François Ier était encore plus d'empêcher son puissant compétiteur d'être élu empereur que de le devenir lui-même; aussi recommanda-t-il subsidiairement à ses ambassadeurs, s'ils ne pouvaient pas le faire nommer, d'offrir la couronne à l'électeur de Brandebourg, ou à l'électeur de Saxe, ou bien encore au roi de Pologne.

Le roi catholique avait senti à son tour combien il lui importait de ne pas échouer dans cette épreuve décisive. Il avait passé neuf mois en Aragon où ce n'était pas aisément qu'il s'était fait admettre au partage de la couronne. Les Aragonais, si jaloux conservateurs de leurs priviléges, disaient ouvertement qu'ils n'appelleraient pas don Carlos roi, et qu'ils ne lui donneraient pas une obole tant que vivrait la reine Jeanne sa mère (2). Cependant

(1) Minute et copies originales des *Instructions pour le faict de l'empire*, etc., de février 1519, dans les mss. de La Mare, $\frac{1053^2}{3}$.

(2) Pierre Martyr, lib, 31. epist. 619.

la ferme volonté du jeune prince avait triomphé des résistances en Aragon comme en Castille. Dès son entrée à Saragosse, le 9 mai 1518, il s'était rendu dans l'église de San Salvador, et il y avait juré, au nom de sa mère et au sien, en présence de la députation permanente du royaume, de l'archevêque et des magistrats de la ville, d'observer les lois, priviléges, libertés et coutumes de l'Aragon. Convoquant ensuite les cortès, il les avait ouvertes en personne le 20 mai, et leur avait demandé de le reconnaître pour roi et de voter le subside royal. Les cortès avaient hésité quelque temps. Enfin, le 27 juillet, elles s'étaient décidées à admettre le fils en partage de la couronne avec la mère (1), et les quatre ordres du royaume, qu'on appelait les quatre bras d'Aragon, avaient prêté serment à la reine doña Juana et au roi don Carlos.

La concession du *servicio* avait été retardée bien plus de temps, et ce n'était qu'au bout de six mois, en janvier 1519, après de vives instances et presque des menaces (2), que les 200,000 livres (3) avaient

(1) « Le roy catholique et la reine sa mère ont été receuz roys d'Aragon et feut au soir bien tard ou feurent leus les articles du serment. » La Roche-Beaucourt au grand maître. Dépêche du 30 juillet 1518. Mss. Béthune, 8491, f. 190.

(2) « Mondit seigneur de Chièvres m'a dit que hier son maître les fit requérir et sommer de déclarer leur vouloir, ou autrement est délibéré s'en aller. Je crois qu'il ne sera si hastif, car il retarderoit la somme d'argent qu'ils ont accoutusmé de donner, qui n'est pas petite chose, car cette somme est de six cent mille ducats, tant d'icy que de Barcelonne et Valence, qui se gouvernent par ceulx de cette ville. » La Roche-Beaucourt, dépêche du 3 novembre 1518. — Ibid., f. 46.

(3) « Est hujus regni donativum librarum ducenta millia ; libra vero ducato undecima minor. » Pierre Martyr, epist. 621.

été votées. Ce subside avait été déjà engagé, comme celui de Castille, à des traitants (1) qui devaient remettre d'avance les sommes qu'exigeait l'élection. Charles était ensuite parti de Saragosse pour aller dans la principauté de Catalogne et dans le royaume de Valence réclamer la même obéissance et un subside semblable.

C'est en route qu'il apprit la mort de son grand-père Maximilien. Entré dans Barcelone le 15 février, il y célébra solennellement les obsèques de l'empereur, auquel son orgueil et son intérêt lui donnaient un égal désir de succéder. Aussi, après les premiers moments donnés à la douleur et au deuil, il transmit en Allemagne les ordres nécessaires pour y reprendre et y poursuivre vivement l'entreprise de son élection. Il en confia d'abord la conduite à Matthieu Lang, cardinal de Gurk, très-attaché à la maison d'Autriche, mais fort peu aimé en Allemagne. Il désigna comme devant le seconder Michel de Wolkenstein, le chancelier Sarentein, le trésorier Villinger, les secrétaires Renner et Ziegler, qui avaient si longtemps manié, sous son grand-père, les affaires de l'empire, et son propre chambellan, l'actif et insinuant Armerstorff. Cependant, ayant su plus tard que les électeurs répugnaient à traiter avec le cardinal de Gurk, il envoya celui-ci dans le Tyrol et en Autriche, où l'interrègne avait occasionné des troubles, et il chargea

---

(1) Pierre Martyr, epist. 622 et 631.

le comte Henri de Nassau et le maître des requêtes
Gérard de Pleine, seigneur de La Roche, de diriger
la négociation. Il y employa aussi le prince-évêque
de Liége et le seigneur de Sedan, que François Ier
avait imprudemment détachés de lui, en ne faisant
pas donner à l'un le chapeau de cardinal, comme
il le lui avait promis, et en cassant la compagnie
d'hommes d'armes dont il avait confié le commandement à l'autre (1). Il ordonna d'attirer à son service Sickingen, à quelque prix que ce fût, et il
écrivit à Maximilien de Berghes, seigneur de Ze-
venberghen, qui unissait beaucoup de dextérité à
beaucoup d'ardeur, de se rendre en Suisse pour y
déjouer les pratiques du bâtard de Savoie, et obtenir des cantons qu'ils se déclarassent contre les
prétentions du roi très-chrétien. Il chargea aussi
don Luis Carroz, son ambassadeur auprès du Saint-
Siége, de lui concilier la faveur du pape, et il demanda à Henri VIII de le préférer à son rival.

Avant que la distance des lieux lui permît de
prendre toutes ces mesures, ses intérêts n'avaient
pas été négligés en Allemagne. La gouvernante
des Pays-Bas, Marguerite d'Autriche, sa tante,
l'avait habilement suppléé. Cette princesse, qui le
seconda jusqu'au bout par la sagesse de ses conseils, l'activité de ses démarches, par l'influence
que conservait auprès des princes allemands la fille
de Maximilien, avait envoyé en toute hâte Maximi-

---

(1) *Mémoires de Fleuranges,* dans Petitot, vol. XVI, p. 322 à 324.

lien de Berghes à Augsbourg pour qu'il s'y concertât avec Villinger, Renner et Ziegler. Ces trois conseillers principaux de l'ancien empereur s'étaient mis à l'œuvre vivement. Ils avaient décidé le comte palatin Frédéric à poursuivre auprès de son frère, l'électeur Louis, ce qu'il avait si bien commencé à Augsbourg, et à le maintenir ferme dans ses engagements. Le margrave Casimir de Brandebourg-Culmbach avait consenti à se rendre, dans la même vue, à la cour de son parent l'électeur Joachim. Ils avaient fait partir encore deux agents adroits et exercés pour la Hongrie et la Bohême, en même temps que Marguerite d'Autriche dépêchait de Bruxelles son trésorier Marnix vers l'électeur de Trèves, et chargeait le comte de Nassau de pratiquer celui de Cologne. Enfin Armerstorff s'était rendu à Mayence en passant par Heidelberg (1).

La partie était bien liée des deux côtés. Des deux côtés, on était décidé à ne rien épargner pour réussir, à répandre l'argent, à multiplier les pensions, à promettre les faveurs, à employer même la force. L'Allemagne était dans la plus extrême agitation : elle présentait à la fois l'aspect d'un grand marché et d'un camp. Tout le monde y était à vendre, et tout le monde s'y armait. L'un voulait faire acheter sa voix, l'autre son influence, celui-ci les servi-

---

(1) Les pouvoirs qu'ils reçurent, les traités qu'ils négocièrent, les dépêches qu'ils écrivirent, extraits des archives de Lille, sont dans Mone, *Anzeiger*, etc., et dans Le Glay, *Négociations*, etc., vol. II.

ces indirects qu'il pouvait rendre, celui-là les soldats qu'il proposait d'enrôler. Le territoire de l'empire était incessamment traversé par des courriers qui portaient des dépêches, par des agents des deux rois qui se croisaient dans tous les sens avec leurs brillantes escortes de gentilshommes, et qui se rencontraient ou se succédaient auprès des électeurs dont ils se disputaient les suffrages, par des hommes de guerre qui offraient au parti vers lequel les faisaient incliner leurs préférences des bandes prêtes à en venir aux mains.

François Ier reprit la supériorité au début de cette seconde lutte électorale. Des cinq électeurs qui avaient promis à Augsbourg leurs voix au roi catholique, quatre, le comte palatin, le margrave de Brandebourg, les archevêques de Mayence et de Cologne, s'étaient concertés pour se soustraire à leur engagement, et ils se considéraient de nouveau comme libres. Déjà même le 14 janvier, surlendemain de la mort de Maximilien, le comte palatin avait écrit d'Heidelberg à François Ier qu'il était dans les mêmes sentiments qu'autrefois à son égard, et qu'il donnerait des sûretés pour son vote en retour de l'argent qui lui serait remis, si on lui gardait le secret (1). L'archevêque de Trèves était demeuré inébranlablement fidèle, et Moltzan annonça que le margrave de Brandebourg et l'électeur de Mayence proposaient de revenir à Fran-

(1) Lettre latine de l'électeur palatin à François Ier, du 14 janvier. Bibl. nat., mss. Colbert, vol. 385, p. 6, copie.

çois Ier (1). Ils offrirent en effet de le soutenir vivement à certaines conditions. — Voici ces conditions pour les deux frères (2).

Le margrave demandait que la dot de la princesse Renée fût portée à 200,000 écus d'or, dont 100,000 payables le 1er mai à Berlin, et les 100,000 autres immédiatement après l'élection; que sa pension fût fixée à 12,000 florins d'or; que le roi mariât son second fils en France, ainsi qu'il lui en faisait l'offre, et qu'il lui prêtât secours s'il était attaqué (3). L'archevêque, couvrant sous l'apparence d'une fondation religieuse la vente de son suffrage, comme le margrave donnait à la vente du sien la forme d'une dot, exigeait, pour l'érection d'une église à Halle, une somme de 120,000 florins d'or payable moitié le 1er mai, moitié le 15 juillet de cette année; le titre de légat perpétuel en Allemagne, obtenu du pape par les soins du roi; la faculté de désigner ses coadjuteurs, la confirmation des priviléges qui lui appartenaient en sa double qualité d'archevêque de Mayence et d'archichancelier de l'empire; enfin l'assurance d'être soutenu dans ses démêlés avec le landgrave de Hesse et la ville d'Erfurt, et protégé

---

(1) Lettre de François Ier à ses ambassadeurs, du 11 février et du 8 mars. Mss. de La Marre, $\frac{10332}{3}$, f. 52-61.

(2) Moltzan les avait envoyées aux ambassadeurs de François Ier sur les frontières d'Allemagne. Lettre de J. Moltzan du 12 mars 1519, mss. Dupuy, vol. 264, f. 1.

(3) *Primi articuli*. L'original avec le déchiffrement des mots chiffrés écrit dessus. Mss. Dupuy, vol. 263. Envoi de ces articles à François Ier par Jean d'Albret, Bonnivet, etc., qui les avaient reçus de Moltzan à Lunéville. Lettre du 28 mars 1519. Mss. de La Mare, $\frac{10332}{3}$, f. 119.

contre l'inimitié des archiducs d'Autriche et l'opposition de son propre chapitre, qui était favorable au roi catholique (1).

En recevant les propositions des deux frères et bien qu'il les trouvât sous certains rapports excessives, François Ier fut rempli d'espérance. Décidé à les accepter, s'ils ne voulaient rien en rabattre, il envoya successivement à Berlin l'écuyer Francisque, La Poussinière et Bazoges avec le pouvoir de les discuter et de les admettre. Il se croyait d'autant plus fondé à compter dès ce moment sur son élection, que le margrave Joachim, qui était chargé de conclure pour son frère et pour lui, se faisait fort de gagner aussi l'électeur de Cologne, sur lequel il exerçait beaucoup d'influence, que le roi d'Angleterre lui promettait son appui, un peu mystérieusement, il est vrai (2), et que le pape se déclarait très-haut en sa faveur.

Léon X n'aurait désiré pour empereur ni un duc de Milan, ni un roi de Naples; mais, obligé de choisir entre eux, il préféra le premier, qui semblait moins redoutable au Saint-Siége, et qui d'ailleurs n'était pas exclu du trône impérial, comme le second, par une constitution pontificale. Il adjoignit au cardinal de Saint-Sixte, son légat en Allemagne, et au protonotaire Carracioli l'archevêque de Reg-

---

(1) *Articuli moguntini*. L'original mss. Dupuy, vol. 263.
(2) « J'ay receu lettres du roi d'Angleterre très honnestes et tant gratieuses qu'il n'est possible de plus. » François Ier à l'amiral Bonnivet, 7 février. Mss. de La Mare, $\frac{10332}{3}$, f. 50.

gio, Orsini, entièrement dévoué au roi très-chrétien. Léon X, ne comptant plus sur la croisade générale, n'avait d'espoir qu'en François Ier pour repousser les Turcs. Il se déclara donc ouvertement en sa faveur, et il lui écrivit : « Dans l'intérêt de la république et pour le salut commun, nous avons jugé que votre majesté est éminemment propre à l'empire, tant à cause des insignes vertus par lesquelles Dieu, dispensateur de tous les biens, vous a distingué, que parce que, surpassant en richesse et en puissance les autres rois chrétiens, vous tiendrez tête à la fougueuse attaque des farouches barbares, et que vous êtes plutôt en mesure d'abattre l'orgueil et l'insolence que font peser sur nous les impies Turcs, et de rétablir, Dieu aidant, la vraie foi dans son ancien éclat. Nous en avons la confiance. C'est pourquoi, mus moins par la considération de notre alliance particulière que par le motif du salut commun et du bien universel, nous avons donné et nous donnerons tous nos soins et nous interposerons notre autorité, afin que vous soyez choisi comme le plus utile empereur de la république chrétienne. Pour mieux faciliter un événement aussi avantageux, et pour induire ceux qui ont le pouvoir d'élire un empereur à y concourir non-seulement par vertu, mais par de justes et légitimes récompenses, nous promettons à votre majesté, sur la parole d'un pontife romain, et nous lui engageons très-sincèrement notre foi, que, si vous obtenez le titre impérial par les bons offices et les suffrages de nos vénérables frères les archevêques de Cologne et de Trèves, électeurs du saint empire romain, nous les appellerons, à la demande de votre majesté, dans l'ordre très-considérable des cardinaux de la sainte Église romaine, et les honorerons volontiers d'une si grande dignité. Cette promesse, que nous faisons à votre majesté, nous vous accordons, par les présentes, la faculté et le pouvoir de la leur communiquer sous notre autorité et en notre nom (1). »

Afin que François Ier pût gagner l'archevêque de Mayence par l'appât d'un titre qu'il désirait ardemment, Léon X s'engagea, s'il donnait sa voix à ce prince, à le faire son légat perpétuel en Allemagne. Il écrivit lui-même à l'ambitieux archichancelier de l'empire que, son devoir pastoral lui prescrivant de veiller au salut de la chrétienté prête à périr, il souhaitait qu'on opposât, en un si grand danger, le plus puissant de ses monarques au plus formidable de ses ennemis. Il l'invitait donc à élire le roi de France, et il ajoutait : « Nous avons autorisé notre très-cher fils en Christ, François, roi très-chrétien, à vous promettre de notre part tout ce qui peut servir à élever et à agrandir votre dignité, principalement comme notre légat en Germanie. Les promesses qui vous auront été faites touchant cette *légation,* nous nous engageons aujourd'hui envers vous, et sur la parole d'un vrai

(1) Bref du 12 mars 1519. L'original sur parchemin. Archives, carton J., 952, pièce 10.

pontife romain, à les observer, lorsque le but convenu et désiré sera atteint (1). »

Léon X expédia à François Ier les bulles qui devaient être montrées aux trois archevêques et qui contenaient leurs nominations conditionnelles. Il fit encore passer par ses mains des brefs adressés à tous les électeurs, et dans lesquels il excluait formellement de l'empire le roi catholique, en sa qualité de roi de Naples. Il instruisit de ses intentions le cardinal de Saint-Sixte et l'archevêque de Reggio, avec lesquels il entretint des communications promptes et réglées, en établissant entre Rome et Francfort des postes qui passaient par Inspruck et le Tyrol. Il les chargea de recommander en particulier le roi très-chrétien aux suffrages des électeurs. Son avis semblait surtout devoir être d'un grand poids sur les déterminations des trois princes que leur caractère religieux rattachait plus étroitement au chef de l'Église, et qu'il tentait par des offres si capables de les séduire.

VI.

François Ier était sur le point de réussir. Les partisans les plus zélés du roi cotholique le craignirent : ils considérèrent la candidature de ce dernier comme désespérée, et ils songèrent à en produire

(1) Bref du 14 mars. L'original sur parchemin. Ibid., carton J., 952, pièce 5.

une autre qui pût empêcher l'élection de son rival. Ils jetèrent les yeux sur son frère Ferdinand, qui était archiduc d'Autriche, et qui ne rencontrerait ni l'opposition du pape, dont il était indépendant, ni la tiédeur des Allemands, au milieu desquels il fixerait sa résidence. La gouvernante des Pays-Bas, Marguerite, disposa donc tout pour envoyer en Allemagne ce prince, arrivé depuis quelques mois auprès d'elle, à Malines; mais, avant de prendre une aussi grave détermination, elle la soumit à son neveu, le roi catholique, en l'engageant à y consentir. Elle lui adressa, le 20 février, une lettre, que signèrent avec elle ses fidèles conseillers, Philippe de Clèves, Ch. de Croy, Henri de Nassau, A. de Lalaing, Jean de Berghes, pour lui proposer de porter à sa place l'archiduc à l'empire (1). En recevant cette lettre, loin de se laisser atteindre par le découragement de ceux qui l'avaient écrite, Charles repoussa leur conseil avec autant de hauteur que de promptitude. Le frère qu'il avait éloigné des Pyrénées comme trop cher aux Espagnols, il ne souffrit point qu'on le présentât au-delà du Rhin comme devant lui être préféré par les Allemands. Il prétendit établir, sous sa plus vaste forme, la domination qui avait été lentement préparée à la maison

(1) Lettre du roi de Castille Charles, du 5 mars, dans laquelle est mentionné le contenu de celle de Marguerite et de ses conseillers. Archives des affaires étrangères de France, correspondance d'Espagne, vol. de 1235 à 1594, f. 134 sqq. C'est une copie faite sur l'original déposé à la chambre des comptes de Lille et vérifiée par Godefroy, garde des chartes de cette chambre; elle ne se trouve point dans les *Négociations diplomatiques* de Le Glay.

d'Autriche, dont il était l'aîné et dont il voulut rester le chef. C'est ce qu'il signifia à Marguerite, sa tante, et à Ferdinand, son frère, par ses dépêches du 5 et du 6 mars, où il laissa éclater la vigueur précoce de son opiniâtre caractère, et où, avec une grandeur surprenante de vues, il montra les desseins qu'il exécuta plus tard.

Il y disait que Ferdinand n'avait rien de ce qu'il fallait pour acquérir l'empire et pour en soutenir le fardeau, que ses poursuites ne se fonderaient ni sur la désignation de leur aïeul Maximilien, ni sur les engagements des électeurs, comme les siennes; qu'elles seraient aussi déplacées que dangereuses; que les favoriser serait de sa part perdre l'honneur et exposer de plus leur maison, conformément aux désirs des Français, qui voulaient en diviser les forces et *faire un tiers empereur en cas qu'ils ne le pussent estre* (1). Insistant sur ce point, il ajoutait avec une prévoyance politique et dans un langage coloré : « Ce seroit pour desmembrer tous les pays et seigneuries d'Autriche, mettre division entre nous et nostre frère, séparer la trousse des puissances et seigneuries que nos prédécesseurs nous ont laissée, afin qu'icelles désunies et séparées, l'on pust plus facilement rompre les flèches de nostre commun pouvoir et destruire entièrement nostre maison (2). »

(1) Lettre du roi Charles à Marguerite, du 5 mars.
(2) Instructions du 5 mars données au sieur de Beaurain. Ces instructions sont publiées dans les *Négociations diplomatiques* de Le Glay, t. II, p. 304.

Charles interdisait donc et la candidature et le voyage de Ferdinand. Il promettait à celui-ci de le dédommager de ce nouveau sacrifice et de le traiter non-seulement comme son frère, mais comme son fils. « Je n'entends rien avoir, lui dit-il, qui ne soit autant à votre commandement que au mien (1). » Afin de conserver cette précieuse union de la famille autrichienne qu'il sut maintenir durant trente-six années, il annonça qu'il augmenterait la part de Ferdinand dans l'héritage encore indivis de Maximilien et déciderait plus tard le corps germanique à l'accepter pour son successeur. « Estant esleu et couronné empereur, disait-il, nous pourrions assez facilement et sans dangier le faire eslire roi des Romains, et mectre l'empire en tel estat qu'il pourroit à toujours demeurer en nostre maison (2). » Ce qu'il promit alors, il le réalisa depuis. Il donna en 1521 l'Autriche, la Carinthie, la Carniole, la Styrie et même le Tyrol à Ferdinand, auquel, en 1531, fut décernée d'avance, sur sa demande et par ses soins, cette couronne germanique qui, jusques à nos temps, ne devait plus sortir en effet de la famille des Habsbourg.

Le roi Charles annonça également qu'il visait à l'empire pour exécuter de grandes choses, et il prescrivit d'employer les derniers efforts à faire

---

(1) Lettre du roi catholique à son frère l'archiduc Ferdinand, du 5 mars. Archives des affaires étrangères de France; correspondance d'Espagne.

(2) *Instructions au sieur de Beaurain.* Le Glay, t. II, p. 309-310.

réussir les poursuites commencées en son nom :
« Nous sommes, disait-il, totallement délibéré à y rien épargner et à y mettre le tout pour le tout, comme la chose en ce monde que plus désirons et avons à cœur (1). » Il recommandait de ne rien refuser aux électeurs, d'enrôler Sickingen, de s'attacher le prince-évêque de Liége et le duc de Bouillon, d'envoyer de l'argent au cardinal de Sion et d'en promettre aux Suisses, en un mot d'assurer *l'élection pour chose quelconque qu'elle dût couster*. C'est ce qu'on n'avait pas manqué de faire en attendant sa réponse, et ce qu'on continua avec plus d'ardeur encore après l'avoir reçue.

Il fut particulièrement bien servi dans cette œuvre laborieuse par le plus hardi de ses agents auprès du plus influent des électeurs. Le chambellan Armerstorff était arrivé le 27 février à Mayence. Il avait déjà passé quelques jours à Heidelberg, où il avait trouvé deux négociateurs français, le président Guillard et le bailli de Caen. L'électeur palatin, qui, moitié faiblesse, moitié avarice, montra jusqu'au bout la même duplicité, traitant tour à tour avec les deux rois, afin d'éviter leur inimitié et de prendre leur argent, avait promis à Armerstorff son suffrage à un prix élevé et mystérieux. Il l'avait engagé en même temps à s'assurer des autres électeurs, *car*, lui avait-il dit, *le vent est assez contraire pour détourner un mauvais*

(1) Lettre à Marguerite, du 5 mars. Archives des affaires étrangères.

navire (1). Armerstorff s'en aperçut bien en abordant l'archevêque Albert. Il le trouva très-mal disposé pour son maître. L'archevêque, qui venait d'apprendre, par un messager du margrave son frère, l'état avancé de leur commune négociation avec le roi très-chrétien, lui dit résolûment que, les conditions arrêtées avec l'empereur défunt n'ayant pas été remplies au terme fixé, et les traités conclus à Augsbourg n'ayant pas été tenus secrets, tout était rompu entre eux et le roi catholique. En vain Armerstorff le supplia-t-il de reprendre ses anciens engagements et lui offrit-il toutes les satisfactions au nom de son maître : l'archevêque lui répondit que son frère et lui avaient été avertis secrètement que rien de ce qui leur avait été promis ne serait exécuté après l'élection, que leurs pensions ne seraient pas payées, et que l'infante Catherine ne serait point donnée en mariage au fils du margrave. Il ajouta que le pape, le roi de France, le roi d'Angleterre s'étaient ligués pour empêcher le roi catholique de devenir empereur, que le pape défendrait aux électeurs spirituels et temporels de le nommer sous peine de désobéissance à l'Église et d'excommunication, que d'ailleurs le roi très-chrétien disposait déjà d'un très-grand nombre de voix et avait même le dessein de se présenter en Allemagne avec une grosse armée, afin d'y être au besoin couronné par le souverain pontife ;

(1) Paul Armerstorff au roi catholique, le 25 février, à Heidelberg. Le Glay, *Négociations*, etc., vol. II, p. 281.

qu'en cet état de choses, il ne lui convenait point de combattre ses prétentions de peur d'exposer lui et l'église de Mayence au danger de son inimitié.

Armerstorff lui reprocha de se laisser abuser par les mensonges du parti contraire. Il lui annonça que les villes de Malines et d'Anvers garantiraient le payement de la pension et des sommes qui lui avaient été promises ; mais l'archevêque refusa cette garantie comme insuffisante. Alors Armerstorff, courroucé, jugeant tous ses efforts inutiles, lui demanda la permission de s'expliquer librement, et lui dit : « Je vois bien que nos adversaires vous ont fait des offres plus grandes que les nôtres ; c'est pour cela que vous voulez vous dégager d'avec nous, mais ce sera un déshonneur pour vous et pour votre frère. Vous causerez un dommage irréparable à l'empire et à toute la nation allemande (1). »

L'archevêque convint froidement qu'on lui avait en effet offert beaucoup plus de l'autre côté. Il avoua sans détour son avidité. Il dit qu'il voulait être sûr de son marché, et que d'ailleurs, quand le roi catholique lui donnerait plus que ne lui avait promis l'empereur, il l'aurait bien gagné, car c'était lui qui avait décidé les autres électeurs à Augsbourg. Il ajouta qu'il ne tenait encore qu'à lui de faire et de défaire le tout, puisque ses collègues suivraient ses conseils et son exemple, ainsi

(1) Paul Armerstorff au roi catholique, 4 mars, à Offenbourg. Le Glay, *Négociations*, etc., t. II, p. 287.

qu'il pourrait le prouver en montrant les lettres qui lui étaient écrites. Il finit en demandant qu'on lui remît 100,000 florins d'or de plus, sinon il affirma que tout serait perdu pour le roi catholique.

Armerstorff recula devant l'énormité de cette nouvelle prétention; il répondit avec colère qu'il n'avait pouvoir de rien accorder que ce qui était déjà convenu; que le roi Charles ne serait point empereur, mais que le margrave de Brandebourg et l'archevêque seraient déshonorés, que Dieu les punirait, et qu'ils feraient eux-mêmes la verge dont ils seraient battus (1). Il prit aussitôt congé de l'électeur, qui, un peu troublé de cette violente sortie, le pria de bien réfléchir pendant la nuit, et le prévint qu'il lui enverrait le lendemain son valet de chambre pour savoir sa conclusion et l'avertir de la sienne.

Au fond, l'archevêque de Mayence, malgré le cynisme de son avidité, comprenait qu'un archiduc d'Autriche convenait mieux pour empereur qu'un roi de France. Il se sentait entraîné d'ailleurs par l'opinion allemande, qui commençait à se déclarer avec force dans ce sens. Il aurait donc voulu s'arranger avec le roi Charles, mais en se faisant payer son suffrage le plus cher possible. Le lendemain matin, il envoya dans cette vue à Armerstorff son valet de chambre, qui ne demanda plus que 80,000 florins et qui descendit successivement à 60 et à

---

(1) Le Glay, *Négociations*, t. II, p. 289-290.

50,000. Armerstorff répondit, comme la veille, qu'il était sans pouvoirs, qu'il lui était dès lors interdit de rien promettre, mais qu'il allait écrire pour demander les ordres du roi son maître. L'archevêque répliqua qu'il ne pouvait pas attendre, parce que son frère et les autres électeurs, dont les messagers étaient là, le pressaient de conclure, et qu'il ne voulait pas être à terre entre deux selles. La vue du danger décida Armerstorff à excéder ses pouvoirs et à prendre quelque chose sur lui; il dit à l'archevêque qu'il lui ferait accorder une somme de plus, s'il gardait cette augmentation secrète et s'il persuadait aux autres électeurs de s'en tenir à l'arrangement d'Augsbourg. Après trois jours de débats, il parvint à le décider à se contenter de 20,000 florins d'or de plus. La pension de 10,000 florins dut lui être garantie sur les recettes du gouvernement d'Inspruck, et Armerstorff s'engagea à lui faire remettre la vaisselle et les tapisseries qui lui avaient été promises. Le roi catholique dut en outre solliciter pour lui à la cour de Rome la charge de légat perpétuel et lui assurer les avantages qu'il attendait du roi de France.

Lorsqu'on fut convenu de tout, l'archevêque dit à Armerstorff : «Je veux maintenant vous faire voir que je tiens moins à mes intérêts que vous ne pouvez le penser, et que j'ai l'intention de servir efficacement votre maître.» Il ouvrit devant lui ses coffres et lui montra, sous le secret, les lettres qu'il avait reçues, les avantages qui lui étaient offerts, et les pratiques déjà si avancées du roi très-chrétien auprès des autres électeurs. Armerstorff en demeura confondu. Aussi supplia-t-il le roi catholique, avec les plus fortes instances, de confirmer l'arrangement qu'il venait de conclure, « car, ajouta-t-il, aussi vrai que Dieu est, si vous le perdez, il tirera son frère et Cologne après lui. »

Afin de prouver la sincérité et l'ardeur de son zèle, l'archevêque envoya immédiatement son valet de chambre à l'électeur de Brandebourg pour le gagner aux intérêts du roi catholique. Il lui écrivit que ce prince avait dépêché auprès de lui son conseiller et chambellan Armerstorff pour ratifier les anciens engagements, et que dès lors ils devaient s'y tenir de leur côté. » Je vous prie, lui dit-il, de considérer en cette occasion l'honneur et le bien de l'empire, de vous, des vôtres et de toute la nation allemande. Si la couronne tombait entre les mains de ceux qui, séparés depuis longtemps de la souche germanique et n'ayant ni foi ni loyauté, ne voulurent jamais du bien à l'empire, ce serait pour la ruine de celui-ci, car ils chercheraient à le mettre sous les pieds et à s'en rendre seigneurs et maîtres héréditairement (1). » Comme s'il n'avait pas marchandé lui-même pendant trois jours son adhésion au parti de Charles, il disait avec une audacieuse

(1) Lettre inédite de l'archevêque de Mayence à l'électeur de Brandebourg, du 1er mars 1519, incluse dans la dépêche d'Armerstorff à Marguerite d'Autriche de la même date et non comprise dans la publication de Le Glay. Archives de Lille.

hypocrisie de désintéressement qu'il mettait son honneur à ne rien demander de nouveau. « Autrement, ajoutait-il, on pourrait penser que je cherche ou à échapper à ma promesse ou à rançonner le roi catholique sans me soucier de sa bonne grâce, mais uniquement de son argent, ce qui ferait tort à moi et aux miens. »

Le margrave de Brandebourg reçut cette lettre le 8 mars. Loin de céder aux conseils de son frère, il lui exprima sa surprise de ce brusque changement de résolution. Il lui répondit qu'il ne devait plus se regarder comme libre de disposer de sa voix, que les articles souscrits de sa propre main avaient été remis à Moltzan, qui les avait envoyés au roi de France, avec lequel, lui électeur de Brandebourg, avait déjà conclu en leur nom et dans leur intérêt commun; qu'ils étaient tenus l'un et l'autre de conserver d'autant plus religieusement leur foi à ce prince, qu'ils la lui avaient déjà précédemment engagée et qu'il faisait preuve de la plus grande libéralité à leur égard. Il l'invita donc à demeurer ferme et à décider l'électeur palatin à agir dans le même sens qu'eux, comme il se chargeait de le persuader de son côté à l'électeur de Cologne. Il assura que, pour lui, il ne changerait jamais plus de sentiments (1).

Les exhortations du margrave ne furent pas sans effet sur l'esprit mobile de l'archevêque de Mayence:

(1) Lettre latine de Joachim de Moltzan à François Ier, du 12 mars 1519. L'original mss. Dupuy, vol. 264, f. 1.

elles l'ébranlèrent encore une fois. Aussi, lorsque, un peu avant la fin de mars, Armerstorff retourna auprès de lui avec la ratification du dernier arrangement que le roi catholique s'était hâté d'envoyer, il ne trouva plus l'archevêque disposé à le maintenir. Il redoubla d'efforts pour le ramener, et à la fin il triompha de ses nouvelles hésitations en lui accordant des avantages plus considérables (1). *J'ai honte de sa honte,* écrivait-il (2). Il ajouta toutefois que l'archevêque rachetait ses variations et ses exigences par l'activité de ses démarches auprès des autres électeurs.

VII.

En effet, cette sixième détermination fut la dernière de la part de l'archevêque. Il se rendit pour la faire prévaloir à Ober-Wesel, près de Cologne, où les quatre électeurs des bords du Rhin devaient se réunir depuis quelque temps pour prendre des mesures communes contre les dangers dont les troubles croissants de l'interrègne menaçaient leurs États. Il descendit le Rhin, conduisant sur son propre bateau Armerstorff et Ziegler. Il eut toutes les peines du monde à empêcher le violent Armerstorff

---

(1) Lettre d'Armerstorff à Marguerite d'Autriche, du 26 mars 1519. Le Glay, *Négociations,* etc., vol. II, p. 376.

(2) Lettre d'Armerstorff au roi de Castille, du 2 avril. Archives de Lille.

de faire attaquer le légat et l'archevêque Orsini, dont le bateau suivait de près le sien, et qui allaient continuer à Wesel les sollicitations commencées en faveur de François Ier à Mayence (1).

Le comte palatin, les électeurs de Mayence, de Cologne, de Trèves, arrivèrent à Wesel le 28 mars. Ils y conclurent le 3 avril un traité réciproque d'union et de défense qui devait durer jusqu'à l'élection d'un nouveau roi des Romains. Ils s'y engagèrent à ne rien faire sans le consentement les uns des autres et que d'un accord unanime (2). Pendant les six jours qu'ils passèrent à Wesel, ils furent entourés, priés, pressés par les agents des deux monarques rivaux. L'archevêque de Mayence exhorta en secret l'électeur de Cologne et le comte palatin surtout à préférer le roi Charles, que le vœu des Allemands réclamait pour empereur. En effet, les villes impériales, dont Charles soutenait dans ce moment la cause contre les attaques du duc Ulric de Wurtemberg, s'étaient déclarées en sa faveur, ainsi que la plupart des comtes de la Franconie et des nobles des bords du Rhin. Ceux-ci avaient pour organe de leurs impérieux désirs à Wesel le comte de Kœnigstein, qui disait avec menaces « que, si les électeurs songeaient à élire le roi de France, eux mettraient le tout pour le tout jusqu'à la dernière goutte de sang pour l'empêcher, à l'aide de

---

(1) Post-scriptum de la lettre d'Armerstorff à Marguerite d'Autriche, du 26 mars. Le Glay, *Négociations*, etc., vol. II, p. 377.
(2) Dumont, *Corps diplomat.*, vol. IV, part. I, p. 283.

tous ceux en Allemagne qui n'entendaient pas être Français (1). »

Les ambassadeurs de François Ier n'abandonnèrent point la partie. Ils s'agitaient extrêmement et allaient d'un électeur à l'autre. Ils furent secondés par les insinuations de l'archevêque de Trèves et par l'intervention ouverte des délégués pontificaux. Le cardinal de Saint-Sixte, l'archevêque Orsini et le protonotaire Carracioli invitèrent par écrit les quatre électeurs, au nom de Léon X, à choisir un empereur qui, par sa puissance et une habileté déjà éprouvée, fût en état de soutenir la république chrétienne chancelante, et à ne pas élire le roi de Naples, qui, d'après la constitution de Clément IV, ne pouvait pas devenir légalement le chef de l'empire. Ils les sommèrent de plus de leur faire connaître catégoriquement et sans ambiguïté leurs intentions à cet égard (2). Les électeurs répondirent qu'ils ne s'étaient pas assemblés à Wesel pour s'y occuper de l'élection d'un roi des Romains; qu'ils chercheraient, lorsque le moment serait venu, à donner le protecteur le plus utile à la république chrétienne et le chef le plus convenable au saint-empire; que le pape Léon X pouvait en être persuadé, mais qu'ils s'étonnaient eux-mêmes de cette sommation de Sa Sainteté, qui, contre l'usage depuis longtemps établi par les souverains pontifes

---

(1) Lettre de Henri de Nassau à la régente Marguerite, du 11 mars (archives de Lille), publiée dans Mone, p. 124.
(2) Goldast, *Constitutiones imperiales,* vol. I, p. 439.

et malgré sa modération habituelle, voulait leur imposer la loi en leur prescrivant ce qu'ils devaient ou faire ou éviter dans l'exercice de leur pouvoir électoral. Afin d'échapper à de nouvelles sollicitations de la part du légat, ils ne lui remirent cette réponse qu'à l'instant même où ils allaient quitter Wesel et remonter dans leurs bateaux.

Les troubles qui avaient déterminé leur entrevue et leur confédération avaient mis toute l'Allemagne méridionale en armes. Dès la fin de janvier, au sortir même des funérailles de l'empereur Maximilien, le duc Ulric de Wurtemberg avait attaqué, pris, pillé et gardé la ville impériale de Reutlingen.

Ce prince turbulent et violent s'était engagé dans cette dangereuse entreprise, parce que la ville de Reutlingen avait vengé sur un forestier ducal la mort d'un de ses propres bourgeois qu'Ulric avait surpris et tué sur son territoire. Ce nouvel excès, ajouté à tous ceux dont Maximilien, avant de mourir, se proposait de lui demander compte devant la justice impériale, marqua le terme de son impunité. Il avait mécontenté ses sujets en les accablant d'impôts, terrifié ses serviteurs en faisant torturer et périr ceux dont il redoutait les conseils et l'autorité, excité la mortelle inimitié de ses voisins les ducs Louis et Guillaume de Bavière en forçant sa femme, qui était leur sœur, à se réfugier auprès d'eux toute tremblante et couverte d'affronts. Il encourut alors les terribles représailles de la ligue de Souabe.

Cette ligue, composée surtout des villes de la haute Allemagne et dont Reutlingen faisait partie, leva aussitôt une armée pour attaquer et punir le duc. Le commandement général en fut donné au duc Guillaume de Bavière. Sickingen, qui avait résisté à toutes les offres de François Ier appuyées par le duc de Lorraine (1), et qui s'était mis au service du roi catholique moyennant une pension de 3,000 florins d'or et l'entretien de vingt hommes d'armes, en fut le véritable chef (2). Avec ses vaillants lansquenets et six cents cavaliers soldés par le roi catholique (3) ouvertement déclaré pour la ligue, il se plaça à la tête des troupes confédérées, fortes de vingt-quatre mille hommes, et s'avança vers le Wurtemberg.

Le duc Ulric passait en Allemagne pour l'allié de François Ier ; on y disait même, et les ennemis

(1) Il est fait mention des offres qu'il reçut des deux parts dans plus de vingt lettres de François Ier, du roi Charles, de Marguerite d'Autriche et de leurs commissaires respectifs. Les deux correspondances sont aussi remplies de lui que des électeurs. Bonnivet n'avait rien oublié pour le regagner. Il lui avait écrit en mars une lettre dans laquelle il lui disait que « il n'y avoit pas de personnage en Allemagne, ni d'amy » que François Ier « eut veu de meilleur visage, eut en meilleure estime, ni en qui il dist avoir plus de seureté » ; il ajoutait : « Capitaine Francisque, je suis et toujours ay esté vostre amy, et tel vous me trouverez en tout ce que vous me vouldrez employer et aussi pour ce que je desire bien, que le roy mon maistre eust beaucoup de telz personnages en son service que vous. » Il le priait de venir le trouver et l'assurait « qu'il ne le quitteroit point sans être satisfaict et content ». Mss. de La Mare, $\frac{1033}{3}$.

(2) La gouvernante Marguerite à Maximilien de Berghes. Lettre du 4 mars dans Mone, p. 121 à 122.

(3) *Instructions du roi catholique*, etc., du 5 mars. Le Glay, *Négociations*, etc., t. II, p. 307.

de la France ne manquaient pas de l'affirmer, que c'était par les conseils du roi très-chrétien qu'il avait attaqué Reutlingen et avec son argent qu'il avait levé quatorze mille Suisses dans ce moment à son service. Il n'en était rien. En apprenant qu'on répandait des bruits aussi dangereux pour lui, François Ier se hâta de les démentir. Il adressa, le 3 mars, aux villes de Lubeck, de Constance, de Spire, de Worms, d'Erfurt, de Cologne, de Francfort, etc., des lettres toutes remplies de ses protestations à ce sujet et des assurances de son amitié. « Nous avons toujours eu, leur disait-il, les villes impériales pour très-chères, et avons affectueusement permis à leurs citoyens de commercer en liberté et en sûreté dans notre royaume et dans nos domaines héréditaires. Nous les y avons traités avec autant de faveur que s'ils étaient nos propres sujets et les y avons comblés des plus amples priviléges, comme nous avons la confiance qu'ils n'hésiteront pas à vous l'affirmer, s'ils sont interrogés à cet égard. C'est pourquoi nous ne pouvons pas supporter sans un grand déplaisir qu'on ait répandu en Allemagne, ainsi que nous l'avons appris, le bruit que nous avons aidé avec de l'argent et des armes ceux qui se sont déclarés les ennemis des villes impériales et qui les ont attaquées. Nous avons été si loin de le faire et nous en avons si peu la pensée, que, dans le présent état des choses, si nous avions à entrer en guerre, ce serait pour vous et pour le saint-empire que nous prendrions les armes plus volontiers que pour qui que ce soit. Ainsi devez-vous l'attendre et vous le promettre de nous à cause de notre ancienne amitié et de l'alliance qui nous a été jusqu'à présent chère et sacrée (1). »

Mais cette démarche de François Ier ne servit de rien : le mal était fait. Vainement refusa-t-il de s'entendre avec le duc Ulric, qui lui envoya un homme de sa confiance (2), et s'abstint-il même d'intervenir comme arbitre entre lui et la ligue, à l'exemple de l'électeur palatin, qui, en sa qualité de vicaire de l'empire, avait tenté de pacifier cette querelle : l'on ne tint compte ni de son désaveu ni de sa réserve. Ce qu'il y eut de pis pour lui, c'est qu'à l'irritation produite par cette alliance supposée s'ajouta bientôt le discrédit d'une défaite.

L'armée des confédérés s'était mise en campagne à la fin de mars. Elle avait le bon droit, la passion et la force pour elle; aussi envahit-elle le Wurtemberg sans rencontrer de résistance. Elle entra, presque au début des hostilités, dans Stuttgard, et le 21 avril elle s'empara de Tubingue, où s'étaient enfermés les enfants du duc Ulric, qui se réfugia dans le comté de Montbelliard en attendant des temps meilleurs. Le 24 mai, Asperg, dernière forteresse du duché, tomba entre les mains des

---

(1) Lettres sur parchemin signées du roi et contre-signées de Robertet. Archives, carton J. 952, pièces 30, 32, 33, 34, 35, 36, 37.

(2) Lettre de François Ier à ses ambassadeurs, du 21 mars. Mss. de La Mare, n° $\frac{10332}{3}$, f. 66.

confédérés de Souabe, dont l'armée resta à la dévotion du roi catholique.

Ce qui avait rendu si prompt et si complet le désastre du duc de Wurtemberg, c'était l'abandon où l'avaient laissé les quatorze mille Suisses sur lesquels il comptait pour se défendre. Les cantons les avaient subitement et impérieusement rappelés dans les premiers jours d'avril, à l'ouverture même de la campagne. Ce rappel était l'œuvre de Maximilien de Berghes, dont l'habileté n'avait pas procuré ce seul avantage à son maître auprès de la confédération helvétique, qui se considérait toujours comme partie intégrante de l'empire germanique, bien qu'à la paix de Bâle de 1499 elle se fût affranchie de l'obéissance à ses décrets, de la soumission à sa justice, de la contribution à ses impôts, après avoir remporté sept victoires sur son chef et ses armées. Maximilien de Berghes était arrivé le 15 mars à Zurich. Une diète y avait été assemblée par les soins du cardinal de Sion. Cet implacable ennemi de la France avait parfaitement disposé l'esprit de ses compatriotes pour la mission de Maximilien de Berghes. Les Suisses disaient déjà tout haut qu'ils ne souffriraient point qu'on élût un autre empereur qu'un prince de race allemande. Leurs députés allèrent en grand nombre à la rencontre de Maximilien de Berghes, qu'ils accueillirent cordialement. Ils écoutèrent avec faveur ses propositions, et, pour lui prouver encore mieux leurs bons sentiments, ils s'invitèrent sans façon

chez lui, où ils remplissaient chaque jour trois ou
quatre grandes tables. Comme, à l'exemple des Allemands, ils ne faisaient rien pour rien, ils mirent
leur amitié et leurs concessions à prix, et ils voulurent avant tout qu'on payât les arrérages de leurs
anciennes pensions et qu'on leur en accordât de
nouvelles. Tout ne souriait pas à Maximilien de
Berghes dans cette négociation. Accablé de leurs
demandes, les ayant du matin au soir en sa présence ou à sa table, obligé d'entendre leurs plaintes, de supporter leurs arrogantes familiarités, de
subir leurs exigences multipliées, de traiter sans
cesse l'argent et le verre à la main, il écrivait à
Augsbourg avec une sorte de désespoir, qu'il avait
soin de cacher à Zurich sous la sérénité d'une imperturbable patience : « Si j'eusse su que l'on eût
mené ici une pareille vie, j'eusse mieux aimé porter
des pierres que d'y être venu (1). »

Il réussit toutefois dans ses desseins. Le roi catholique l'avait autorisé à dépenser la somme de
20,000 florins d'or en pensions qui devaient être
distribuées au taux de 1,500 par canton, outre les
200 florins anciennement stipulés pour la ligue
héréditaire avec la maison d'Autriche. Maximilien
de Berghes dépassa un peu son crédit, et porta à
26,000 florins d'or la somme totale des pensions. Il
paya en même temps les arrérages des principaux
meneurs des cantons et promit de satisfaire les

(1) Lettre de Maximilien de Berghes, de Zurich, le 22 mars 1519. Le
Glay, *Négociations*, etc., t. II, p. 364 à 373.

autres. Il obtint par là tout ce qu'il désirait, et le renouvellement de la ligue héréditaire, et le rappel des Suisses au service de Wurtemberg, et une démonstration éclatante contre la candidature de François Ier à l'empire (1). La diète de Zurich renvoya l'ambassadeur de ce prince, en lui déclarant qu'elle ne voulait pas pour empereur son maître, qui devait se contenter d'un aussi grand royaume que celui de France, et lui signifia qu'elle l'empêcherait de tout son pouvoir de parvenir à l'empire. En effet elle écrivit aux électeurs pour les détourner de choisir François Ier, et au pape pour l'inviter à ne plus gêner le choix des électeurs. Elle dit que les Suisses ne s'étaient jamais séparés du Saint-Siége, naguère encore protégé par eux sous le pontificat de Jules II, ni du corps germanique, dont ils continuaient à être membres, et qu'ils demandaient, dans l'intérêt commun de la chrétienté et du saint-empire, un chef tiré de la nation allemande et non de la nation *welsche* (2).

Cette démarche des Suisses, jointe à la défaite du duc Ulric de Wurtemberg dans le midi de l'Allemagne et à l'échec que les ducs de Calenberg et de Wolfenbüttel, partisans dévoués de l'Autriche, venaient de faire éprouver au duc de Lunebourg dans le nord, et le triomphe de la ligue de Souabe,

(1) Lettre de Maximilien de Berghes au roi de Castille, du 12 avril, à Constance. Le Glay, *Négociations*, etc., vol. II, p. 415 à 424.
(2) Lettre du 4 avril 1519 écrite de Zurich par les Suisses aux électeurs. Dans Bucholtz, vol. I, p. 97.

qui renouvela l'alliance héréditaire avec la maison d'Autriche et défendit aux banquiers des villes confédérées de prêter le concours du change au roi très-chrétien dans ses poursuites électorales, portèrent un grand coup aux affaires de ce prince en Allemagne. François Ier en fut alarmé et irrité. Il écrivit à ses ambassadeurs : « Je serais très-aise que l'affaire pût se conduire sans entrer en guerre, pour éviter le hasard et l'effusion du sang humain. Toutefois, puisque les choses en sont venues où elles sont, me désister me serait une honte, et, par ci après, les Suisses voudraient me donner la loi, ce qui me serait fort grief à porter. J'ai fait dresser une armée de quarante mille hommes de pied pour six mois. Si on m'assaille, je mettrai peine à me défendre. Vous entendez assez la cause qui me meut de parvenir à l'empire, et qui est d'empêcher que le roi catholique n'y parvienne. S'il y parvenait, vu la grandeur des royaumes et des seigneuries qu'il tient, cela me pourrait, par succession de temps, porter un préjudice inestimable. Je serais toujours en doute et soupçon, et il est à penser qu'il mettrait bonne peine à me jeter hors de l'Italie (1). »

Le roi de France avait longtemps hésité entre les conseils de l'archevêque de Trèves, qui le dissuadait de lever des troupes, de peur qu'on ne l'accusât de vouloir se faire élire par force, et ceux du

(1) Lettre de François Ier à ses ambassadeurs, du 16 avril. Mss. de La Mare, $\frac{10332}{3}$, f. 78.

margrave de Brandebourg, qui le pressait au contraire d'en mettre sur pied, afin d'inspirer plus de confiance à ses partisans. Il embrassa alors ce dernier parti. Pendant trois jours, il s'enferma avec le surintendant Semblançay, le trésorier Babou et les autres gens de ses finances pour trouver les sommes nécessaires à ces armements (1). L'élection lui en coûtait déjà de fort considérables, et il était obligé de tout faire argent comptant. Avant même les défenses de la ligue de Souabe, la puissante maison des Fugger lui avait refusé le secours de sa banque, et avait ainsi renoncé, par un patriotique désintéressement, à gagner environ 30,000 florins (2). Aussi, indépendamment des espèces en or que Bonnivet avait portées en Allemagne, François Ier y envoya-t-il, dans le courant d'avril et les premiers jours de mai, 400,000 écus au soleil, qu'il fit escorter à travers la France, la Lorraine, l'électorat de Trèves, et que ses ambassadeurs, suivis de huit cents chevaux, eurent avec eux sur les bords du Rhin, dans les sacs de cuir de leurs archers (3). Il expédia en même temps vers le nord, — à son allié le duc de Lunebourg, à son pensionnaire le duc de Holstein, au duc de Mecklenbourg qui demandait à le servir, et surtout au margrave Joachim qui proposait de lever à lui seul

---

(1) Lettre de François Ier aux mêmes, du 24 avril. f. 79.
(2) Lettre de Maximilien de Berghes à Marguerite d'Autriche, des 26 et 27 février 1519. Dans Mone.
(3) *Mémoires de Fleuranges,* vol. XVI, p. 331.

quinze mille hommes de pied et quatre mille chevaux, — des ordres et de l'argent pour qu'ils se disposassent à le seconder avec des forces suffisantes. Il prit de semblables mesures du côté du Rhin avec le rhingrave, qu'il fit son pensionnaire (1) pour l'opposer à Sickingen, dont il était le voisin et le rival, et avec le duc de Gueldre, vieil et persévérant allié de la France. Il rassembla lui-même ses compagnies d'ordonnance sur la frontière de Champagne, où il fit marcher soixante pièces d'artillerie toutes neuves qu'il avait à Tours, et où il réunit, sous le commandement du maréchal de La Palice, un corps d'armée prêt, s'il le fallait, à entrer en Allemagne.

Le roi catholique ne resta pas plus en arrière du roi de France pour les préparatifs militaires que pour les menées électorales. Disposant dans la Franconie, où elle s'était transportée après la campagne de Wurtemberg, de l'armée victorieuse de la ligue de Souabe que dirigeait toujours Sickingen, il recommanda de ne point la licencier et la prit à sa solde pour trois mois (2). Il concentra en outre des troupes sur la frontière des Pyrénées,

---

(1) Lettre de François Ier à ses ambassadeurs, du 19 mars, f. 65.
(2) Marguerite d'Autriche avait écrit au roi, son neveu : « La ligue de Zwave autreffois a fait eslire empereur, parquoy est l'une des choses les plus nécessaires que bien entretenir la dite armée en estre (état), pour donner à icelle soubz le dit messire Francisque (Sickingen) une bonne assistance, par le moyen de laquelle les gagnerez pour en faire ce que vous vouldrez. » Lettre du 9 mars, Le Glay, *Négociations*, etc., p. 324. C'est ce qu'ordonna le roi de Castille à ses commissaires en Allemagne. Lettre du 31 mars, non imprimée: Archives de Lille.

vers Perpignan et vers Pampelune, et il prescrivit d'enrôler des soldats pour le royaume de Naples. Ainsi la rivalité des deux rois, qui divisait déjà l'Europe, était sur le point d'amener la guerre en Allemagne, en Italie, en France, en Espagne, et l'annonçait tout au moins bientôt dans les pays où devaient se rencontrer la diversité de leurs intérêts et s'entre-choquer leur puissance.

VIII.

Au milieu de ces armements, les négociations avaient continué sans se ralentir. Après de longs pourparlers avec l'électeur de Brandebourg, Joachim de Moltzan avait écrit à François Ier : « Tout ira bien, si nous pouvons rassasier le margrave. Lui et son frère l'électeur de Mayence tombent chaque jour dans de plus grandes avarices... La chose en est arrivée au point que celui des deux rois qui donnera et promettra le plus, l'emportera. Il me paraît très à propos d'envoyer tout de suite quelqu'un qui se joigne à moi, et qui soit muni des pouvoirs nécessaires pour conclure et ratifier. » Il finissait sa lettre par ces mots : *Vite, vite, vite* (1). François Ier avait fait partir alors pour Berlin La Poussinière et Bazoges, qui y étaient arrivés vers la fin de mars. Il voulait qu'on conclût à tout prix

---

(1) *Cito, cito, cito.* — Lettre latine de Moltzan, du 28 février. L'original. Archives, carton J. 962, pièce 57.

avec le margrave, que les agents autrichiens appelaient *le père de toute avarice* (1). Prévoyant même que le margrave pouvait lui échapper après s'être engagé, il ajoutait : « Si, avant ou après la totale et finale conclusion prise par mes ambassadeurs avec le marquis, ils aperçoivent quelques offres pour le faire bransler et changer, qu'ils soient advertis d'y avoir l'œil et eulx tenir près dudit marquis et de ses serviteurs, et principalement de ceux qui conduisent les affaires ; et s'il demande quelque chose, soit pour lui ou son fils, qu'ils le lui accordent et lui en facent, en vertu de leurs pouvoirs, les promesses telles qu'il les demandera, et qu'ils le traitent et mènent de sorte qu'il demeure ferme et tiene sa foy et promesse ; car, pour ce faire, je n'y veuil aucune chose espargner, quelle qu'elle soit. Ayant luy et Mgr de Mayence, son frère, pour moi, avec Mgr de Trèves et le comte palatin, l'affaire est du tout assurée (2). »

C'est sur ce pied que la négociation avait été poursuivie. François Ier ne s'était laissé rebuter par aucune des exigences de l'électeur de Brandebourg, et, lorsque ses ambassadeurs hésitaient à le satisfaire, il leur mandait : *Je veux qu'on soulle de toutes choses le marquis Joachim* (3). Il lui accorda ainsi,

---

(1) Lettre de Maximilien de Berghes à Marguerite d'Autriche, des 5 et 6 février 1519. Le Glay. *Négociations,* etc., p. 203.

(2) Lettre de François Ier à ses ambassadeurs, du 28 mars. Mss. de La Mare, $\frac{10332}{3}$, f. 69.

(3) Lettre de François Ier à ses ambassadeurs, du 30 mars. Ibid., f. 71.

avec les autres avantages qu'il réclamait, 175,000 écus d'or pour la dot de la princesse Renée, et le traité fut définitivement conclu le 8 avril. On convint que le premier terme du payement s'effectuerait le 10 mai à Coblentz, où Jean d'Albret alla remettre lui-même 50,000 florins aux envoyés de l'électeur.

L'électeur prit le même jour, 8 avril, l'engagement suivant signé de sa main, scellé de son sceau, qui fut transmis à François Ier : « Nous Joachim, par la grâce de Dieu, margrave de Brandebourg, archichambellan du saint-empire romain, prince-électeur, duc de Stettin, de Poméranie, des Slaves, burgrave de Nuremberg, etc., songeant dans notre esprit que l'office d'empereur a été principalement institué pour protéger et défendre la foi catholique, et aussi pour repousser ses plus féroces ennemis, ce qui ne saurait se faire comme il convient, à moins que la couronne impériale ne soit décernée à un prince très-prudent dans le conseil, vaillant dans les batailles, doué de toute la vigueur du corps, arrivé à la fleur de l'âge, de telle sorte qu'on puisse le dire puissant de parole et d'action. Or, comme, dans ce temps, le cruel tyran des Turcs, prince très-redoutable, projette diverses entreprises contre la chose chrétienne, il est indubitablement à craindre, si les chrétiens ne lui résistent pas d'un opiniâtre courage et avec les forces les plus considérables, et si le Dieu très-bon et très-grand n'arrête pas sa cupidité et sa volonté, qu'il ne ravage la chrétienté, ne l'asservisse et ne l'accable sous un joug insupportable. C'est pourquoi, appelés que nous sommes par la divine Providence à la dignité de margrave, à la principauté du saint-empire, au nombre des électeurs, nous désirons par-dessus tout qu'il soit mis de nos jours à la tête de l'empire quelqu'un possédant les vertus nécessaires pour remplir virilement l'office qui lui sera imposé. Nous avons donc jeté les yeux sur le très-invincible et très-chrétien prince François, par la faveur de Dieu roi des Français, duc de Milan et seigneur de Gênes, qui, par son âge florissant, son habileté, sa justice, son expérience militaire, l'éclatante fortune de ses armes, et toutes les autres qualités qu'exigent la guerre et la conduite de la république, surpasse, au jugement de chacun, tous les autres princes chrétiens. »

Après avoir loué les grandes actions de François Ier et celles de ses prédécesseurs, avoir exprimé le ferme espoir que François Ier emploierait sa capacité et sa puissance à protéger la chrétienté, qu'il tournerait contre les conquérants ennemis de la foi l'épée qui s'était teinte jusque-là de sang chrétien, l'électeur ajoutait que ces raisons et ces espérances le décidaient à *promouvoir* le roi de France à l'empire vacant. « Y ayant mûrement réfléchi, disait-il, nous avons fidèlement promis et nous promettons en parole de prince, sur notre foi et par ces présentes, que nous élirons le roi très-chrétien roi des Romains et ensuite empereur, et que nous lui donnerons notre voix, pourvu cependant que deux de nos coélecteurs, votant avant nous, l'élisent et lui donnent la leur (1). »

On en était là lorsque le comte de Nassau et Gérard de Pleine arrivèrent à Berlin de la part du roi Charles. Le margrave les reçut froidement, et leur fit des propositions dérisoires. Il offrit de donner sa voix au roi catholique, si ce prince en avait quatre avant la sienne, et il exigeait pour ce suffrage inutile qu'on augmentât la dot de l'infante Catherine de 100,000 florins d'or, sa pension de 4,000, son don gratuit de 30,000, et qu'on transportât de l'électeur de Saxe à lui le vicariat de l'empire dans le nord de l'Allemagne. C'était un vrai refus de négocier. Voulant toutefois se ménager quelque avantage si le roi catholique l'emportait sur le roi de France, après avoir résisté à tous les efforts des ambassadeurs autrichiens, il finit par leur dire qu'il se contentait des conditions stipulées à Augsbourg (2).

Le comte palatin avait été moins scrupuleux dans son avidité. Depuis la mort de Maximilien, il n'avait cessé de traiter avec les deux partis (3). Il avait tour à tour accueilli d'un côté le chambellan

(1) L'original en latin, sur parchemin, signé de la main de l'électeur et muni de son scel en cire rouge. Archives, carton J. 952, *olim* 892, pièce 13.

(2) Lettre du comte de Nassau au roi Charles, datée du 8 avril. Archives de Lille. Cette lettre est très-curieuse et inédite.

(3) « Il fait comme Pilate, et pour ce est besoin le tenir de prez et non dormir, » écrivait Armerstorff le 14 mars au roi Charles. — Le Glay, *Négociat.*, etc., vol. II, p. 340.

Lamothe au Groing, le président Guillart, le bailli de Caen, le maître des requêtes Cordier, de l'autre Armerstorff, le comte de Nassau et le seigneur de La Roche. Pendant qu'il entretenait de ses bonnes dispositions les ambassadeurs de François Ier, son chancelier concluait le 4 avril un traité avec les ambassadeurs du roi Charles. Ceux-ci lui avaient assuré 10,000 florins de don gratuit de plus, avaient porté sa pension de 6 à 8,000, et devaient appuyer auprès de leur maître ses prétentions à l'*avouerie* d'Haguenau, dont la perte lui valait une compensation de 80,000 florins. De plus, pour indemniser les marchands qui avaient été pillés en traversant le pays du comte palatin, ils avaient remis 9,000 florins à la ligue de Souabe, afin qu'elle n'en poursuivît pas contre lui le recouvrement à main armée (1).

Ce traité fut bientôt suivi d'un autre dans un sens tout contraire. L'électeur palatin, qui depuis six semaines avait échappé sous divers prétextes à une entrevue avec Bonnivet, envoya secrètement, le 9 mai, son même chancelier dans un village voisin pour s'aboucher et conclure avec lui. Le même jour, on convint que l'électeur voterait en faveur de François Ier, qui lui donnerait 100,000 florins d'or après l'élection, lui payerait exactement 5,000 couronnes d'or pour sa pension, distribuerait chaque année 2,000 florins à ses conseillers, confé-

---

(1) Lettre du 4 avril de Henri de Nassau et de Gérard de Pleine au roi catholique. — Le Glay, *Négociat.*, etc., vol. II, p. 403 à 406.

rerait des évêchés à ses deux frères, et prendrait au service de France, avec une allocation annuelle de 6,000 francs, le comte Frédéric, s'il voulait s'y mettre. Une somme de 30,000 florins lui était assurée de plus comme moyen de défense contre la ligue de Souabe, et François Ier devait l'aider à reconquérir les villes et les châteaux dont Maximilien l'avait privé à la diète de Cologne en prononçant son arrêt sur l'hérédité de Landshut (1). La conclusion définitive traîna jusqu'au 22 mai, jour où elle fut signée à Coblentz (2). François Ier la ratifia le 28 et reçut de l'électeur la promesse formelle de voter pour lui, conçue à peu près dans les mêmes termes que celle du margrave de Brandebourg et fondée sur les mêmes raisons. Cette promesse, écrite sur parchemin, ne mentionnait pas davantage le prix auquel François Ier l'avait acquise. Couvrant son marché des motifs les plus hauts et les plus louables, ne subordonnant même son suffrage à aucune condition, le comte palatin disait : « Afin que nos pieuses intentions se réalisent, nous supplions le roi très-chrétien, autant que nous le pouvons, de ne pas cesser d'aspirer à l'empire, vu

---

(1) Lettre des ambassadeurs de François Ier au roi, du 10 mai (Mss. de La Mare, $\frac{10332}{3}$, f. 141), et *Histoire politique de la Bavière*, par Stumpf, archiviste du royaume de Bavière, Munich, 1816 à 1818, t. I, sect. I, p. 32 et suiv.

(2) Lettre des mêmes au même, du 23 mai. Ibid., f. 160. « Nous avons devers nous, écrivaient-ils à François Ier, la promesse du dict comte par escript, signée de luy et scellée de son sceau, qui est pure et simple, par laquelle il promect vous eslire et est pareille de celle de monsieur de Trèves, qui ne pourroit estre mieulx. »

les avantages que la chrétienté tout entière retirerait de son élévation. C'est pourquoi nous nous engageons, en parole de prince et sur notre foi, à l'élire, à lui donner notre voix et à presser les autres princes de lui donner la leur. Nous ne pouvons rien faire de meilleur, de plus digne, de plus agréable au Christ, de plus utile à tous les chrétiens. En témoignage de quoi nous avons souscrit ces présentes de notre propre main et nous avons ordonné de les revêtir de notre sceau. — En notre château d'Heidelberg (1). »

Le duc Frédéric de Saxe et l'archevêque de Cologne refusèrent seuls de prendre des engagements. Le premier agit ainsi par intégrité et pour se montrer jusqu'au bout observateur fidèle de ses devoirs électoraux ; le second, par faiblesse et irrésolution, n'osant pas se décider entre des offres et des influences contraires. Cependant l'électeur de Cologne, après s'être longtemps refusé à une conférence avec les ambassadeurs de François Ier, avait reçu secrètement Jean d'Albret dans la ville de Bonn vers la fin du mois de mai. Il lui avait montré les dispositions les plus favorables pour le roi son maître, sans s'obliger par écrit à voter pour lui. Supposant toutefois qu'il avait plus de chances d'être élu que son compétiteur, il insinua qu'il lui donnerait son suffrage, afin de se ménager ainsi les avan-

---

(1) L'original latin, sur parchemin, signé de la main de l'électeur et muni de son scel en cire rouge. Archives, carton J. 952, pièce 16.

tages qu'il n'osait pas stipuler d'avance : « Finalement, écrivit Jean d'Albret à François Ier, sa réponse a esté qu'il entendoit bien par mes paroles que Votre Majesté avoit parmi les électeurs de bons amys qui donneroient à cognoistre le service qu'ils vous feroient lorsqu'ils seroient ensemble…, et qu'il espéroit que vous suiviez la doctrine de Dieu qui donna autant à ceulx qui vindrent besongner à sa vigne à la moitié du jour qu'à ceulx qui y estoient dès le matin (1). »

Du reste, les espérances qu'il donnait au roi très-chrétien, il ne les refusait nullement au roi catholique. Aussi les ambassadeurs des deux rois se flattèrent également d'obtenir son suffrage au moment décisif, tout comme les deux compétiteurs se croyaient l'un et l'autre l'objet des démarches d'Henri VIII auprès du collége des électeurs. Ce prince avait promis à chacun d'eux d'intervenir secrètement en sa faveur. Au lieu de cela, il avait envoyé sir Richard Pace en Allemagne avec la mission expresse de briguer pour lui-même la couronne impériale (2). Richard Pace avait trouvé les négociations trop avancées et les suffrages mis à un prix trop haut pour donner suite à cette vaniteuse fantaisie de son maître. Il abandonna la candidature d'Henri VIII, mais il se garda

(1) Lettre de d'Albret à François Ier, du 27 mai. Mss. de La Mare, $\frac{10332}{3}$, f. 154.
(2) Lettre latine d'Henri VIII aux électeurs, du 11 mai. Dans Bucholtz, *Histoire de Ferdinand Ier*, t. III, p. 673. Voir aussi le t. I, p. 104.

prudemment d'en recommander aucune autre (1).

La diète électorale avait été convoquée par l'archevêque de Mayence, en sa qualité d'archichancelier de l'empire, pour le 17 juin. Ce grand jour approchait. La conscience des électeurs liés par des engagements sembla se réveiller au souvenir du serment qui devait être bientôt prêté ; mais elle ne leur servit qu'à reprendre, ou, pour mieux dire, à affecter une indépendance menteuse. Terminant cette œuvre de vénalité et de déception comme ils l'avaient commencée, ils couronnèrent par une formalité hypocrite des négociations toutes pleines de duplicité. Ils demandèrent aux deux rois, et ils obtinrent d'eux, qu'ils les déliassent par écrit de leurs promesses (2), afin de pouvoir en apparence observer les prescriptions de la bulle d'or et jurer qu'ils étaient libres tout en restant engagés.

Les électeurs furent tous rendus à Francfort le 8 juin. Ils arrivèrent avec la pompeuse suite de leurs conseillers, de leurs serviteurs et des troupes de cavaliers leur servant d'escorte, dans cette ville réservée aux élections impériales, et où, depuis l'ouverture de leur assemblée jusqu'à son terme, ne

(1) Lettre de Richard Pace au cardinal Wolsey, du 27 juillet. Dans Ellis, *Original Letters*, vol. I, p. 157.

(2) Lettres des ambassadeurs de François Ier à ce prince, du 10 et 14 mai. (Mss. de La Mare, $\frac{10332}{3}$, f. 131 et 146.) Vers la fin de mai, les ambassadeurs montrèrent à l'archevêque de Trèves les lettres de la *Relaxacion des sermens*. (Lettre du 27 mai à François Ier. Ibid., f. 157.) Archives, carton J. pièce 42. — De son côté, le roi Charles envoya « lettres pour deschargier les dicts électeurs de leur promesse ». — Le roi de Castille à ses députés en Allemagne, le 20 avril. — Le Glay, *Négociations*, etc., t. II, p. 437.

pouvait pénétrer aucun autre prince, ni l'ambassadeur d'aucun roi. L'archevêque de Trèves, qui avait eu de fréquentes entrevues avec Bonnivet, d'Albret et Guillart, reçut d'eux et y porta 50,000 écus d'or pour gagner à François Ier l'archevêque de Cologne et les envoyés de Bohême (1). Ce monarque attendait avec confiance le résultat de la diète. Il avait adressé à l'archevêque de Trèves et au margrave de Brandebourg, les deux plus fermes soutiens de sa cause, de pleins pouvoirs pour traiter avec les autres électeurs et confirmer leurs priviléges, s'il était élu. (2).

Sur les sept membres du collége électoral, quatre lui avaient promis leurs suffrages à deux reprises diverses. Si l'archevêque de Mayence lui avait fait encore une fois défaut, et si le comte palatin s'était engagé presque en même temps avec son adversaire comme avec lui, les chances du roi catholique ne paraissaient pas meilleures que les siennes. Celui-ci ne pouvait compter avec certitude que sur l'archevêque de Mayence. Il avait aussi raison d'espérer la voix de la Bohême à cause des liens qui unissaient ce pays à l'Autriche, et parce qu'il venait de marier la veuve de Ferdinand d'Aragon au margrave Albert de Brandebourg, qui exerçait une grande influence en Bohême. Toutefois, Langhac

(1) Lettre des ambassadeurs de François Ier à ce prince, du 27 mai. Mss. de La Mare $\frac{10332}{3}$, f. 157.

(2) L'original sur parchemin, signé par le roi, contre-signé par Robertet, daté du 12 mai et muni du scel en cire jaune. Archives, carton J. 952, pièce 17.

et Antoine Lamet, que François Ier avait fait partir pour la Pologne sous un déguisement, avaient obtenu de bonnes paroles du roi Sigismond, qui n'avait pas été insensible à l'argent de France (1). Il avait envoyé de plus le duc de Suffolk vers les États de Bohême assemblés à Prague, mais le duc n'y était pas arrivé avant le départ du chancelier Ladislas Sternberg, délégué de son jeune souverain à la diète. Les deux voix de Cologne et de Saxe étant incertaines, il restait encore beaucoup à faire de part et d'autre pour obtenir une majorité définitive.

On y travailla des deux côtés. Sickingen parut aux environs de Francfort avec plus de vingt mille hommes de l'armée de Souabe, *ce* (2) *dont furent merveilleusement estonnez ceux qui vouloient bien au roy de France et très fort joyeux ceux qui vouloient bien au roi catholique* (3). Afin d'ajouter à l'influence exercée par la vue de ces troupes l'action de leurs sourdes menées, le comte palatin Frédéric, l'évêque de Liége, le margrave Casimir de Brandebourg-Culmbach, le comte Henri de Nassau et

---

(1) « Bien est vray, écrit Bonnivet au comte palatin, que je diz à vostre chancelier que Poulogne avoit prins argent de nous, et que leurs ambassadeurs avoient charge de donner leur voix au d^t s^{er} roy. » Lettre écrite le 26 ou le 27 juin. Mss. de La Mare, $\frac{10332}{3}$, f. 172.

(2) *Instructions données par le roy François Ier au duc de Suffolk.* Mss. Colbert, vol. 385, p. 1.

(3) *Mémoires de Fleuranges,* dans Petitot, vol. XVI, p. 342. — « Jamais ne fismes mieulx que de nous fortifier de ceste armée, laquelle nous faisons marcher. » Lettre d'Armerstorff à Marguerite d'Autriche, du 2 juin. Archives de Lille.

Maximilien de Berghes s'établirent à Höchst, à deux lieues de Francfort, tandis que les autres agents du roi catholique demeurèrent à Mayence. Bonnivet s'était transporté depuis quelque temps de la Lorraine sur les bords du Rhin, avec un cortége de huit cents chevaux. Afin d'être plus près des électeurs et d'agir, autant qu'il le pourrait, sur eux, il se rendit alors déguisé, et sous le nom du capitaine Jacob, à Rüdesheim, village situé à cinq ou six lieues de Francfort, laissant Jean d'Albret et le président Guillart à Coblentz.

IX.

La diète s'ouvrit le 18 juin. Aux termes de la bulle d'or, les électeurs entendirent, dans l'église de Saint-Barthélemy, la messe du Saint-Esprit qui devait inspirer leur choix (1). Après la messe, ils s'approchèrent tous de l'autel, et là les trois archevêques de Mayence, de Trèves, de Cologne, la main sur la poitrine, le comte palatin, le duc de Saxe, le margrave de Brandebourg et le nonce du roi de Bohême, la main sur le livre des Évangiles, ouvert au premier chapitre de saint Jean, *In principio erat Verbum*, etc., prêtèrent chacun à son tour le serment qui suit : — « Je jure, sur les saints Évangiles ici présents et placés devant moi, que je veux, par la foi qui me lie à Dieu et au sacré empire romain,

(1) Bulle d'or, cap. II, art. 1er.

élire, selon mon discernement et mon intelligence et avec l'aide de Dieu, pour chef temporel du peuple chrétien, c'est-à-dire roi des Romains, futur empereur, celui qui convient le mieux à cette charge, autant que mon discernement et mon intelligence me dirigent et me commandent, conformément à ma foi, et que je lui donnerai ma voix, mon vote, et mon susdit suffrage, libre de tout pacte, de tout prix, de toutes arrhes et de tout engagement, quelque nom qu'on lui donne. Qu'ainsi Dieu et tous ses saints me soient en aide (1). »

Dès que la diète fut assemblée, les ambassadeurs des deux rois lui adressèrent des manifestes dans lesquels, notifiant la candidature de leurs maîtres, ils donnèrent à l'appui toutes les raisons qu'ils avaient déjà tant de fois exposées à chaque électeur et particulier. Les conférences et les intrigues durèrent pendant plusieurs jours. Les plus grands efforts se firent autour de l'électeur palatin, dont la détermination pouvait entraîner celle de l'électeur de Cologne, et qui, ayant vendu tour à tour sa voix aux ambassadeurs du roi catholique en avril, aux ambassadeurs du roi très-chrétien en mai, flottait entre le souvenir de son dernier engagement et la crainte des soldats de Sickingen. Le comte Frédéric, qui l'avait décidé à s'engager envers Maximilien à Augsbourg, promit de le faire voter pour Charles à Francfort. Il dit à Armerstorff :

(1) Bulle d'or, cap. II, art. 5.

« Je vous réponds et assure de mon frère, » et offrit comme garantie, s'il le fallait, d'*être prisonnier du roi* (1). Il pénétra dans Francfort, sous un déguisement, afin d'arracher l'électeur palatin à ses hésitations et de le donner entièrement au roi catholique (2). Il l'ébranla. L'archevêque de Trèves prévint aussitôt du danger de cette défection Bonnivet, qui écrivit au comte palatin la lettre la plus pressante et la plus forte. Il lui dit qu'il trouverait merveilleusement étrange qu'il voulût trahir un prince qui était son parent et son ami, pour en favoriser un autre dont l'aïeul l'avait mis au ban de l'empire et avait amoindri ses États. « Je vous supplie, monseigneur, ajoutait-il, de penser combien cela vous touche. Vous feriez une grosse playe à votre maison, en étant celui qui commenceroit à montrer qu'il n'y a point de foi ni d'honneur. Il ne faut pas que la peur que l'on vous fait de brûler et ruiner votre pays vous induise à changer d'opinion, car je vous offre d'aller, dès cette heure, vous servir en personne avec sept ou huit mille lansquenetz, que j'ai tout prêts, et huit cents chevaux, de faire marcher incontinent l'armée du roi qui est sur la frontière d'Allemagne et la plus puissante qu'on ait vue de longtemps, et, si vous me l'écrivez, de prendre même au service du roi la

---

(1) Lettre d'Armerstorff à Marguerite d'Autriche, d'Heidelberg le 2 juin 1519, déposée aux archives de Lille et non imprimée dans les *Négociations*, etc., de Le Glay.

(2) Leodius. *Vita Frider. II palatini,* lib. v, p. 66.

moitié de l'armée de Francisque de Sickingen, ce que je pourrai toutes les fois que je le voudrai (1). »

Afin de le tenter aussi par l'appât d'un plus grand intérêt, il lui proposa la belle-sœur du roi de France en mariage, avec une dot de 2 ou 300,000 florins, la solde de 200 chevaux pendant toute sa vie, pour la garde de son pays et le dédommagement des pertes qu'il pourrait éprouver s'il était attaqué à cause de son vote (2). Il informa en même temps François Ier de tout ce qui se passait. Ce prince prit résolûment son parti : il écrivit à Bonnivet que si l'élection n'était pas encore terminée, et si lui et ses amis, dans Francfort, voyaient qu'il était impossible de la faire tourner en sa faveur, ils missent tous leurs soins à empêcher le roi catholique d'être nommé empereur. Il lui prescrivait dans ce cas de faire porter les voix dont il disposait sur un prince allemand, de préférer le margrave de Brandebourg à tout autre à cause de l'amitié qu'il avait pour lui, et, si le margrave de Brandebourg n'était pas possible non plus, de se replier sur le duc Frédéric de Saxe, vers lequel penchait l'électeur de Trèves, d'exiger de celui des deux,

---

(1) Lettre de l'amiral Bonnivet au comte palatin du 24 juin. Mss. de La Mare $\frac{1032}{3}$, f. 170.

(2) Lettre de l'amiral Bonnivet au comte palatin du 24 juin. Mss. de La Mare $\frac{1033}{3}$, f. 170, et autre lettre qu'il lui écrit en allemand, et dans laquelle il lui dit : « Je monstray à vostre chancellier troys scellez que j'avoye, et vous qui faisiez le quart, qui estoit la seureté de notre affaire. »

qui serait ainsi nommé, l'assurance qu'après avoir été couronné empereur, il solliciterait pour lui-même le titre de roi des Romains, et si le duc de Saxe s'y refusait, de le faire élire sans condition, afin d'écarter à tout prix du trône impérial le roi catholique, dont l'élévation aurait tant de danger pour lui (1).

C'est ce que François aurait dû faire depuis longtemps. Son intérêt n'était pas d'être élu. S'il l'avait été, il s'en serait bientôt repenti. Il aurait excité la défiance et l'indocilité de l'Allemagne, les mécontentements de la France, et peut-être à la longue sa rébellion, la jalousie, l'union et l'hostilité de tous les souverains. Les forces de son royaume, déjà détournées de leur emploi régulier par les guerres d'Italie, qui laissaient ses frontières naturelles imparfaites et son organisation intérieure inachevée, seraient allées se perdre encore et s'épuiser en Allemagne. L'empire l'aurait réellement affaibli et infailliblement embarrassé. Il fallait dès lors qu'il se bornât à empêcher le roi catholique de l'obtenir. L'affermissement de sa position en Italie l'exigeait tout comme la sécurité de son royaume. Héritier unique des quatre puissantes maisons de Bourgogne, d'Autriche, de Castille, d'Aragon, le roi catholique était devenu le possesseur universel de leurs États et le représentant redoutable de leurs vieilles animosités contre la

(1) Lettres de François Ier à ses ambassadeurs, du 26 juin, f. 95-96.

France. Il importait avant tout à François Ier que ce prince ne joignît point à l'Autriche, aux Pays-Bas, à l'Espagne, à la Sicile, à Naples, la couronne impériale. Or, pour l'empêcher d'acquérir ce surcroît de puissance et d'ajouter la suzeraineté du duché de Milan à toutes les causes de collision qui naissaient déjà du contact des territoires et de l'opposition des intérêts, il n'y avait qu'un bon moyen : c'était de placer à la tête de l'Allemagne un chef allemand qui la tînt éloignée de la grande lutte prête à éclater entre eux ; mais il fallait y employer la prévoyance, l'activité, le temps, l'argent qu'il avait consacrés jusque-là à sa propre élection. De pareils résultats ne sauraient être des pis-aller. Ils ne peuvent réussir qu'en étant préparés de longue main.

Aussi la lettre du roi de France, partie de Melun le 26 juin, arriva trop tard à Rüdesheim. Déjà le 24 le cardinal légat avait cessé de soutenir exclusivement sa candidature. Il avait reçu de nouvelles instructions du souverain pontife, auquel le roi catholique s'était plaint de l'intervention ouverte du Saint-Siége en faveur de François Ier. Charles avait chargé don Luis Carroz, son ambassadeur à la cour de Rome, de dire à Léon X qu'il ne saurait reculer sans honte dans la poursuite de l'empire, ni y échouer sans détriment pour son autorité comme pour sa réputation, et il l'avait fait supplier de changer de résolution à son égard. Rappelant à l'ambitieux Florentin les bienfaits que les Médicis avaient reçus de ses prédécesseurs, et rassurant le suzerain inquiet sur la trop grande puissance de son royal feudataire, il avait ajouté : « Sa Béatitude peut être certaine que, après l'élection, nous nous gouvernerons de telle manière, en tout ce qui touche au Saint-Siége, et particulièrement à Sa Sainteté, à son état, à la maison de Médicis, qu'elle verra clairement que nos œuvres ont été et seront toujours d'un vrai fils et d'un fils très-obéissant (1). » Léon X, déjà ébranlé par la résistance des quatre électeurs assemblés à Wesel et intimidé par les manifestations des préférences germaniques, s'était rendu aux vœux du roi Charles. Il avait prescrit à son légat, s'il voyait prendre à l'élection un certain tour, de ne plus s'opposer au choix du roi de Naples, de peur que l'empereur futur ne devînt un ennemi du pape. Le légat avait dès lors signifié aux électeurs que le souverain pontife, dans des intentions de concorde et de paix, adhérerait à la nomination de ce prince, si leurs suffrages se portaient sur lui. La résignation du légat et le manque de foi du comte palatin, qui répondit à Bonnivet en lui conseillant de pourvoir à la sûreté de sa personne, ruinèrent les affaires de François Ier. L'entreprenant amiral, les jugeant désespérées, prit alors sur lui de renoncer à la candidature de son maître pour susciter celle d'un prince allemand,

---

(1) Lettre du roi catholique à don Luis Carroz, du 17 avril. Minute orig. Arch. de Lille.

comme il l'aurait fait s'il avait reçu à temps la dépêche du 26 juin.

Bonnivet se rejeta d'abord sur le margrave de Brandebourg, qui ne put pas même obtenir la voix de l'archevêque de Mayence, son frère, ensuite sur l'électeur de Saxe, que sa réputation de sagesse, de droiture, de désintéressement, de patriotisme, rendait un candidat beaucoup plus sérieux. La politique bien entendue de l'Allemagne semblait conseiller aux électeurs de ne donner pour chef à leur pays ni l'un ni l'autre des deux puissants monarques qui, capables de le défendre, seraient aussi en état de l'asservir. La cour de Rome, redoutant presque au même degré de voir monter sur le trône impérial le duc de Milan ou le roi de Naples, ce qui la mettrait à la merci du possesseur de la haute ou de la basse Italie, eût préféré le choix de l'électeur de Saxe ; mais ce prince, prudent et peu résolu, craignit de n'être pas au niveau d'une aussi grande charge, de succomber sous son poids et d'en écraser sa maison. La nécessité de repousser les Turcs, le besoin urgent de ramener la paix dans l'empire et de poursuivre avec vigueur ceux qui la troublaient, le devoir de raffermir l'unité religieuse prête à se rompre, lui semblèrent au-dessus de ses forces ou de son caractère. Il déclina donc les offres qui lui furent faites, et il s'apprêta à donner sa voix à celui-là même dont les armes victorieuses devaient plus tard envahir ses États, réduire en captivité son héritier, et faire passer la dignité électorale de la branche de sa maison dans une autre.

Ce grand conflit, marqué par des phases si diverses et pendant la durée duquel le roi catholique lui-même avait paru si près d'échouer qu'on lui avait conseillé de travailler à l'élection d'un autre prince, ce grand conflit touchait à son terme. Le 28 juin, les électeurs, revêtus de leurs costumes de drap écarlate, se rendirent au son des cloches dans l'église de Saint-Barthélemy pour procéder définitivement au choix d'un empereur. Ils s'assemblèrent dans la petite chapelle près du chœur qui leur servait de conclave.

L'archevêque de Mayence prit le premier la parole. Il se demanda lequel il fallait élire, du roi très-chrétien, du roi catholique ou d'un prince allemand. Il examina d'abord s'il convenait de choisir François Ier, et dit qu'aux termes de la bulle d'or, les électeurs juraient de ne pas élire un empereur étranger, et qu'ils manqueraient à cette loi et à leur serment, s'ils nommaient le roi de France; que celui-ci d'ailleurs voudrait accroître son royaume, qui était héréditaire, aux dépens de l'empire qui ne l'était point; que, s'étant emparé de Milan après sa grande victoire sur les Suisses à Marignan, il aspirerait désormais à soumettre toute l'Italie et dirigerait ensuite son ambition contre l'Allemagne; qu'il chercherait à enlever la Flandre et l'Autriche au roi Charles, d'où résulteraient de grands troubles et des guerres civiles dans leur patrie; que si, dans ce cas, les électeurs et les autres princes s'opposaient à ses desseins en voulant défendre les droits de l'empire et le petit-fils de Maximilien, à qui ils devaient tant, il les déposséderait pour en mettre d'autres à leur place ; qu'ils pouvaient juger de la liberté qui leur serait laissée en jetant les yeux sur le royaume de France, où se trouvaient naguère encore plusieurs grands princes disposant de beaucoup d'autorité, et où il n'y avait plus aujourd'hui personne qui ne tremblât au plus petit signe du roi. Après avoir ainsi combattu la candidature de François Ier, l'archevêque de Mayence lui donna pour sa part une exclusion formelle.

Discutant alors le choix d'un prince allemand, il ne s'y montra pas moins défavorable, parce qu'un semblable empereur, faible et désobéi, serait hors d'état de conduire, de pacifier, de défendre l'Allemagne, et d'y rétablir l'unité religieuse compromise. Restait le roi catholique. L'archevêque convint que, s'il était élu, les affaires de l'Allemagne paraîtraient exposées à souffrir de son éloignement, et ses libertés à être menacées par sa puissance. Il ajouta toutefois que, lorsqu'il considérait l'origine allemande de ce prince, les États qu'il possédait dans l'empire, les heureuses et grandes qualités dont il était doué, les ressources considérables qu'il mettrait au service de l'Allemagne et de toute la république chrétienne, les sages précautions à l'aide desquelles on pourrait éviter les dangers de son autorité, nul autre ne lui semblait plus digne de recevoir la couronne impériale (1).

Ce discours produisit beaucoup d'effet sur les électeurs, qui désirèrent néanmoins entendre l'archevêque de Trèves. Celui-ci, s'étonnant de voir l'archevêque de Mayence préférer le roi catholique au roi très-chrétien, dit que la bulle d'or ne les autorisait pas plus à élire un Espagnol qu'un Français, et que, si l'on jugeait le premier capable d'être élu parce qu'il possédait des provinces de l'empire, le second ne l'était pas moins comme possédant la Lombardie et le royaume d'Arles, qu'il fallait donc rechercher lequel des deux leur convenait le mieux. Il soutint alors qu'en choisissant le roi très-chrétien et en l'obligeant à ne point attaquer Naples ni la Flandre, ce prince entreprendrait infailliblement de chasser les Turcs de la Hongrie pour protéger l'Allemagne, qui était l'avenue et le rempart de son royaume, tandis que, si l'on nommait le roi catholique, on pouvait être certain que la guerre éclaterait dans les Pays-Bas et en Italie; que le roi Charles s'efforcerait d'enlever Milan à François Ier pour l'annexer à ses États, et que, durant cette lutte des deux plus puissants princes de la chrétienté, les Turcs envahiraient la Hongrie sans résistance. Il insista fortement sur le mérite

(1) Lettre du cardinal Cajetan à Léon X, en italien, écrite de Francfort le 29 juin. *Lettere di Principi*, vol. Ier, p. 68 à 70. — Sleidan, t. I, édit. de Francfort, 1785, p. 66 à 70.

éprouvé et la valeur connue de François Ier, qu'il opposa à la jeunesse inexpérimentée de son compétiteur, sur le naturel facile des Français et la dureté orgueilleuse des Espagnols. Puis il conclut en disant qu'à choisir un étranger, le roi très-chrétien valait mieux que le roi catholique, et qu'à exclure les étrangers, il fallait prendre pour empereur un prince tout à fait allemand par l'origine, par les habitudes, par le caractère, par le langage; que les trois puissantes maisons de Bavière, de Brandebourg et de Saxe pouvaient donner à l'empire un chef qui, à l'exemple de Rodolphe de Habsbourg et de Maximilien, se ferait respecter non-seulement en Allemagne, mais dans le monde entier (1).

Cette combinaison aurait peut-être réussi, si l'électeur de Saxe s'y était prêté; mais, loin de la seconder, il prit la parole pour se ranger de l'avis de l'archevêque de Mayence. Il dit que la loi, en vertu de laquelle ils délibéraient, ne leur permettait pas d'élire le roi de France, mais qu'elle les laissait libres de nommer le roi d'Espagne, qui était archiduc d'Autriche et vrai prince allemand; que, dans conjonctures présentes, ce choix lui paraissant le meilleur, il voterait en faveur de ce prince, mais en lui imposant des conditions qui assurassent la liberté et l'intégrité de l'empire, et qui prévinssent les périls signalés par les deux électeurs de Mayence

(1) Lettre du cardinal Cajetan à Léon X, p. 70 à 72, et Sleidan, p. 70 à 75.

et de Trèves (1). Son opinion entraîna toutes les autres. L'archevêque de Trèves se rendit lui-même, et le soir, à dix heures, les sept électeurs, réunissant leurs suffrages sur l'heureux Charles, l'élurent roi des Romains et futur empereur sous le nom de Charles-Quint.

Le lendemain, ils s'assemblèrent pour régler les conditions auxquelles ils entendaient le soumettre. Outre la garantie ordinaire des lois, des priviléges et des usages de l'empire, ils exigèrent qu'il ne pût, sans eux, convoquer aucune diète, établir aucun nouvel impôt, entreprendre aucune guerre, conclure aucun traité; qu'il n'introduisît point en Allemagne de soldats étrangers, qu'il y donnât tous les emplois publics à des Allemands, qu'il se servît dans ses lettres de la langue allemande, et qu'il vînt au plus tôt se faire couronner en Allemagne et y résider. Nicolas Ziegler accepta et signa le 3 juillet cette capitulation au nom de Charles-Quint (2). Les électeurs envoyèrent aussitôt en Espagne le comte palatin Frédéric, avec Armerstorff et Bernard Wurmser, pour notifier leur choix au nouvel élu et lui signifier leurs vœux.

François Ier connut le 3 juillet à Poissy le résultat de l'élection; il fit très-bonne contenance. Les principaux personnages de sa cour et de son conseil s'applaudirent tout haut d'un échec qui leur sem-

(1) Lettre du cardinal Cajetan à Léon X, p. 72, et Sleidan, p. 75.
(2) Capitulation impériale dans Dumont, *Corps diplomatique*, vol. IV, part. Ire, p. 296.

blait très-heureux pour la France. Il parut s'en féliciter lui-même, et dit aux ambassadeurs étrangers que, sans les instances des électeurs, il n'aurait pas songé à l'empire, mais qu'à bien considérer les embarras que cette dignité lui aurait suscités et les répugnances qu'elle rencontrait dans son royaume, il devait remercier Dieu d'y avoir échappé (1). Il écrivit en même temps à Bonnivet, à Jean d'Albret et à Guillart, qu'il prenait en bonne part l'issue de son affaire, qui au fond était avantageuse pour lui, et serait profitable à ses sujets (2). Il les invita à le rejoindre au plus tôt en évitant toute mauvaise rencontre. Ceux-ci quittèrent l'Allemagne sans accident, et même avec réputation. Ils envoyèrent 4,000 lansquenets au duc de Lunebourg, qui battit et fit prisonnier le duc Henri de Brunswick, et ils laissèrent au duc de Lorraine, en repassant par Nancy, les moyens de se mettre en défense contre les attaques dont il était menacé à cause de son dévouement à leur maître (3).

Ainsi commença entre François Ier et Charles-Quint la rivalité qui devait remplir plus d'un quart de siècle. Le plus jeune et le moins expérimenté l'emporta sur l'autre. Une puissance moins redou-

(1) Lettre de Thomas Boleyn, ambassadeur d'Henri VIII auprès de François Ier, au cardinal Wolsey, du 4 juillet. Dans Ellis, *Original Letters*, vol. I, 154.
(2) Lettre de François Ier à ses ambassadeurs, du 5 juillet. Mss. de La Mare $\frac{10332}{3}$, f. 98.
(3) Lettre des ambassadeurs de François Ier à ce prince, des 29 juin, 15 et 18 juillet, f. 164-166.

table en apparence contribua à lui rendre l'opinion propice, en même temps que la fortune favorisait, comme il arrive souvent, les débuts de son ambition et de ses entreprises. Cette élection devait avoir des suites considérables; elle changeait la proportion des forces entre les deux rivaux; elle était pour eux le signal d'un conflit acharné, qui aurait surtout pour théâtre l'Italie, et pour principal objet la défense ou le recouvrement du Milanais.

CHAPITRE III.

ALLIANCES DISPUTÉES AVANT LA RUPTURE.
CAMP DU DRAP D'OR. — CONFÉRENCE DE CALAIS.
COMMENCEMENT DE LA GUERRE.

Causes de guerre entre François Ier et Charles-Quint. — Infructueuse tentative d'arrangement au sujet de la Navarre et de Naples, dans la conférence de Montpellier. — Efforts des deux monarques rivaux pour gagner l'alliance du pape Léon X et du roi d'Angleterre Henri VIII. — Charles-Quint quitte l'Espagne prête à s'insurger pour s'aboucher avec Henri VIII avant que Henri VIII aille s'aboucher avec François Ier sur le continent. — Entrevue de François Ier et de Henri VIII au camp du Drap-d'Or; fêtes et négociations. — Visite de Henri VIII à Charles-Quint dans la ville de Gravelines et accord secret des deux princes à Calais. — François Ier, croyant Charles-Quint affaibli par l'insurrection des *Comuneros* en Castille et arrêté par des difficultés graves en Allemagne, le fait attaquer vers les Pays-Bas où Robert de La Marck se jette en armes dans la province de Luxembourg, et au-delà des Pyrénées, où André de Foix, seigneur de Lesparre, envahit la Navarre. — Charles-Quint ne se méprend pas sur l'auteur de ces deux agressions. — Après que ses généraux les ont victorieusement repoussées, ses troupes pénètrent en France et commencent la guerre contre François Ier. — Henri VIII se propose comme médiateur entre François Ier et Charles-Quint. — Conférence trompeuse de Calais. — Pendant que le cardinal Wolsey semble négocier une trêve entre Charles-Quint et François Ier, Henri VIII s'unit plus étroitement avec Charles-Quint par le traité de Bruges. — La guerre se poursuit et s'étend. — L'armée du Nord que commande François Ier passe l'Escaut, et met en fuite l'armée impériale qu'elle aurait pu battre sous Valenciennes ; l'armée du Sud, conduite par l'amiral Bonnivet, entre en Espagne et prend Fontarabie; l'armée d'Italie, sous les ordres des maréchaux Lescun et Lautrec, laisse envahir le Milanais par les forces combinées de l'empereur et de Léon X. — Le pape, qui avait traité secrètement le 8 mai 1521 avec Charles-Quint, se déclare alors ouvertement contre François Ier. — Prise de Milan. — Fin des conférences de Calais. — Ligue offensive conclue le 24 novembre 1521 contre la France entre le pape, l'empereur et le roi d'Angleterre. — Mort soudaine de Léon X.

I.

La guerre entre François Ier et Charles-Quint allait suivre de près la lutte animée et opiniâtre qu'ils avaient soutenue pour l'élection à l'empire. La situation des pays y conduisait tout autant que les sentiments des souverains. François Ier et Charles-Quint avaient essayé de se mettre d'accord et de rester en paix durant les quatre premières années de leur règne. Mais cet accord ménagé avec tant de soin ne pouvait guère être durable entre les deux princes. Les nécessités de leur position étaient plus fortes que les précautions de leur prudence. Des intérêts contraires et des ambitions opposées les avaient entraînés dans une rivalité inévitable et devaient les pousser à une longue rupture.

Leur désaccord éclata dès qu'ils recherchèrent l'un et l'autre la couronne impériale. François Ier avait sans doute un grand intérêt à empêcher le possesseur déjà redoutable de si nombreux états de la mettre sur sa tête; mais il n'aurait trouvé aucun avantage à la placer sur la sienne. Il semblait l'avoir compris un moment lui-même, entre la diète d'Augsbourg en 1518 et la mort de Maximilien Ier en 1519, lorsqu'il avait conçu le politique dessein de soutenir la candidature de l'électeur Frédéric de Saxe pour faire échouer celle de l'archiduc Charles (1); mais il avait bien vite repris le projet inconsidéré de se faire élire. Il aurait pu donner un chef à l'empire s'il n'avait pas voulu l'être, tandis qu'en cherchant à le devenir, il fit nommer empereur son rival naturel et son ennemi futur.

La puissance de Charles-Quint était ainsi dangereusement accrue par l'imprudence de François Ier. Avec la dignité impériale, qu'il recevait en Allemagne, il était investi de la suzeraineté politique en Italie. Il acquérait le droit ou le moyen de disposer des forces de l'un de ces pays, d'intervenir dans les arrangements territoriaux de l'autre, et à la longue de commander aux deux. Cette première lutte entre François Ier et Charles-Quint avait altéré leurs sentiments aussi bien que changé leurs positions.

(1) C'est ce qu'on voit dans les dépêches du cardinal de Bibiena, ambassadeur de Léon X auprès de François Ier, écrites de Paris : « Disegna, in quanto per lui si potrà, interrompere la cosa del catholico, conforme al ricordo vostro... et dice, che saria santa cosa per tutti quando si potesse fare re de' Romani, il duca di Sassonia : così mi ha detto che vi scriva per sua parte. » *Lettere di Principi*, t. I, p. 52, v°. — Cette lettre du 27 novembre est adressée au duc d'Urbin. Il avait dit la même chose dans la lettre du 8 décembre; François Ier y traite de *chimères* les pratiques pour sa propre candidature. Ibid., p. 60.

François Ier avait conservé un secret et profond dépit d'avoir échoué après avoir été si près de réussir. La prétention seule d'enlever à la maison d'Autriche la couronne de l'empire, qui s'y était maintenue comme un héritage depuis l'extinction de la maison de Luxembourg, avait excité en Charles-Quint une animosité que le succès n'avait point apaisée. Le changement survenu dans les dispositions des deux souverains amena bientôt un changement plus grave dans leurs relations : il laissa éclater la divergence jusque-là contenue de leurs intérêts. Cette divergence existait sur tous les points où ils étaient en contact par leurs territoires.

Du côté des Pays-Bas, sur les flancs desquels, soit au nord, soit au sud-est, François Ier entretenait ou avait remis dans son alliance le belliqueux duc de Gueldre, le politique duc de Lorraine et l'entreprenant Robert de la Marck, souverain de Sedan et de Bouillon, Charles-Quint revendiquait le duché de Bourgogne comme une partie de son héritage paternel, dérobé par Louis XI à la maison dont il descendait. Vers la frontière des Pyrénées, François Ier réclamait la restitution à Henri d'Albret du royaume de Navarre, qu'avait envahi huit années auparavant Ferdinand le Catholique afin de l'incorporer à la monarchie espagnole, dont il avait ainsi achevé la grandeur.

L'arrangement conclu à Noyon, en 1516, était resté sans exécution en ce qui touchait le royaume de Naples et le royaume de Navarre. Depuis trois ans, Charles n'avait pas payé les 100,000 ducats qu'il devait annuellement à François Ier sur le premier de ces royaumes, et il n'avait rien accordé à Henri d'Albret pour l'usurpation du second. Afin de chercher à s'entendre sur ce double objet, une conférence avait été assignée au printemps de 1519 à Montpellier, où s'étaient rendus les deux grands négociateurs des deux princes; Chièvres, de Barcelone, Boisy, de Blois. Des deux côtés, on était alors en rivalité ouverte sans vouloir rompre (1). Charles faisait proposer à François Ier de réduire les 100,000 ducats sur le royaume de Naples à 50,000, et d'épouser sa seconde fille, la princesse Charlotte, à la place de l'aînée Louise, qui venait de mourir (2). Quant à la Navarre, toute la grande noblesse se révoltait à la seule pensée que le petit-fils de Ferdinand et d'Isabelle pût se dessaisir d'un royaume qui était la clef des Espagnes (3). Aussi la confé-

---

(1) « Mondit sieur de Chièvres m'a dit qu'il est courroucé de quoy le roy s'est déclaré contre le roy sondit maître. » Dépêche de la Roche Beaucourt du 28 février 1519. Mss. Béthune, vol. 8612, f. 182.

(2) Charles avait envoyé à cet effet son chambellan Lachaux auprès de François Ier; il l'avait dit en ces termes à l'ambassadeur la Roche Beaucourt : « J'envoie Lachaux devers le roi vostre maistre, mon bon seigneur et père, pour l'assurer et lui déclarer la grande amityé et bon vouloir que j'ay d'entretenir nos appoinctements et alliances. » Dépêche de la Roche Beaucourt du 15 mai 1518.

(3) « Les grands seigneurs s'assemblèrent, faisant les bons compagnons, et s'en allèrent devers le roy, lui remonstrant qu'il ne devoit pas rendre un tel royaulme, et que c'estoit la clef des Espagnes, et que si le roy l'avoit en son obéissance, il pourroit commander à toutes les Espagnes, ce qu'il voudroit, mais pour le garder ils se offroient corps et

rence de Montpellier, où le grand maître Arthur de Boisy était arrivé fort malade, n'avait eu que quelques jours de durée et n'avait conduit à aucun résultat. Déjà troublée par la rivalité électorale des deux monarques en Allemagne, elle avait pris fin à la mort de Boisy qui avait succombé, le 13 mai, à la maladie de la pierre. Chièvres était retourné en Catalogne auprès du roi Charles, peu disposé à rendre la Navarre, ou même à en offrir une compensation.

En Italie, l'opposition des intérêts était bien plus grande encore, et devait produire un choc plus violent et plus prolongé. François Ier et Charles-Quint se faisaient en quelque sorte face dans cette péninsule, dont l'un occupait la partie supérieure, et l'autre la partie inférieure. Aucun d'eux ne se croyait assuré de ce qu'il y possédait tant que son compétiteur pourrait le lui enlever en y conservant ce qu'il y tenait lui-même. Il était facile à François Ier de descendre avec une armée du Milanais dans le royaume de Naples, où il trouverait l'appui du vieux parti angevin, et Charles-Quint pouvait faire remonter, du royaume de Naples dans le duché de Milan, des troupes que seconderaient en leur agression tous les ennemis de la domination française au-delà des Alpes. Ils devaient donc chercher à s'exclure réciproquement de la péninsule, — François Ier en dépossédant Charles-Quint de

biens. » Dépêche de la Roche Beaucourt, sans date. Mss. Béthune, vol. 8486, f. 56.

l'Italie méridionale, Charles-Quint en expulsant François Ier de la Lombardie milanaise. Pendant quelques années, ces projets avaient été tenus en suspens par des conventions purement provisoires et mal exécutées.

La rupture était imminente : les causes n'en manquaient pas. Mais, avant de commencer la guerre, chacun des deux adversaires rechercha l'appui des deux princes dont la coopération pouvait le mieux en assurer le succès sur ses deux principaux théâtres, vers les Pays-Bas et en Italie. Prêts à se disputer, à main armée, les territoires en litige et la prépondérance politique, objet de leur commune ambition, ils se disputèrent auparavant, avec opiniâtreté, l'utile amitié du roi d'Angleterre et du pape. Par la séduction des flatteries comme par l'appât des avantages, ils s'efforcèrent l'un et l'autre de gagner l'orgueilleux et avide Henri VIII, l'inconstant et intéressé Léon X. Le premier avait toujours un pied à terre en France, où il possédait la ville fortifiée de Calais et le comté de Guines. Comme ses prédécesseurs l'avaient fait tant de fois et comme il l'avait fait récemment lui-même, il pouvait envoyer une armée dans ce port abrité, d'où elle débarquerait sans obstacle sur le continent, et marcherait, soit contre la Flandre, soit contre la Picardie, selon qu'il serait l'allié de François Ier ou de Charles-Quint. Le second disposait de l'Italie centrale. En sa double qualité de pape et de chef de la maison de Médicis, il régnait sur les états du Saint-Siége, et il dirigeait la république de Florence. Avec les forces pontificales et toscanes qu'il porterait au nord ou au sud de l'Italie suivant qu'il s'unirait à Charles-Quint ou à François Ier, il lui était facile d'expulser les Français de la Lombardie, ou les Espagnols du royaume de Naples. François et Charles, comprenant combien il importait à chacun d'eux d'avoir pour lui le roi d'Angleterre et le souverain pontife, n'oublièrent rien afin de les entraîner dans leurs inimitiés et dans leurs projets. Ils engagèrent une lutte diplomatique aussi animée qu'avait été ardente la lutte électorale pour la couronne de l'empire, et que devait être opiniâtre la lutte militaire pour la prépondérance continentale.

II.

Léon X avait paru, depuis l'entrevue de Bologne, s'unir étroitement à François Ier. Malgré quelques tergiversations qui provenaient du caractère et de la position également équivoques de ce pape plein de fausseté par ambition, le bon accord s'était assez maintenu entre lui et le roi. Si François Ier victorieux avait exigé de Léon X vaincu la restitution de Parme et de Plaisance au duché de Milan, il lui avait montré les plus grandes comme les plus utiles condescendances. Il s'était appliqué à le satisfaire dans ses intérêts politiques et dans ses attentes religieuses. Il s'était engagé à soutenir l'autorité des Médicis dans Florence ; il avait laissé dépouiller François-Marie de la Rovère du duché d'Urbin par le neveu du pape, Laurent, auquel avait été donnée en mariage une femme rapprochée de la maison royale par sa naissance, et qui était venu représenter le souverain pontife au baptême du Dauphin de France, dont Léon X était le parrain. Enfin le successeur de saint Louis et de Charles VII avait pleinement sacrifié la pragmatique sanction au Saint-Siége et fait recevoir dans son royaume le concordat qu'il avait ébauché avec Léon X à Bologne et que le chancelier du Prat avait un peu plus tard définitivement conclu à Rome. Ce concordat, qui détruisait le système électoral établi jusqu'alors comme la règle de l'Église de France, dont les dignités et les richesses étaient mises désormais à la merci du roi et du pape, n'avait pas été admis sans rencontrer de résistance. Le clergé et l'Université y avaient fait une vive opposition ; le parlement en avait contesté la validité et s'était refusé longtemps à l'enregistrer. Il avait fallu plusieurs années et les menaces d'une autorité, qui tendait de plus en plus à se rendre absolue, pour en contraindre l'enregistrement et en forcer l'exécution.

Les avantages accordés à la famille de Médicis, les services rendus à la cour de Rome, semblaient avoir assuré à François Ier l'amitié comme l'alliance de Léon X ; aussi s'était-il déclaré ouvertement en sa faveur pendant la vacance de l'empire. Il avait vivement soutenu la candidature de François Ier et employé pour la faire réussir tous les moyens que l'autorité pontificale mettait à sa disposition; mais, lorsque le succès de cette candidature d'incertain était devenu improbable, le mobile pontife avait changé de parti avec la fortune. Il avait cessé d'être contraire à l'élection de l'heureux compétiteur de François Ier, bien que la possession de l'empire restât à ses yeux incompatible avec la possession du royaume des Deux-Siciles, et que la future accumulation d'une aussi extraordinaire puissance pût être du plus grand danger pour la papauté en Italie.

Depuis la nomination de Charles-Quint comme empereur, l'amitié de Léon X avait été vivement recherchée, et du côté de la France et du côté de l'empire. Les deux rivaux prêts à devenir des ennemis déclarés avaient sollicité son appui en Italie, et pour mieux l'obtenir ils lui offrirent à l'envi d'agrandir ses États dans la péninsule : François Ier vers le midi, Charles-Quint vers le nord. François Ier sembla l'emporter tout d'abord auprès de Léon X. Il intervint même bientôt entre le pape et le roi un traité bien propre à resserrer leur union. Léon X et François Ier devaient s'emparer en commun du royaume de Naples, que le premier, dans l'intérêt du Saint-Siège, ne pouvait pas laisser entre les mains du nouvel empereur, et que le second devait chercher à enlever au rival trop puissant qui l'avait dégagé des stipulations de Noyon en ne les observant pas lui-même. D'après ce traité, une partie du royaume de Naples reviendrait au Saint-Siége dont elle avoisinait les possessions, et l'autre partie serait donnée à un fils puîné de François Ier. Afin de faciliter cette conquête, le roi se chargeait de mettre au service du pape six mille Suisses qu'il solderait lui-même, et de faire agréer l'arrangement convenu aux Vénitiens qui reprendraient, sur la côte orientale du royaume de Naples, les villes qu'ils y avaient possédées naguère. Le cardinal de Bibiena écrivait vers cette époque à la duchesse d'Angoulême, mère de François Ier, de la part de Léon X : « Sa Sainteté m'a chargé de vous répondre qu'elle est disposée à vivre et à mourir dans la vraie union et la parfaite amitié où elle se trouve vis-à-vis du roi et de vous (1). »

François Ier devait se croire assuré de Léon X ; mais Charles-Quint offrit alors à ce pape, qui n'obéissait qu'à ses intérêts, l'appât d'avantages plus séduisants et qui lui parurent sans doute plus faciles à acquérir. Au lieu d'une conquête incertaine comme celle de Naples et d'un partage qui pouvait n'être pas sans inconvénient pour le Saint-Siége, il lui proposa la restitution des deux villes de Parme et de Plaisance, objets constants des re-

---

(1) « Et me ha imposto che io per parte sua vi risponda che el è disposto à vivere et morire nella vera unione et perfetto amore nel qual si trova verso del rey et di voi. » Lettre écrite de Rome le 19 juin 1520. Mss. Béthune, vol. 8487, f. 55.

grets et des convoitises du pape, et il lui fit entrevoir et espérer l'annexion même de Ferrare au domaine de l'Église. Il s'engagea de plus à établir dans la Lombardie milanaise un duc italien de la maison Sforza, auquel il en donnerait l'investiture comme empereur. Une semblable perspective devait sourire à Léon X, qui n'aurait vu que des princes nationaux depuis les frontières de Naples jusqu'aux revers des Alpes, et qui désirait avec passion récupérer Parme ainsi que Plaisance et se rendre maître de Ferrare. Aussi s'entendit-il bientôt avec Charles-Quint pour expulser François Ier du duché de Milan et de la seigneurie de Gênes, comme il s'était d'abord accordé avec François Ier pour enlever à Charles-Quint le royaume de Naples; mais, avec sa duplicité accoutumée, il devint l'allié secret du premier tout en restant l'allié apparent du second. Il devait attendre l'occasion de se déclarer et d'assaillir avec avantage celui dont il allait être l'adversaire et dont il se disait encore l'ami.

III.

François Ier, qui perdait ainsi sans le savoir l'alliance de Léon X, conserverait-il mieux l'alliance d'Henri VIII? Celle-ci était pour lui plus importante encore; car, si l'inimitié du pape était dangereuse en Italie, l'agression du roi d'Angleterre l'aurait exposé à des périls plus grands dans les plaines de la Picardie pendant que ses troupes combattraient au-delà des Alpes. L'une le menaçait d'une dépossession en pays étranger, l'autre d'une invasion en France. Aussi mit-il tout en œuvre pour maintenir dans son amitié le monarque anglais, qu'on captait en le flattant, qu'on pouvait acquérir en le payant, et dont l'inconstance intéressée égalait la mobilité politique de Léon X.

Henri VIII était attaché par de vieux liens à la maison de Bourgogne, qui avait constamment appuyé les prétentions des rois d'Angleterre sur les provinces occidentales de la France, et qui avait même aidé ses deux prédécesseurs, Henri V et Henri VI, à régner dans Paris. Héritier paisible des maisons de Lancastre et d'York, épuisées par quarante années de guerres dynastiques, il disposait en Angleterre d'une autorité qu'il pouvait pousser jusqu'à la tyrannie, et il était prêt à revendiquer sur le continent la Normandie, la Guienne, et même tout le royaume de France. Son mariage avec Catherine d'Aragon, dont la sœur aînée, Jeanne la Folle, avait épousé Philippe le Beau, père de Charles-Quint, l'avait étroitement uni à tous les ennemis de Louis XII et de François Ier. Il avait fait la guerre à l'un et l'avait préparée contre l'autre. Après la bataille de Marignan, il était entré en jalousie de François Ier, et, de concert avec l'empereur Maximilien et les cantons suisses dissidents, il avait projeté de le chasser de l'Italie supérieure (1). Pour la première fois, il avait laissé apercevoir la pensée de le déposséder de sa couronne. Cette couronne, il la réclamait pour lui-même, et Maximilien, encourageant l'ambition d'Henri VIII, n'avait pas craint de dire qu'il la mettrait sur sa tête (2).

Tous ces vains projets n'avaient pas résisté à la dispersion de l'armée de Maximilien, et ils s'étaient complétement évanouis à Cambrai et à Fribourg, lorsque l'empereur et les treize cantons suisses y avaient conclu la paix (3) et la *ligue perpétuelle* (4) avec François Ier. Peu de temps après, le traité de Londres (5) avait rapproché les deux rois. François Ier avait acquis l'amitié fort peu désintéressée d'Henri VIII, et, ne pouvant pas lui céder des provinces, il lui avait donné de l'argent. Il avait acheté

---

(1) Dépêche de Bapaume à Louise de Savoie, du 6 novembre 1515. Archives nationales, carton J, 965, liasse I, n° 12. — Sir Richard Pace à Wolsey, dépêches du 12 novembre 1515, du 26 février et du 4 mars 1516. *State Papers* published under the authority of Her Majesty's commission, in-4, vol. VI, 1849, p. 36, 39, 42, 47, 48. — Traité du 29 octobre 1516 signé à Londres, dans Roscoe, t. III, p. 96.

(2) « Atque etiam constituit (Maximilianus) gallicam ambitionem opprimere et pessundare, quo facilius majestas regia suum jus hæreditarium in regno Franciæ recuperet. » Dépêche du 12 novembre 1515, écrite d'Inspruck par Richard Pace à Wolsey, ibid., vol. VI, p. 37. — « He wolde not only entre in to Itali to fyht with the frenchemen but also invade Fraunce. And for that intent he desired your grace to move the kijngis Highnesse to do the same; for he saythe that he will set the crown upon the kijngis graces hedde there. » Dépêche de Pace à Wolsey du 26 février 1516. Ibid., vol. VI, p. 47.

(3) Par les traités de Bruxelles du 3 décembre 1516 et de Cambrai du 11 mars 1517.

(4) Traité du 29 novembre 1516.

(5) Du 4 octobre 1518. Rymer, *Fœdera*, t. VI.

l'avide monarque et son ministre Wolsey, non moins avide que lui, le premier par la somme de 600,000 couronnes (1), le second par une pension de 12,000 livres. Afin de s'attacher encore mieux le puissant ministre qui disposait des sentiments de son maître aussi bien qu'il dirigeait ses affaires, il lui avait fait espérer la tiare. « Le roi très-chrétien m'a chargé de vous écrire, mandait au cardinal d'York sir Thomas Boleyn, que si vous aspiriez au Saint-Siége, il pouvait vous assurer quatorze cardinaux. Des deux partis qui sont en présence, les Colonna et les Orsini, il vous donnera les Orsini... Il est convaincu que le roi d'Angleterre et lui ne font qu'un, et que nul ne peut être empereur ni pape, si cela ne leur plaît à tous deux (2). »

Le traité conclu avec le roi d'Angleterre, dont la fille devait être mariée au dauphin de France, ferait-il de lui un ami fidèle de François Ier? Les sentiments d'Henri VIII s'étaient manifestés dans leur duplicité lors de l'élection à l'empire. Pressé par son neveu le roi catholique et par son nouvel allié le roi très-chrétien d'appuyer leur candidature en Allemagne, il l'avait promis à tous deux (3), puis il songea à se faire élire lui-même; mais, sa

(1) Rymer, t. IV. Il rentrait en possession de Tournai, Saint-Amand et Mortagne.
(2) Dépêche du 14 mars 1519, dans le 87e volume de Bréquigny, mss. de la Bibl. nat.
(3) Lettres de Th. Boleyn, du 14 mars 1519, à Henri VIII, et du 25 mars, à Wolsey; dans Ellis, Orig. Lett., 1re série, t. I, p. 146 et 151.
— Lettre de Th. Boleyn à Wolsey, du 14 août 1519, dans Bréquigny, vol. 87.

prétention étant trop tardive et l'achat des électeurs devant lui être trop coûteux, il y renonça (1). Il laissa croire à chacun des compétiteurs qu'il s'était déclaré pour lui, quoique au fond il n'en eût secondé aucun. Toutefois son penchant, conforme à son intérêt, lui avait rendu le succès de Charles-Quint préférable à celui de François Ier (2).

Après l'élection, les deux rivaux en Allemagne, près d'en venir aux mains en Italie vers les Pyrénées, sur les confins des Pays-Bas, se disputèrent de plus en plus l'assistance du roi d'Angleterre. Afin de mieux cimenter l'union rétablie par le traité de Londres, François Ier avait recherché une entrevue avec Henri VIII. Cette entrevue, stipulée dans le traité même, devait avoir lieu sur le territoire qui séparait les possessions des deux rois, entre Ardres et Calais. Dans son impatiente ardeur, François Ier avait juré qu'il ne couperait point sa barbe jusqu'à ce moment désiré (3). Henri VIII, ne voulant point rester en arrière, avait fait le même serment; mais, moins pressé de se rendre sur le continent que François Ier de l'y rencontrer, il s'était brusquement débarrassé de sa barbe, ce qui avait paru de fort mauvais augure à la cour de France. A la surprise assez inquiète qui en avait été exprimée, l'ambassadeur d'Henri VIII avait répondu, au

(1) Pace à Wolsey, 11 août 1519, *State Papers*, t. I, p. 8.
(2) Pace à Wolsey, lettre du 27 juillet 1519, dans Ellis, t. I, 1re série, p. 157.
(3) Lettre de Th. Boleyn à Wolsey, du 16 novembre 1519, dans Bréquigny, vol. 87.

nom de son maître, « que la bonne affection était dans le cœur et non dans la barbe. » Les instances redoublées de François Ier (1) avaient enfin obtenu que l'entrevue ne fût pas différée davantage. Elle fut fixée au commencement de juin 1520.

Charles-Quint voulut devancer François Ier auprès d'Henri VIII. Depuis le mois de janvier, il négociait aussi du fond de l'Espagne une entrevue avec le roi d'Angleterre. Wolsey avait eu la première pensée de cette rencontre (2), indiquée pour le 15 mai, sur les côtes d'Angleterre, un peu avant celle d'Henri VIII et de François Ier. Pressé par les princes allemands (3) d'aller prendre possession de l'empire en se faisant couronner à Aix-la-Chapelle, résolu dans les intérêts de sa politique à se rendre en Angleterre pour y visiter son oncle Henri VIII et s'y entendre avec lui, Charles-Quint se disposait à quitter l'Espagne.

C'était en Catalogne et au mois d'octobre 1519 qu'il avait reçu la grande nouvelle de son élévation à l'empire. Le comte palatin Frédéric lui avait apporté le décret de son élection, et le nouveau césar, prenant aussitôt le titre de roi des Romains

---

(1) François Ier à Henri VIII, le 20 février 1520, dans Bréquigny, vol. 87, et à Wolsey, du 23 février 1520. Musée britann., Cotton, Caligula, D. VIII, et dans Bréquigny, vol. 87.

(2) Lettre de Charles-Quint à Wolsey, du 25 février 1520 ; Musée brit., Vespas., C. I, f. 297.

(3) Lettre de l'électeur archevêque de Mayence et de l'électeur Frédéric de Saxe à l'empereur Charles-Quint, du 20 février 1520 ; — archives de Belgique, documents relatifs à la réforme religieuse en Allemagne, premier supplément, t. I, pièce 1.

futur empereur, avait porté dès lors le nom de Charles-Quint. « Sa gravité en était devenue plus grande, et il semblait, dit un contemporain qui était en ce moment auprès de lui, être supérieur à tout ce que la fortune peut accorder aux hommes et avoir tout l'univers sous ses pieds (1). » Après avoir fait reconnaître sa royale autorité par les cortès de la principauté quelque temps indocile de la Catalogne, qui votèrent enfin le subside demandé, il était parti de Barcelone sans même se rendre dans le royaume de Valence, qui était fort agité et qui ne consentait à lui prêter serment que s'il se présentait lui-même pour le recevoir, en jurant au préalable d'observer ses lois et ses priviléges. Il s'était dirigé, à travers l'Aragon et la Castille, vers les côtes de la Galice, où il avait le dessein d'aller s'embarquer; mais il avait imprudemment accru, par des exigences nouvelles et des mesures inattendues, les mécontentements d'un pays où il s'était trop comporté en étranger et avait voulu imposer en maître ses opiniâtres volontés.

Avant même que fût arrivé le terme des trois années pendant lesquelles devait être levé le *servicio* de 600,000 ducats accordés par les cortès de Valladolid, Charles-Quint, pressé par le besoin d'ar-

(1) « Venit, principum electorum nomine, comes palatinus, electionem imperii stante fulta optimatum corona obtulit. Res visu digna, sine ostentatione ulla tantum honorem suscepit. Rex jam cæsar, quicquid in humanis præstare fortuna potest, visus est nihil facere. Tanta est ejus gravitas et animi magnitudo ut habere sub pedibus universum præ se ferre videatur. » Pierre Martyr, epist. 648.

gent, réclama un second subside. Il convoqua à cet effet les cortès de Léon et de Castille pour le 1ᵉʳ avril 1520. Il les convoqua non plus dans une ville de Castille, conformément à l'usage, mais à Saint-Jacques de Galice, non loin du port et du moment où il devait s'embarquer. Cette mesure, accomplie d'une manière à la fois arbitraire et violente, devint le signal de l'insurrection qui ébranla et faillit bouleverser la monarchie espagnole. Au mécontentement des grands (1) s'ajouta alors le soulèvement des villes.

Déjà l'ancienne capitale de l'Espagne, la puissante ville de Tolède, peu satisfaite de l'administration du jeune prince, et irritée de la levée du premier subside cédé à des traitants pour une somme supérieure à celle qui avait été votée, avait séditieusement proposé aux autres cités de la Castille de se former en junte, afin de porter remède aux maux du royaume, que l'absence prochaine du roi menaçait d'aggraver encore (2). Elle se prononça vivement contre la réunion des cortès en Galice et contre le vote de tout nouveau subside. L'agitation fut universelle au centre de l'Espagne, et, le jour où Charles-Quint partit de Valladolid pour se diriger vers la Galice, le peuple s'ameuta

(1) Ce mécontentement était tel que la Roche-Beaucourt écrivait d'Espagne : « Tous les seigneurs du pays de Castille sont fort malcontens. Je les ay tous les jours à mon logeiz en aussy grand nombre que le roy leur maistre au sien et ma table tousjours bien bordée, me disant : Que faict vostre maistre ? car il est temps qu'il se remue, etc. » Dépêche d'avril ou mai 1519, mss. Béthune, vol. 8486, f. 128 et suiv.

(2) Sandoval, I, lib v, § III.

afin de l'en empêcher. A peine sa garde put-elle lui frayer un passage à travers la foule et protéger sa sortie, en même temps que la vie de Chièvres poursuivi par des cris de mort (1).

Ces symptômes alarmants n'arrêtèrent point l'obstiné Charles-Quint. Il ouvrit lui-même les cortès de Saint-Jacques; il y exposa les causes de son départ, les nécessités de sa position, et il demanda que l'assemblée vînt à son aide, en lui accordant encore un *servicio*. Elle n'y était pas disposée, et pour l'y contraindre des mesures de rigueur frappèrent les députés les plus opiniâtres dans leur refus; des menaces intimidèrent les autres. Les députés de Salamanque furent exclus des cortès, ceux de Tolède furent relégués dans une sorte d'exil, et à leur place l'empereur désigna lui-même au choix des villes des mandataires moins indociles, qui, au lieu d'être les libres représentants de leurs vœux, seraient les exécuteurs obéissants de ses volontés; mais ils ne furent pas nommés. Avant qu'ils pussent l'être, l'assemblée mutilée et contrainte des cortès, que Charles-Quint avait transférée à la Corogne, vota un subside d'environ 200,000 ducats (2), sans que les *procuradores* de Salamanque, de Toro, de Madrid, de Murcie, de Cordoue, de Tolède, prissent part à cette décision, que repoussa l'un des deux députés de Léon (3).

(1) Pierre Martyr, epist. 665. — Sandoval, lib. IV, § VI.
(2) Deux cents *cuentos* (millions) de maravédis.
(3) Sandoval, lib. V, § IX à XXXVII, et *Historia del levamiento de las comunidades de Castilla*, etc., c. II, p. 20 à 47.

Loin d'obéir aux injonctions de l'empereur, la ville de Tolède était entrée en pleine révolte. Le peuple insurgé y avait mis à sa tête le député exilé don Pedro Laso de la Vega, ainsi que le fier et entreprenant don Juan de Padilla, fils du grand commandeur de Léon ; il s'était emparé des ponts fortifiés sur le Tage et de l'Alcazar, dont il avait chassé le gouverneur ; il avait proposé aux autres cités son exemple, que devaient suivre bientôt Ségovie, Medina, Burgos, Salamanque, Avila, Toro, Cuença, Madrid, Zamora, et presque toutes les communes de Castille. Cette dangereuse rébellion fut connue à la Corogne le 8 mai (1). Pour l'empêcher de s'étendre, les plus hardis conseillers de Charles-Quint étaient d'avis qu'il devait se rendre sans délai devant Tolède, y ramener la soumission par sa présence ou par la force, punir exemplairement les chefs de la sédition, et apaiser le trouble dans le royaume en y inspirant la crainte. Chièvres ne partagea point ce sentiment; il pensa qu'il ne serait pas facile de soumettre une ville comme Tolède avec le peu de troupes qu'avait en ce moment l'empereur. La probabilité d'autres soulèvements, la peur d'exposer sa personne en rentrant dans le cœur de la Castille, le désir de quitter un pays où il passait pour s'être enrichi et où il était universellement détesté, enfin la nécessité qui pressait Charles-Quint d'aller prendre possession de la cou-

(1) Ouvr. cit., et dépêche de la Roche-Beaucourt à François Iᵉʳ, écrite de Corogne le 14 mai 1520 ; mss. Béthune, vol. 8612; f. 228 et suiv.

ronne impériale et de prévenir par une conférence avec Henri VIII l'entrevue que le roi d'Angleterre devait avoir avec François Ier, le firent opiner pour un prompt départ. Charles-Quint lui-même sembla tenir moins compte de son autorité en Espagne que de sa politique en Europe, et voulut se rendre en Angleterre. Il croyait que les mouvements de la Castille se calmeraient pendant son absence, tandis qu'il ne retrouverait plus l'alliance d'Henri VIII, s'il perdait l'occasion de s'en assurer.

Aussi, les vents contraires l'empêchant de sortir de la Corogne à l'époque convenue, il s'adressa avec anxiété au cardinal Wolsey pour que Henri VIII lui accordât encore un peu de temps. « Il me serait aussi fâcheux que nuisible, lui écrivit-il, d'aborder en Angleterre et de ne plus y trouver le sérénissime roi mon oncle, lors surtout que, poussé par l'ardent désir de cette réunion, je mets tant de hâte à partir d'Espagne. Votre révérendissime seigneurie sait tout ce que cette entrevue peut apporter d'utilité à moi, au roi mon oncle, et à toute la république chrétienne; je la prie donc très-instamment d'obtenir que le roi, comme je l'en conjure par les lettres que je lui écris, consente à retarder son départ de quelques jours et jusqu'après mon arrivée (1). »

(1) Charles-Quint à Wolsey, 4 mai 1520; Musée britannique, Cotton, Vespas., C. I, f. 306, il ajoutait : « Quamobrem enitatur reverendissima potestas vestra quæ hujus præclarissimi conventus auctor atque inventor fuit, ne paucorum dierum ratione solis ventis remorantibus, celebrari omittatur. »

Henri VIII attendit en effet Charles-Quint, et ce prince quitta l'Espagne aussitôt que les vents le lui permirent. Il laissa pour gouverner ce pays agité le cardinal de Tortose, Adrien d'Utrecht, son ancien précepteur, dont il recommanda l'administration aux grands, qu'acheva de mécontenter le choix d'un étranger. Abandonnant pour ainsi dire à elle-même une rébellion qu'il n'avait pas su prévenir, qu'il ne se mettait pas en peine de réprimer, et dont sa fortune devait triompher bien plus que son habileté, il monta sur sa flotte le 19 mai et mit à la voile le 20. Suivi de Chièvres, qui fuyait la haine des Espagnols, il aborda à Sandwich, où le cardinal Wolsey s'était rendu pour le recevoir. Henri VIII alla au-devant de lui jusqu'à Douvres. Les deux monarques passèrent cinq jours ensemble dans la plus cordiale intimité (1). Ils s'entretinrent de leurs plus secrètes affaires et jetèrent les fondements de leur future alliance. Charles-Quint laissa entrevoir à Henri VIII, en cas de guerre avec François Ier, la possession de plusieurs provinces de France qu'il ne pourrait ni réclamer ni prendre sans lui. Il fit espérer en même temps au cardinal Wolsey son élévation future au siége pontifical, qu'il était plus capable de faciliter comme empereur et roi de Naples que ne pouvait l'être François Ier comme roi de France et duc de Milan. Il gagna ainsi et le mi-

(1) Hall, *Chronique*.

nistre et le roi en tentant chacun d'eux par l'objet de son ambition.

IV.

Le jour même où il se sépara de Charles-Quint, Henri VIII s'embarqua pour aller voir François Ier. Il arriva à Calais le 1er juin, accompagné de la reine Catherine sa femme, suivi de son premier ministre Wolsey, escorté des grands officiers de sa couronne et des principaux prélats de son royaume, et conduisant avec lui ce que l'Angleterre avait de plus noble et de plus opulent. Il portait sur sa flotte tout un vaste palais en bois et en verre, qui, ajusté et déployé hors du château de Guines, fut intérieurement recouvert en étoffes de velours et de soie ou orné avec les belles tapisseries d'Arras. Enfermé pendant la nuit dans le fort château de Guines, Henri VIII devait pendant le jour habiter cet élégant palais pour y recevoir et y fêter la cour de France (1).

De son côté, François Ier, heureux de la rencontre dont il attendait la consolidation d'une amitié qui

(1) Voyez sur l'entrevue du camp du Drap-d'Or : *l'Ordre de l'entrevue et visitation des rois de France et d'Angleterre*, dans Montfaucon, *Monumens de la Monarchie françoise*, t. IV, f. 164 à 180 ; — *Chronique* de Hall, greffier de Londres, que Henri VIII chargea d'en être l'historiographe ; — *Mémoires* de Fleurange, qui y assistait et y commandait les cent-suisses de la garde de François Ier, t. XVI de la collection de Petitot, p. 345 à 353 ; — *Mémoires* de Martin du Bellay, ibid., t. XVII, p. 283 et suiv.

ne lui laissait craindre, comme il le disait (1), aucun prince sur le continent et le rendait certain de réussir dans ce qu'il projetait d'entreprendre, s'était transporté jusqu'au château d'Ardres. Il y était venu en compagnie de la reine Claude sa femme, de la duchesse d'Angoulême sa mère, de la duchesse d'Alençon sa sœur, formant avec lui, par l'accord intime des idées et des sentiments, cette *trinité* spirituelle que chantaient les poëtes (2) et à laquelle se recommandaient les ambassadeurs (3). Il amenait quatre cardinaux, tous les princes de sa famille, le fier connétable de Bourbon, resté souverain féodal de plusieurs provinces du centre de la France, l'amiral Bonnivet, le chancelier du Prat, les divers officiers de sa couronne, les plus grands seigneurs du royaume, et même un certain nombre de gentilshommes qui, pour figurer dans cette entrevue fastueuse, avaient vendu leurs forêts, leurs moulins, leurs

---

(1) Lettre de Thomas Boleyn à Wolsey, du 16 novembre 1519, dans Bréquigny, vol. 87.

(2) Rondeau de Cl. Marot, p. 274 du tome V de ses œuvres, édit. de 1731. Marguerite, dans une épitre au roi, dit :

> Ce m'est tel bien de sentir l'amytié
> Que Dieu a mise en nostre trinité.

Poésies de François Ier, publiées par M. Aimé Champollion-Figeac, grand in-4, 1847, p. 80.

(3) Lettres du cardinal de Bibiena du 18 au 29 avril 1520, etc., dans Béthune, vol. 8489, f. 25,058. Ainsi, en écrivant de Rome à la duchesse d'Angoulême, le cardinal lui dit que sa lettre est « per rinfrescar nella memoria sua la grandissima servitù, observantia et devotion mia verso la trinità laqual priego Dio che prosperi, etc. »

prés, qu'ils portaient, selon l'expression de du Bellay, sur leurs épaules (1). Il avait fait dresser en dehors de la ville d'Ardres, et non loin d'un petit cours d'eau, plus de trois cents pavillons couverts de toiles d'or et d'argent, tendus de velours et de soie, et sur lesquels étaient déployées les armes de France où flottaient les insignes des princes et des seigneurs composant la brillante escorte du roi. Au milieu s'élevait la tente royale, plus grande et plus haute que les autres, surmontée d'une statue d'or de saint Michel, que faisaient étinceler au loin les rayons du soleil, dont la lumière rendait plus splendide encore cet élégant amas de tentes dorées et de pavillons argentés (2).

Rien ne fut égal en éclat à cette réunion des deux rois et des deux cours au camp si bien nommé du Drap-d'Or. Il y eut des deux parts un assaut de magnificence. Peut-être même chercha-t-on encore plus à s'éblouir qu'à se plaire, et l'étiquette nuisit-elle à la cordialité. Arrivés le 1er juin 1520, l'un à Calais, l'autre à Ardres, Henri VIII et François Ier s'envoyèrent visiter mutuellement par les personnages les plus considérables de leur conseil et de leur cour. Six jours se passèrent en négociations pour régler leur rencontre. Tout fut enfin arrangé avec un soin aussi défiant que minutieux, et comme s'il y avait eu à craindre et à empêcher quelque

(1) Martin du Bellay, t. XVII, p. 285.
(2) Montfaucon, t. IV, p. 164, 165.

trahison. Il fut convenu que, sorti du château de Guines, où il s'était transporté le 5 juin, Henri VIII irait au-devant de François Ier, qui, de son côté, parti du château d'Ardres, s'avancerait vers Henri VIII jusqu'à un point marqué de son territoire.

Le mercredi 7 juin, les rois de France et d'Angleterre, montés sur de grands coursiers, vêtus le premier de drap d'or, le second de drap d'argent, parsemés de perles, de diamants, de rubis et d'émeraudes, la tête couverte d'une toque de velours resplendissante de pierreries, et que relevaient en flottant de magnifiques plumes blanches, se mirent en route à la même heure et du même pas. Leurs connétables les précédaient, l'épée nue à la main, et les seigneurs de leur cour, dans de somptueux costumes, leur servaient de cortége. Chacun d'eux était suivi de quatre cents archers ou hommes d'armes composant sa garde. Ils descendirent ainsi les deux coteaux qui, par une pente insensible, conduisaient dans l'agréable plaine du Valdoré, où avait été dressé un pavillon pour les recevoir. Ils ressemblaient à deux chevaliers marchant au combat plutôt qu'à deux princes allant à une entrevue politique. Leur escorte ne dépassa point une certaine distance où elle fit halte, et d'où elle parut veiller de loin sur eux, sans que les archers anglais s'approchassent trop du roi de France, ni les hommes d'armes français du roi d'Angleterre. Un peu avant de se joindre, Henri et François piquèrent leurs coursiers, qu'ils arrêtèrent avec la sûreté et la grâce de deux des plus habiles cavaliers du monde lorsqu'ils se trouvèrent côte à côte. Portant alors l'un et l'autre la main à leur toque, ils se saluèrent noblement et s'embrassèrent sans descendre de cheval; puis, ayant mis pied à terre, ils se rendirent, en se tenant par le bras, sous le pavillon préparé pour leur entrevue. Ils y entrèrent en même temps. Le cardinal Wolsey et l'amiral Bonnivet qui, depuis la mort de son frère le grand maître Arthus de Boisy, avait la faveur de François Ier et la conduite de ses affaires (1), les y avaient précédés (2).

François Ier exprima tout d'abord à Henri VIII son cordial empressement, et, cédant à la pensée qui ne le quittait pas, il lui offrit son assistance avec l'espoir d'obtenir la sienne. « Cher frère et cousin, lui dit-il, j'ai mis peine à vous voir. Vous me jugez, j'espère, tel que je suis, et prêt à vous faire aide avec les royaumes et seigneuries qui sont sous mon pouvoir (3). » Henri VIII, éludant de s'engager, se dispensa de secourir François Ier en ne pas acceptant d'être, au besoin, secouru lui-même. Il se borna à lui donner l'assurance de son amitié, qu'il rendit encore conditionnelle. « Je n'ai en vue,

(1) Bonnivet l'avait annoncé dès le 28 oct. 1519, au cardinal Wolsey : « Depuis mon arrivée devers le roi qui a esté puis peu de jours, il a pleu à mondit seigneur me mectre en la place de feu M. le grant maistre mon frère, en me baillant la charge et le manyment de tous ses affaires. » Musée britannique, Caligula, D. VII, et dans Bréquigny, vol. 87.

(2) Montfaucon, t. IV, p. 170-171. — *Mémoires* de Fleurange, p. 347 et 348 du t. XVI.

(3) Hall, p. 610.

lui répondit Henri VIII, ni vos royaumes ni vos seigneuries, mais la loyale et constante exécution des promesses comprises dans les traités conclus entre nous. Si vous les observez, jamais mes yeux n'auront vu prince qui ait plus l'affection de mon cœur (1). » Ils examinèrent alors le traité qui avait été arrêté la veille, et par lequel, conformément à la convention du 4 octobre 1518, le dauphin de France devait épouser la fille unique du roi d'Angleterre, et François Ier devait payer annuellement, aux deux termes de novembre et de mai, la somme de 100,000 francs, équivalant à plus de 2,000,000 francs de notre monnaie, jusqu'à la célébration, encore très-éloignée, du mariage. En lisant le préambule du traité, dans lequel, selon l'étiquette diplomatique, le titre de roi de France était ajouté à celui de roi d'Angleterre et d'Irlande, Henri VIII dit avec une délicatesse spirituelle : « Je l'omettrai, puisque vous êtes ici, car je mentirais (2) ; » mais, s'il l'omit dans la lecture, il le laissa dans le traité, et un peu plus tard il eut l'ambition de le rendre réel en envahissant la France et en voulant y régner. Après avoir conféré quelque temps, et, suivant l'usage d'alors, pris leur vin ensemble, les deux monarques admirent auprès d'eux les seigneurs de leur

---

(1) « Sir, said the king of England, neither your realms, nor other the places of your power, is the matter of my regard; but the steadfastness and loyal keeping of promise, comprised in charters between you and me. That observed and kept, I never saw prince with my eyes, that might, of my heart, be more loved. » Hall, p. 640.

(2) *Mémoires* de Fleurange, p. 348 du tome XVI.

cour, qu'ils se présentèrent mutuellement, et qui furent embrassés, ceux de France par le roi d'Angleterre, et ceux d'Angleterre par le roi de France.

Les fêtes comme les rencontres, les festins comme les tournois, furent réglés et se passèrent d'une manière également cérémonieuse, avec des précautions qui excluaient l'intimité et des exigences qui annonçaient la jalousie. Lorsque François Ier allait dîner chez la reine Catherine à Guines, Henri VIII venait dîner chez la reine Claude à Ardres. Les deux rois se servaient ainsi d'otages l'un à l'autre (1), et se gardaient en quelque sorte chez eux, comme s'ils avaient été en face d'ennemis. Cette attitude soupçonneuse et ces démarches craintives ne convenaient pas plus aux vues politiques qu'au caractère confiant de François Ier. Un jour, voulant rompre cette barrière de cérémonies et de défiances, il se leva plus matin qu'il n'avait coutume de le faire, prit avec lui deux gentilshommes et un page, et, simplement vêtu d'une cape à l'espagnole, il sortit d'Ardres pour aller surprendre le roi d'Angleterre dans Guines. Deux cents archers et le gouverneur du château étaient sur le pont-levis lorsqu'il arriva. A la vue du roi de France venant à pareille heure, en si petite compagnie, se mettre ainsi entre leurs mains, ils furent ébahis. François Ier traversa leurs rangs avec un visage ouvert et riant, et, comme s'il prenait la forteresse

(1) *Mémoires* de Fleurange, p. 349.

d'assaut, il les somma gaiement de se rendre à lui. Le roi d'Angleterre dormait encore. François Ier alla droit à sa chambre, qu'il se fit indiquer par le gouverneur, heurta à la porte, éveilla Henri VIII, qui, en l'apercevant, fut encore plus émerveillé que ne l'avaient été ses archers, et lui dit sur-le-champ avec non moins de cordialité que de bonne grâce : « Mon frère, vous m'avez fait le meilleur tour que jamais homme fît à un autre, et me montrez la fiance que je dois avoir en vous. Dès cette heure, je suis votre prisonnier et vous baille ma foi (1). » Il détacha en même temps de son cou un beau collier, et pria le roi de France de le porter ce jour-là pour l'amour de son prisonnier. François Ier alla encore plus loin dans ses démonstrations. Il avait un bracelet qui valait le double du collier, et, le mettant au bras d'Henri VIII, il lui demanda de le porter aussi pour l'amour de lui, et il ajouta qu'il voulait être ce jour-là le valet de chambre de son prisonnier. Le roi de France donna en effet la chemise au roi d'Angleterre. Le lendemain Henri VIII, imitant la confiance de François Ier, se rendit à Ardres fort peu accompagné, et il y eut entre eux un nouvel échange de présents et de courtoisies.

Cette émulation d'amitié fut suivie d'une rivalité d'adresse dans les tournois et les jeux que les deux rois donnèrent à leurs cours. De vastes lices que

(1) *Mémoires* de Fleurange, p. 349-350.

terminaient des barrières fortifiées pour les gardes de chaque prince, et que bordaient d'élégants échafauds dressés pour les reines et pour les dames, avaient été préparées dans un lieu élevé et découvert. Là, pendant huit jours, se poursuivirent à pied et à cheval, à la lance et à l'épée, des joutes auxquelles prirent part les plus habiles hommes d'armes de France et d'Angleterre. Les deux rois qui les dirigeaient y déployèrent, sans combattre ensemble, l'un sa brillante dextérité, l'autre sa force athlétique. François Ier, qui excellait dans les exercices chevaleresques, rompit ses lances avec une régularité accomplie; Henri VIII, dont l'impétuosité était irrésistible, atteignit si violemment de la sienne le casque de son antagoniste à la seconde rencontre, qu'il le renversa de cheval et le mit hors d'état de fournir ses autres courses (1). Ce fut surtout en tirant de l'arc que Henri VIII, l'un des meilleurs archers de son royaume, se fit remarquer par la vigueur du jet et la vitesse du coup (2). Il aurait également voulu montrer sa supériorité en luttant corps à corps avec François Ier. Les lutteurs anglais l'avaient emporté sur les lutteurs français, parce qu'on avait négligé de faire venir des Bretons, que nuls ne surpassaient dans ces sortes de joutes. Le soir, Henri VIII, espérant compléter la victoire des siens par un facile triomphe, s'approcha de François Ier, et lui dit brusquement : « Mon

(1) Hall, p. 612 à 614.
(2) *Mémoires* de Fleurange, p. 352.

frère, je veux lutter avec vous. » En même temps, il le saisit de ses fortes mains et chercha à le renverser ; mais François Ier, très-exercé à la lutte et doué de plus d'adresse, lui donna un tour de jambe, lui fit perdre l'équilibre et l'abattit tout à plat. Henri VIII se releva rouge de confusion et de violence, demandant à recommencer. Le souper qui était prêt, et les reines qui s'interposèrent, prévinrent cette dangereuse épreuve, plus propre à éloigner les deux rois par les blessures de la vanité que n'avaient pu les rapprocher les récentes intimités de leur longue entrevue.

Après vingt-cinq jours passés ensemble au milieu des fêtes et des plaisirs, François Ier et Henri VIII se séparèrent, cordialement unis en apparence. François Ier ne s'était pas assuré la coopération armée d'Henri VIII, mais il croyait avoir acquis son amitié intéressée et dès lors fidèle. Il l'avait achetée par une forte somme annuelle, qui, sous une forme déguisée, était un véritable subside. Il se flattait donc que si le roi d'Angleterre ne se déclarait pas pour lui dans la querelle près de s'ouvrir, au moins il n'embrasserait pas la cause de l'empereur, son adversaire.

Cependant, à peine Henri VIII avait-il quitté François Ier, qu'il était allé à Gravelines, où l'attendait Charles-Quint. Après avoir reçu la visite du roi son oncle dans les Pays-Bas, l'empereur l'avait accompagné à Calais (1). Là s'était conclu entre eux

(1) Hall, p. 621.

un nouveau traité. Charles s'y engageait à ne faire, pendant un délai de deux ans, aucune convention de mariage avec le roi de France. Il y était en outre stipulé que le roi d'Angleterre et l'empereur traiteraient un peu plus tard des choses dont ils s'étaient déjà entretenus, et qu'ils régleraient alors tout ce qui pourrait être utile à leurs intérêts, honneur et sûreté (1). François Ier conçut, et non sans raison, de grandes inquiétudes sur l'objet et le résultat de ces secondes conférences, qui suivaient de si près son entrevue avec Henri VIII. Celui-ci préférait l'alliance de l'empereur. Toutefois, n'étant encore ni prêt ni disposé à la guerre, il se crut obligé de rassurer François Ier; mais ce qu'il lui communiqua, pour diminuer ses soupçons, était bien propre à exciter ses craintes. Il lui fit dire par ses ambassadeurs que l'empereur avait cherché à rompre le mariage de la princesse Marie avec le dauphin, en proposant de l'épouser lui-même, mais que sa tentative avait été repoussée. Les ambassadeurs d'Angleterre avaient ordre d'ajouter que l'empereur n'avait pas mieux réussi en pressant, avec de vives instances, le roi leur maître de se joindre à lui pour recouvrer les droits qu'il avait à la couronne de France, pour arracher de force le Milanais au roi très-chrétien, et pour l'aider lui-même à aller prendre la couronne impériale en Italie(2). Ce qu'il prétendait avoir refusé en ce mo-

(1) Musée britannique, Vespas., C. I, f. 307, 308, 14 juillet 1520.
(2) « Henry's instructions to sir Rich. Wyngfeld and sir R. Jernyn

ment, Henri VIII devait l'accepter bientôt, quoiqu'il affirmât qu'il resterait un fidèle allié de François Ier tant que François Ier serait lui-même un exact observateur des traités; mais, en lui dévoilant les propositions alarmantes de l'empereur, qui voulait l'expulser de la Lombardie, le déposséder même de la France, et obtenir la princesse royale d'Angleterre, promise au dauphin, il ajoutait à ses ressentiments, et il précipita ses projets.

V.

Aussi impatient qu'irrité, François Ier crut le moment très-favorable pour assaillir son adversaire au-delà des Pyrénées, dans le royaume de Naples, sur le territoire des Pays-Bas. Charles-Quint, après avoir négocié avec Henri VIII, s'était fait couronner empereur à Aix-la-Chapelle, et de là s'était transporté sur les bords du Rhin dans la ville de Worms, où il avait convoqué une diète pour régler, d'accord avec les princes allemands, l'administration difficile de l'empire, citer devant lui le grand novateur religieux Luther et le proscrire s'il ne se rétractait pas. L'insurrection des *comuneros,* devenue très-dangereuse pour lui en Espa-

---

gham, to be declared unto his dearest brother, confederate and compeer, the french king. » Musée britannique, Calig., D. 8, p. 5, et dans Bréquigny, Bibliothèque nationale, vol. 87. Voyez aussi les instructions de Henri VIII à Fitzwilliam dans Bréquigny, vol. 88.

gne, l'éloignement où il se trouvait de l'Italie, les embarras politiques et religieux qu'il rencontrait en Allemagne, semblaient le rendre impuissant alors à protéger ses divers États. François I**er**, se croyant toujours assuré de Léon X, lui envoya six mille Suisses afin qu'il les joignît aux troupes pontificales destinées à envahir l'Italie méridionale. S'il n'obtenait pas le concours d'Henri VIII, il espérait au moins conserver son alliance en ne se montrant pas l'agresseur direct de Charles-Quint, bien qu'il se considérât comme en droit de l'être par l'inexécution des engagements pris au sujet de Naples et le mépris des promesses faites à l'égard de la Navarre. Il appela à Romorantin, maison de plaisance de la duchesse d'Angoulême sa mère, où il tenait souvent sa cour, Robert de la Marck, seigneur de Sedan et de Bouillon, qui possédait de fortes places sur la frontière des Pays-Bas et y commandait une petite armée; le duc de Lunebourg, gendre de son allié le duc de Gueldre, chef des bandes noires des lansquenets; André de Foix, seigneur de Lesparre et parent des d'Albret, qui pouvait lever une troupe de Gascons au pied des Pyrénées (1). Il les renvoya après avoir concerté avec eux une attaque sur les flancs des Pays-Bas et une invasion de la Navarre, dont le recouvrement ne pouvait, en ce moment, être empêché par personne.

(1) Dépêche de Fitzwilliam à Wolsey, du 18 février 1521, dans Bréquigny, vol. 88. *Mémoires* de Fleurange, fils de Robert de la Marck. t. XVI, p. 357.

La guerre commença au printemps de 1521. Robert de la Marck, que la promesse mal tenue d'un chapeau de cardinal pour l'évêque de Liége, son frère, et le licenciement maladroit de sa compagnie de cent hommes d'armes avaient fait passer, avant l'élection à l'empire, du service de François Ier à la solde de Charles-Quint, et qu'une récente injustice de Charles-Quint (1) avait ramené au service de François Ier, envoya défier l'empereur au milieu même de la diète de Worms; puis, à la tête de ses fantassins et de ses cavaliers, parmi lesquels se trouvaient des Suisses de la garde du roi et des hommes d'armes de ses compagnies, il se jeta dans la province de Luxembourg, où il assiégea Vireton. Peu de temps après, le seigneur de Lesparre franchit les Pyrénées avec huit mille bons soldats de Gascogne et environ trois cents lances françaises (2). Cette expédition fut tentée au mois de mai. Le moment était encore favorable, quoiqu'il fût un peu tardivement choisi. La Navarre restait dégarnie de troupes. Le duc de Najera, qui en était gouverneur, avait envoyé la plus grande partie des soldats espagnols, avec lesquels il gardait ce royaume mal disposé pour ses nouveaux maîtres, aux régents d'Espagne (3), afin de renforcer l'armée des *cabal=*

---

(1) Charles-Quint avait adjugé la ville d'Hierge, dépendante du duché de Bouillon, au seigneur d'Émery. — *Mémoires* de Fleurange, t. XVI, p. 356, et de du Bellay, t. XVII, p. 290-291.

(2) Du Bellay, p. 287. — Sandoval, lib. x, § iv et v. — Sayas, *Annales de Aragon*, c. xxix, p. 208-209.

(3) Sayas, c. xxix, p. 209. — Sandoval, lib. ix, § vii, et lib. x, § v.

leros, prête à en venir aux mains avec l'armée des *comunidades*.

Une vaste insurrection avait éclaté dans le royaume de Castille et de Léon après le départ de l'empereur pour l'Angleterre et pour l'Allemagne. Elle avait des causes anciennes et profondes dans les procédés et les abus d'un gouvernement arbitraire et cupide; elle trouva une occasion dans le subside voté contre toutes les règles par les cortès mutilées de la Corogne. De Tolède, où elle avait commencé, la révolte s'était rapidement étendue à Ségovie, à Medina del Campo, à Madrid, à Salamanque, à Avila, à Cuença, à Guadalajara, à Zamora, à Murcie, à Toro, à Léon, à Burgos, à Palencia, à Valladolid même, siége de l'autorité royale (1). Partout on avait pris les armes, chassé les corrégidors du roi, ôté les verges de la justice à ses alcades, occupé de vive force les alcazars des villes, tenus par des délégués de la couronne ou par des membres de la noblesse. Le régent Adrien avait vainement essayé d'arrêter l'insurrection. Les juges et les soldats qu'il avait envoyés devant Ségovie et devant Medina del Campo avaient été également repoussés. La justice royale avait succombé sous la rébellion obstinée de Ségovie, l'armée royale s'était brisée contre la valeureuse résistance de Medina, et bientôt même l'autorité royale avait été suspendue dans Valladolid.

(1) Sandoval, lib. v, § xxxi à liv, et lib. vi, § 1 à xvii. — *Historia del Levamiento de las comunidades*, c. iii, p. 48 à 81.

Après leur soulèvement et leur victoire, les villes s'étaient concertées afin de régler leurs droits et de les accroître. Elles avaient nommé une junte et formé une armée. La junte, assemblée d'abord à Avila, s'était ensuite transportée à Tordesillas, où résidait la reine Jeanne, qu'elle avait placée, malgré sa folie, à la tête de la *comunidad*. Prononçant alors la dissolution du conseil laissé par Charles-Quint, dont l'autorité cessait au moment où était rétablie celle de sa mère, la junte en avait saisi ou dispersé les membres et elle avait chassé de Valladolid le régent Adrien, qui s'était réfugié à Medina de Rio-Seco sans y exercer aucun pouvoir, sans y disposer d'aucune force.

La junte de Tordesillas, agissant alors en assemblée souveraine, avait dressé une véritable charte des droits du royaume. Dans ce code des libertés comme du gouvernement des Castilles, des articles pourvoyant à la situation particulière du pays, ainsi qu'à ses besoins généraux, supprimaient le dernier *servicio*, exigeaient le retour du roi, prononçaient l'exclusion des étrangers de tout emploi public, déterminaient la nature et la quotité des taxes, rétablissaient dans son ancien état le domaine royal, appauvri par des aliénations avantageuses à la noblesse, onéreuses au peuple, réformaient l'exercice de la justice, soit devant les tribunaux des alcades, soit devant les cours des *audiences,* soit devant le conseil royal de Castille. Ils ôtaient les corrégidors des villes, rétablies dans toutes leurs franchises, interdisaient l'accroissement de la noblesse par la concession de nouveaux titres, réduisaient la prérogative de la couronne en matière d'impôt, d'aliénation du domaine, de suspension de justice, d'extension de priviléges, donnaient une existence indépendante aux cortès, qui s'assembleraient de droit tous les trois ans, et sans l'adhésion desquelles aucune loi ne pourrait être faite, aucune bulle introduite dans le royaume, dont les membres, librement élus par les villes dans les trois ordres du clergé, de la noblesse, des communes, ne recevraient des instructions que de leurs commettants, et n'accepteraient ni emploi ni faveur de la couronne. Ces *capitulos del reyno* (1), comme les appelait la junte, étaient érigés en loi fondamentale et perpétuelle. Ni le roi ni les cortès ne pouvaient les changer, et ils devaient former un contrat inviolable entre le prince et la nation. Ce contrat était imposé à Charles-Quint comme la condition du retour des villes sous son obéissance.

Avant qu'il connût ces exigences populaires, Charles-Quint avait pris son parti. Instruit de la gravité et de l'étendue des troubles qu'avait provoqués le vote du dernier subside et que n'avait pu réprimer un régent étranger, il avait pensé qu'il fallait recourir à des moyens capables d'apaiser les villes soulevées et de gagner la noblesse mécontente. Il résolut donc de renoncer à la levée du

(1) Ils sont dans Sandoval, lib. vii, § i, p. 321 à 338.

servicio, de confier l'administration du royaume aux membres les plus puissants de la grandesse, de rétablir les impôts sur l'ancien pied, de promettre qu'il gouvernerait l'Espagne selon ses vieilles lois. C'était enlever aux insurgés leurs griefs et procurer le secours des grands et des *caballeros* à la royauté, autrement isolée et impuissante. Il associa à la régence d'Adrien le connétable de Castille don Inigo de Velasco et l'amiral don Fadrique Henriquez. En même temps qu'il envoya à ces deux premiers officiers de la couronne, qui étaient au nombre des plus opulents seigneurs du pays, les pouvoirs de régent, il leur annonça les résolutions prudentes qu'il avait prises, les chargea de les faire connaître à l'Espagne troublée, et d'y ramener la soumission en attendant qu'il pût y retourner après avoir été couronné à Aix-la-Chapelle et avoir pourvu aux besoins de l'empire d'Allemagne (1).

Le connétable et l'amiral signifièrent aux villes les pouvoirs dont ils étaient investis, levèrent des troupes, appelèrent auprès d'eux les grands et les *caballeros,* et fixèrent dans Medina de Rio-Seco, qui appartenait à don Fadrique Henriquez et qui n'était pas située loin de Valladolid, le siége du gouvernement royal et le rendez-vous de leur armée. Cette armée se grossit peu à peu des contingents qu'y amenèrent les chefs des grandes familles castillanes; elle fut bientôt en état de

(1) Lettres de l'empereur au connétable, à l'amiral et aux villes du royaume, dans Sandoval, lib. vii, § iii.

tenir la campagne contre l'armée, longtemps plus forte, des *comuneros*. Avant de poursuivre la guerre avec vigueur, le connétable et l'amiral avaient essayé des négociations. Ils avaient d'abord cherché à détacher de la *comunidad*, par des traités rassurants et avantageux, les deux importantes villes de Burgos et de Valladolid, où ils avaient leur habitation et un parti. Moitié à l'aide de ses concessions, moitié au moyen de la force, le connétable était parvenu à rétablir l'autorité royale dans Burgos; mais l'amiral avait échoué auprès de Valladolid (1).

Les négociations générales engagées avec la junte insurrectionnelle avaient encore moins réussi. Les régents offraient, outre une complète amnistie, d'adopter eux-mêmes et de faire accepter par le roi la plupart des articles qu'avait votés l'assemblée des *comunidades*, en leur enlevant toutefois ce qu'ils avaient d'excessif dans les dispositions et de trop impérieux dans la forme. Tels qu'ils les agréaient et qu'ils promettaient de les soumettre à l'assentiment du roi, ils auraient suffi à affermir, en les accroissant, les vieilles libertés de la Castille. Ils auraient rendu les impôts arbitraires impossibles, la convocation des cortès régulière, l'autorité royale limitée par les lois, la justice, à ses divers degrés, circonspecte et équitable (2). Conformes à l'intérêt de la noblesse autant qu'à celui des communes, ces

(1) Sandoval, lib. vii, § à x.
(2) Sandoval, lib. ix, § xv et xvi.

articles, ainsi amendés, avaient le grand avantage de faire cesser la guerre entre les deux classes, et de les unir dans le même vœu pour forcer la couronne, qui ne pouvait plus s'appuyer que sur les grands contre le peuple, à reconnaître et à respecter des droits plus définis et mieux défendus. Un pareil accord aurait peut-être changé les destinées de l'Espagne et affaibli en Europe la puissance de son roi, qui aurait été obligé de compter avec ses libres sujets au lieu de disposer de leurs forces, comme il le voulut, lorsqu'il eut discipliné la noblesse à l'obéissance après s'être servi des armes de la noblesse pour assujettir les communes. Cet utile accord fut follement repoussé par la junte des *comuneros*, qui, dans sa passion et ses exigences, demanda l'adoption pure et simple de tous les articles qu'elle avait dressés, qui seraient reconnus pour loi perpétuelle. Ne voulant rien céder, elle s'exposa à tout perdre.

La guerre en dut décider : elle fut poursuivie pendant quatre mois avec des vicissitudes diverses, et sans résultat décisif. Les *comuneros* et les *caballeros*, dont les armées grossissaient et diminuaient selon l'arrivée ou le départ des contingents mobiles qui leur venaient du côté des villes ou des rangs de la noblesse, s'attaquaient et se défendaient tour à tour. Les *caballeros* avaient surpris Tordesillas, enlevé aux insurgés la personne de la reine, contraint la junte fugitive de se renfermer dans Valladolid. Au mois de mars 1521, ils occupaient une ligne de châteaux qui s'étendait de Simancas à Medina de Rio-Seco par Tordesillas et Torrelobaton, et leurs garnisons, bloquant en quelque sorte Valladolid du côté de l'ouest, l'inquiétaient en faisant des sorties continuelles. Les *comuneros* voulurent briser cette barrière menaçante de places, et ils s'avancèrent contre Torrelobaton sous la conduite de Juan de Padilla, nommé leur capitaine général. Par une éclatante revanche, après quelques jours de siége, ils prirent la ville et sa citadelle d'assaut, et les mirent à sac (1). Ce succès même contribua à leur ruine.

Leur armée, chargée du pillage de Torrelobaton, se fondit en partie. Chacun courut mettre à couvert le butin qu'il y avait fait. Les *caballeros* au contraire sentirent, après cet échec, la nécessité de se renforcer; ils réunirent leurs troupes dispersées, auxquelles se joignirent les soldats de la Navarre, envoyés par le duc de Najera, et ils résolurent d'attaquer les *comuneros*, que leur victoire avait affaiblis, et qui demeuraient immobiles à Torrelobaton. Le comte de Haro, fils du connétable, nommé capitaine général de l'armée des *caballeros*, après avoir concentré ses forces, était prêt à livrer une bataille décisive que Juan de Padilla lui rendit facile à gagner.

Ce vaillant mais infortuné capitaine des *comuneros* comprit qu'il était resté trop de temps à Tor-

(1) Sandoval, lib. VIII, § XLV à XLVII. — *Historia del Levamiento*, c. VII.

relobaton, et qu'il y demeurait trop exposé. Il se décida donc à quitter cette dangereuse position, et le 21 avril au matin il en partit dans un assez bon ordre. Il se dirigea vers Toro, où il espérait être joint par les troupes de Léon, de Zamora et de Salamanque. Il plaça l'artillerie à l'avant-garde, l'infanterie, divisée en deux gros bataillons, au centre, et la cavalerie, à la tête de laquelle il resta, à l'arrière-garde. La marche ne put pas être bien rapide, et il avait douze lieues à faire pour arriver à Toro. Dès que les *caballeros* surent qu'il s'était mis en mouvement, ils s'ébranlèrent aussi ; ils le joignirent et l'attaquèrent dans la plaine de Villalar. Déjà découragée par son mouvement de retraite, harcelée par un ennemi plus nombreux, et surtout supérieur en cavalerie, la petite armée des *comuneros,* attaquée à fond dans ces champs que la pluie détrempait depuis le matin, ne tint pas longtemps. Elle prit la fuite en rompant les croix rouges, signes de la *comunidad*, et en laissant entre les mains des *caballeros* victorieux ses chefs, qui avaient bravement mais inutilement combattu. Le capitaine général Juan de Padilla, Juan Bravo, capitaine de Ségovie, Francisco Maldonado, capitaine de Salamanque, faits prisonniers à Villalar, furent décapités le lendemain de la bataille, dans le château de Villalva. Ils moururent aussi fièrement qu'ils s'étaient battus (1); mais leur supplice et la

(1) Sandoval, lib. ix, § xv à xxii. *Historia del Levamiento,* c. x, 235 à 257.

défaite de leur armée jetèrent le découragement et l'épouvante parmi les *comuneros*. La junte, qui naguère se montrait si absolue dans ses exigences, ne demanda plus rien et se dispersa. Les villes éperdues se soumirent sans condition. Valladolid donna la première l'exemple du retour à l'obéissance. Dueñas, Palencia, Medina del Campo, Ségovie, et la plupart des cités qui exécutaient avec passion les ordres de la junte, reconnurent avec déférence l'autorité des régents. Cette insurrection si bien concertée, et, peu de temps auparavant, si terrible et si intraitable, un seul revers suffit pour dissiper l'assemblée de ses députés, détruire l'armée de ses défenseurs, soumettre les habitants de ses villes. Du champ de bataille de Villalar, où fut ensevelie l'indépendance de la Castille, allait s'élever et s'étendre la puissance absolue de Charles-Quint.

Tolède seule, où s'était jeté le belliqueux évêque de Zamora, et où Marie Pacheco, l'héroïque veuve de Juan de Padilla, exalta les courages et entretint la rébellion, ne fléchit point. L'armée victorieuse des *caballeros* allait marcher contre cette ville, lorsque Lesparre arriva sur la frontière d'Espagne avec sa petite armée. Il pénétra aisément dans la Navarre, mal défendue. Il prit Saint-Jean-Pied-de-Port sans tirer un coup d'arquebuse. Franchissant ensuite les Pyrénées, il s'empara du château del Penon et s'avança vers Pampelune. A son arrivée, les Navarrais, dont les affections étaient encore tournées vers leurs anciens maîtres, firent éclater leur joie. Non-seulement les Gramont, qui formaient le parti français, mais la plupart des Beaumont, qui étaient dans le parti contraire, allèrent le recevoir et le saluer comme le bienvenu. Pampelune se souleva à son approche. Le peu de soldats espagnols qui y restaient encore furent exterminés, et le duc de Najera, contraint de fuir sa vice-royauté, se rendit en Castille pour demander aux régents victorieux une assistance semblable à celle qu'il leur avait naguère accordée. En attendant, André de Foix entra dans Pampelune le lundi 20 mai, second jour de la Pentecôte, aux acclamations des habitants. La citadelle seule, où s'était enfermé Francisco de Herrera, qui en était châtelain, et que seconda vaillamment un gentilhomme guipuscoan, Ignace de Loyola, devenu plus tard si célèbre comme fondateur de la société de Jésus, entreprit de se défendre. Les Français l'attaquèrent avec beaucoup de vigueur et la battirent en brèche. Un éclat de pierre frappa Ignace de Loyola aux deux jambes : l'une fut brisée, l'autre estropiée, et il tomba sans connaissance des créneaux dans le fossé. Le château, dont les portes furent enfoncées et les murs ouverts par le canon, se rendit. Après y avoir laissé garnison, Lesparre se porta devant Estella, qui, loin de lui résister, le reçut comme un libérateur. En moins de quinze jours, il occupa tout le territoire de ce royaume, qu'il détacha de nouveau de l'Espagne et qu'il remit sous l'obéissance d'Henri d'Albret. Mais il lui était plus facile de reprendre la Navarre que de la garder (1).

VI.

Charles-Quint était encore à Worms, où il mettait Luther au ban de l'empire pour mieux gagner Léon X, et cherchait à unir et à constituer l'Allemagne afin d'en recevoir plus d'appui en y introduisant plus d'accord, lorsqu'il apprit l'invasion du Luxembourg. Il ne se méprit pas sur le provocateur de cette attaque. L'altier empereur envoya d'abord le comte de Nassau et Franz de Sickingen, à la tête de troupes allemandes, contre Robert de la Marck. Il les chargea de châtier le serviteur inconstant et l'insolent adversaire qui, de sa petite souveraineté des Ardennes, osait s'attaquer à un empereur. Informé bientôt de l'entrée des Français en Navarre, il montra une sorte de joie et dit non sans une ambitieuse confiance : « Dieu soit loué de ce que ce n'est pas moi qui commence la guerre, et de ce que le roi de France veut me faire plus grand que je ne suis ! Car en peu de temps, ou je serai un bien pauvre empereur, ou il sera un pauvre roi de France (2). » Il avait déjà fait signifier à Fran-

(1) Sayas, *Annales de Aragon*, c. XXIX, p. 209 à 252 ; — Sandoval, lib. v, § v ; — du Bellay, p. 287.

(2) « Tu sij laudato, signor Dio, dapoi che da me non è principiata questa guerra, et dapoi che questo re di Francia cerca farmi più grande di quel che sono, et tu sij sempre ringratiato, che m' hai donato il

çois Ier, par son ambassadeur Philibert Naturelli, qu'il le considérait comme étant d'intelligence avec Robert de la Mark et avec Henri d'Albret, qui n'auraient pas osé envahir le Luxembourg et réunir une armée contre la Navarre sans son agrément et son assistance (1). Il soutint que les traités conclus entre eux étaient par là rompus, et déclara « que, provoqué et assailli, il se défendrait avec l'aide de Dieu et de ses alliés » (2). Aussitôt il pressa Henri VIII de se joindre à lui contre François Ier, qui s'était rendu l'infracteur de la paix.

Henri VIII n'était pas encore décidé à la guerre. Craignant d'y être entraîné trop vite, si elle se prolongeait et s'étendait, il intervint auprès de François Ier, afin qu'il mît un terme à ces premières hostilités, qui sans cela provoqueraient une lutte générale. Dans ses ménagements pour le roi d'Angleterre et avec le désir de conserver son alliance, François Ier ne soutint point Robert de la Marck, qu'il invita à évacuer le Luxembourg (3). Robert de la Mark obéit; mais cette condescendance ne servit de rien. Le comte de Nassau et

modo per difendermi : io espero far di breve o ch' io sarò povero imperatore, o lui povero re di Francia. » Lettre de Aleandro de' Galeazzi, écrite de Bruxelles le 3 juillet 1521. — *Lettere di Principi*, t. I, p. 93, v°.

(1) Lettre du 14 avril 1521. — François Ier à Barrois, son ambassadeur auprès de Charles-Quint, — dans les *Négociations diplomatiques entre la France et l'Autriche durant les trente premières années du seizième siècle*, publiées par M. Le Glay, in-4°, 1845. François Ier y répond aux griefs de Charles-Quint, p. 468-469.

(2) Ibid., paroles mêmes de Charles-Quint, rappelées dans la lettre.

(3) *Mémoires* de Fleurange, t. XVI, p. 361.

Franz de Sickingen entrèrent dans le duché de Bouillon et la seigneurie de Sedan. Ils prirent et rasèrent le château de Loignes, se rendirent maîtres de la place de Florenville, assiégèrent Messencourt, qui se rendit à eux après six semaines et qu'ils brûlèrent ou abattirent, pénétrèrent dans Fleurange, que leur livra la lâche trahison des lansquenets qui en avaient la garde, et surprirent Bouillon. Sauf les places ravitaillées et très fortes de Jamets et de Sedan, ils occupèrent tout le pays de Robert de la Marck et le saccagèrent (1). Franchissant même la frontière, ils parurent plusieurs fois sur le teritoire français, où ils s'emparèrent de Mouzon. D'autres troupes, sous la conduite de chefs flamands, l'envahirent aussi par divers points, enlevèrent Saint-Amand et Mortagne, détruisirent Ardres, tandis que le gouverneur de la province de Flandre, le seigneur de Fiennes, avec huit mille hommes de pied, mille chevaux et six pièces d'artillerie, vint mettre le siége devant Tournay.

La conquête de la Navarre n'eut pas une meilleure issue que l'invasion du Luxembourg; elle fut bien vite compromise par l'imprudence de Lesparre. Ayant remis Henri d'Albret en possession de son héritage reconquis, il aurait dû l'y établir fortement à l'aide de sa petite armée victorieuse, et en s'appuyant sur les fidèles souvenirs et l'opiniâtre attachement des Navarrais pour la

---

(1) *Mémoires* de Fleurange, t. XVI, p. 360 à 380. — Du Bellay, . XVII, p. 298.

maison dont les princes les avaient gouvernés longtemps. Il aurait dû surtout ne pas provoquer le retour des Espagnols par des agressions alors aussi impuissantes que dangereuses. Il ne fit rien de tout cela. Il avait autant de courage, mais il avait encore moins d'habileté que ses deux frères Lautrec et Lescun, aux mains desquels avaient été remis les plus grands commandements militaires, et il commit en Espagne les fautes que Lescun et Lautrec allaient bientôt commettre en Italie. Au lieu de garder sous les drapeaux toutes ses troupes, qui étaient à peine suffisantes pour défendre le pays qu'il venait d'occuper, il en licencia une partie (1); puis, avec une témérité fort inopportune, il sortit de la Navarre, passa l'Èbre, entra dans la Rioja aux cris de *vive le roi et la fleur de lis de France! vive la comunidad de Castille* (2)! et il attaqua la ville de Logroño. Les *caballeros* espagnols, dont il envahissait le pays et dont il combattait maladroitement la cause en se déclarant d'une manière si tardive et si peu utile pour les *comuneros* vaincus, marchèrent contre lui. Les régents de Castille, au lieu de se rendre devant Tolède, où l'insurrection tenait encore, retournèrent vers Burgos avec leurs troupes, que grossirent les levées faites en Aragon et les contingents mêmes des villes récemment soumises de Valladolid et de Ségovie (3).

(1) Du Bellay, p. 288.
(2) « Viva el rey, y la flor de lis de Francia, y la comunidad de Castilla ! » Sandoval, lib. x, § v, et Sayas, p. 228.
(3) Sayas, p. 227, et Sandoval, lib. x, § vi.

Une armée de douze mille hommes de pied et de deux mille chevaux arriva sur l'Èbre, et fit lever le siége de Logroño à Lesparre, qui se retira précipitamment en Navarre. Le duc de Najera, qui commandait les Espagnols, auxquels vinrent se joindre les troupes du Guipuscoa, de la Biscaye et de l'Alava, l'y poursuivit, l'y attaqua et l'y battit. Lesparre s'était posté au débouché de la petite *sierra* del Perdon, qui sépare Artajona et Puente de la Reyna de Pampelune. En gardant le passage de la montagne, il espérait interdire l'accès de la Navarre aux Espagnols ou les combattre avantageusement, s'ils voulaient le forcer; mais le duc de Najera franchit la *sierra* sur un autre point, tourna la position qu'occupait Lesparre, et se plaça entre le camp des Français et la ville de Pampelune. Obligé de combattre en plaine pour se frayer lui-même un passage à travers l'armée espagnole, bien plus forte que la sienne, Lesparre essuya une entière défaite. Blessé et fait prisonnier le 30 juin 1521 à la bataille d'Ezquiros (1), où la plus grande partie de ce qui lui restait de troupes fut tuée ou prise, il perdit la Navarre aussi rapidement qu'il l'avait conquise. Cette fois elle fut réunie à l'Espagne pour toujours.

François Ier éprouva non moins de ressentiment que de trouble en apprenant que la frontière de son royaume avait été franchie par les troupes impériales et que Lesparre avait été battu au-delà des

(1) Sandoval, lib. x, § vii, et Sayas, p. 229 à 234. — Du Bellay, p. 288.

Pyrénées. Il hâta les préparatifs nécessaires non-seulement pour résister à Charles-Quint, mais pour l'assaillir avec vigueur de plusieurs côtés. Trois armées furent mises sur pied; elles auraient dû être réunies plus tôt, car il était à prévoir (1) que la guerre avec l'empereur serait l'inévitable suite de l'invasion bien qu'indirecte de la Navarre et de l'agression, quoique désavouée, de Robert de la Mark. François Ier envoya vers les Pyrénées l'amiral Bonnivet avec quatre cents hommes d'armes et six mille lansquenets que devaient renforcer tout autant de soldats de Gascogne (2). Il fit partir le gouverneur du Milanais, Lautrec, pour l'Italie, où se trouvait déjà le maréchal de Foix, Lescun, à la tête des troupes françaises, et vers laquelle avaient ordre de se diriger des bataillons de piquiers suisses et des bandes d'aventuriers dauphinois levés par le comte de Saint-Vallier. L'armée la plus considérable fut formée sur les confins de la Champagne et de la Picardie pour y faire face aux impériaux. Elle se composait de dix-huit mille hommes de pied français qu'amenaient le connétable de Bour-

(1) François Ier le prévoyait si bien lui-même qu'il écrivait à Barrois, son ambassadeur auprès de Charles-Quint, et le chargeait de dire à ce prince, alors à Worms, dans sa lettre du 14 avril 1521, où il accusait l'empereur d'avoir violé les traités auxquels il assurait avoir été lui-même fidèle : « Parquoy, moy qui de ma part ai entretenu les dictz traictez sans aucunement les enfreindre, me tiens pour provocqué et assailly, et espère, avec l'ayde de Dieu, mon bon droict, secours de mes alliez et confédérez, me défendre et pourveoir à mon affaire de sorte qu'il ne me prendra à despourveu. » Le Glay, *Négociations diplomatiques*, t. II, p. 271-272.

(2) Du Bellay, p. 301, 302, 304-320.

bon, le duc de Vendôme, les maréchaux de Châtillon et de la Palice, le sire de la Trémoïlle, de dix-huit cents lances tirées de la vaillante cavalerie des ordonnances, et de douze mille Suisses obtenus des cantons (1). En attendant que cette armée occupât la frontière du nord et pût même envahir les Pays-Bas, François Ier s'était transporté à Dijon pour mettre à l'abri d'une attaque la Bourgogne, que Charles-Quint était disposé à reprendre comme son héritage, et confia au chevalier Bayard la défense de Mézières, place presque ouverte, très-importante, mais fort difficile à garder, et que menaçaient le comte de Nassau et Franz de Sickingen, après s'être rendus maîtres de Mouzon (2).

En même temps il réclama l'assistance d'Henri VIII, assistance que Charles-Quint demandait de son côté. Le roi d'Angleterre avait promis de se déclarer contre celui des deux qui serait l'infracteur de la paix. Lequel l'avait été? Ils s'en défendaient également l'un et l'autre, et chacun prétendait que l'agression venait de son adversaire. François Ier alléguait l'inexécution du traité de Noyon de la part de Charles-Quint, qui ne lui payait pas les sommes dues pour le royaume de Naples, et qui, depuis quatre ans, ne donnait aucune satisfaction aux d'Albret pour le royaume de Navarre. Il ajoutait que les généraux de l'empereur avaient paru

(1) Du Bellay, p. 301 à 303.
(2) Ibid., p. 310 à 318. *Hystoire du bon Chevalier sans paour et sans reprouche,* par le loyal serviteur, dans le t. XVI de la collection de Petitot, p. 110, 111 et suiv.

en armes sur son territoire, y avaient pris Mouzon, Saint-Amand, Mortagne, Ardres, et y assiégeaient Tournay. Charles-Quint soutenait que les premières hostilités venaient des Français. Il attribuait la rupture de la paix à l'expédition de Lesparre au-delà des Pyrénées et à l'entrée de Robert de la Marck dans le Luxembourg. Quant à lui, attaqué dans ses États, il avait été contraint pour les défendre de pénétrer sur les États de son ennemi.

Sommé de venir en aide aux deux rois, Henri VIII (1) se montra incertain. Il refusa à François Ier les secours qu'il lui demandait, et il répondit à son ambassadeur que, « s'étant obligé par serment à prêter assistance au prince qui n'aurait point rompu les traités, il ne pouvait déterminer s'il devait l'accorder au roi très-chrétien ou à l'empereur, jusqu'à ce qu'il sût parfaitement lequel des deux les avait enfreints, afin de sauver sa conscience devant Dieu et son honneur devant les hommes (2). » Il en prit prétexte pour se faire juge entre ses alliés et leur imposa sa médiation. Il les pressa l'un et l'autre d'envoyer leurs plénipotentiaires à Calais, où ils

---

(1) François Ier envoya Olivier de la Vernade, seigneur de la Bastie, auprès du roi d'Angleterre pour réclamer son assistance. La mission de la Bastie est dans les mss. Béthune, vol. 8491, f. 47 à 66. Charles-Quint, de son côté, dépêcha à Henri VIII l'audiencier Hanneton (*State Papers*, vol. I, f. 17). « Le roy catholicque a envoyé son audiencier icy pour demander ayde et secours audict roy vostre bon frère. » Lettre d'Olivier de la Vernade, écrite de Londres le 5 juillet à François Ier, mss. Béthune, vol. 8491, f. 50.

(2) C'est ce qu'écrivait Rich. Pace, qui était auprès d'Henri VIII, à Wolsey demeuré à Londres, le 20 juillet 1521. *State papers*, t. I, p. 12.

trouveraient son ministre, le cardinal d'York, prêt à les entendre. Charles-Quint s'y refusait d'abord. Fort irrité de la perte de la Navarre, dont il ne connaissait pas encore le recouvrement, il rejetait toute apparence de négociation et ne voulait que combattre. « Le roi très-chrétien, disait-il, m'a pris un royaume, mais j'aurai ma revanche (1) ». Instruit toutefois des dispositions secrètes d'Henri VIII, il fit partir pour Calais une ambassade à la tête de laquelle était son nouveau grand chancelier, Mercurin de Gattinara, jurisconsulte habile et politique opiniâtre qui eut la conduite principale de ses affaires depuis la mort de Chièvres. François Ier s'était également soumis à cette sorte de juridiction du roi d'Angleterre (2), devant laquelle comparurent ses commissaires conduits par le chancelier Du Prat.

VII.

La conférence de Calais s'ouvrit le 4 août, présidée par l'astucieux cardinal Wolsey (3). Sous l'ap-

(1) Dépêche d'Olivier de la Vernade à François Ier, du 28 juin 1521, mss. Béthune, vol. 8491, f. 176.

(2) Dépêche d'Olivier de la Vernade à François Ier, du 6 juillet, ibid., f. 53. — Le cardinal d'York et le roi d'Angleterre voulaient « connoistre le tort de l'un ou de l'autre (prince) pour ayder et secourir à celluy qui seroit tenu prince d'honneur et de promesse. » Dépêche du 5 juillet, ibid., f. 50.

(3) François Ier écrivait avec la plus grande confiance à Wolsey : « Mon bon amy... vous garderez mon honneur et ma rayson, et en ce et en toutes aultres choses me demeurez bon et vray amy. » Lettre olographe, Musée britannique, Calig. D. VIII, 131. — Charles-Quint, qui parlait à Henri VIII dans sa lettre du 20 juillet, « de mettre une

parence d'une médiation scrupuleuse se cachait une fourberie. Au moment même où Henri VIII se présentait en arbitre, il agissait déjà en ennemi. Il faisait lever des troupes en Angleterre pour le service de l'empereur. Médiateur simulé, Wolsey avait pour mission secrète d'établir une union étroite entre Henri VIII, Charles-Quint et Léon X. Il devait, après un certain temps d'inutiles tentatives pour rapprocher François Ier et Charles-Quint, se rendre de Calais à Bruges, sous le prétexte d'obtenir de l'empereur qu'il renonçât à des prétentions trop obstinément soutenues par ses plénipotentiaires, et en réalité afin de conclure avec lui l'alliance projetée. Sept jours avant l'ouverture de la conférence, sir Richard Pace lui écrivait, de la part d'Henri VIII (1), que le roi, selon son avis, était résolu à équiper six mille archers, pour qu'ils fussent prêts à entrer en campagne. Il ajoutait : « Lorsque tout aura été conclu avec l'empereur, la résolution étant prise d'envahir la France, le roi pense qu'il devra être pourvu par eux deux aux moyens de détruire la flotte du roi très-chrétien. » Voulant joindre la surprise à la perfidie, Henri VIII demandait que ce coup fût frappé d'une manière

briefve et finalle résolution en la conclusion d'entre nostre saint-père, vous et moy, » Musée britannique, Galba, B. vIII, f. 76, écrivait à Wolsey : « Monsieur le cardinal, mon bon amy, pour la vraye confidence que j'ay en vous, et affin de conclure les matières secrètes, je vous prie que, le plus tost que pourrez, veuillez venir à Calais. » Lettre olographe du 20 juillet, Musée britannique, Galba, B. vI, f. 179.

(1) Lettre du 28 juillet, *State papers*, I, 23, et lettre de Wolsey au roi, du 4 août, ibid., p. 31.

inattendue, afin de l'être d'une façon certaine.

Tout se passa ainsi qu'on l'avait arrêté d'avance. Les commissaires français et les commissaires impériaux furent en complet désaccord dès le début des conférences. Ceux-ci présentaient comme des actes d'hostilité de la part du roi de France l'agression de Robert de la Marck, qu'il avait provoquée, et l'entreprise du seigneur de Lesparre, qu'il avait appuyée; ils réclamaient de plus, au nom de leur maître, la restitution du duché de Bourgogne et l'abolition de l'hommage féodal pour la Flandre. Ceux-là demandaient l'exécution du traité de Noyon, qui n'avait été observé dans aucune de ses clauses. Ils niaient que le roi très-chrétien eût encouragé l'expédition de Robert de la Marck, et ils soutenaient que la Navarre avait été justement revendiquée les armes à la main par Henri d'Albret, que le roi catholique s'était engagé à satisfaire dans les huit premiers mois de son séjour en Espagne, et qu'il avait laissé près de quatre ans sans lui accorder aucune satisfaction (1).

Ne pouvant concilier des prétentions si contraires, Wolsey proposa une suspension d'armes momentanée. Les plénipotentiaires de Charles-Quint la refu-

---

(1) Sur la conférence de Calais : rapport adressé à l'archiduchesse Marguerite, mss. Béthune, vol. 8478, de 147 feuilles; dépêches des commissaires de François, qui sont dans les volumes 8491, 8492, 8500, des mss. Béthune, du août 1521 au 21 novembre; pièces insérées dans le t. II des *Négociations diplomatiques*, etc., publiées par Le Glay, p. 483 à 588; lettres déposées au Musée britannique. Galba B. VI et VII, ou publiées dans le premier volume du *State papers*.

sèrent, afin de ménager au cardinal l'occasion de s'aboucher directement avec l'empereur. Wolsey déclara en effet aux commissaires de François Ier qu'il avait besoin de voir l'empereur pour lui faire accepter ce que rejetaient ses ministres. Charles-Quint, très-désireux de cette entrevue, pressait le fourbe cardinal d'accourir vers lui, parce qu'il avait hâte de se mettre à la tête de son armée. « Nous ferons plus en un jour, lui écrivait-il, vous et moi, que ne feroient mes ambassadeurs en un mois (1). » Il ne voulait pas laisser passer la saison d'agir, tandis qu'il avait la supériorité des forces et l'avantage des armes (2). La mort récente de Chièvres qui avait succombé à Worms avait fait mettre à sa disposition de fortes sommes d'argent (3), qui avaient été le fruit dangereux des exactions, et qui allaient servir d'utile aliment à la guerre. Dans son impatience belliqueuse, Charles-Quint se montrait surpris des retards du cardinal d'York, et il ajoutait : « Je croyois fermement, comme vous l'aviez promis, que, sous couleur de pourchasser la trêve avec moi, vous viendriez incontinent pour conclure tous nos traités (4). »

(1) Lettre de Charles-Quint à Wolsey, de Bruges, le 7 août. Musée britannique. Galba, B. vii, f. 95.

(2) Il lui disait : « Je vous monstreray mon armée par laquelle cognoistrez que je n'ay vouloir de dormir à l'ayde de Dieu et de mes bons amis. » Ibid.

(3) Lettre de Th. Spynelly à Wolsey, du 25 juin 1521. Mss. brit. Galba B. VII, 37. « Berghes, as Chièvres' executor, has offered the emperor 200,000 ducats above the sum specified. »

(4) Lettre du 9 août, dans laquelle il insiste encore davantage sur la nécessité de se voir pour mieux s'entendre. Mus. brit. Galba, B. vi, f. 196.

Cédant aux instances de l'empereur, Wolsey partit le 12 août de Calais, et se rendit auprès de lui à Bruges. Là, réglant les conditions de l'alliance entre Charles-Quint et le roi d'Angleterre, il stipula même l'indemnité pécuniaire que Henri VIII recevrait du roi catholique en dédommagement des sommes annuelles que lui ferait perdre sa rupture avec François Ier. L'empereur aurait voulu que cette rupture fût immédiate, mais le roi d'Angleterre, naguère si pressé de se joindre à lui pour attaquer le roi de France, était alors disposé à différer sa déclaration de guerre. Avant de rien entreprendre pour recouvrer la Guienne et les provinces qui appartenaient autrefois à la couronne d'Angleterre, il croyait avantageux d'attendre que les forces et les finances de François Ier se fussent épuisées dans sa lutte avec Charles-Quint (1). Seulement l'union la plus étroite fut conclue entre les deux princes, et l'on convint que l'empereur épouserait la fille de Henri VIII, qui commencerait les hostilités contre François Ier aussitôt après que Charles-Quint, retournant en Espagne, l'aurait visité en Angleterre (2).

De retour à Calais, Wolsey reprit les négociations menteuses qui semblaient l'avoir conduit à Bruges.

(1) Cette politique est très-curieusement exposée dans une longue lettre de Wolsey à Henri VIII, imprimée dans le t. I des *State papers*, p. 89 et 90.

(2) Lettres de Wolsey à Henri VIII, du 19 août. (*State pap.*, I, 38.) — De Pace à Wolsey, du 24 août. (Ibid., p. 40.) — Du 15 septembre. Ibid., p. 54.

Il annonça aux ambassadeurs de François Ier qu'il n'avait rien obtenu de l'empereur, à la cour duquel on l'accusait « d'être tout Français (1) ». Il dit qu'on lui reprochait « de conduire seul les affaires du roi son maître, et de lui faire abandonner ses droits à la couronne de France ». Il ajouta qu'à cette cour on ne voulait plus entendre parler du traité de Noyon, et il prétendit avoir déclaré à l'empereur que le roi d'Angleterre ne souffrirait jamais qu'il envahît le duché de Milan. Afin de mieux les tromper, il parlait fort mal de Léon X, qui, après avoir trahi secrètement François Ier, venait de l'attaquer ouvertement dans la Lombardie, de concert avec l'empereur. « Le pape voudrait, disait-il, qu'on chassât tous les étrangers de l'Italie, et que, par les mains des uns, on pût jeter les autres dehors. » Déclarant alors que le désaccord entre les deux monarques était trop grand pour rendre la paix possible, il soutint qu'il fallait se réduire à une simple trêve.

Cette trêve, proposée par le cardinal d'York, aurait permis à l'empereur, au pape, au roi d'Angleterre, de mieux préparer encore leurs moyens d'attaque contre François Ier, soit en Italie, soit en France. Le cardinal d'York la présentait à Du Prat comme un acheminement infaillible à un accord définitif. « Je me soumets, disait-il au chancelier de France, à avoir la tête tranchée, si dans un demi-

---

(1) Dépêche du chancelier Du Prat et de Selve à François Ier. Mss. Béthune, vol. 8492. f. 76 et suivants.

an je ne mène pas le roi catholique à la paix(1). »
Après de nouveaux et longs pourparlers, dans lesquels chacune des parties garda sa position sans céder d'un pas, insista sur ses griefs sans en abandonner aucun, Wolsey déclara que la question de savoir lequel des deux princes avait le premier rompu les traités était si douteuse, que jamais le roi d'Angleterre ne pourrait décider à qui il devait accorder son assistance (2). Il se contenta de poursuivre la trêve militaire que semblaient réclamer dans ce moment les affaires en péril de l'empereur.

François Ier avait enfin assemblé une puissante armée sur la frontière du nord. Il avait marché au secours de Mézières, que le chevalier Bayard défendait depuis plus d'un mois avec une habileté opiniâtre et une valeur ingénieuse contre le comte de Nassau et Franz de Sickingen. A son approche, les généraux de l'empereur, qu'avait divisés le peu de succès de leur entreprise, abandonnèrent le siège et battirent en retraite (3). Afin d'empêcher l'armée française de secourir Tournay, ils se dirigèrent du côté de l'ouest vers Valenciennes, où Charles-Quint, parti de Bruges après s'être entendu avec Wolsey,

(1) Du Prat à François Ier, mss. Béthune. — Wolsey écrivait en même temps à Henri VIII, en parlant des commissaires français : « Ils n'ont aucun soupçon des choses conclues avec l'empereur. » 4 septembre. Mus. brit. Galba, B. VII, p. 51.

(2) Du Prat à François Ier, 7 septembre, mss. Béthune, 8492, f. 56, § 99.

(3) *Histoire du chevalier Bayard*, t. XVI, p. 111 à 118. — Du Bellay, t. XVII, p. 313 à 318.

devait se mettre à leur tête. François Ier, ayant dégagé Mézières et repris Mouzon, les suivit dans cette direction. Il s'empara sur sa route de Bapaume et de Landrecies, qu'il fit raser, et il fut bientôt dans le voisinage de son ennemi. Ses troupes nombreuses, animées, confiantes, étaient fortes de vingt-six mille hommes de pied, de quinze cents hommes d'armes, et elles avaient douze pièces d'artillerie. Postées au-dessous de Happre, entre Cambrai et Valenciennes, elles étaient séparées par l'Escaut des troupes de l'empereur, qui leur étaient inférieures. François Ier était un vaillant soldat, mais il savait encore mieux se battre que commander. En cette rencontre il se montra même inhabile à conduire les opérations militaires, et ne sut pas choisir ceux qui devaient les diriger pour lui. Il avait remis le commandement de l'avant-garde à son beau-frère, le duc d'Alençon ; en plaçant à ses côtés le maréchal de Châtillon, qui était un guide trop circonspect pour un prince aussi irrésolu. Ce commandement appartenait de droit au connétable de Bourbon, que François Ier retint auprès de lui, au corps de bataille. Il le tenait depuis quelques années dans une sorte de disgrâce, et il ne craignit pas de faire alors à ce puissant et orgueilleux seigneur l'impardonnable affront de donner à un autre les fonctions de la grande charge dont il ne lui laissait que le titre. L'arrière-garde fut mise sous les ordres du duc de Vendôme.

Le moment était décisif. François Ier pouvait frapper un grand coup et faire éprouver à l'empereur sous Valenciennes le sort que trois ans et demi plus tard il éprouva lui-même sous Pavie. Il franchit l'Escaut sur un pont jeté au-dessous de Bouchain pour aller le combattre. Charles-Quint envoya, sous le comte de Nassau, douze mille lansquenets et quatre mille chevaux, afin d'empêcher le passage de cette rivière, qui le couvrait contre son ennemi ; mais ils arrivèrent trop tard. L'Escaut avait été déjà traversé par l'armée française, qui s'était mise en bataille. Les troupes impériales, n'ayant pas été assez diligentes pour s'opposer à son mouvement, n'étaient pas assez fortes pour résister à son attaque. La victoire était pour ainsi dire certaine, si la bataille était livrée. Le connétable de Bourbon, qui avait pris une si valeureuse part aux grandes journées d'Agnadel et de Marignan, oublia l'offense qu'il venait de recevoir et qu'il avait encore plus ressentie que montrée. Voyant d'un coup d'œil les avantages d'une semblable position, et cédant à son instinct guerrier, il proposa de fondre sur les impériaux (1). C'était aussi le sentiment de deux capitaines fort expérimentés, le maréchal de la Palice et le sire de la Trémoïlle ; mais François Ier aima mieux suivre les timides conseils du maréchal de Châtillon. Il se contenta de faire fuir ceux qu'il au-

---

(1) Belcarius, *Commentarii rerum Gallicarum*, lib. XVI, f. 488, in-fol.; Lugduni, 1624.

rait pu détruire (1). L'armée de Charles-Quint, qui aurait été infailliblement écrasée (2), opéra, sans être inquiétée, sa retraite sur Valenciennes.

François Ier avait laissé échapper une occasion qu'il ne retrouva plus. Malgré cette faute, sa campagne vers le nord restait marquée de certains avantages. Il avait fait lever le siége de Mézières, il avait repris Mouzon, il s'était emparé de Bapaume et de Landrecies, il avait contraint l'armée impériale à se retirer devant lui, et il se rendit maître de Bouchain et de Hesdin, sans toutefois que les pluies et la mauvaise saison lui permissent de débloquer Tournay, qui tomba peu de temps après au pouvoir de ses ennemis. Il n'avait pas eu moins de succès sur la frontière d'Espagne. L'amiral Bonnivet était entré dans Saint-Jean-de-Luz, et il avait occupé toute la partie de la Navarre située sur le revers septentrional des Pyrénées; se jetant ensuite en Biscaye, il s'y était emparé de la forte place de Fontarabie (3).

VIII.

Si la guerre avait été assez heureuse pour Fran-

---

(1) Du Bellay, p. 319 à 328. — *Pontus Heuterus, rerum Austriacarum libri XV*, lib. VIII, ch. 12.

(2) « L'empereur, de ce jour-là, dit Du Bellay, eust perdu honneur et chevance... Dieu nous avoit baillé nos ennemis entre les mains, que nous ne voulûmes accepter ; chose qui depuis nous cousta cher. » P. 327.

(3) Du Bellay, p. 320 à 323. — Sayas, c. XLV, p. 321 à 328.

çois Ier du côté des Pays-Bas et de l'Espagne, il n'en avait pas été de même en Italie. La domination française y avait été compromise par le maréchal de Foix, qui commandait dans la Lombardie milanaise en l'absence de son frère Lautrec, et par Lautrec, lorsqu'il était allé en reprendre le périlleux gouvernement.

Le joug étranger pesait aux populations naturellement inconstantes et fréquemment rebelles de ce beau duché (1). François Ier sembla comprendre d'abord qu'il ne fallait pas le leur faire sentir pour le leur faire supporter. Il imita la douceur généreuse de Louis XII. Ce prince, auquel la bonté avait souvent tenu lieu d'habileté, au moment où il avait conquis et organisé le duché de Milan en 1499, ne s'y était complétement réservé que le pouvoir militaire, moyen de le garder et de le défendre. Ce pouvoir même, il l'avait longtemps confié au modéré Chaumont d'Amboise, neveu du cardinal tout-puissant qui conduisait avec tant d'autorité ses affaires, après l'avoir un moment délégué au chef italien du parti guelfe, au maréchal J.-J. Trivulzi, qu'il avait nommé son lieutenant en Lombardie. Il avait constitué un sénat investi des plus hautes attribu-

---

(1) Il rendait au duc Maximilien Sforza 499,660 écus d'or, qui, à 11 francs de poids métallique, et multipliés par au moins cinq fois, à cause de la valeur relative de l'argent dans les premières années du seizième siècle, feraient aujourd'hui près de 30 millions de notre monnaie. Voyez Verri, *Storia di Milano*, t. II, p. 146, — d'après un registre manuscrit contenant les dépenses et les revenus de Maximilien Sforza.

tions(1). Il avait de plus conservé aux villes du duché leur libre administration locale. La principale d'entre elles, Milan, choisissait par des élections savamment compliquées le *conseil de la cité*, qui nommait à son tour les magistrats chargés d'y exercer l'autorité et d'y rendre la justice.

François Ier n'avait point altéré, au début de son règne, cette forme rassurante d'administration. Comme Louis XII, il s'était appuyé sur le parti guelfe, dont le chef avait vaillamment combattu auprès de lui dans les deux journées de Marignan, sans opprimer les Gibelins compromis, qu'il avait au contraire rappelés de leur exil et remis dans leurs biens. Avec cette sage modération, et par le choix heureux du connétable de Bourbon, qu'il en avait nommé gouverneur, il avait pu conserver en 1516 contre l'empereur Maximilien le Milanais, reconquis en 1515 sur les Suisses. Après la double épreuve d'une occupation victorieuse et d'une agression repoussée, François Ier serait sans doute resté maître de la Lombardie, s'il y avait laissé le con-

(1) Composé de deux évêques, de quatre hommes de guerre et de huit docteurs en droit, tous Lombards, à l'exception de deux d'entre eux qui étaient Français, aussi bien que le chancelier garde du sceau ducal, auquel en appartenait la présidence. Grand conseil d'administration et de justice, ce sénat, dont les membres étaient investis à perpétuité de leurs charges et ne pouvaient en être privés que par le jugement du corps tout entier, avait la sanction des ordonnances du roi, qu'il confirmait ou rejetait à son gré, vérifiait les grâces et les dons, autorisait les priviléges, accordait les dispenses, prononçait les sentences, examinait les mesures de gouvernement, qui ne s'exécutaient pas sans son adhésion. Édit perpétuel de Louis XII, du 11 novembre 1499, dans Verri, t. II, p. 103, 104.

nétable de Bourbon ; mais il l'en retira fort imprudemment pour mettre à sa place Odet de Foix, seigneur de Lautrec, frère de la comtesse de Châteaubriant, sa maîtresse. Tout changea sous l'administration du nouveau gouverneur. Soutenu par la favorite, qui avait le plus grand pouvoir sur François Ier, l'avide et impérieux Lautrec accabla le Milanais de ses exactions et de son oppressive autorité. Il y augmenta les taxes, y suspendit l'action trop indépendante du sénat et y remplaça le conseil élu de la cité par une assemblée dont il réduisit le nombre et dont il nomma les membres (1). Il persécuta les Gibelins, sans garder de ménagements pour les Guelfes. Le personnage le plus important de ce dernier parti, le maréchal J.-J. Trivulzi, qui, plus qu'un autre, avait établi et maintenu la domination française dans le Milanais, fut dénoncé à François Ier comme un mécontent sur le point de devenir un rebelle (2). Ce grand serviteur de la France sous trois de ses rois, cet expérimenté capitaine qui avait glorieusement figuré dans tant de batailles, malade et âgé de soixante-dix-sept ans ; passa les Alpes afin de se justifier auprès de François Ier sans y parvenir. Le crédule et ingrat monarque rejeta avec hauteur les supplications du noble vieil-

---

(1) Verri, t. II, p. 170-171-191.
(2) *Dell' Istoria intorno alle militari imprese et alla vita di Gian-Jacopo Trivulzio detto il Magno, del cavaliere Carlo de Rosmini.* Milano, 2 vol. in-4, 1815, t. I, p. 529-530. — Verri, p. 174-175.

lard (1), qui, blessé de cet affront et indigné de cette injustice, succomba peu de temps après en laissant François Ier privé de son habileté. Elle lui avait été naguère utile et lui serait bientôt devenue nécessaire.

Déjà la possession de la Lombardie passait pour être ébranlée. Un jeu de mots très-significatif se répétait à la cour même du roi. Rappelant la splendide habitation de Meillan, construite en France par Chaumont d'Amboise avec l'argent tiré du Milanais, et prévoyant les inévitables effets de la faveur que Catherine de Foix assurait à Lautrec, on y disait : « Milan a fait Meillan, et Châteaubriant défera Milan (2). » Tout le monde le croyait, excepté François Ier, qui tenait avec passion à conserver cette conquête, et qui laissait faire à Lautrec tout ce qu'il fallait pour la perdre. Pendant cinq années en effet, Lautrec, par les charges qu'il imposa au peuple, par les violences dont il poursuivit les grandes familles, rendit le mécontentement général (3). Beaucoup s'expatrièrent, et tous aspirèrent

(1) Voyez, dans les *Lettere di Principi*, tout ce que raconte à ce sujet le cardinal de Bibiena dans ses dépêches à la cour de Rome.

(2) Le cardinal de Bibiena, dans sa lettre du 26 novembre 1518 écrite de Paris au cardinal Jules de Médicis, dit : « Disse che, se Milano haveva fatto Moian (Meillan), forse Ciateau Brian disfaria Milan ; volendo inferire che Lotrec haveva favore per conto della sorella... la detta sorella di Lotrec è madama di Ciateau Brian. » *Lettere di Principi*, t. I, p. 52, v°. — « La sorella madama di Chateaubriand bella e accorta, molto amata dal re, gli procura favore. » Cod. DCCCLXXVII, ch. vii à la Marciana, cité par S. Romanin, p. 325 du cinquième vol. de sa *Storia documentata di Venezia*, in-8. Venezia, 1857.

(3) Verri, t. II, p. 177, sqq.

au retour des Sforza. Au dedans, les opprimés étaient prêts à les recevoir; du dehors, les fugitifs travaillaient à les rétablir. Ceux-ci s'entendirent d'abord avec Léon X, qui était encore l'allié de François Ier, et avec Charles-Quint, qui venait de se déclarer son ennemi, pour faire rentrer François Sforza dans Milan et Jérôme Adorno dans Gênes (1).

Par suite de l'accord établi entre le pape, l'empereur, les expatriés lombards et génois, une double entreprise fut ourdie contre la domination française dans la vallée du Pô et sur le revers de l'Apennin (2). Des navires napolitains et pontificaux, portant deux mille Espagnols et montés par Jérôme Adorno, firent voile vers Gênes, avec l'espérance d'en enlever la seigneurie à François Ier et d'y restaurer la république. Girolamo Morone, conseiller de Francesco Sforza, ayant reçu du pape, par les mains de Guicciardini (3), alors gouverneur de Reggio et de Modène, une somme de ducats pour lever trois mille hommes de pied, concerta avec les fugitifs de Parme, de Plaisance, de Milan, une attaque soudaine sur ces diverses villes, tandis

(1) Guicciardini, lib. xiv.
(2) Guichardin, qui était gouverneur des villes récemment annexées à l'État pontifical, et qui a connu tous les secrets de la politique de Léon X, a raconté avec détail tous les événements de cette guerre dans laquelle il a été acteur ou dont il a été témoin. Il dit : « Fatta adunque ma occultatissimamente la confederazione tra il pontifice e Cesare contro al re di Francia, fu consiglio comune procedere innanzi che manifestamente si movessero le armi... per mezzo dei fuorusciti contro al ducato di Milano, e contro a Genova. » Guicciardini, lib. xiv. — Du Bellay, t. XVII, p. 333.
(3) Guicc., ibid.

que deux chefs du parti gibelin, Manfredo Pallavicino et Capo di Brenzi, à la tête d'une troupe d'Allemands, pénétreraient dans Como, du côté du lac. Le plan était bien combiné, mais il échoua. Gênes ne put être surprise; Como resta fermée à ceux qui tentèrent de s'en emparer, et Lescun, averti des armements des expatriés lombards dans Reggio, où ils s'étaient réunis, s'avança contre eux pour les disperser ou les saisir. Ne se contentant point de protéger la frontière lombarde, il se porta sur les terres de l'Église, et parut en armes jusqu'aux portes de Reggio (1). Cette imprudence ne servit en rien François Ier et lui nuisit beaucoup. Lescun ne surprit point les fugitifs, et il donna un redoutable ennemi de plus au roi son maître.

Léon X n'attendait qu'un prétexte pour se déclarer : il le trouva dans la violation armée du territoire pontifical, dont il se montra courroucé au dernier point. Bien qu'il parût être encore en accord avec François Ier, il avait déjà conclu le 8 mai 1521 un traité (2) secret d'alliance offensive avec Charles-Quint. Ce traité fut alors ouvertement mis à exécution. Le pape donna à l'empereur l'investiture jusque-là retardée du royaume de Naples; et le 29 juin, jour de la fête de saint Pierre, l'empereur lui fit présenter la haquenée blanche qui était offerte aux souverains pontifes en signe d'hommage féodal ; il lui fit remettre en même temps le

(1) Guicc., lib. XIV. — Du Bellay, p. 334 à 348.
(2) Du Mont, *Corps diplomatique*, t. IV, part. II, p. 96, sq.

tribut ordinaire augmenté de 7,000 ducats d'or. Il avait été convenu que les forces réunies du pape, des Florentins sur lesquels serait affermie la domination des Médicis et celles de l'empereur attaqueraient les Français dans la Lombardie, les en expulseraient, rendraient Parme et Plaisance au Saint-Siége; que l'empereur aiderait à conquérir Ferrare et replacerait sur le trône ducal de Milan un prince de la famille des Sforza. Aux Suisses, que François Ier avait envoyés à Léon X pour la conquête projetée de Naples, le pape devait en réunir d'autres que levait dans les cantons le nonce apostolique Ennio Filonardo, évêque de Veruli, secondé par l'infatigable ennemi de la France, le cardinal de Sion.

Les troupes pontificales et impériales entrèrent aussitôt en campagne, sous la conduite de Prospero Colonna, général fort expérimenté, qui manœuvrait avec une rare prudence, et au besoin savait agir avec une promptitude hardie. Elles étaient fortes d'environ vingt mille hommes de pied, de douze cents hommes d'armes, et de quatre cents chevau-légers. A leur tête se trouvaient des capitaines espagnols et italiens résolus et habiles, tels que Ferdinand d'Avalos, marquis de Pescara, Antonio de Leyva, le marquis de Mantoue et Jean de Médicis. Elles marchèrent vers la Lombardie, et allèrent mettre le siége devant Parme. Lautrec avait envoyé dans cette place avancée le maréchal de Foix, son frère, qui s'y était enfermé avec six mille hommes de pied italiens et quatre cents lances, formant plus de douze cents hommes de cavalerie.

La ville est traversée par la rivière dont elle porte le nom, et qui la coupe inégalement en deux parties. Après plusieurs semaines de siége, les confédérés pénétrèrent dans la partie située sur la rive droite, et la mirent au pillage. Ils attaquèrent ensuite la partie assise sur la rive gauche, qui avait une étendue plus grande, et dans laquelle Lescun s'était plus fortement retranché, mais ils ne purent s'en rendre maîtres. Lescun la défendit vaillamment. Parti bientôt de Milan pour le dégager, Lautrec s'avança vers Parme à la tête de sept mille Suisses, de quatre mille aventuriers français, de cinq cents lances, ainsi que de quatre mille fantassins de Venise et de quatre cents hommes d'armes de cette république alliée, conduits par le général Théodore Trivulzi et le provéditeur André Gritti. Son approche inquiéta les confédérés, qu'une mutinerie des troupes allemandes, exigeant leur solde, avait affaiblis, et que le peu de succès de leur attaque avait découragés. Divisés et abattus, ils se décidèrent à lever le siége. S'éloignant de Parme avec précipitation, ils remontèrent vers le Pô afin de recevoir les Suisses que le pape faisait lever dans les cantons, et qui devaient descendre en Italie par le Bergamasque. Si Lautrec s'était jeté sur eux pendant leur retraite un peu confuse, il les aurait mis facilement en déroute et aurait sauvé le duché de Milan; mais, violent sans être hardi, courageux et non résolu, il hésita à les attaquer, et les accompagna plutôt qu'il ne les poursuivit. Il lui importait par-dessus tout d'empêcher leur jonction avec les Suisses alors en marche pour les renforcer. En les devançant à Casal-Maggiore, il leur aurait fermé le passage du Pô, qu'ils traversèrent sans être inquiétés. Lorsqu'ils furent parvenus sur la rive gauche de ce fleuve, et qu'ils remontèrent l'Oglio pour aller au-devant des renforts qu'ils attendaient, Lautrec, qui les suivait toujours, se trouva encore mieux en position de les attaquer et de les battre. Les confédérés étaient postés à Robecco, et lui, se portant à Pontevico, d'où il dominait leur camp, les avait sous son canon et pouvait les accabler. Il en eut cette fois le dessein; mais, au lieu de l'exécuter sans leur laisser le temps de s'apercevoir du péril où ils s'étaient mis, il différa l'attaque jusqu'au lendemain, et les confédérés décampèrent pendant la nuit.

L'autrec avait perdu trois occasions de les vaincre : à la levée du siége de Parme, au passage du Pô, à la rencontre de Rebecco. Ne les ayant ni entamés ni devancés, il ne put s'opposer à leur réunion avec les Suisses. Ceux-ci, descendus des Alpes du côté de Chiavenna, se trouvèrent vers la fin d'octobre sur l'Oglio, et vinrent joindre les confédérés à Gambara. Lorsque l'armée de l'empereur et du pape eut reçu ce puissant renfort, elle revint sur ses pas et marcha contre Lautrec, réduit maintenant à la défensive. Faute d'argent et aussi d'habileté, Lautrec ne parvint pas à retenir sous le drapeau les Suisses qu'il n'avait pas su mener au combat, bien qu'ils l'eussent demandé à plusieurs reprises, notamment à Robecco. Beaucoup d'entre eux, mécontents et indisciplinés, reprirent la route de leur pays. Tandis qu'une partie des Suisses enrôlés au service de François Ier abandonnait Lautrec, ceux qui s'étaient engagés au service du pape uniquement pour défendre les possessions du Saint-Siége furent entraînés par le cardinal de Sion et par leurs chefs à pénétrer sur les possessions françaises, malgré le traité récemment conclu à Fribourg et malgré la défense expresse des cantons.

Lautrec, trop timide comme capitaine après avoir été trop emporté comme politique, se trouvant ainsi affaibli, crut pouvoir néanmoins se maintenir dans le Milanais, dont il garderait les principales villes. Il se retira derrière l'Adda. Outre Pavie, Milan, Como, Alexandrie, il avait sur le cours de l'Adda et du Pô une ligne de places fortes, telles que Lodi, Pizzighettone et Crémone ; mais il ne tint pas mieux dans les villes qu'en rase campagne. Posté à Cassano, non loin des confédérés, il laissa Prospero Colonna, que les lenteurs et l'inhabileté de son adversaire avaient enhardi, franchir l'Adda à Vaury, sans troubler, comme il l'aurait pu, ce périlleux passage, hasardé presque sous ses yeux. Lorsque l'armée pontifico-impériale fut sur la rive droite de l'Adda, Lautrec se vit tourné, et fut exposé de plus à ce que l'ennemi marchât, sans rencontrer d'obstacle, vers Milan et y entrât. Quittant en toute hâte Cassano, il remonta du côté de cette capitale du duché pour la couvrir et la défendre ; mais les revers devaient se presser, comme s'étaient accumulées les fautes dont ils étaient la suite et le châtiment.

A peine arrivé à Milan, Lautrec, déjà compromis par ses échecs militaires, se rendit encore plus odieux par de nouvelles violences politiques. Le vieux Cristofano Pallavicino, chef d'une des plus grandes maisons de la Lombardie, soupçonné de s'entendre avec les fugitifs milanais, avait été arraché de son château de Bussetto par Lescun avant même l'ouverture de la guerre, et jeté en prison. Son neveu Manfredo Pallavicino avait été déjà écartelé après la malheureuse tentative des fugitifs milanais sur Como, et Lautrec avait fait clouer ses membres aux portes de Milan. Il fit alors décapiter sur la place du château (1) le vieillard que ses sentiments rendaient suspect, et que sa détention comme son âge auraient empêché d'être redoutable. Il crut sans doute contenir ainsi Milan dans la soumission par la terreur; mais, au lieu de l'épouvanter, il l'indigna. Suivi de près par les troupes de la ligue, il distribua ses soldats découragés dans une

(1) Guicc., lib. xiv, et *Cronaca Grumello*, mss. Belgiojoso, citée dans Verri, t. II, p. 184.

ville lasse de sa domination et prête à la révolte (1).
Les confédérés s'avancèrent en effet vers Milan, secrètement avertis qu'à leur approche les habitants de la ville prendraient les armes pour les y introduire. Le 19 novembre au soir, ils parurent devant les faubourgs. Toute la journée avait été pluvieuse. Les chemins détrempés étaient couverts d'une boue épaisse, et les champs étaient remplis de flaques d'eau que les fantassins avaient dû traverser. Il fallait qu'ils se logeassent dans les faubourgs, et pour s'y loger qu'ils s'en rendissent maîtres. L'entreprenant marquis de Prescara les aborda le premier à la tête des arquebusiers espagnols. Dans son attaque impétueuse, il repoussa ceux qui les gardaient jusqu'à la Porte-Romaine, tandis que Prospero Colonna avec les lansquenets, le cardinal de Sion avec les Suisses, y pénétrant d'un autre côté, arrivèrent, sans rencontrer beaucoup de résistance, en face de la porte du Tessin. Les Français et les Vénitiens s'apprêtaient à défendre l'enceinte de la ville, contre laquelle les confédérés allaient tourner leurs canons; mais ils n'en eurent ni le temps, ni le moyen, ni le courage. Les Milanais, se soulevant aux cris de vive l'empire! vive

(1) Sur toute cette guerre, Guicc., lib. xiv; Martin Du Bellay, p. 345 à 361; P. Giovio, *Vita Leonis X*, *Vita Pescaræ*; Galeatii Capellæ, *de Bello Mediolanensi, seu de rebus in Italia gestis pro restitutione Francisci Sfortiæ II, Mediolanensium ducis* ab anno MDXXI ad MDXXX, lib. xiii; dans le t. II de *Joannis Georgii Grævii Thesaurus antiquitatum et historiarum Italiæ*, Lugduni Batavorum, 1704; Belcarius, lib. xvi.

l'Église ! vive le duc Francesco Sforza ! jetèrent le trouble parmi les Français et les Vénitiens, qui s'enfuirent, et ils poussèrent à assaillir la ville les Espagnols, les lansquenets et les Suisses, qui ne songeaient d'abord qu'à s'établir dans les faubourgs. Par des voûtes souterraines qui conduisaient les eaux de l'intérieur dans les fossés des remparts et par les portes qui leur furent ouvertes, les soldats de Pescara et de Prospero Colonna se précipitèrent dans Milan, qu'ils gagnèrent presque sans effort (1). Les Français perdirent en une seule nuit cette capitale importante et ambitionnée du duché, que la tyrannie de leur chef avait soulevée et que son imprévoyance ne sut pas défendre.

Lautrec, après avoir laissé garnison dans la citadelle, évacua la ville. Il battit en retraite vers Como, qu'il perdit bientôt également, et, avec les débris de son armée, il se réfugia sur les terres des Vénitiens. Sauf le château de Milan, bien approvisionné et difficile à prendre, sauf aussi les places d'Alexandrie, de Novare, de Domodossolla, d'Arona dans la haute Lombardie, de Pizzighettone et de Crémone sur l'Adda et le Pô, le Milanais tout entier fut enlevé à François Ier après une assez longue et non moins inhabile possession. Lodi,

(1) « Littera illustrissimi marchionis Mantuæ ad illustrissimam marchionissam Mantuæ die 21 novembre 1521, » et lettre du 19 au soir et du 20 au matin écrite par le cardinal Jules de Médicis ; — l'une et l'autre dans les chroniques de Sanuto, Archives impériales de Vienne, et imprimées dans l'appendice du sixième volume de l'*Histoire d'Allemagne pendant la Réformation*, de L. Ranke, p. 57, 58, 59.

Pavie, Parme, Plaisance, suivirent l'exemple de Milan et se rendirent aux confédérés.

IX.

Cet événement si désastreux pour les armes comme pour la domination de François Ier en Italie était survenu le 19 novembre. Avant que la nouvelle en fût arrivée à Calais, les conférences, poursuivies jusque-là dans cette ville, s'étaient terminées aussi à l'avantage de Charles-Quint. Pendant longtemps Wolsey avait proposé une trêve inacceptable. Son opiniâtre partialité voulait la rendre très-favorable à l'empereur, qu'elle aurait dégagé des périls auxquels il avait été un moment exposé, et tout à fait désavantageuse au roi de France, qu'elle aurait arrêté dans ses succès en l'obligeant de plus à restituer tout ce qu'il avait pris. François Ier l'avait nettement refusée. Il soumettait la suspension d'armes à des conditions qui devaient le laisser ou le rendre tranquille possesseur de la Lombardie (1), et que l'empereur rejetait à son tour (2). Aussi le 18 novembre, la veille même de l'entrée des confédérés dans Milan, François Ier disait-il aux ambassadeurs d'Angleterre avec une fière résolution

(1) Dépêches de Fitzwilliam du 21 octobre, du comte de Worcester et de l'évêque d'Ely du 27 octobre, dans Bréquigny, vol. 88.
(2) Lettres de Charles-Quint à Wolsey, écrites d'Audenarde le 14 et le 16 novembre 1521. Musée britannique, Galba, B. vii, fol. 143, et B. iv, fol. 144.

que ne secondait déjà plus la fortune : « L'empereur n'a mis tant de délais à la trêve que parce qu'il espérait enlever Tournay, s'emparer de la Bourgogne, et de là s'allier aux Suisses. Puisque je suis l'ennemi de l'empereur, je veux être son ennemi le plus terrible (1). » Quatre jours après, le 22 novembre, la conférence de Calais prenait fin. Le surlendemain, la médiation trompeuse d'Henri VIII faisait place à une ligue offensive contre la France.

Cette ligue, véritable but de la mission de Wolsey, fut conclue entre le pape, l'empereur et le roi d'Angleterre. Dès longtemps Girolamo Ghinuccio, évêque d'Ascoli, avait reçu de Léon X les pouvoirs nécessaires pour la signer en son nom. Charles-Quint en avait donné de semblables à son chancelier Gattinara et à ses autres représentants à Calais. Par le traité du 24 novembre, il fut convenu que l'empereur se rendrait en Espagne au printemps prochain, afin d'y pacifier entièrement ses sujets et de s'y pourvoir d'argent; qu'escorté à travers le canal par une flotte anglaise unie à la flotte espagnole, il aborderait soit à Douvres, soit à Sandwich, où le roi d'Angleterre irait le recevoir et d'où il le reconduirait ensuite à Falmouth; que les trois confédérés attaqueraient de concert et à fond le roi de France au mois de mars 1523, le pape en Italie avec une armée considérable, l'empereur en

(1) Lettre du comte de Worcester et de l'évêque d'Ély à Wolsey, du 18 novembre 1521, dans Bréquigny, vol. 88.

franchissant les Pyrénées avec dix mille chevaux et trente mille fantassins, le roi d'Angleterre en descendant sur les côtes de Picardie avec une armée non moins nombreuse que renforceraient les troupes des Pays-Bas. Henri VIII devait se déclarer contre François Ier un mois après le passage de Charles-Quint en Angleterre, et tous les deux mettre sur pied des forces capables de résister à leur ennemi en attendant l'époque fixée pour la grande invasion de son territoire. Ils prenaient l'un et l'autre sous leur protection : dans Florence la famille des Médicis, dans Rome le pape Léon X, qui, de son côté, frapperait des censures ecclésiastiques le roi de France, mettrait ses États en interdit, chargerait l'empereur et le roi d'Angleterre de le poursuivre comme un ennemi de l'Église, dont chacun d'eux deviendrait ainsi le bras séculier. Le souverain pontife accorderait en outre les dispenses nécessaires pour autoriser entre l'empereur et la princesse Marie d'Angleterre un mariage que la parenté prohibait, mais que le bien de la chrétienté rendait désirable (1).

Telles étaient les menaçantes stipulations signées secrètement à Calais. Si elles avaient été exécutées au moment convenu et avec les forces déterminées,

(1) Le texte du traité en quinze articles est dans les archives de Lille, où sont aussi les pouvoirs antérieurement donnés pour le conclure aux ambassadeurs de Léon X, de Charles-Quint et d'Henri VIII. — Le Glay, *Négociations diplomatiques*, etc., vol. II, p. 583, not. 3. — L'extrait de ces articles est donné dans Herbert, *the Life and raigne of king Henry the Eighth*, in-4, London, 1649, p. 117, 118 et 119.

François Ier aurait couru les plus grands dangers au cœur même de son royaume ; mais l'un des trois souverains, au nom desquels elles avaient été conclues, mourut bien avant qu'elles pussent être accomplies. Léon X n'eut pas même le temps d'apprendre la formation de cette ligue, objet de son ardente poursuite. Ce pape, entreprenant avec des dehors de faiblesse, hardi avec des apparences d'irrésolution, venait de faire triompher Charles-Quint de François Ier en Italie, non pour l'y rendre plus puissant en l'y rendant victorieux, mais afin de remettre le Saint-Siége en possession de Parme et de Plaisance, de se ménager l'acquisition prochaine de Ferrare, et de replacer un Sforza sur le trône ducal de Milan. C'était lui surtout qui avait tenu les confédérés sous le drapeau en pourvoyant à leur solde avec l'argent de l'Église et des Florentins ; c'était lui qui avait obtenu des cantons helvétiques les troupes à l'aide desquelles l'offensive avait été reprise et le Milanais conquis. Il était encore plus occupé des affaires temporelles de l'Italie que des intérêts religieux en Allemagne, et l'agrandissement territorial du Saint-Siége lui était au moins aussi cher que l'intégrité de la foi. Au début de cette guerre, il avait dit au cardinal Jules de Médicis, qui le dissuadait de s'y engager : « Mon principal désir est de recouvrer Parme et Plaisance, et je mourrai volontiers après avoir redonné ces deux villes au Saint-Siége (1). » Il ne mourut pas sans y

---

(1) « Quando deliberò di pigliare la guerra contro ai Franzesi, aveva

être parvenu, et l'on peut dire que la vive satisfaction qu'il en éprouva ne fut pas étrangère à sa fin.

Léon X était à la Malliana, à quelques lieues de Rome, quand il apprit, le 14 novembre, l'entrée des troupes espagnoles et pontificales dans Milan. Cette agréable *villa* était son séjour favori. Il y finissait l'automne, après avoir chassé au faucon près de Viterbe, ou s'être livré au plaisir de la pêche sur les bords du lac de Bolsène. Il se mettait à table et disait le *Benedicite* au moment où arriva le messager que le cardinal Jules de Médicis avait dépêché pour lui annoncer cet avantage décisif. Transporté de joie, Léon X lui dit : « C'est une bonne nouvelle que vous avez apportée (1). » Les Suisses de sa garde célébrèrent le succès des armes pontificales par d'assourdissantes décharges d'arquebuses. Après toutes les démonstrations d'allégresse qu'on fit autour de lui, le pape, agité des plus enivrantes émotions, rempli des pensées les plus ambitieuses, se promena jusqu'à une heure avancée de la nuit dans sa chambre. Les fenêtres en étaient ouvertes et y laissaient pénétrer l'air humide et froid de la fin de l'automne, dont Léon X respira les dangereuses émanations. Il sentit du

detto al cardinale dei Medici, che ne lo dissuadeva, muoverlo principalmente il desiderio di ricuperare alla Chiesa quelle due città, la quale grazia quando conseguisse non gli sarebbe molesta la morte. » Guicciardini, lib. xiv.

(1) *Lettera di Roma alli signori Bolognesi a di 3 decembre* 1522, *scritta per Bartholomeo Argilli*, dans le trente-deuxième volume de Sanuto, citée dans Ranke, *Hist. de la Papauté pendant les seizième et dix-septième siècles*, t. I, p. 129.

malaise pendant la nuit, et la fièvre le saisit. Le lendemain il retourna à Rome. Il devait y réunir le consistoire des cardinaux, et il se proposait de célébrer avec éclat (1) une victoire si profitable au Saint-Siége et qu'il croyait capable d'assurer la délivrance de la Lombardie. Sa maladie, subitement aggravée, l'en empêcha; elle devint en peu de jours mortelle et l'enleva le 1ᵉʳ décembre à huit heures du soir (2), sans qu'il reçût les derniers sacrements. Il n'avait, assure-t-on, auprès de lui que le moine mendiant Mariano, l'un des bouffons qu'il admettait à sa table, où ce pontife, d'un esprit d'ailleurs si fin et d'un goût à tant d'égards délicat, prenait plaisir à voir leur monstrueuse gloutonnerie et à entendre leurs facéties grossières. Fra Mariano, qui assistait à son agonie, lui dit lorsqu'il était sur le point d'expirer : « Saint-Père, recommandez-vous à Dieu (3). » La vie de Léon X n'avait pas été toujours celle d'un pape, sa mort soudaine ne put pas être même celle d'un chrétien.

Malgré ce qu'il y avait en lui de grand et d'aimable, et quoiqu'il eût recherché l'indépendance de l'Italie, contribué à l'accroissement du Saint-Siége et à la splendeur de Rome, il n'inspira aucune admiration et fut loin de laisser des regrets.

(1) « Papa lætabatur propterea ut nunquam plus lætatus fuerit intrinsecus vel extrinsecus, ita ut signa per triduum fieri curaverit. » Paris de Grassis, maître des cérémonies de Léon X. Mss. de la Bibliothèque nationale. — *Diarium*, vol. III, fol. 919.

(2) Ibid., 920.

(3) Dans Alberi, deuxième série, vol. III, p. 74, note 1.

« Il n'est pas mort de pape, écrivait-on de Rome, qui ait laissé une pire réputation depuis qu'existe l'Église de Dieu (1). » Un jugement aussi outré tenait à ses mœurs peu pontificales, à sa fin, qui n'avait rien eu de religieux, à ses onéreuses prodigalités, qui avaient épuisé le trésor apostolique et surchargé l'État d'une énorme dette (2). Mais si dans Léon X le pontife n'avait pas été toujours édifiant, le prince s'était montré habile, et le protecteur des lettres comme des arts devait rester à jamais glorieux. Sa mémoire, un moment abaissée, allait se relever sous son successeur. Du choix de ce successeur dépendait, par la continuation ou par la rupture de la ligue conclue à Calais, le triomphe durable de Charles-Quint en Italie ou le retour victorieux de François Ier dans le Milanais.

(1) « Concludo que non è morto mai papa con peggior fama dapoi è la Chiesa di Dio. » *Lettera scritta a Roma*, 21 *febr.* 1521, citée dans L. Ranke, *Hist. de la Papauté*, etc., t. I, p. 130.

(2) De 800,000 ducats, d'après son maître des cérémonies. « Camera et sedes apostolica dicitur exhausta et debitrix in summa VIII. c. mill. ducatorum. » *Diarium*, t. III, fol. 923, 924.

CHAPITRE IV.

CONCLAVE DE 1522. — BATAILLE DE LA BICCOCA.
COALITION CONTRE FRANÇOIS Ier.

Conclave pour nommer le successeur de Léon X. — Cardinaux qui aspirent à la papauté ; opposition que chacun d'eux rencontre. — Élection imprévue du cardinal de Tortose, ancien précepteur de Charles-Quint et alors régent d'Espagne — Le nouveau pape prend le nom d'Adrien VI et va à Rome. — Continuation de la guerre en Italie. — Le maréchal de Lautrec, à la tête d'une armée nombreuse, s'efforce de reprendre le Milanais. — Ses diverses tentatives sont déjouées par Prospero Colonna qui commande les troupes impériales. — Bataille de la Biccoca ; défaite de Lautrec. — Évacuation du Milanais ; vive irritation de François Ier. — Retour de Charles-Quint en Espagne. — Il passe par l'Angleterre, où il convient avec Henri VIII d'attaquer bientôt la France, conformément aux stipulations de Bruges et de Calais. — Déclaration de guerre de Henri VIII à François Ier, réduit à défendre son royaume après avoir perdu le duché de Milan. — Le pape Adrien VI et la république de Venise s'unissent alors à l'empereur et au roi d'Angleterre ; il se forme une coalition générale contre la France. — Les coalisés, secondés par un prince du sang, doivent envahir le royaume pour le démembrer.

I.

Le conclave formé après la mort de Léon X commença le 27 décembre 1521. Trente-neuf cardinaux y entrèrent. L'élection du nouveau pape était de la dernière importance pour les deux souverains qui se disputaient l'Italie et qui étaient en lutte partout. Charles-Quint avait promis de se déclarer pour la candidature de Wolsey. Il était tenu de le faire, s'il ne voulait point encourir l'animosité de l'ambitieux cardinal et s'exposer à perdre l'appui de son maître. Aussi, dès qu'il connut la mort de Léon X, écrivit-il à Wolsey le 28 décembre : « Monsieur le cardinal mon bon ami, le chemin m'est ouvert de pouvoir démontrer le grand désir que j'ai à votre grandeur et avancement. Vous pouvez être sûr qu'il ne sera rien épargné pour parvenir à l'effet souhaité (1). » Il lui transmit en même temps la copie de la lettre qu'il adressait à don Juan Manuel, son ambassadeur à Rome, et dans laquelle il disait à celui-ci : « Nous avons écrit à tout le sacré collége, et aux divers cardinaux en particulier, pour les exhorter à donner à la république chrétienne le pontife qui paraîtrait lui convenir le mieux, et à placer le gouvernail de la barque de saint Pierre, depuis longtemps ballottée sur les flots de la haute mer, entre les mains d'un pilote qui, par sa vertu, sa foi, son art et son adresse, sût la tirer du milieu des tempêtes et la conduisît enfin au port de salut. A notre jugement, le cardinal d'York est l'homme le plus digne du grand office pastoral. Outre sa singulière pru-

(1) Charles-Quint à Wolsey. Musée britannique, Galba B., vii, f. 160, olographe.

dence et la longue habileté qu'il a acquise dans la conduite des affaires, il se recommande par les nombreuses vertus dont il est orné. Faites donc diligemment et avec dextérité, en notre nom et d'accord avec l'ambassadeur du sérénissime roi d'Angleterre notre oncle, tout ce qu'il faudra, soit auprès du conclave, soit auprès de chaque cardinal, pour que nous arrivions à cette fin désirée (1). »

Les recommandations de l'empereur, fussent-elles sincères, ne pouvaient pas être efficaces. L'éloignement où il était de Rome lui avait fait apprendre trop tard la mort de Léon X pour qu'il intervînt assez tôt dans le choix de son successeur. D'ailleurs se souciait-il beaucoup de voir monter au trône pontifical le cardinal d'York, et ne trompait-il pas ce grand trompeur ? Au fond, il souhaitait l'élection d'un Italien du parti impérial, et par-dessus tout celle du cardinal Jules de Médicis, qui aurait maintenu activement dans son alliance et le Saint-Siége et la république de Florence.

Le parti impérial était le plus puissant dans le conclave. François Ier n'y disposait que de dix à douze voix. Ce prince voulait surtout écarter du pontificat un cardinal qui serait dévoué à son adversaire ; mais il ne conservait pas beaucoup d'espérance. Il savait par quelles intrigues intéressées et d'après quelles combinaisons ambitieuses se déci-

(1) Lettre latine de Charles-Quint à son ambassadeur à Rome, 30 décembre 1521. — Copie envoyée à Wolsey et déposée au Musée britannique, Vitell. B., IV, f. 222.

daient les promotions pontificales. Aussi l'ambassadeur du roi d'Angleterre, qui n'avait pas encore rompu ostensiblement avec lui, ayant en sa présence exprimé le vœu que les cardinaux fussent éclairés par le Saint-Esprit en élisant le nouveau pape, il ne put s'empêcher de lui dire : « Ce n'est guère la coutume à Rome de donner des voix d'après l'inspiration du Saint-Esprit (1). » Il redoutait beaucoup la nomination du cardinal de Médicis, qui avait conduit, la croix pontificale en tête, les troupes de la ligue dans l'invasion du Milanais, et qui aurait continué contre lui la politique hostile de Léon X. Il lui donnait donc l'exclusion formelle, et il avait écrit que, si le cardinal Jules était élu, « ni lui ni aucun de ses sujets n'obéiraient plus au Saint-Siége. »

Jules de Médicis, héritier de la renommée comme des projets de Léon X, tout-puissant dans Florence qu'il dirigeait, passait pour avoir préparé dans la politique et dans la guerre les succès dont il n'avait été que l'instrument et le témoin. En apprenant la mort soudaine du souverain pontife, à qui le liait une étroite parenté et qu'il représentait comme légat, il avait licencié les troupes de l'Église et en toute hâte il s'était rendu à Rome. Il disposait dans le conclave du parti le plus considérable pour devenir pape ou pour en faire un à son gré. Quinze voix lui étaient entièrement dévouées (2); mais il

(1) Th. Cheyney à Wolsey, janvier 1522, dans Bréquigny, vol. 89.
(2) « Quindici dei quali erano in favore del cardinal de Medici. »

en fallait vingt-six pour être élu, et il avait besoin d'en détacher onze du parti des plus anciens membres du sacré collége que dirigeaient les cardinaux Colonna, de Voltera et Trivulzi. Ceux-ci étaient bien au nombre de vingt-trois; mais, parmi eux, se trouvaient des cardinaux attachés au parti impérial, comme Colonna, et d'autres enrôlés dans le parti français, comme Trivulzi. Tous repoussaient un Médicis, de peur que la transmission de la papauté ne devînt héréditaire dans la même famille. Beaucoup d'ailleurs, qui détestaient la mémoire de Léon X après avoir détesté son administration, avaient pour le cardinal Jules un éloignement insurmontable. Ils étaient décidés à ne point donner à l'Église un chef au-dessous de cinquante ans, et, comme ils étaient presque tous vieux, dix-huit d'entre eux aspiraient à être papes (1). Cependant aucun ne pouvait l'être sans l'adhésion du cardinal de Médicis, qui leur donnait son exclusion s'il subissait la leur.

Le pénétrant Florentin jugea bien vite qu'il ne parviendrait pas cette fois au souverain pontificat : il abandonna dès lors sa candidature avec cette rapide résolution que les cardinaux ambitieux doi-

Relazione di Roma, de Luigi Gradenigo, qui, au moment du conclave, était ambassadeur de Venise à Rome. Dans Alberi, série 2e, vol. III, p. 73. — Guichardin compte aussi quinze voix, lib. xiv. — Paul Jove prétend qu'il disposait de seize, *Vita Hadriani* VI, cap. viii.

(1) « Dei quali ventitrè diciotto volevano esser papa. » *Relazione di Gradenigo,* ibid., p. 73. — « Ex ordine seniorum nemo reperiebatur qui se eo honore non dignum putaret. » P. Jovius, *Vita Hadriani* VI, cap. viii.

vent avoir et savent montrer dans les conclaves ; mais, s'il renonça à être pape, il voulut au moins en faire un. Il proposa plusieurs cardinaux, qui furent successivement repoussés par le parti des vingt-trois. Ayant alors porté ses voix sur le Romain Alexandre Farnèse, dont l'âge n'était pas à leurs yeux un obstacle, avec le fils duquel et la fille de Laurent de Médicis il avait concerté un mariage, et qui de plus s'était engagé non-seulement à lui conserver sa puissance, mais à l'accroître, il fut sur le point de réussir. Farnèse réunit jusqu'à vingt-deux voix : il ne lui en fallait plus que quatre (1); mais les cardinaux de Volterra et Colonna se montrèrent les adversaires inflexibles de Farnèse, à cause même de son union avec le cardinal de Médicis (2). Rapproché un moment du trône pontifical, où il ne monta que douze ans plus tard, Farnèse fut délaissé. Wolsey lui-même, après avoir été ballotté et avoir obtenu neuf voix (3), succomba

(1) « Et a esté tenu pour pape, car s'il eust eu encore quatre voix, il l'eust emporté. » Dépêche de Nicolas Raincé à François Ier, du 9 janvier, mss. Béthune, vol. 8500, f. 95.

(2) Dépêche de l'ambassadeur de Pins à François Ier écrite de Rome le 10 janvier 1522, mss. Béthune, vol. 8500, f. 91. — *Relazione di Gradenigo*, etc., dans Alberi, série 2e, vol. III, p. 73-74.

(3) Dépêche de Clerk à Wolsey, écrite de Rome le 15 janvier 1522, Musée britannique, Vitellius, B. v, f. 17. — Dans sa dépêche, Clerk prétend qu'il en eut jusqu'à douze, et même au-delà. Ibid. « On voit avec certitude, par une lettre du cardinal Campeggio, qui faisait partie du conclave, qu'il eut jusqu'à neuf voix. » Dans cette lettre, fort mutilée, Campeggio dit à Wolsey qu'il n'y a pas eu de scrutin où il n'ait eu des voix, *quod non habuerit vota*, et que *ad octavum persæpe et nonum pervenere*. — Lettre de Rome écrite le 10 janvier par Campeggio à Wolsey, Musée britannique, Vitellius, B v, p. 10.

à son tour, parce qu'on le déclara trop jeune, qu'on le crut disposé à faire des réformes, et qu'on craignit qu'il n'établît en Angleterre le siége de son pontificat.

On désespérait dans le conclave de nommer un pape. Le parti des vieux cardinaux ne voulait accepter aucun des candidats du parti des jeunes, et celui-ci se refusait à élire un cardinal du parti des vieux. Les exclusions étaient si décidées et si persévérantes que le 9 janvier, après quatorze jours d'infructueuses tentatives, les diverses combinaisons semblant épuisées, on regardait comme inutile d'ouvrir le scrutin. Ce jour-là, le cardinal de Médicis tenta un coup hardi. Il était fort troublé de ce qui était survenu en Italie depuis la mort de Léon X. Libres de leurs engagements et privés désormais de leur solde, les Suisses enrôlés au service de la papauté avaient quitté la Lombardie pour retourner dans leur pays. L'État de l'Église était à l'abandon. Des soulèvements y avaient éclaté contre la cour de Rome. Tous les petits potentats que Léon X avait dépouillés de leurs possessions profitaient de l'interrègne pontifical pour les reprendre. Marie de la Rovere venait de reconquérir son duché d'Urbin et de Pesaro, qui, après la mort de Laurent de Médicis, avait été annexé au Saint-Siége. Jean-Marie Varano était rentré dans Camerino, d'où il avait été précédemment expulsé. Les deux frères Malatesta et Orazio Baglioni avaient marché vers Pérouse et s'en étaient emparés. La réaction territoriale menaçait de s'étendre à Modène et à Reggio, que le duc de Ferrare revendiquait les armes à la main, et que Vitello et Guido Rangoni défendaient à la tête de quelques troupes. Elle pouvait même faire perdre les villes si nouvellement acquises de Parme et de Plaisance, bien qu'elles fussent assez attachées au Saint-Siége, et que le commissaire pontifical Guicciardini gardât la plus importante des deux avec une habileté vigilante.

Sachant Urbin, Pesaro, Camerino, Pérouse perdus, Modène et Reggio menacés, le cardinal de Médicis apprit de plus avec effroi que l'agitation gagnait Sienne et se rapprochait de Florence, où sa famille, après être descendue du Saint-Siége, pouvait être dépossédée du gouvernement de la république. Il fallait sortir de cet état dangereux (1) en pourvoyant tout de suite à la vacance de la chaire apostolique. Jules de Médicis était dans cette disposition lorsque deux des vieux cardinaux, le cardinal del Monte, évêque d'Albano, et le cardinal Thomas de Vio, de l'ordre des dominicains, célèbres le premier comme profond canoniste, le

---

(1) « Il (le cardinal de Médicis) et les siens couchèrent voye de faire un pape à l'impourvu, doubtant les Estatz de Sienne et de Florence, et, sire, s'ils ne l'eussent fait aujourd'huy, avant deux jours ils eussent tout laissé là, car voyant Médicis qu'il ne pouvoit advenir, n'estimoit rien tant que l'estat de Florence, auquel il prétend estre mainctenu. » Dépêche de N. Raince à François Ier, écrite de Rome le 9 janvier à cinq heures de nuit, mss. Béthune, vol. 8500 f. 86, sqq. — « M. de Médicis a fait seul le pape, et non autre. » N. Raince à François Ier, dépêche du 10 janvier, ibid., f. 89.

second comme savant théologien, le conjurèrent de mettre un terme à cette situation aussi compromettante pour le sacré collége que fâcheuse à l'Église. Ils lui demandèrent de rendre la liberté à ses amis, en leur permettant de nommer un pape dont l'âge, les mœurs, la doctrine, convinssent aux intérêts du Saint-Siége et aux besoins de la chrétienté. Le cardinal Jules déclara qu'il était prêt à le faire. Il dit qu'il montrerait son zèle pour l'Église en choisissant un personnage bien propre à la servir et à l'honorer, et il ajouta que si les vieux cardinaux ne l'acceptaient point, ils laisseraient voir leur intraitable esprit de contention et l'aveugle malignité de leurs desseins (1). Il persuada aux siens de porter leurs votes sur un cardinal que recommandaient également son savoir étendu, sa solide piété, sa ferme orthodoxie et son infaillible attachement au parti impérial. Il leur désigna en même temps l'ancien doyen de la faculté de théologie de Louvain, le Néerlandais Adrien Florisse, que Léon X avait fait cardinal de Tortose, et que Charles-Quint avait laissé comme régent dans le royaume troublé de Castille. Adrien n'était jamais venu en Italie, il ne connaissait pas Rome, et, bien qu'il exerçât l'autorité monarchique par délégation, il n'avait ni le caractère ni l'habileté nécessaires à la conduite d'un État. Ce qui l'aurait fait exclure en un autre temps le fit agréer alors. Le

---

(1) P. Jovius, *Vita Hadriani* VI, cap. VIII.

cardinal de Saint-Sixte, Thomas de Vio, loua sa science profonde, la douceur de ses sentiments, l'honnêteté de sa vie. Il accéda à la présentation. La lassitude du désaccord, l'effet de la surprise, l'entraînement de l'approbation, firent arriver rapidement à lui les vieux cardinaux à la suite des jeunes. Les cardinaux francais eux-mêmes, croyant que c'était le moins mauvais choix pour le roi très-chrétien (1), suivirent les cardinaux espagnols, qui le regardèrent comme le meilleur pour le roi catholique. En peu d'instants, l'heureux Adrien Florisse obtint vingt-six voix. Aussitôt on s'écria : *Habemus papam* (2), nous avons un pape! Et tous les cardinaux, moins un seul, adhérèrent à cette nomination par *accès*.

Les cardinaux avaient nommé un *barbare* (3). Malgré les tristes souvenirs de la translation du Saint-Siége à Avignon, qui avaient fait adopter pour maxime au sacré collége de ne jamais élire que des papes italiens, ils venaient de choisir un

(1) Le cardinal Trivulzi écrivait le 14 janvier à François Ier : « J'espère que de tous ceulx lesquels ont esté plus prochains d'estre pape cestuy cy quest esleu soit le meillieur pour vous. » Mss. Béthune, vol. 8487, f. 32. — C'est ce qu'écrivait aussi le 9 janvier, à François Ier, Nicolas Raince, en lui disant que, le choix ne pouvant tomber que sur un impérial, le cardinal de Tortose était préférable « pour le bien et moins mal de vous, non-seulement pour ce que l'on dit qu'il soit de bonne vie, mais pour aultant que de six ne de huit mois il ne se peult trouver en lieu où il vous puisse empescher ni luy ni son disciple. » Mss. Béthune, vol. 8500, f. 86, sqq.

(2) « Et incontinent fut dit *Habemus papam*, ce que voyant les autres cardinaux et que déjà il estoit pape ils accédèrent. » Dépêche de Nicolas Raince, ibid., f. 95.

(3) « Avevano eletto un pontefice barbaro e assente. » Guicc., lib. XIV.

étranger qui pouvait de nouveau transférer au delà des Alpes le souverain pontificat. C'était l'objection qu'on avait opposée au cardinal d'York et qu'on oublia pour le cardinal de Tortose. L'élection faite, les membres du conclave, qui mirent, dit Guichardin, cette extravagance sur le compte du Saint-Esprit (1), en furent consternés. La colère du peuple de Rome éclata à la nouvelle qu'on lui avait donné un transalpin pour pape, et les remplit d'épouvante. Un immense cri de désapprobation s'éleva contre eux à leur sortie du conclave. — « Pourquoi, leur disait-on, n'avez-vous pas élu un de vous (2)? » — Plus morts que vifs (3), ils allèrent s'enfermer dans leurs demeures, qu'ils n'osèrent pas quitter de quelque temps dans la crainte d'être maltraités, ou tout au moins insultés par le peuple (4) irrité d'un choix qui blessait l'orgueil italien et semblait menacer la sécurité romaine. Le danger d'une translation du Saint-Siége en Espagne parut si imminent, qu'on afficha sur

---

(1) « Della quale stravaganza non potendo con ragione alcuna scusarsi, transferivano la causa nello Spirito santo. » Guicc., lib. XIV.

(2) « E nell' uscir di conclave si levarono contro a loro grandissime strida, dicendo : Perchè non eleggeste uno di voi ? » *Relazione di Gradenigo*, etc., ibid., p. 74.

(3) « I cardinali rimasero morti di aver fatto uno che mai non videro. » Ibid.

(4) « Sire, vous ne sçauriez croire le malcontentement de toute cette cité... et vous promectz, sire, que les cardinaulx n'osent aller parmy les rues, car en saillant du conclave grands et petits crioient et couroient après eulx, que c'estoit grand honte de le veoir, car tous tiennent que ceste court est perdue. » Dépêche du 10 janvier, de Pins à François Ier, mss. Béthune, vol. 8500, f. 91.

les murailles des maisons : *Rome est à louer* (1).

Afin de dissiper au plus tôt de semblables craintes, le sacré collége nomma trois légats, chargés tout à la fois de notifier au nouveau pape son élection et de hâter sa venue en Italie. Avec les cardinaux de Cortone et Cesarini, attachés au parti impérial, il désigna le cardinal Orsini, qui était du parti français (2). Le sacré collége espérait que le savoir orthodoxe du pape Adrien et sa vie exemplaire serviraient à raffermir l'autorité dogmatique et à rétablir l'influence morale de l'Église romaine, qui se trouvaient alors également ébranlées. Il ne souhaitait pas moins que, dégageant le Saint-Siége des partialités ambitieuses dans lesquelles Léon X l'avait jeté, ce pontife religieux le mît d'accord avec toutes les grandes puissances chrétiennes (3), et s'efforçât de ramener la paix parmi elles.

II.

Adrien était à Vittoria, dans la province d'Alava, lorsqu'il apprit sa nomination, dont il était rede-

---

(1) *Roma est locanda.* « ...... Perchè tutti credevano che il papa tenesse il papato in Ispagna. »

(2) Dépêches de Nic. Raince du 9 et du 10 janvier, mss. Béthune, vol. 8500, f. 86-89, sqq.

(3) « Entre les articles faits au conclave, il y en a ung qu'il (le nouveau pape) fera tout son pouvoir et devoir de mectre paix universelle entre les princes chrétiens, et quant il ne le pourroit faire, à tout le moings il se trouve neutral. » Dépêche de N. Raince du 10 janvier, ibid., f. 89, sqq.

vable à tout le monde, et à laquelle le parti français avait adhéré avec un peu moins d'empressement, mais avec autant d'efficacité que le parti impérial. Un camérier du vieux cardinal espagnol Carvajal lui en porta le premier la nouvelle, qui le remplit de trouble et le laissa d'abord dans l'hésitation. Il se retira, l'âme agitée et l'esprit quelque temps incertain, dans le couvent des franciscains. L'expérience qu'il venait de faire en exerçant l'autorité royale en Espagne ne le disposait point à se charger du gouvernement non moins troublé et bien plus difficile du monde chrétien (1). A la fin néanmoins il s'y décida. Le 14 février, après avoir célébré la messe, il fit venir les docteurs Agreda et Blas Ortiz, créés chanoines de Tolède, ainsi que Juan Garcia, secrétaire du conseil général de l'inquisition d'Aragon, et leur dit : « J'ai différé jusqu'à présent d'accepter le souverain pontificat, craignant de ne pouvoir soutenir le fardeau d'une aussi grande charge ; mais, comme je présume que mon refus menacerait l'Église universelle de graves dangers, je me décide, avec l'aide du secours divin, à remplir cette sainte fonction. La providence impénétrable de Dieu ayant daigné m'y appeler, j'es-

---

(1) « Cum esset timoratæ conscientiæ, formidans tantum onus, non decreverat illud subire. » *Itinerarium Hadriani*, cap. II, p. 161, par Blas Ortiz, chanoine de Tolède, qui était avec Adrien lorsqu'arriva la nouvelle de son élection, et qui l'accompagna à Rome, d'où il ne partit qu'après sa mort. Cet itinéraire est dans : *Hadrianus VI, sive analecta historica de Hadriano*, etc. *Collegit Casparus Burmanus*, in-4, Trajecti ad Rhenum, 1727.

père que sa grâce m'y soutiendra. Je vous prends donc à témoin de mon acceptation devant ce notaire qui en fera foi, et je vous enjoins de ne parler de ma résolution à personne. » Il reçut ensuite avec calme la notification du conclave, et le lendemain il revêtit l'étole pontificale, chaussa des mules avec des croix d'or, prit le nom d'Adrien VI, et donna ses pieds à baiser à tous ceux qui vinrent en foule se prosterner devant lui (1). Tout en se résignant à porter la triple couronne, le pieux Néerlandais craignit de fléchir sous son poids. Il en sentit d'avance l'accablement, et il répondit aux félicitations d'un de ses anciens amis : « Ce qui vous réjouit m'attriste. Je frémis du fardeau que j'ai à porter. Que ne puis-je, sans offenser Dieu, le rejeter de mes épaules débiles sur des épaules plus fermes ! Que celui qui me l'a imposé me donne des forces pour le soutenir (2) ! »

Ne pouvant conserver plus longtemps la régence d'Espagne, Adrien VI pressa Charles-Quint de revenir dans ses royaumes, et se prépara lui-même à partir pour l'Italie. Les deux souverains qui étaient en guerre dans ce pays recherchèrent, le roi de France sa neutralité, l'empereur sa coopération. Ce dernier prince, en même temps qu'il

---

(1) Jovius, *Vita Hadriani*, cap. x.
(2) « Sed ut vos de honore summo, nobis ultro oblato, lætamini; ita nos onus annexum exhorrescimus; atque utinam illud a nostris infirmis, in alios robustiores humeros, Deo inoffenso, rejicere possumus. Qui onus imposuit vires ad ferendum suppetat. » Ex Victoria urbe, februar. Epist. 753, à Pierre Martyr, lib. xxxv.

consolait Wolsey d'un échec dont tous ses efforts n'avaient pu, disait-il, le préserver cette fois (1), et qu'il lui donnait l'espérance d'une promotion future, s'attribuait auprès d'Adrien le mérite de lui avoir fait accorder le pontificat. Il voulait par là maintenir l'un dans ses favorables dispositions et gagner l'appui de l'autre. « Le collége des cardinaux, écrivait-il au nouveau pape, a répondu à don Jehan Manuel, mon ambassadeur, qu'à ma contemplation fut faite l'élection de votre sainteté (2). » Il assurait en avoir eu autant de joie que si elle lui avait été accordée avec l'empire. Pour le mettre en garde contre les avances qui pouvaient lui être faites du côté des Français, il ajoutait : « Je supplie Votre Sainteté de vous souvenir de ce que vous m'avez dit autrefois, étant votre écolier, et de ce que par expérience je vois être véritable, que leurs paroles sont bonnes et douces, mais qu'à la fin ils ne cherchent qu'à amuser et tromper. »

Adrien n'admit pas qu'il fût pape par la grâce de l'empereur. Il resta affectueux envers son ancien disciple, mais il se montra indépendant du

---

(1) C'est ce que lui faisait dire sir Richard Wynfeld, ambassadeur d'Henri VIII auprès de lui, qui écrivait le 11 février à Wolsey : « Sa Majesté juge que le nouvel élu est vieux, malade, éloigné de Rome, de sorte qu'il ne restera pas longtemps en charge. C'est pourquoy Elle vous prie de la manière la plus cordiale de vous tenir prêt vous-même..... Elle a l'intention sincère, lorsque le cas le requerra, de faire de son mieux pour votre avancement en cette matière. » Musée britannique, Galba B.. vii, p. 6.

(2) Lettre de Charles V à Adrien VI du 7 mars 1522. *Correspondenz des Kaisers Karl V*, publiée par Karl Lanz, t. I, p. 59.

prince dont il cessait d'être le sujet. Il laissait entendre à Charles-Quint qu'il avait dû solliciter en faveur du cardinal (1), qui lui était plus nécessaire que tout autre dans les choses d'Italie, et il s'en félicitait. « Je suis bien joyeux, disait-il, de n'être point parvenu à l'élection par vos prières à cause de la pureté et sincérité que les droits divin et humain requièrent en semblables affaires. » Il ajoutait qu'il lui en savait meilleur gré que s'il eût obtenu le pontificat par son influence. Il reconnaissait toujours que les Français, comme il le lui avait appris autrefois, étaient prodigues de promesses qu'ils ne remplissaient pas, et mesuraient leur amitié à leur profit, mais il ne paraissait pas disposé à se déclarer contre eux. Il semblait même annoncer qu'il tiendrait la balance égale entre son compétiteur et lui, en suivant l'exemple des cardinaux, « qui, disait-il, n'eussent jamais osé élire homme mal agréable et à vous et au roi de France. »

François Ier ne demandait pas autre chose. Il exprima à Adrien la confiance qu'il avait en lui. Insistant sur ses devoirs pontificaux, en rappelant ses vertus privées, il lui écrivait : « Nous croyons que vous n'oublierez point quel lieu vous occupez, que vous penserez souvent au salut de votre âme, et que cela, avec la bonne vie que vous avez toujours

---

(1) « Je savoie qu'il ne convenoit ni à vos affaires, ni à la république chrétienne, que sollicitissiés pour moy, pour ce que eussiés solut et enfraint l'amitié avec cestuy qui de tous estoit le plus nécessaire aux choses de l'Italie. » Lettre du 3 mai, d'Adrien VI à Charles V, ibid., p. 61.

eue, vous gardera d'être partial et entretiendra au chemin de la vérité sans acception de personne, et que serez père commun des princes chrétiens, ayant toujours devant les yeux droit, équité, justice (1). » Il invoquait donc son impartialité, au besoin même sa médiation. Du reste, quelles que fussent alors et que dussent être plus tard les dispositions réelles d'Adrien à l'égard des deux princes rivaux, il ne pouvait rien entreprendre de longtemps, puisqu'il n'arriva à Rome que le septième mois après son élection.

François Ier voulut profiter d'une situation aussi favorable. Il n'avait en ce moment contre lui ni le Saint-Siége ni la république de Florence. Il était toujours l'allié des Vénitiens, dont l'amitié, un peu refroidie par les échecs précédents, s'était ranimée à la mort de Léon X. Il comptait plus que jamais sur les Suisses, car douze des cantons, indignés de ce que les bannières helvétiques eussent été déployées naguère dans les deux camps, avaient impérieusement rappelé leurs soldats enrôlés dans l'armée de la ligue, et n'accordaient plus de levées qu'à la France seule. Ne devant dès lors rencontrer en Lombardie que les troupes de l'empereur, à qui la modicité de ses ressources ne permettait pas d'en entretenir un grand nombre sur ce point, François Ier se trouvait en position de reconquérir le Milanais, que Lautrec avait perdu. Ses ambassa-

(1) Lettre de François Ier au pape, mss. Béthune, vol. 8527, f. 1, sqq.

deurs le lui écrivaient d'Italie. Ils l'engageaient à passer de nouveau les Alpes, comme il l'avait fait au début de son règne, qu'avaient rendu si glorieux la victoire de Marignan et l'entière occupation du duché. « Je vous oserois assurer sur ma vie, sire, lui écrivait Nicolas Raince, que vous avez à présent le moyen de vous faire perpétuellement le seigneur de toute l'Italie (1). »

III.

Au lieu de descendre lui-même en Lombardie, François Ier remit aux mains de Lautrec les troupes destinées à recouvrer le duché de Milan. Seize mille Suisses choisis, conduits par leurs chefs les plus vaillants, marchèrent, sous les ordres du bâtard de Savoie, frère de la duchesse d'Angoulême, du grand-écuyer San-Severino et du jeune Anne de Montmorency, fait maréchal après la mort de J.-J. Trivulzi, pour se réunir à Lautrec. A leur approche, celui-ci franchit l'Adda le 1er mars, afin d'aller au-devant d'eux avec les forces qui lui restaient. Il devait attaquer ensuite les Impériaux, hors d'état, selon toute apparence, de lui résister.

Des deux parts, on possédait des places fortes. Les Français, dans leur défaite, avaient conservé une ligne de forteresses depuis Trezzo sur l'Adda

(1) Dépêche de Nicolas Raince à François Ier, écrite de Rome le 9 janvier 1522. mss. Béthune, vol. 8500, f. 86 et sqq.

jusqu'à Crémone sur le Pô. Ils occupaient encore la citadelle de Milan et toutes les places qui bordaient les lacs supérieurs ou qui ouvraient les abords de la Lombardie. Les Impériaux, maîtres d'Alexandrie, de Novare, de Vigevano, de Milan, de Pavie, de Plaisance, de Parme, tenaient la plus grande partie du duché. Ils avaient pour eux les habitants du pays. Ceux-ci, dans leur exaltation d'indépendance nationale, voulaient être gouvernés soit par le duc Francesco Sforza, soit par le Saint-Siége. Le dévouement zélé des populations italiennes, très-animées en ce moment contre la domination française, était soutenu par des garnisons suffisamment nombreuses. Des ouvrages de défense avaient été préparés en outre avec beaucoup de prévoyance autour des villes (1). Prospero Colonna n'avait rien négligé pour mettre les plus importantes d'entre elles à l'abri d'une surprise soudaine et même d'une attaque régulière.

Encore plus propre à garder un pays qu'à le conquérir, Prospero Colonna était un général fort habile, surtout dans la guerre défensive. Il se postait bien, manœuvrait savamment, et il se rendait capable de l'emporter sur ses ennemis beaucoup moins par la valeur ou la supériorité de ses troupes que par l'art qu'il mettait à les placer, à les conduire, à les engager. Il avait entouré la citadelle de Milan d'un double cercle de tranchées profon-

(1) Guicc., lib. xiv. — Gal. Capella, lib. ii, f. 1265. — Belcarius, *Comment. rer. Gall.*, lib. xvii, f. 503.

des, pratiquées à une certaine distance les unes des antres et surmontées de plates-formes armées de canons, empêchant ainsi de pénétrer par le dehors dans la citadelle et de faire de la citadelle aucune sortie contre la ville. Il avait relevé les remparts, creusé les fossés, réparé les bastions de Milan (1), où il s'était enfermé avec douze mille hommes de pied, sept cents hommes d'armes et sept cents hommes de cavalerie légère. Le reste de l'armée impériale était distribué dans Alexandrie, que gardait Monsignorino Visconti avec deux mille hommes, dans Novare, où Filippo Torniello en commandait quinze cents, dans Pavie, que défendait l'intrépide et opiniâtre Antonio de Leyva à la tête de trois mille.

Les moyens d'accroître le nombre de ses troupes n'avaient pas été négligés non plus par Prospero Colonna. Autant que l'avaient permis les faibles ressources des Impériaux, à défaut de fantassins suisses, on levait des lansquenets allemands. Deux hommes poursuivaient ces levées avec ardeur : Francesco Sforza, qui dans le succès de cette guerre voyait le rétablissement solide de sa maison en Lombardie, et Jérôme Adorno, qui aspirait à faire dans Gênes la révolution opérée, au nom de Francesco Sforza, dans Milan. Avec une somme assez peu considérable qu'envoya l'empereur, un subside volontaire que les Milanais accordèrent (2) à leur

(1) Gal. Capella, lib. II, f. 1265.— Guicc., lib. XIV.
(2) *Cronaca Grumello*, citée dans Verri, *Storia di Milano*, t. II,

nouveau duc et 11,000 ducats que lui transmit le cardinal de Médicis, on recruta deux bandes de quatre mille et de six mille lansquenets, la première sous François de Castelalt, la seconde sous George Frondsberg. En attendant l'arrivée de ce puissant renfort, Prospero Colonna, placé derrière les murailles des villes, se tint sur une forte défensive. Il espéra que l'armée française, faute de pouvoir vaincre, et à la longue de pouvoir être payée, serait exposée à se fondre et finirait par se disperser.

Cette armée était très-considérable, et il était plus difficile de la tenir longtemps sur pied que de la conduire à la victoire, si l'ennemi acceptait la bataille. Lautrec entra en campagne aussitôt que les Français se furent réunis aux Vénitiens et aux Suisses, et qu'il eut recueilli les trois mille hommes des bandes noires qui avaient servi jusque-là dans l'armée de la ligue et qui venaient de passer, avec leur chef Jean de Médicis, à la solde de François Ier. Il marcha droit sur Milan, comme pour l'assiéger et le prendre. Arrivé devant ses murailles, il tenta de se mettre en communication avec la garnison qu'il avait laissée dans la citadelle; mais il n'y parvint point. Quelques attaques qu'il essaya contre la ville ne furent pas plus heureuses. Le blocus étroit de la citadelle, la défense vigilante de la ville par une garnison qui était une véritable

cap. XXIII, p. 186. — « Reliquum vero è tributis Mediolanensium conferebatur. » Gal. Capella, ibid., f. 1266.

armée, les dispositions belliqueuses des habitants qui s'étaient formés en compagnies militaires (1) et que les prédications éloquentes d'un moine augustin excitaient à combattre avec les Impériaux, s'ils voulaient assurer le gouvernement de leur duc national, convainquirent bientôt Lautrec de l'impossibilité de forcer Milan.

Après avoir passé plusieurs jours devant cette grande ville et y avoir perdu du monde, il renonça au dessein de s'en emparer. Il alla se placer à Gaggiano, entre Milan et Pavie, afin d'empêcher les lansquenets qu'amenait Francesco Sforza de se réunir à Prospero Colonna. Il resta plusieurs semaines dans cette position. Il parvint bien à tenir les Impériaux séparés, mais c'était là un avantage purement négatif, et il laissa s'écouler un temps précieux sans faire aucun progrès. Bientôt même l'approche de son frère le maréchal de Foix, qui venait de France avec de nouveaux renforts, l'obligea de détacher une partie de ses troupes pour les envoyer au-devant de Lescun et faciliter son passage à travers la Lomelline, occupée par les ennemis (2).

(1) « A Milano... fu messo un ordine, che ogni parochia facesse el suo capitaneo e la sua bandera, con li soi caporali, con quello ordine quanto se si avesse de andar alla battaglia... talmente che la città se rallegrava tutta vedendo che tutti erano d'un animo a mettere la vita e la robba per defensione della patria et contra Franzesi. » *Cronaca di Milano scritta da G. M. Buriggozo merciajo* dell' anno 1500 sino al 1544 dans *Archivio storico Italiano*, etc... Firenze, 1842, in-8, t. III, p. 435, 436.

(2) Gal. Capella, ibid., p. 1266-1267. — Guicciardini, lib. xiv. — Martin du Bellay, t. XVII, p. 366-375. — Belcarius, f. 504.

Francesco Sforza était arrivé, et jusque-là s'était tenu dans Pavie. Il profita de cet affaiblissement momentané de Lautrec. Il se concerta avec Prospero Colonna, qu'avait déjà joint Jérôme Adorno avec une bande de quatre mille Tyroliens ou Souabes, et qui vint à sa rencontre jusqu'à Sesto. Sortant alors de Pavie pendant la nuit et dérobant sa marche à Lautrec, il conduisit ses lansquenets à Milan, où il entra, le 4 avril 1522, après une longue absence, au milieu des plus grands transports d'enthousiasme (1).

Les deux projets de Lautrec contre Milan et contre la réunion des Impériaux avaient échoué. En réussissant, le premier aurait eu une influence décisive sur l'issue de la guerre; le second aurait contraint les ennemis, tenus en échec, à rester enfermés dans les villes. Qu'allait tenter Lautrec, devenu plus fort qu'auparavant après la jonction de Lescun, dont les troupes avaient pris sur leur passage Novare et Vigevano, qui gênaient ses communications avec la France? Il devait employer sans retard cette belle armée et remporter avec elle quelque grand avantage, s'il ne voulait pas l'entendre murmurer et la voir se dissoudre. Pavie était un peu dégarnie depuis le départ des lansquenets, il alla l'assiéger.

(1) Gal. Capella, p. 1267. — *Cronaca del Burigozzo*, p. 437. « Fece la intrata in la città mediolanense con allegria et tutto il populo con sonar di campane, sparare di artelleria parendo ruinasse il mondo. Mai fu visto nè audito tanto triumpho. » — *Cronaca Grumello*, citée dans Verri, t. II, c. 23, p. 186.

Prospero Colonna sentit de quelle importance il était de ne pas laisser prendre la seconde ville du duché. Il envoya dans Pavie un assez puissant renfort, qui y pénétra heureusement. Pouvant alors se mettre à la tête de troupes suffisantes pour paraître en campagne, il sortit de Milan et se dirigea du côté de Pavie. Il était résolu à en traverser le siége et à ne pas laisser tomber cette ville entre les mains des Français, déjà maîtres de Crémone, de Lodi, et qui, en l'occupant, auraient enfermé la capitale du duché dans un cercle de places fortes. Il se porta vers la Chartreuse de Pavie, où il prit une position très-avantageuse, protégée par les murailles d'un parc, à quelques milles de l'armée française. De là il inquiéta Lautrec, qui rencontrait une vive résistance de la part de la garnison assiégée (1). Lautrec ne se trouva plus en sûreté dans le voisinage d'un ennemi qui pourrait l'attaquer pendant qu'il attaquerait lui-même Pavie. Il fut paralysé dans la poursuite du siége qu'il avait commencé. Après y avoir perdu un certain nombre de jours et ne recevant plus de vivres par le Tessin, que de grandes pluies avaient extraordinairement grossi, il fut contraint de déloger sans avoir rien fait. Le troisième projet de Lautrec n'ayant pas eu une meilleure issue que les deux autres, il remonta vers Milan, dont Prospero Colonna avait laissé la garde à Francesco Sforza, et s'établit à Monza, d'où il parut

(1) Gal. Capella, f. 1268. — Guicc., lib. xiv. — Du Bellay, p. 275-276.

menacer de nouveau la ville que tout d'abord il n'avait pu prendre.

Le prudent et tenace général italien le suivit de près, et alla couvrir Milan, en prenant une forte position à trois milles de distance. Il se posta dans une grande villa appelée la Biccoca, que l'engagement des deux armées destinait à être célèbre, et qui offrait les dispositions les plus favorables pour asseoir un camp et s'y défendre. C'était un jardin spacieux, placé sur une élévation, couvert d'arbres, coupé de ruisseaux, entouré de fossés, et où l'on n'arrivait sans obstacle que par un pont assez étroit. Une armée de vingt mille hommes pouvait s'y retrancher facilement (1). Prospero Colonna, selon sa prévoyante habitude, ajouta à la force naturelle du lieu par des travaux d'art. Il en rendit les fossés plus profonds, y dressa des plates-formes garnies de canons, et y plaça ses troupes dans le meilleur ordre. Il attendit, dans cette position, que l'ennemi vînt se briser contre lui en l'attaquant, ou qu'il fût contraint de se disperser pour n'avoir pas osé l'assaillir. Le défaut d'argent ne devait pas permettre de payer les

(1) « Qui locus tribus passuum millibus Mediolano distat; ubi domus est villæ opportuna, circumque viridaria haud exigua sunt, profundis fossis vallata, juxta etiam prædia effusi fontes, indeque deducti rivi ad prata irriganda, intra quos Prosper exercitum communiverat, etc... » Gal. Capella, f. 1269. — Guicciardini, lib. XIV. — « Estoit la dite Bicoque la maison d'un gentilhomme, circuit de grands fossez, et le circuit si grand, qu'il estoit suffisant pour mettre vingt mille hommes en bataille. » Du Bellay, p. 377. — Belcarius, *Comment.*, etc., f. 505.

Suisses, et les Suisses ne consentaient pas longtemps à servir sans l'acquittement ponctuel de leur solde.

Il ne se trompait point. Lautrec, hors d'état d'assiéger Milan, que protégeait par son voisinage l'armée de Colonna, sentant l'impossibilité de donner, sous peine de se perdre, l'assaut à une armée ainsi retranchée, voulait gagner du temps. Il espérait, de son côté, que les troupes ennemies, faute d'argent et de vivres, ne pourraient pas rester dans cette position, et qu'il les aborderait avec avantage lorsqu'elles en sortiraient. Mais les Suisses, qui étaient depuis plus de deux mois en campagne, qui ne recevaient pas la paye convenue, que cette vie de marches sans combat, de tentatives sans succès fatiguait et dégoûtait beaucoup, outre qu'ils avaient souffert des pluies de la saison, tombées plus abondamment que de coutume, déclarèrent qu'ils n'entendaient plus camper, et qu'ils étaient décidés à combattre ou à partir. Ils réclamèrent impérieusement leur solde, exigèrent la bataille, et annoncèrent que, s'ils n'obtenaient l'une ou l'autre, ils retourneraient immédiatement dans leurs cantons. Lautrec n'avait pas de quoi les payer, et il ne voulait pas les mener à un combat qui serait vraisemblablement suivi d'une défaite. Il s'efforça de les retenir sous le drapeau de la France en attendant qu'il reçût une somme de 400,000 écus que le roi avait promis de lui envoyer, et il n'oublia rien pour les éclairer sur le danger de la bataille.

Une reconnaissance du camp ennemi fit voir qu'il était peu abordable. Rien n'agit cependant sur l'esprit intraitable des Suisses, que l'argent seul aurait pu convaincre. Ils offrirent de se battre sans être payés, afin de montrer qu'ils étaient plus dévoués au service de la France que la France n'était fidèle à ses engagements envers eux. Il fallut accepter. Ils demandaient à combattre à la Biccoca, comme ils l'avaient demandé à Robecco. Le souvenir de Rebecco, où l'on aurait pu vaincre, contribua à l'attaque de la Biccoca, où l'on devait être battu.

Tout fut disposé pour marcher, le 27 avril, contre le camp retranché des impériaux. Les masses des bataillons suisses furent chargées de l'escalader en face, tandis que le maréchal de Foix, à la tête des hommes d'armes de France et suivi des fantassins italiens, s'avancerait par la route de Milan, et y entrerait en forçant à gauche le passage du pont. En même temps Lautrec essayerait d'y pénétrer par la droite avec une troupe à laquelle il fit prendre la croix rouge des impériaux, afin de tromper l'ennemi par ce stratagème, et dans l'espérance assez puérile de ne pas rencontrer de résistance. Il fut convenu que les Vénitiens participeraient à cet assaut général. Ces diverses attaques avaient besoin d'être simultanées pour avoir quelque chance de réussir, l'ennemi ne pouvant être forcé sur un point que s'il était pressé sur tous à la fois.

Prospero Colonna, joyeux d'être assailli dans une semblable position, et se regardant comme assuré d'avance de la victoire, plaça ses troupes, aussi confiantes que lui, aux abords de l'enceinte retranchée. Les lansquenets, sous leurs intrépides chefs, y faisaient face aux Suisses, qui l'avaient jusqu'alors emporté sur eux, mais qu'ils devaient, grâce à l'avantage du terrain, commencer à vaincre dès ce jour-là. Sforza, venu de Milan avec ses Italiens, garda le passage où devait se présenter le maréchal de Foix avec ses hommes d'armes. Afin de déjouer le stratagème de Lautrec, Prospero Colonna avait ordonné aux siens de mettre sur leur casque ou sur leur armure de petites branches d'arbre ou des épis de blé qui les distinguassent des Français portant la croix rouge. Les fantassins espagnols occupèrent les lieux les plus favorables pour repousser l'ennemi et pour jeter le désordre dans ses rangs par des décharges d'arquebuse. Ces troupes solides, que commandait l'expérimenté Prospero Colonna, que dirigeaient Pescara, Antonio de Leyva, venu de Pavie, et George Frondsberg, étaient de plus abritées derrière de grands fossés et placées sur des hauteurs dont l'artillerie défendait l'approche.

Les deux armées étant ainsi disposées, on se mit en mouvement d'un côté pour attaquer, de l'autre pour se défendre. Les Suisses en deux bandes distinctes, les hommes des petits cantons sous Arnold de Winckelried, les hommes des villes sous Albert de Stein, s'avancèrent avec leur bravoure accoutumée, sur cent de front et presque au pas de course, contre le camp des impériaux. L'artillerie des plates-formes les foudroya dès qu'ils approchèrent. Ils n'en marchèrent pas moins, sans que les files entières abattues au milieu d'eux par les boulets ralentissent leur rapidité. Ils espéraient, comme ils l'avaient fait à Novare et comme ils l'avaient tenté à Marignan, s'emparer des canons ennemis et tout renverser de leur choc. Ils arrivèrent ainsi jusqu'aux fossés du camp, et se heurtèrent contre des escarpements trop élevés pour qu'ils pussent les escalader. Pendant qu'ils étaient arrêtés par ces rudes obstacles, les arquebusiers impériaux tuaient les principaux d'entre eux, qui, selon la coutume de leur vaillante nation, se plaçaient toujours au premier rang. C'est ainsi que périt Arnold de Winckelried, au moment où sa troupe, ayant gravi une partie du retranchement, moins haute que les autres, se trouva en face des lansquenets de Frondsberg. Ceux-ci, fidèles à leur usage national, s'étaient mis à genoux avant de combattre, et lorsqu'ils s'étaient relevés à l'approche des Suisses, Frondsberg avait dit : « Que l'heure me soit propice ! — Tu mourras aujourd'hui de ma main, lui cria Arnold de Winckelried en le reconnaissant. — C'est toi, s'il plaît à Dieu, répondit Frondsberg, qui vas périr de la mienne. » Au même instant, l'intrépide chef des petits cantons, qui avait assisté à la plupart des batailles du siècle, tomba mortellement frappé. Il avait été atteint d'un coup de feu. Les Suisses ne pénétrèrent point dans le camp ennemi. Foudroyés par l'artillerie, arrêtés par les escarpements, décimés par les arquebusiers espagnols, repoussés par les lansquenets allemands, ils se retirèrent après avoir perdu plus de trois mille des leurs.

L'attaque du pont par le maréchal de Foix avait été d'abord plus heureuse. Lescun, avec l'impétueuse cavalerie des ordonnances, s'était précipité par la route de Milan dans ce défilé étroit, avait culbuté ceux qui le gardaient, et s'était frayé un passage jusque dans le camp des impériaux ; mais l'intérieur, accidenté, inégal, boisé de ce camp, bien défendu partout, n'était pas propre au déploiement et aux charges de la cavalerie. Aussi Lescun et ses hommes d'armes, auxquels résistèrent Francesco Sforza et Antonio de Leyva avec leurs Italiens et leurs Espagnols, et que pressèrent les lansquenets, accourus de ce côté après avoir repoussé les Suisses, furent contraints de battre en retraite. Ils rebroussèrent chemin et repassèrent le pont. Les deux principales attaques ayant échoué, celle de Lautrec ne réussit pas mieux. Prospero Colonna l'avait annulée d'avance en découvrant et en déjouant le stratagème qui devait la favoriser. Quant aux Vénitiens, ils ne firent pas même une démonstration et demeurèrent spectateurs immobiles de l'assaut donné au camp impérial (1).

(1) Voyez sur la bataille de la Biccoca : Gal. Capella, f. 1269-1270;

Lautrec était désespéré. Il sentait qu'il n'avait plus d'armée s'il laissait partir les Suisses, et que le duché de Milan tout entier échappait à François I*er*. Il redoubla d'efforts pour retenir les Suisses, afin d'empêcher les suites, sans cela désastreuses, de la défaite de la Biccoca. Il les supplia de recommencer le combat, en offrant de faire mettre pied à terre aux hommes d'armes qui seraient au premier rang et ouvriraient l'attaque (1); mais, rebutés par les obstacles de terrain qu'ils avaient rencontrés, découragés d'avoir été battus, humiliés de n'avoir pas mérité la solde des batailles gagnées, et animés d'un insurmontable désir de retourner chez eux, les Suisses refusèrent. Lautrec se vit contraint de se retirer de devant la Biccoca. Il le fit en bon ordre et sans être poursuivi. Le prudent Colonna ne voulut pas s'exposer à compromettre en rase campagne une victoire remportée derrière des retranchements. Il s'attendait d'ailleurs à en recueillir autant de fruit que s'il eût anéanti une armée qui allait se dissoudre elle-même (2).

En effet, les Suisses partirent immédiatement.

— Guicciardini, lib. xiv; — Du Bellay, p. 376 à 380; — Belcarius, *Commentarii*, f. 505-506; — *Histoire de la Confédération suisse de Jean Müller*, continuée par R. Gloutz-Blozheim et I. J. Hottinger, in-8, t. X de Hottinger, traduit par L. Vulliemin, 1840, p. 58 à 63; — L. Ranke, *Histoire d'Allemagne à l'époque de la réformation*, t. II, liv. iv, où il s'est servi de l'*Histoire de Frondsberg*, par Reisner et de la *Chronique de Berne*, d'Anshelm.

(1) Du Bellay, p. 381.
(2) Il répondit à ceux qui le pressaient de poursuivre l'armée en retraite : « Partam jam victoriam fortunæ et helvelicam temeritatem nova temeritate abolere se nolle. » Belcarius, f. 507.

Lautrec les accompagna avec ses hommes d'armes jusqu'aux bords de l'Adda, qu'ils passèrent à Trezzo. Là ils se séparèrent de lui, et, par le pays de Bergame, ils regagnèrent leurs montagnes. Dans l'impossibilité où il se trouvait de faire face à l'ennemi, Lautrec essaya du moins de défendre contre lui les villes que les Français occupaient encore; mais il n'y parvint pas davantage. Privé des Suisses et délaissé des Vénitiens, il perdit la ville importante de Lodi et il partit pour la France, en laissant son frère Lescun dans Crémone, qui fut réduite peu de temps après à capituler devant l'armée victorieuse.

Prospero Colonna prit dans cette seconde campagne toutes les places que les Français avaient gardées après la première. La perte du duché de Milan s'opéra en deux fois. Lodi, Pizzighettone, Crémone, Trezzo, Lecco, Domodosolla, s'ajoutèrent en 1522 à Milan, Pavie, Plaisance, Parme, etc., enlevées en 1521. Bien plus, le rétablissement des Sforza dans Milan fut alors suivi du rétablissement des Adorno dans Gênes. Cette ville fut assiégée, prise d'assaut et pillée par les troupes de Prospero Colonna et de Pescara. Antoniotto Adorno y fut élu doge, et François Ier cessa d'être seigneur de Gênes comme il cessait d'être duc de Milan. Non-seulement la Lombardie, où il ne conserva que les trois citadelles de Milan, de Crémone et de Novare, lui était ravie, mais les Alpes lui semblaient en partie fermées.

IV.

Pendant que la guerre se faisait si mal en Italie, François Ier, moins occupé de ses affaires que de ses plaisirs, se livrait en France aux distractions de la chasse et aux entraînements de l'amour. Il fut tiré de cette vie frivole et dissipée par la nouvelle du grand revers que venaient d'éprouver ses armes et sa puissance. Il se transporta aussitôt à Lyon pour y remédier. C'est là que se rendit Lautrec, auquel il attribuait ce désastre. Dans sa colère, il ne voulait pas le voir; mais, Lautrec étant parvenu jusqu'à lui pour se justifier, François Ier lui reprocha avec sévérité d'avoir perdu le duché de Milan. — « C'est Votre Majesté qui l'a perdu, répondit Lautrec, et non moi. Je l'ai plusieurs fois avertie de me secourir d'argent, sans quoi je ne pourrais retenir la gendarmerie, qui n'était pas payée depuis dix-huit mois, ni garder les Suisses, qui m'ont contraint de combattre à mon désavantage. — Ne vous ai-je pas envoyé, lui dit le roi, les quatre cent mille écus que vous m'avez demandés? — Je n'ai reçu, répliqua Lautrec, que les lettres par lesquelles Votre Majesté m'en annonçait l'envoi (1). » François Ier, surpris, appela sur-le-champ le surintendant des finances Samblançay pour savoir ce qu'il avait fait des quatre

---

(1) Du Bellay, p. 384-385. — Belcarius, f. 508-509.

cent mille écus qu'il lui avait ordonné de transmettre à Lautrec dans le Milanais. Samblançay répondit que, selon son commandement, la somme avait été préparée, mais que la duchesse d'Angoulême l'avait prise au moment où elle allait être envoyée. Le roi, hors de lui, se rendit dans la chambre de sa mère et lui dit amèrement qu'il n'aurait jamais cru qu'elle pût s'emparer de deniers destinés à secourir son armée d'Italie et lui faire perdre ainsi le duché de Milan. La duchesse d'Angoulême nia, sans hésiter, ce détournement. Elle prétendit n'avoir réclamé et reçu du surintendant qu'une somme provenant des épargnes de son propre revenu. Samblançay ne cessa pas d'affirmer le contraire, et cette contestation, que suivit bientôt la disgrâce du malheureux surintendant, ne fut pas étrangère plus tard à sa mort ignominieuse sur le gibet de Montfaucon.

Du reste, si le duché de Milan avait été perdu, la faute en était à tout le monde. Le roi s'était trop abandonné à ses amusements et ne s'était pas assez occupé de la guerre. Soumis par affection et par légèreté à l'empire de sa mère, il avait laissé Louise de Savoie satisfaire sa cupidité en puisant dans les coffres de l'État un argent nécessaire à la solde des troupes, et ses animosités en éloignant de lui, par de dangereuses disgrâces, les hommes les plus capables de le bien servir. Non moins accessible à l'influence de sa maîtresse, il avait donné ou laissé aux trois frères de la comtesse de Châteaubriant les grands commandements militaires dont ils s'étaient si mal tirés en Espagne et en Italie. Lautrec avait surtout échoué parce qu'il avait été inhabile. Sa dureté et son impéritie avaient été pour plus encore que le manque d'argent dans la ruine des affaires de son maître dans la Lombardie. Sans doute il n'avait pas pu disposer des Suisses comme il l'aurait voulu dans la campagne, d'ailleurs si imparfaitement conduite, de 1521, et il avait été contraint par eux à combattre dans une position désavantageuse en 1522 ; mais l'animosité des populations italiennes contre la domination française et l'assistance qu'elles prêtaient à l'armée impériale étaient l'œuvre de ses violences et de ses maladresses ; mais les opérations militaires assez mal dirigées, les occasions favorables négligées par irrésolution, le lent et inefficace emploi des troupes françaises pendant qu'elles étaient supérieures aux troupes ennemies, étaient les inévitables et funestes effets de son esprit incertain et de son caractère indécis. La pénurie d'argent n'avait pas été moins grande et n'était pas moins continuelle dans l'armée impériale. Elle n'avait pas empêché les généraux de Charles-Quint de tenir la campagne et de vaincre. C'était donc une habileté soutenue et l'appui des populations qui avaient facilité la conquête du Milanais par Prospero Colonna et Pescara, comme une accumulation de fautes politiques et militaires en avait causé la perte par Lautrec et Lescun.

Quelques jours après que François Ier fut

arrivé à Lyon pour y faire les préparatifs d'une expédition à la tête de laquelle il se proposait cette fois de franchir les Alpes, un nouvel ennemi se déclara contre lui. Henri VIII passa ouvertement de la médiation, qu'il avait jusqu'alors affectée, à la guerre, dont il était secrètement convenu avec Charles-Quint. La fortune secondait partout cet heureux empereur. Il avait dompté, avec l'épée du connétable et de l'amiral de Castille, les *comuneros* insurgés d'Espagne, et la haute noblesse avait rétabli pour lui l'obéissance parmi le peuple au-delà des Pyrénées, en y étendant contre elle-même l'autorité monarchique. Il avait vaincu par ses généraux en Lombardie le roi de France, rejeté de l'autre côté des Alpes, et il était rentré dans la suzeraineté de Milan. Il avait obtenu, du collége des cardinaux à Rome, sans la chercher comme sans la prévoir, la nomination d'un pape qui avait été autrefois son précépteur, qui était en ce moment son délégué, et qu'il allait rendre bientôt son instrument. Il acquit alors le concours actif du roi d'Angleterre, auprès duquel il se rendit à l'époque même où la Lombardie était enlevée à François Ier.

Ayant réglé l'état de l'Allemagne où, avec la chambre impériale reconstituée, avait été établi un conseil de régence destiné à conduire pendant son absence les affaires de l'empire, à la tête duquel il laissa comme son lieutenant son frère l'archiduc Ferdinand, mis en possession de la haute et de la basse Autriche, de la Styrie, de la Carinthie, de la Carniole et du Tyrol, pour sa part dans l'héritage paternel; ayant pourvu aux nécessités et à la défense des Pays-Bas, dont il confia l'administration à la vigilante archiduchesse Marguerite sa tante, il partit dans la dernière semaine du mois de mai 1522 pour l'Espagne, afin d'en achever la pacification et d'en tirer, soit en argent, soit en hommes, les ressources que la poursuite de la guerre lui rendait nécessaires. Il passa par l'Angleterre, où il était attendu. Débarqué à Douvres le 26 mai, il y trouva Wolsey, et fut bientôt rejoint par Henri VIII, qui venait à sa rencontre, et le conduisit successivement à Cantorbéry, à Greenwich, à Londres, à Windsor. Les deux alliés, dont l'un devait être le gendre de l'autre et lui donnait d'avance le nom de père, passèrent plus d'un mois ensemble au milieu des fêtes et dans la plus affectueuse intimité. Ils confirmèrent les stipulations préparées à Bruges en août et conclues à Calais en novembre 1521. Ils convinrent d'attaquer en commun François Ier dans son royaume même. Charles-Quint voulait lui reprendre la Bourgogne, qu'il revendiquait comme faisant partie de son héritage paternel; Henri VIII aspirait à lui enlever les provinces occidentales de la Normandie et de la Guyenne, qu'avaient possédées les Plantagenets, ses prédécesseurs. Chacun des deux souverains s'engagea à pénétrer en France avec trente mille hommes de pied et dix mille chevaux. Ils se promirent d'avoir les mêmes alliés et les mêmes ennemis, et ils durent inviter le pape Adrien à signer le traité qu'ils venaient de conclure (1). Après ces accords définitifs, Charles-Quint quitta l'Angleterre, et le 4 juillet il s'embarqua à Southampton pour l'Espagne, avec une troupe de lansquenets qu'il avait pris à sa solde, et un grand nombre de pièces de canons de divers calibres destinées à défendre la Péninsule, et, s'il en était besoin, à la contenir (2).

Au moment même où l'empereur était arrivé vers lui, Henri VIII avait rompu avec le roi de France. L'arbitrage qu'il s'était arrogé entre les deux compétiteurs lui en fournit le prétexte. Son ambassadeur, sir Thomas Cheyney, se présenta une dernière fois devant François Ier pour lui imposer la trêve désavantageuse (3) que ce prince ne devait pas accepter. Il lui signifia que si le roi son maître ne parvenait point à réconcilier ensemble les deux souverains, il se croirait obligé de se déclarer plutôt contre lui que contre l'empereur. François Ier répondit noblement qu'il espérait que le roi d'Angleterre ne se déclarerait qu'en faveur de la justice. Discutant ensuite les conditions de la trêve, il demanda que l'Italie y fût comprise, et que Charles-Quint retirât ses troupes du duché de Milan. « L'empereur, dit-il, n'y a pas plus de droits que je n'en

---

(1) Herbert, *the Life and raigne of king Henry the Eighth,* p. 126 à 128.

(2) Sandoval, t. I, lib. xi, § 2.

(3) Instructions à Thomas Cheyney, mai 1522, dans mss. Bréquigny, vol. 89.

ai au royaume d'Espagne. D'ailleurs, ajouta-t-il en s'animant, l'empereur ne peut pas être partout le maître, et, si le roi d'Angleterre veut me laisser faire, il ne se passera pas deux ans que je ne le rende l'un des plus pauvres princes de la chrétienté (1). » Bonnivet, dont la faveur s'était encore accrue depuis la prise de Fontarabie, assistait seul à cet entretien, comme seul avec Wolsey il avait été témoin de la première entrevue de François Ier et d'Henri VIII au camp du Drap-d'Or. Sir Thomas Cheyney le conjura de joindre ses instances aux siennes pour décider le roi très-chrétien à ne pas refuser la trêve. « J'aimerais mieux, répondit Bonnivet, voir le roi mon maître dans la tombe que de le voir accéder à des conditions déshonorantes. »

La trêve, que ses termes rendaient inacceptable, étant rejetée, sir Thomas Cheyney ne cacha plus les projets de son roi. Il annonça à François Ier que, sur la demande de Charles-Quint partant pour l'Espagne, Henri VIII avait consenti à devenir le protecteur des Pays-Bas. « L'empereur, répondit François Ier avec une hauteur dédaigneuse, ne pouvait prendre un parti plus prudent, puisqu'il est manifeste que le roi d'Angleterre est plus en état de défendre ces pays que lui qui en est le souverain. » Il protesta ensuite qu'il n'avait jamais donné au roi d'Angleterre aucun motif de s'unir à son

(1) Dépêche de Cheyney à Wolsey, du 29 mai 1521. Mss. brit. Galba, B. vii, p. 225. — Aussi dans Bréquigny, vol. 89.

plus grand ennemi. « Après ce qui vient de se passer, dit-il, je ne veux plus me fier à aucun prince vivant. » Et il ajouta, avec une résignation altière et une fermeté confiante, que, « s'il n'y avait plus d'autre remède, il espérait pouvoir défendre et lui et son royaume (1). »

Le même jour, après que sir Thomas eut pris congé de François Ier, Clarence, héraut d'armes d'Henri VIII, demanda audience pour déclarer solennellement la guerre. Tout tremblant, le héraut d'armes porta le défi de son maître au roi de France, qui l'accepta d'un ton haut et froid (2). Les hostilités ne se firent pas attendre. Le comte de Surrey, à la tête des flottes combinées d'Angleterre et d'Espagne, parut vers le milieu de juin sur les côtes de Normandie et de Bretagne, qu'il ravagea. Après avoir saccagé Morlaix, il escorta jusqu'à Santander l'empereur, qui débarqua, le 16 juillet, dans ce port de la Vieille-Castille. Le comte de Surrey vint prendre ensuite le commandement des troupes anglaises descendues en Picardie pour y agir de concert avec les troupes des Pays-Bas, placées sous les ordres du comte de Buren.

(1) Th. Cheyney ajoutait à la fin de sa dépêche « qu'il étoit dommage de perdre le roi de France, qui sembloit mettre par-dessus tout l'alliance du roi d'Angleterre. »

(2) « Le vingt-neuvième jour de may 1522, environ deux heures après midi, à Lyon, en la maison de l'archevesque, le héraut d'Angleterre défia mon fils; et, en après que, en tremblant de peur, il eust déclaré que son maistre estoit nostre ennemi mortel, mon fils lui respondit froidement et si à point, que tous les présens estoient joyeux, et néanmoins ébahis de sa clère éloquence. » *Journal de Louise de Savoie* dans le t. XVI de la collection Petitot, p. 406 et 407.

Sans renoncer à l'expédition d'Italie, François Ier se vit tout d'abord réduit à défendre son propre royaume. Il mit les frontières du sud et du nord-ouest à l'abri des attaques dont elles étaient menacées par les Espagnols, les Anglais et les Flamands. Il envoya vers les Pyrénées occidentales le maréchal de la Palice, qui débloqua Fontarabie depuis longtemps assiégée et qui la ravitailla (1). Il chargea son lieutenant général en Picardie, le duc de Vendôme, auquel vint se joindre avec cinq cents lances et dix mille hommes de pied le gouverneur de Bourgogne La Trémoïlle, de faire face aux ennemis de ce côté. Malgré leur jonction, le duc de Vendôme et le sire de la Trémoïlle, n'étant pas assez forts pour tenir la campagne, occupèrent avec leurs troupes Boulogne, Thérouanne, Hesdin et Montreuil, afin que ces places ne tombassent point au pouvoir des comtes de Surrey et de Buren. Ceux-ci brûlèrent des villes ouvertes, saccagèrent le plat pays dans le Boulonnais (2), et s'avancèrent jusqu'à Dourlans, qu'ils détruisirent, ainsi qu'un grand nombre de villages circonvoisins. Ils poursuivirent cette œuvre de dévastation et de pillage jusqu'à la fin de septembre, époque à laquelle l'abondance des pluies et le manque de vivres obligèrent le comte de Buren à ramener ses troupes dans les Pays-Bas et le comte de Surrey à retourner

(1) Du Bellay, p. 391-392.
(2) Lettres de Surrey à Wolsey, du 16 août, des 3, 6, 9, 12, 22, 28 septembre 1522. — Dans Bréquigny, vol. 89.

avec les siennes en Angleterre (1). La frontière de Picardie avait été ravagée sans être entamée, et les nouveaux confédérés renvoyèrent à l'année suivante l'exécution du grand plan d'invasion de la France.

V.

Malgré la courageuse fierté avec laquelle il avait répondu à la déclaration de guerre de Henri VIII, François Ier sentait combien il lui serait difficile de résister à tant d'ennemis prêts à l'attaquer sur tant de points. S'il avait été habile ou bien inspiré, il aurait renoncé à ses ruineux héritages d'Italie, qu'il fallait sans cesse conquérir et qu'on ne pouvait pas garder, qui depuis un quart de siècle avaient englouti un si grand nombre d'hommes, coûté des sommes si considérables d'argent, et qui épuisaient le royaume sans pouvoir en réalité l'agrandir. Il aurait reporté le mouvement de conquête militaire et d'accroissement territorial du côté du nord, où la France avait besoin d'être étendue et par où il était facile de l'envahir. L'occasion était fort belle, et les moyens ne lui manquaient pas. En abandonnant les projets qu'il nourrissait sur l'Italie et qui étaient une déviation de la vraie politique nationale, comme Louis XI l'avait entrevu

---

(1) Du Bellay, p. 393 à 398. — Pontus Heuterus, lib. VIII, f. 204.

avec une si nette perspicacité, il ne pouvait être ni sérieusement ni dangereusement attaqué sur ses frontières lointaines du midi. En dirigeant ses forces et son ambition du côté des Flandres et de l'Artois, il n'y aurait pas rencontré l'Espagne, l'empire, Florence, le Saint-Siége et même Venise, dont il allait avoir les armées sur les bras au-delà des Alpes. Il n'aurait eu à combattre que l'Angleterre, réduite à Calais et au comté de Guines, et que la puissance espagnole, trop éloignée des Pays-Bas pour qu'il lui fût aisé de les défendre. François Ier aurait pu, comme le fit dans une occurrence pareille et trente-cinq ans plus tard son fils Henri II, enlever aux Anglais, déjà dépossédés de tant de provinces dans le siècle précédent, ce dernier pied-à-terre sur le continent, et fermer ainsi la porte à leurs invasions. Ce qu'il aurait délaissé en Italie, il l'eût regagné dans les Pays-Bas, à la sûreté desquels Charles-Quint aurait pourvu d'autant plus difficilement qu'il aurait été exposé aux attaques des Italiens, aspirant à se délivrer de la domination espagnole lorsqu'ils n'auraient plus eu à craindre la domination française.

Mais, au lieu de changer son champ de bataille, François Ier voulut se présenter de nouveau sur celui où il avait été déjà vaincu et où l'attendaient de plus désastreuses défaites. Se bornant à protéger la frontière du nord-ouest, qui aurait dû être son point de départ pour jeter les Anglais à la mer et s'étendre aux dépens des Flamands, il disposa tout pour reparaître au-delà des Alpes. Il leva une armée considérable, qu'il eut le dessein de commander lui-même. Afin de la tenir longtemps en campagne en lui payant plus régulièrement sa solde, il amassa de grandes sommes de tous les côtés. Il fit fondre jusqu'aux grilles d'argent que Louis XI avait données à l'abbaye Saint-Martin de Tours et beaucoup d'autres ornements d'église. L'étendue, les lents préparatifs, la difficile exécution de l'entreprise, ne permettaient pas à François Ier de passer en Italie avant l'été de 1523.

En attendant, des négociations d'une espèce particulière s'engagèrent par l'entremise du nouveau pape. Adrien VI était très-religieux, et son affectueuse partialité en faveur de Charles-Quint ne l'empêchait pas de souhaiter que la paix fût rétablie entre les princes de l'Occident. Cette paix lui semblait d'autant plus nécessaire que la chrétienté était menacée par les armes victorieuses de Soliman II. Le redoutable musulman venait d'entamer la frontière orientale des pays chrétiens, y avait pris Belgrade, l'un de leurs boulevards, et, y renversant la croix du Christ, avait planté le croissant à quelques lieues de Vienne. Il avait ensuite assiégé Rhodes avec deux cent mille hommes, et il s'étendait dans la Méditerranée comme il s'était avancé en Hongrie, épouvantant l'Europe de tous les côtés. Les esprits étaient émus. On tremblait que Rhodes, ce poste avancé de la république chrétienne dans les mers du Levant, ce dernier reste des anciennes conquêtes des croisés, ne tombât entre les mains de Soliman II, malgré l'héroïsme des chevaliers de Saint-Jean qui le défendaient. La chute d'un pareil boulevard pouvait entraîner la ruine de la valeureuse milice qui gardait la Méditerranée et livrer les côtes de cette mer aux dévastations ottomanes. Le désir universel de la chrétienté était de voir les princes de l'Europe suspendre leurs querelles et s'entendre pour résister en commun à l'ennemi de leur puissance et de leur foi. Adrien VI éprouvait ce sentiment en chrétien et en pontife. Quelque temps auparavant, Léon X avait établi une trêve générale qui devait durer cinq ans et réunir l'Occident tout entier dans une croisade contre Sélim, père de Soliman. La mort de Maximilien, le soulèvement religieux de Luther, la lutte de Charles et de François dans l'élection à l'empire, leur rupture en Italie, à laquelle avaient successivement pris part Léon X lui-même et Henri VIII, avaient empêché l'exécution de ce projet, qu'Adrien VI renouvela au moment du siége de Rhodes.

François Ier ne refusa point de s'y associer. Il offrit d'être un soldat dévoué du Saint-Siége et le défenseur le plus zélé de la république chrétienne, si le pape, dont il avait accepté la médiation, reconnaissait ses droits en Italie et les faisait admettre par Charles-Quint. Adrien en avait renvoyé l'examen à l'époque où il serait établi à Rome. Il y était arrivé le 29 août. A peine avait-il été intronisé, que les affaires l'avaient assailli, les intrigues des cardinaux déconcerté, les instances contraires des deux souverains jeté dans des perplexités douloureuses. L'empereur le pressait de s'unir à lui ; François Ier le sollicitait de se prononcer pour la restitution de la Lombardie. « Nous sommes prêts, écrivait-il à Rome, de faire paix ou trêve et de venir à grosse puissance contre le Turc, pourvu que Milan, qui est notre patrimoine, dont indûment avons été spoliés, nous soit rendu (1). » Il disait au cardinal d'Aux et au cardinal de Como, investis de ses pouvoirs, et chargés de poursuivre cette négociation auprès du saint-père, « qu'il était assez fort non-seulement pour se défendre, mais pour offenser ses ennemis, qu'il avait trois mille cinq cents hommes d'armes payés pour un an, la solde de trente à quarante mille hommes de pied et trois bandes d'artillerie. » Il n'admettait que des arrangements conformes au traité de Noyon avec l'empereur, auquel il rendrait Fontarabie et qui lui remettrait Milan, et au traité de Londres avec le roi d'Angleterre, qu'il payerait de ce qui lui était dû au moyen de ce que Charles-Quint devait, en retour de la cession de Naples. Il semblait moins tenir qu'il ne l'avait fait jusqu'alors à une compensation pour le royaume de Navarre. Des prétentions

---

(1) Instructions pour MM. les cardinaux d'Aux et de Cosme, Blois, 11 août 1522. — Archives nationales, sect. histor., J. 965, liasse 5, n° 3.

pareilles n'avaient aucune chance d'être admises; la défaite les avait annulées, la victoire seule pouvait les faire revivre.

Adrien était fort embarrassé. Très-pieux, peu habile, éminent par la doctrine, incertain dans la conduite, il savait peu se diriger, encore moins se résoudre. Il avait d'abord donné sa confiance au cardinal de Volterra, et il ne se montrait pas défavorable à François Ier (1). Ce cardinal appartenait à la famille des Soderini, qui était opposée à la famille des Médicis, et dont le chef avait, de 1502 à 1512, gouverné, comme gonfalonier de la république, la ville de Florence, où s'était en ce moment retiré le cardinal Jules, que sa trop grande puissance avait rendu suspect à Rome. Ce dernier cependant fut bientôt tiré de sa disgrâce par la découverte d'une correspondance que le cardinal de Volterra entretenait avec François Ier. Il surprit adroitement des lettres dans lesquelles le confident et le conseiller du pape engageait le roi de France à ne rien céder, et l'excitait à attaquer l'empereur en Sicile, afin de l'obliger à abandonner Milan. Ces lettres furent mises sous les yeux d'Adrien, qui se crut trahi. Il fit jeter en prison le cardinal de Volterra, auquel il donna des juges. Passant

(1) Dépêches de Rome écrites par l'évêque de Bath à Wolsey. — *State Papers*, vol. VI, p. 123-124. — « Il papa è inclinatissimo alla pace, e molto ha pigliato in protettione le cose di Francia, non senza mormoratione de gl' imperiali, et præcipue di don Giovanni Emanuel, il quale si partì mezo disperato. » Lettere di principi alli 10 di dicembre 1522, t. Ier, p. 109, v°.

bientôt d'une direction sous une autre, le pontife, défiant et troublé, rappela auprès de lui le cardinal Jules de Médicis, qui rentra triomphalement dans Rome et vint y conduire la politique du Saint-Siége (1).

Dès ce moment, Adrien VI ne tint plus la balance égale entre les deux souverains, et se porta tout d'un côté. Les Turcs s'étaient rendus maîtres de Rhodes à la fin de 1522, malgré l'opiniâtre et glorieuse défense des chevaliers. Dans la nécessité de plus en plus urgente à ses yeux de résister à Soliman, le pape voulut réunir contre lui tous les monarques chrétiens, et pour cela forcer les deux principaux d'entre eux à accepter une trêve. Cette trêve aurait maintenu l'état territorial tel qu'il existait alors, et ne l'aurait pas rétabli comme il était avant la guerre. Elle ne pouvait pas convenir à François Ier, dont elle aurait consacré la dépossession. Aussi Adrien VI songeait-il à la lui imposer, en le menaçant, s'il s'y refusait, de le frapper des censures ecclésiastiques (2).

Le roi de France n'entendit pas souscrire ainsi, sur l'ordre d'un pape, à l'abandon du Milanais, et il se révolta à la menace d'une excommunication. Il écrivit au souverain pontife en s'étonnant que ceux qui lui conseillaient d'exiger aussi impérieu-

(1) Guicc., lib. xv. — P. Jovius, *Vita Hadriani VI*, c. xiv. — Belcarius, *Commentarii*, etc., f. 511.

(2) « D'autre part avons sceu qu'aviez delibéré faire une trefve triennalle avec censures, que nous avons trouvé fort estrange. » Lettre de François Ier au pape Adrien VI, mss. Béthune, vol. 8572, f. 1, sqq.

sement cette trêve (1) n'en eussent pas été d'avis lorsque le pape Léon lui faisait la guerre à Milan, et que le Turc assiégeait Belgrade. « Mais, ajouta-t-il, le pape Léon aimoit mieux dépenser l'argent de l'Église contre les chrétiens et le devoir de sa profession que contre les infidèles. » Il adressa ensuite à Adrien ces fières paroles : « S'il étoit loisible aux papes de facilement excommunier les rois et princes, ce seroit de mauvaise conséquence, et croyons que les magnanimes qui préfèrent leur prééminence à leur proufit particulier ne le trouveront bon. Et de notre part, nous avons privilèges concédés à nos ancêtres qui ont coûté bien cher et jusques au sang de nos subjectz, lesquels ne souffriront si facilement être rompus, ains jusques à la dernière goutte de leur sang les défendront. » Rappelant ce qui s'était passé à cet égard entre le Saint-Siége et la couronne de France au commencement du quatorzième siècle, il employa cette phrase laconiquement menaçante : « Pape Boniface VIII l'entreprit contre Philippe le Bel, dont se trouva mal. Vous y penserez par votre prudence(2).»

Adrien cessa de poursuivre une trêve impossible, et il ne s'aventura point à fulminer une excommu-

---

(1) « Chascun dit que celle que vostre saincteté veult faire par leur conseil se faict sous la couleur du Turc, mais en vérité c'est contre nous. »

(2) François Ier ajoutait : « Si vous prions par vostre bonté et équité avoir esgard et considération à ce que dessus et ne faictes choses que un bon et prudent pasteur ne doibve faire; car ou par telz moiens cuideriez mectre paix en la chrestienté, y mectriez plus grand trouble que jamais. »

nication aussi dangereuse. Au moment où l'Allemagne entrait en rébellion contre le Saint-Siége, il se fût exposé à ébranler la soumission de la France. Mais s'il n'obligea point François Ier à subir la paix, il ne craignit pas de se joindre à ceux qui lui faisaient la guerre, et, au lieu de suspendre les querelles des princes, il les accrut en s'y mêlant. Il contracta une alliance offensive avec les ennemis de François Ier, le 3 août 1523. Les Vénitiens venaient aussi de se tourner contre lui (28 juin). Lassés d'une union malheureuse qui les condamnait à des dépenses sans leur rapporter des profits, qui exposait leur sûreté dans la défaite et ne leur aurait procuré aucun agrandissement dans la victoire, aimant mieux d'ailleurs avoir pour voisin un prince italien qu'un prince étranger, un faible duc comme Francesco Sforza qu'un puissant monarque comme François Ier, ils refusèrent d'abord de renouveler leur vieille alliance avec le roi très-chrétien, et ils entrèrent ensuite dans la grande confédération formée contre lui.

Cette confédération se composa alors de presque tous les États italiens et des principales puissances de l'Europe. Le royaume de Naples, le Saint-Siége, les républiques de Florence, de Sienne, de Venise, de Gênes, le duc de Milan Sforza, l'archiduc d'Autriche Ferdinand, le roi d'Espagne, le roi d'Angleterre, s'unirent étroitement, les uns pour empêcher François Ier d'occuper de nouveau la haute Italie, les autres pour envahir son propre royaume. L'armée impériale, qui restait sur pied dans la Lombardie, devait y être renforcée : par les Vénitiens, de six mille fantassins, de six cents hommes d'armes et de six cents hommes de cavalerie légère; par les Florentins, de deux cents hommes d'armes; par le duc de Milan, de quatre cents cavaliers des deux armes. Charles-Quint, Adrien VI, Francesco Sforza, s'engageaient à pourvoir cette armée de l'artillerie et des munitions nécessaires. Afin de solder régulièrement ces troupes et de faire face aux autres dépenses de la guerre, chaque confédéré était taxé par mois : le pape à 20,000 ducats, l'empereur à 30,000, le duc de Milan à 20,000, Florence à 20,000, Sienne, Lucques et Gênes à 10,000. Les Génois, rendus au régime républicain et replacés sous un doge national, avaient en outre la charge d'entretenir la flotte alliée et de pourvoir à la défense de leur ville. La coalition des divers États italiens pour s'opposer au retour et à l'établissement de François Ier en Lombardie était d'autant plus formidable, qu'elle unissait contre lui des troupes très-nombreuses, et assurait les moyens de les garder longtemps sous le drapeau (1).

Elle ne fut cependant pas capable d'intimider François Ier et de l'arrêter dans la poursuite de ses desseins. Il avait dit naguère au Parlement de Paris en termes belliqueux et trop confiants : « Toute l'Europe se ligue contre moi; eh bien ! je ferai face

(1) Guicc., lib. xv. — Pontus Heuterus, lib. xviii, c. xviii, f. 207. — Jovius, *Vita Hadriani VI*, c. xvi.

à toute l'Europe. Je ne crains point l'empereur, il n'a pas d'argent; ni le roi d'Angleterre, ma frontière de Picardie est bien fortifiée ; ni les Flamands, ce sont de mauvaises troupes. Pour l'Italie, c'est mon affaire, et je m'en charge moi-même. J'irai à Milan, je le prendrai, et je ne laisserai rien à mes ennemis de ce qu'ils m'ont enlevé (1). » Il écrivit alors : « Je ne serai à mon aise que quand je serai passé par-delà avec mon armée (2). »

Il avait adopté sur la frontière du nord, pour la couvrir, le même système de défense que l'année précédente. Il avait ravitaillé et fortifié les places qui pouvaient arrêter l'ennemi sur cette partie du territoire, dont il confia la garde au duc de Vendôme. Il fit partir pour la Guyenne Lautrec, qu'il chargea d'occuper les passages des Pyrénées. Il se réserva le commandement des troupes qui se réunissaient au pied des Alpes, et à la tête desquelles il voulait fondre sur l'Italie. Déjà l'amiral Bonnivet avait passé les monts avec un corps considérable, afin de s'assurer du poste important de Suze. Douze mille Suisses étaient en marche pour le joindre, sous la conduite du maréchal de Montmorency. Les hommes d'armes de France s'acheminaient par compagnies vers Lyon, où François Ier se rendait dans la dernière quinzaine d'août, et d'où il devait descendre en Lombardie avec une puissante armée.

(1) Registres du Parlement.
(2) François Ier à Montmorency, 23 août 1523, mss. Béthune, vol. 8569.

Pendant qu'il se disposait à sortir de son royaume, ses ennemis s'apprêtaient à l'envahir. Leur invasion devait être secondée par la révolte du second prince du sang, du dernier grand souverain territorial de la France féodale, du connétable de Bourbon, que François Ier, par des disgrâces offensantes et d'imprudentes injustices, avait poussé à cette criminelle extrémité. C'est dans sa route de Paris à Lyon que lui fut révélée la conspiration du connétable, qui n'attendait que son départ pour éclater, et devait lui enlever la France au moment où il conquerrait Milan.

CHAPITRE V.

CONJURATION DU CONNÉTABLE DE BOURBON.
INVASION DE LA FRANCE EN 1523.

Le connétable de Bourbon ; étendue de ses domaines et de sa puissance. — Son caractère, ses services, sa disgrâce. — A la mort de sa femme la duchesse Suzanne, fille de Pierre II et d'Anne de France, le roi et la duchesse d'Angoulême revendiquent l'héritage de la maison de Bourbon, qu'ils contestent au connétable. — Le connétable irrité négocie avec les ennemis de la France. — Traité qu'il conclut à Montbrison, dans le haut Forez, avec l'envoyé de Charles-Quint et un peu plus tard à La Palice avec l'envoyé de Henri VIII. — Ses préparatifs de soulèvement. — Découverte de sa conspiration, qui est révélée au moment où François Ier part pour l'Italie, à la tête de son armée, afin d'y reprendre le duché de Milan. — Passage du roi par le Bourbonnais; son entrevue à Moulins avec le connétable. — Promesse du connétable de suivre le roi en Italie. — Maladie qu'il affecte pour ne pas tenir sa promesse; persistance dans ses projets de rébellion. — François Ier, qui l'attend à Lyon et renonce à passer les Alpes, envoie contre lui des troupes sous le bâtard de Savoie et le maréchal de La Palice. — Fuite du connétable, dont le roi fait arrêter les principaux complices. — Le connétable, peu accompagné, s'échappe à travers les montagnes du centre de la France, d'où il ne sort pas sans peine, pour aller commander une troupe levée en son nom. — Saisie des États du connétable ; procès de ses complices. —, Invasion du royaume par les Anglais et les Flamands du côté de la Picardie, par les Espagnols du côté de Bayonne. — Cette invasion, que devait seconder en France la révolte déconcertée du connétable de Bourbon, échoue bientôt partout.

I.

Le connétable de Bourbon était en France le dernier grand prince féodal. Il y possédait, à titre de fief ou d'apanage, des provinces entières. Le duché de Bourbonnais, le duché et le dauphiné d'Auvergne, le comté de Montpensier, le comté de Forez, le comté de La Marche, auxquels se rattachaient vers le sud les vicomtés de Carlat et de Murat, les seigneuries de Combrailles, de La Roche-en-Regniers et d'Annonay, le rendaient maître d'un territoire presque aussi compacte qu'étendu dans le centre même du royaume. Ce vaste territoire se prolongeait du côté de l'est jusqu'à la Bresse par l'importante seigneurie du Beaujolais, qui longeait la rive droite de la Saône, et par la principauté de Dombes, assise sur la rive gauche. Outre la domination qu'il exerçait ainsi de Bellac à Trévoux, de Moulins à Annonay, le connétable de Bourbon avait en Poitou le duché de Châtellerault, en Picardie le comté de Clermont, dotation primitive du sixième fils de saint Louis, dont il tirait son origine. Possesseur de tant de pays, il devait être un sujet suspect pour François Ier, même en restant dans l'obéissance, et pouvait lui devenir un ennemi redoutable, s'il en sortait.

Des dynasties provinciales issues de la dynastie centrale des Capétiens, celle des Bourbons demeurait la seule. Les maisons apanagées de Bourgogne et de Bretagne, qui avaient suscité tant de guerres intestines, appuyé tant d'invasions étrangères, avaient pris fin récemment. Avec Charles le Téméraire s'était éteinte la postérité masculine de ces ducs de Bourgogne, qui, détachés les derniers de la tige royale, avaient fondé la plus formidable puissance au nord de la France, possédé presque tous les pays depuis les cimes du Jura jusqu'aux bords du Zuyderzée, disposé longtemps de Paris, soulevé plusieurs fois le royaume, fait asseoir sur le trône aux fleurs-de-lis le roi d'Angleterre et tenu en échec Louis XI lui-même. Le mariage de la duchesse de Bretagne Anne, d'abord avec Charles VIII, ensuite avec Louis XII, et l'union de Claude, sa fille et son héritière, avec François Ier, avaient amené l'annexion définitive au royaume de cette vaste et indépendante province.

Les grandes et nombreuses incorporations de territoire récemment opérées par les rois de France avaient accru la force de la monarchie, en même temps qu'elles en avaient augmenté l'étendue. Elles semblaient avoir également affermi la paix intérieure dans le royaume. Avec les ducs de Bourgogne et de Bretagne avaient disparu les périls des troubles féodaux, et, en ne rencontrant plus l'assistance de vassaux aussi puissants, les invasions étrangères devenaient moins faciles et moins fréquentes. La maison féminine de Bourgogne, qui conservait la Franche-Comté sur le flanc oriental de la France, était au fond séparée du royaume. Unie d'abord à la maison d'Autriche, puis aux maisons de Castille et d'Aragon, toutes représentées alors par Charles-Quint, qui en était le commun héritier, elle avait cessé d'être dangereuse au dedans, bien que du dehors elle restât toujours menaçante. Le souverain des Pays-Bas ne pouvait plus troubler la France par des soulèvements, il ne pouvait l'attaquer que par la guerre. Si les rois d'Angleterre, dans leurs descentes sur le continent, devaient rencontrer encore l'appui de ses armées, ils n'avaient plus à compter sur les forces de provinces dissidentes comme la Bourgogne ou la Bretagne, sur les mouvements d'une capitale insurgée comme Paris, sur les prises d'armes d'un parti féodal comme la faction bourguignonne.

Mais ce danger pouvait renaître par la révolte et à l'instigation du chef de la grande maison qui se maintenait encore au centre du royaume. Le duc de Bourbon vivait en vrai souverain dans ses immenses domaines. Il tenait à Moulins une cour brillante. Il y était entouré de la noblesse de ses duchés et de ses comtés, qui lui conservait le dévouement féodal. Il avait une nombreuse garde; il levait des impôts, il assemblait les États du pays, il nommait ses tribunaux de justice et sa cour des comptes, il pouvait mettre une armée sur pied, il entretenait sur plusieurs points de son territoire des forteresses en bon état, et, lorsqu'il cessait de vivre, ses restes étaient portés avec une pompe toute royale dans les caveaux de l'abbaye de Souvigny, qui était pour les ducs de Bourbon ce que l'abbaye de Saint-Denis était pour les rois de France. A la mort du duc Pierre II en 1503, on avait vu près de dix-sept cents officiers de sa maison (1) l'accompagner jusqu'à la célèbre nécropole bénédictine qui s'élevait à deux lieues des tours de Bourbon-l'Archambault, et qui ne devait pas recevoir les dépouilles exilées du connétable, son successeur et son gendre.

Celui-ci, monté au trône ducal sous le nom de Charles III, y était arrivé et comme représentant mâle de la deuxième ligne de la maison de Bourbon et comme mari de l'héritière directe de la première ligne restée sans descendance masculine. Il appartenait à la branche cadette des Bourbon-Montpensier, et il avait épousé Suzanne de Bourbon, fille unique du duc Pierre II et d'Anne de France, en qui prenait fin la branche aînée, jusque-là régnante. Il avait obtenu toutes les possessions de la maison de Bourbon en réunissant les droits des deux branches. A l'office de grand-chambrier de France, héréditaire dans la maison de Bourbon, il avait joint l'office de connétable, dont l'épée, mise aux mains de plusieurs des ducs ses prédécesseurs, avait été confiée aux siennes par François Ier l'année même de son avénement à la couronne.

(1) *Histoire de la maison de Bourbon*, par Désormeaux ; in-4, Paris, Imprimerie nationale, 1776, t. II, p. 367.

Le connétable de Bourbon était aussi dangereux qu'il était puissant (1). Il avait de fortes qualités. D'un esprit ferme, d'une âme ardente, d'un caractère résolu, il pouvait ou bien servir ou beaucoup nuire. Très-actif, fort appliqué, non moins audacieux que persévérant, il était capable de concourir avec habileté aux plus patriotiques desseins et de s'engager par orgueil dans les plus détestables rébellions. C'était un vaillant capitaine et un politique hasardeux. Il avait une douceur froide à travers laquelle perçait une intraitable fierté, et sous les apparences les plus tranquilles il cachait la plus ambitieuse agitation. Il est tout entier dans ce portrait saisissant qu'a tracé de lui la main de Titien, lorsque, dépouillé de ses États, réduit à combattre son roi et prêt à envahir son pays, le connétable fugitif avait changé la vieille et prophétique devise de sa maison, l'*Espérance*, qu'un Bourbon devait réaliser, avant la fin du siècle, dans ce qu'elle avait de plus haut, en cette devise terrible et extrême : *Omnis spes in ferro est,* toute mon espérance est dans le fer. Sur ce front hautain, dans ce regard péné-

(1) En 1516, le provéditeur vénitien de Brescia, Andrea Trevisani, ambassadeur à Milan, disait de lui au conseil des *pregadi* : « Questo ducha di Borbon... a anni 29. Prosperoso traze uno palo di ferro molto gajardamente, tema Dio, è devoto, human e liberalissimo; ha de intrada scudi 120 milia, e per il stado di la madre (Anne de France), scudi 20 milia; poi ha per l'officio di gran contestabile in Franza scudi 2,000 al mese, et ha grande autorità, e come li disse Monsr di Longavilla, governator di Pavia, pol disponer di la mita del exercito del re ancora chel re non volesse a qual impresa li par. » Mss. *Sumario di la Relazione di ser Andrea Trivixam... fatta in pregadi à di novembrio* 1516, dans Sanuto.

trant et sombre, aux mouvements décidés de cette bouche ferme, sous les traits hardis de ce visage passionné, on reconnaît l'humeur altière, on aperçoit les profondeurs dangereuses, on surprend les déterminations violentes du personnage désespéré qui aurait pu être un grand prince, et qui fut réduit à devenir un grand aventurier. C'est bien là le vassal orgueilleux et vindicatif auquel on avait entendu dire que sa fidélité résisterait à l'offre d'un royaume, mais ne résisterait pas à un affront (1). C'est bien là le serviteur d'abord glorieux de son pays qu'une offense et une injustice en rendirent l'ennemi funeste, qui répondit à l'injure par la trahison, à la spoliation par la guerre. C'est bien là le célèbre révolté et le fougueux capitaine qui vainquit François Ier à Pavie, assiégea Clément VII dans Rome, et finit sa tragique destinée les armes à la main, en montant à l'assaut de la ville éternelle.

Charles de Bourbon avait été élevé à la cour de sa tante Anne de France, qui, sous le nom de dame de Beaujeu, avait gouverné le royaume pendant la minorité de son frère Charles VIII, et avait continué, sans cruauté, la politique habile de son père Louis XI. Cette femme prévoyante avait pourvu

---

(1) « Borbonius... in ore habebat Aquitani ejus scitum responsum qui rogatus a Carolo septimo, quo tandem præmio impelli posset, ut fidem sibi tot magnis rebus perspectam falleret : « Non tuo, inquit, here, regno, non orbis imperio adduci possim, contumelia tamen et stomachosa injuria possim. » Ferronius, *de Rebus gestis Gallorum*, etc., in-fol. Basileæ, lib. vi, f. 136.

avec un soin vigilant à la forte éducation du jeune prince (1), qu'elle savait être l'héritier naturel des Bourbons et dont elle devait plus tard faire son gendre. De bonne heure, Charles de Bourbon était devenu un chevalier accompli et s'était montré homme de guerre aussi distingué que vaillant. A peine âgé de dix-neuf ans, il avait commandé, en 1508, à la bataille d'Agnadel, les deux cents pensionnaires du roi qui, avec les hommes de leur suite, formaient une troupe de plus de mille combattants. A leur tête, il avait exécuté, avec autant de vigueur que d'à-propos, une charge décisive, et il avait contribué au gain de cette célèbre journée, où avait été renversée en quelques heures la puissance que les Vénitiens avaient si lentement acquise dans la Lombardie orientale (2). Lorsque la défaite de Novare, la perte de l'Italie, l'invasion de la Bourgogne par les Suisses eurent attristé de revers nombreux le règne de Louis XII, le duc Charles de Bourbon avait été chargé, en 1514, de couvrir la frontière menacée de l'est et de repousser les périls auxquels était exposé le terri-

---

(1) « Bien faisoit-elle nourrir et entretenir le dit comte Charles, lui faisant aprandre le latin à certaines heures du jour, et quelquefois à courir la lance, piquer les chevaux, tirer de l'arc où il étoit enclin ; autres fois aller à la chasse ou à la volerie, et aussi an tous autres déduits et passe-tans où l'on a accoutumé d'induire les grans seigneurs, et à tout le dit comte Charles s'adonnoit très bien, et luy seoit bien de faire tout ce où il se vouloit amployer, et comme à jeune seigneur de bonne nature et de bonne inclination. » *Histoire de Bourbon écrite par son secrétaire Marillac,* p. 237 r°.

(2) *Histoire de Bourbon,* par Marillac, p. 248 v° et 264.

toire même de la France. Il l'avait fait vite et bien. Il avait mis en état de défense des provinces ouvertes qu'il délivra des soldats débandés, et il avait introduit une rigoureuse discipline parmi des troupes qui, à cette époque, n'en supportaient pas (1).

Investi peu de temps après de l'office de connétable par François Ier, il prit part à la campagne d'Italie qui suivit l'avénement de ce monarque au trône, et, pendant les deux jours que dura la rude bataille de Marignan, il combattit en capitaine et en homme d'armes. Reconnu pour l'un des principaux auteurs de cette importante victoire, il fut laissé par François Ier comme son lieutenant général au-delà des monts, et il sut conserver le Milanais contre les agressions de l'empereur Maximilien, descendu en Italie à la tête d'une armée formidable. Ces grands services qu'il avait rendus à la couronne furent presque aussitôt suivis de sa disgrâce. Huit mois après la victoire de Marignan, deux mois après l'évacuation de la Lombardie par l'empereur Maximilien, François Ier rappela le connétable de Bourbon, qui avait sauvé le duché de Milan, et il mit à sa place le maréchal de Lautrec, qui devait le perdre. Dès ce moment, soit par une ingrate légèreté de François Ier, soit par une défiance prématurée de sa part, le connétable, tombé dans la défaveur, avait été dépouillé de toute autorité, n'avait point été remboursé de ce qu'il

(1) Marillac, p. 257 v° et 258.

avait dépensé pour l'utilité du roi en Italie, ni payé de ses pensions comme grand-chambrier de France, comme gouverneur de Languedoc et comme connétable.

Relégué dans ses États, il avait paru de temps en temps à la cour, en grand officier négligé, en serviteur encore soumis, en prince du sang maltraité; mais il y avait paru avec splendeur et avec fierté. La suite de ses gentilshommes et son éclat fastueux, en laissant trop voir sa puissance, avaient ajouté à sa défaveur. Il avait déployé une magnificence remarquée et montré beaucoup de hauteur à la célèbre entrevue du camp du Drap-d'Or, où le roi d'Angleterre et le roi de France s'étaient promis une amitié « inaltérable » qui n'avait pas duré plus d'une année. Lorsque François Ier avait parcouru le Poitou et la Guienne, le connétable était allé le recevoir dans son duché de Châtellerault, où il lui avait offert, avec la plus dispendieuse hospitalité, les plaisirs recherchés des plus belles chasses. C'est là que le roi, visitant le magnifique château qu'avait fait élever dans le voisinage son favori Bonnivet, demanda au connétable, ce qu'il en pensait. « Je pense, répondit-il avec son esprit altier et acéré, que la cage est trop grande et trop belle pour l'oiseau. — Ce que vous en dites, ajouta le roi, c'est par envie. — Comment Votre Majesté peut-elle croire, repartit le connétable, que je porte envie à un gentilhomme dont les ancêtres ont été heureux d'être les écuyers des miens (1) ? »

A l'époque de la rupture de François Ier et de Charles-Quint, le connétable ne fut point compris dans la distribution des quatre grands commandements militaires de la Picardie, de la Champagne, de la Guienne, de la Lombardie, qu'avait formés François Ier pour faire face à l'ennemi sur ses diverses frontières. Ces grands commandements avaient été donnés au timide duc d'Alençon, au paisible duc de Vendôme, à l'arrogant Bonnivet, à l'irrésolu Lautrec (2). L'affront d'une aussi opiniâtre défaveur fut vivement ressenti par le connétable de Bourbon, qui reçut bientôt une injure plus directe et moins supportable. Mandé à l'armée de Picardie lors de la première campagne, il y était venu avec six mille hommes de pied et trois cents hommes d'armes levés dans ses États. En cette rencontre, où les forces qu'il amenait devaient être d'un si grand service et méritaient un si haut prix, il subit une impardonnable humiliation. L'office de connétable donnait droit au commandement de l'avant-garde. Ce commandement, dont il s'était bien acquitté en 1515, et qu'il aurait rempli avec non moins de succès en 1521, lui fut alors ôté; François Ier en chargea le duc d'Alençon, qui le servit mollement vers Valenciennes, et qui plus tard

(1) Mss. Béthune, vol. 8492, f. 2 v°. Brantôme, *Vies des grands Capitaines*, t. II, p. 158.
(2) *Histoire de Bourbon*, suite de Marillac, par le sieur de Laval, p. 279 v°. *Mémoires* Du Bellay, collection Petitot, t. XVII, p. 303-304.

l'abandonna lâchement sur le champ de bataille de Pavie. Placé sous les yeux et comme sous la surveillance du roi, le connétable fut profondément blessé de cette offense, dont il ne se plaignit point, mais qu'il n'oublia jamais.

Il semble que François Ier, en butte à tant d'ennemis extérieurs, n'aurait pas dû leur donner un redoutable auxiliaire dans son propre royaume. Ayant contre lui l'empereur, le roi d'Angleterre, le pape, la plupart des États d'Italie, étant expulsé de cette péninsule et voulant y rentrer, disposé à continuer la guerre et préparant tout pour recouvrer Milan, la politique comme l'intérêt lui conseillaient de ménager le connétable de Bourbon et de se servir de lui. Il fit tout le contraire. A la continuité de la disgrâce s'ajouta alors pour le connétable la menace de la spoliation, et, après l'avoir offensé, François Ier le désespéra. De concert avec Louise de Savoie, sa mère, il revendiqua les biens de la maison de Bourbon.

Le connétable avait perdu sa femme au printemps de 1521. Le fils qu'elle avait mis au monde en 1517, et dont le roi avait été le parrain, était mort. Depuis, elle en avait eu deux à la fois, qui, nés avant terme, n'avaient pas vécu. Le connétable était sans enfants : la fille unique et l'héritière directe du duc Pierre II et d'Anne de France avait confirmé, en 1519, par son testament la donation qu'elle lui avait faite de ses biens et de ses droits en 1505 ; les nombreuses possessions de la maison de Bourbon lui revenaient donc, ou de son chef, ou du chef de sa femme. Ce qui pouvait être considéré comme transmissible aux femmes lui était dévolu par la donation et le testament de la duchesse Suzanne, et il tenait du droit féodal et de la constitution monarchique des apanages, ce qui était réservé aux mâles. Louise de Savoie réclama néanmoins les possessions féminines, et François I⁰ʳ voulut faire retourner à la couronne les possessions masculines comprises dans cet immense héritage, ouvert, selon eux, par la mort de Suzanne de Bourbon.

Cette revendication, si peu opportune politiquement, était-elle au moins fondée en justice? Le droit d'après lequel se transmettaient les divers territoires appartenant à la maison de Bourbon avait varié. Le comté de Clermont en Beauvoisis, donné en apanage à Robert, le sixième fils de saint Louis et le fondateur de cette grande maison, était d'abord seul soumis à la loi salique de la masculinité et devait revenir à la couronne, si les héritiers mâles manquaient. Le duché de Bourbonnais, les comtés de Forez et de la Marche, la principauté de Dombes, les seigneuries de Beaujolais et de Combrailles, acquis par mariage ou par succession, ne reconnaissaient dans leur transmission que la règle féodale ordinaire. Les mâles y avaient la préférence sur les femmes (1), mais à défaut de mâles les femmes en héritaient. Après 1400, la constitution

---

(1) *Histoire de Bourbon*, par Marillac, p. 231 r⁰.

qui régissait la plupart de ces biens changea sous le duc Jean Ier, fils de Louis II. Ce prince épousa Marie de Berri, fille unique du duc de Berri, frère du roi Charles V et oncle du roi Charles VI. Le duc de Berri ne tenait pas seulement en apanage la province dont il portait le nom, il possédait encore, et au même titre, le duché d'Auvergne et le comté de Montpensier. En unissant sa fille Marie à Jean Ier, il obtint du roi Charles VI que le duché d'Auvergne et le comté de Montpensier lui seraient accordés en contrat de mariage et seraient portés par elle dans la maison de Bourbon, à la condition toutefois que les provinces possédées par la maison de Bourbon passeraient de la loi féminine de succession sous la loi masculine des apanages. La dévolution à la couronne du duché d'Auvergne et du comté de Montpensier était retardée; mais, pour prix de ce retard, la réversibilité du duché de Bourbonnais, du comté de Forez (1), etc., lui était plus sûrement et plus promptement acquise, puisque désormais les mâles seuls pouvaient les recevoir en héritage. Cet arrangement, autorisé par Charles VI, confirmé par Charles VII, était avantageux à la royauté, dont il ajournait, mais dont il étendait les droits (2). Les

---

(1) Marillac, p. 234 v°. — Étienne Pasquier, *Recherches de la France*, liv. vi, c. x, f. 556-557. — Voir aussi *Histoire généalogique de la maison de France*, par Scévole et Louis de Sainte-Marthe, t. II, p. 38, 39.

(2) « Le roy Charles septième, par lettres expresses et patantes, narration faite de la dite donation du duché d'Auvergne, et qu'elle étoit au profit et avantage du roy et du royaume, veu le retour du duché de

biens de la maison de Bourbon étaient transformés en apanage par le nouveau contrat, qui en changeait la nature et en limitait la transmission.

Cette maison se divisa alors en deux lignes sous Charles et Louis, fils de Jean Ier. Charles eut comme aîné la part la plus considérable de l'héritage : il fut duc de Bourbonnais et d'Auvergne, comte de Clermont et de Forez, seigneur de Beaujolais et prince de Dombes. Louis, le cadet, reçut en apanage le comté de Montpensier, la seigneurie de Combrailles ; il eut le tiers et il acquit ensuite la presque-totalité du dauphiné d'Auvergne. Le droit éventuel à l'héritage des Bourbons que la convention de 1400 assurait aux mâles de la deuxième ligne, en cas de défaillance des mâles de la première, fut exposé à plusieurs atteintes dans le cours du quinzième siècle. Les ducs de Bourbon essayèrent de rendre cet héritage féminin en faveur des filles qui naîtraient d'eux (1) et au détriment des comtes de Montpensier, leurs collatéraux ; mais les comtes de Montpensier, par des protestations (2) opportunes et par des actes conservatoires, pourvurent avec continuité au maintien

---

Bourbonnois à la couronne en défaut de mâles, loua, ratifia et aprouva la dite donation, et furent les dites lètres leuës, publiées et anregistrées au parlement et en la chambre des comptes. » Plaidoyer de Montholon pour le connétable de Bourbon du 12 février 1522, à la suite de l'*Histoire de Bourbon*, p. 284 r°.

(1) Les ducs Jean II et Pierre II.

(2) Le comte Gilbert de Montpensier protesta contre la tentative du duc Jean II, et les comtes Louis et Charles de Montpensier contre celle du duc Pierre II. — Voyez dans l'*Histoire de Bourbon*, par Marillac, p. 231 v°, p. 234 r° et p. 238.

de leur droit. La dernière et la plus dangereuse des tentatives faites pour les en dépouiller eut lieu sous le duc Pierre II, qui les avait reconnus comme ses héritiers légaux en 1488 (1), et qui en 1498 obtint du facile Louis XII des lettres patentes autorisant sa fille Suzanne de Bourbon et les descendants de sa fille à lui succéder. Les comtes Louis et Charles de Montpensier attaquèrent, l'un après l'autre, les dispositions singulières de ces lettres patentes surprises à la condescendance de Louis XII. Ce prince, qui n'avait été injuste que par bonté, répara lui-même avec sagesse le tort qu'il avait fait avec ignorance. Après la mort du duc Pierre, il maria, en 1505, le comte Charles, représentant les Montpensier, et la duchesse Suzanne, héritière des Bourbons, afin de confondre, par leur union, les droits que l'un tenait de sa naissance et l'autre de sa concession (2). Anne de France, mère de Suzanne et tante de Charles, provoqua elle-même cette union, qui assurait par mariage à sa fille ce qui lui aurait été contesté par succession, et qui mettait un terme aux désaccords des deux lignes de la maison de Bourbon. Le comte de Montpensier, devenu duc de Bourbonnais et d'Auvergne, demeura possesseur sans trouble de tous les biens des deux lignes tant que dura son mariage; mais, lorsque Suzanne

(1) *Histoire de Bourbon*, etc., par Marillac, p. 230 v°, 232 r°, 233 v°, 234 r°. — Étienne Pasquier, *Recherches de la France*, ibid., p. 557, 558.

(2) Voyez Marillac, qui prit part à ces transactions, p. 239, 240, 241, 242 r° et v°, et Étienne Pasquier, f. 558, 559.

mourut en 1521, ne laissant point d'héritier qui perpétuât la race et qui reçût les domaines des Bourbons de la branche aînée, la contestation commença, bien que Suzanne eût pris tous les moyens de la prévenir et de l'éviter. Ce qui pouvait lui revenir, elle l'avait cédé à son mari par une donation fortifiée d'un testament.

Y avait-il quelque incertitude sur la transmission de la totalité ou d'une partie de l'héritage? Si l'on considérait le caractère exclusivement masculin qu'avaient pris depuis 1400 les duchés de Bourbonnais et d'Auvergne, le comté de Forez, etc., et qu'avait consacré l'adhésion expresse ou tacite de tant de rois, le connétable, comme dernier représentant mâle de cette branche des Bourbons, en était le possesseur substitué. Si l'on considérait la nature particulière de certains biens restés transmissibles aux femmes, tels que la seigneurie de Beaujolais et la principauté de Dombes, le connétable, comme donataire d'abord et légataire ensuite de Suzanne, en était le légitime héritier. Ainsi le voulait à cette époque la règle des héritages, et ce n'était pas à un autre titre que Louis XI avait acquis le comté de Provence, dont le testament de Charles III avait disposé en sa faveur, et qui sans cela serait revenu au duc René II de Lorraine, parent le plus rapproché de Charles III. Le double droit du connétable ne paraissait donc pas douteux; il lui était assuré par la loi monarchique des apanages en ce qui concernait les grands fiefs de sa maison restés ou devenus masculins, par la loi romaine et par l'usage en ce qui concernait les possessions dont les femmes pouvaient être les héritières ou les donatrices.

Cependant la mère du roi lui contesta les uns, et le roi lui-même revendiqua les autres. La duchesse d'Angoulême descendait par les femmes de la maison de Bourbon. Nièce du duc Pierre II et cousine-germaine de la duchesse Suzanne, elle était d'un degré plus rapprochée de l'héritage que le connétable de Bourbon. S'autorisant de cette proximité plus grande, elle réclama, comme étant ouverte, la succession de la duchesse Suzanne. Elle invoqua la coutume ancienne, mais depuis 1400 annulée, qui rendait transmissible aux femmes le Bourbonnais et ses dépendances, et elle s'appuya également sur la concession récente, mais irrégulière, que Louis XII avait faite en 1498 à la fille du duc Pierre II. Louise de Savoie y fut poussée par une avidité funeste et une prétention inconsidérée qu'encouragèrent les pernicieux conseils du chancelier Du Prat. Celui-ci mit la tortueuse habileté de l'homme de loi au service de la cupidité passionnée de la régente. Louise de Savoie voulait-elle épouser le connétable ou le dépouiller? Les contemporains les mieux instruits ont cru qu'elle espérait l'amener à une transaction matrimoniale semblable à celle qui avait terminé en 1505 le différend entre les deux lignes par le mariage de Charles et de Suzanne (1).

(1) Henri VIII disait à l'ambassadeur de Charles-Quint : « Il n'y a

Si elle ne parvenait pas à y décider le connétable, plus jeune qu'elle, et qui ressentait à son égard un dégoût mêlé d'animosité, elle comptait sur ses titres spécieux comme plus proche parente, sur son autorité comme mère du roi, sur la faiblesse du Parlement, soumis à l'influence du chancelier, pour l'en punir en le dépossédant.

Elle intenta donc un procès au connétable. Dans quel moment le fit-elle? Lorsque François Ier, en butte à une coalition extérieure formidable, avait besoin de tenir unies toutes les forces de son royaume, et d'en disposer contre les ennemis qui projetaient de lui enlever à tout jamais ses conquêtes en Italie et d'envahir même la France. Non-seulement il laissa sa mère poursuivre le connétable, mais il se joignit à elle. Il réclama les possessions apanagées comme échues au domaine royal. Le connétable était ainsi menacé de perdre tout ce qui, dans l'héritage des Bourbons, étant féminin, serait

eu malcontentement entre le roi François et le dict de Bourbon sinon à cause qu'il n'a volu espouser madame la régente, qui l'ayme fort. » (Dépêche de Louis de Praet à l'empereur du 8 mai 1523, Archives impériales et royales de Vienne.) — L'historien contemporain Belcarius dit : « Carolo Borbonio... infensa erat Ludovica Sabaudiana Francisci mater ; quibus de causis non satis proditur : alii quod fœmina jam natu grandior Borbonii tertium duntaxat, aut quartum, et tricesimum annum agentis matrimonium ambiret, a quo eundem abhorrere, resciisset. » Belcarius, *Commentarii Rerum gallicarum*, lib. VII, f. 528. — Antoine de Laval, capitaine du château de Moulins et continuateur de Marillac, dit expressément : « Il fait (le connétable) des réponces rudes à ceux qui luy parloient de faire une seconde transaction semblable à celle qu'il fit avec feuë madame Suzanne. On dit encore parmi nous les mots dont il usoit, qui sont un peu trop crus et piquants pour être redits. » — *Dessins de Professions nobles,* etc., f. 282 v°.

dévolu à la duchesse d'Angoulême, et, étant masculin, serait annexé à la couronne. La mauvaise volonté et la puissance de ses deux adversaires lui firent craindre une spoliation complète. La ruine allait s'ajouter à la disgrâce, et cette imminente iniquité mit le comble à toutes les anciennes offenses. Près de tomber de la plus haute position dans l'abaissement le plus insupportable à son orgueil, d'une opulence presque royale dans une détresse humiliante, il n'y tint point. Son cœur altier se révolta à cette pensée, et tout en soutenant ses droits il prépara ses vengeances.

II.

Il traita secrètement avec Charles-Quint. Des relations s'étaient déjà établies entre eux avant la rupture de l'empereur et de François Ier. Le connétable, au su du roi et avec son agrément, avait envoyé l'un de ses affidés, Philibert de Saint-Romain, seigneur de Lurcy, auprès de Charles-Quint, pour négocier un arrangement relatif au duché de Sessa, dans le royaume de Naples, sur lequel il conservait des prétentions. Il avait offert des chevaux, des haquenées, des lévriers, des arbalètes et des épieux de chasse en présent à l'empereur, qui, de son côté, avait dépêché le seigneur de Longueval et un gentilhomme nommé Trollière vers le connétable pour le remercier et l'honorer (1). Charles-Quint mettait autant de soin à acquérir de nouveaux amis que François I"r montrait de négligence à conserver ses anciens serviteurs. Aussi devait-il s'attacher tous ceux que son imprudent rival éloignait de lui. Il n'oublia rien, quelques mois après la mort de Suzanne de Bourbon, pour gagner le connétable, qu'il savait être disgracié sans qu'il fût encore prêt à devenir rebelle. Il n'était pas lui-même en guerre avec François I"r. Il avait fait dire au connétable par le prévôt d'Utrecht, Philibert Naturelli, son ambassadeur à la cour de France : « Monsieur, vous êtes maintenant à marier ; l'empereur mon maître, qui vous aime, a une sœur dont j'ai charge de vous parler, si vous y voulez entendre (2). » Le connétable fit remercier l'empereur de cette proposition, qui ne fut dans ce moment ni rejetée ni admise.

Un peu plus tard, après que la guerre eut été déclarée, et lorsque la duchesse d'Angoulême et François I"r eurent réclamé les biens de la maison de Bourbon, le connétable, non moins certain de sa ruine que persuadé de son droit, chercha dans ce mariage un moyen de se soutenir ou de se venger. La duchesse Anne elle-même fut de cet avis. La

(1) Dépositions du chancelier de Bourbonnais Popillon, f. 243 r°, de Saint-Bonnet, f. 49 v°, de l'*élu* Petit-Dé, f. 74 r°, dans le vol. 484 de la collection Dupuy, qui contient toutes les pièces du procès criminel du connétable de Bourbon aux mss. de la Bibliothèque nationale.

(2) Interrogatoire de l'évêque d'Autun. Mss. Dupuy, n° 484, f. 230 r° et v°.

fille de Louis XI, qui avait gouverné le royaume de France pendant la jeunesse de son frère Charles VIII, en maintenant à l'autorité sa force et au territoire ses agrandissements, avait changé de maximes en changeant de position. La duchesse de Bourbonnais ne pensait plus comme avait agi la régente de France. Elle chercha des appuis à la grandeur de la maison dans laquelle elle était entrée, et dont l'édifice était près de crouler par la mort de sa fille Suzanne. Ce qu'avaient fait tous les grands feudataires du royaume, ce qu'avaient fait tous les princes du sang royal, lorsqu'ils étaient en opposition d'intérêt avec la couronne, ce qu'avaient fait récemment encore les ducs de Bourgogne, les ducs de Bretagne et Louis XI, n'étant que dauphin, et ce qui devait se faire pendant le cours du seizième siècle et jusqu'au milieu du dix-septième siècle par les rois de Navarre, les ducs d'Orléans et les princes de Condé, elle le conseilla au connétable son gendre avant de mourir. « Mon fils, lui avait-elle dit, considérez que la maison de Bourbon a été alliée de la maison de Bourgogne, et que durant cette alliance elle a toujours fleuri et été en prospérité. Vous voyez à cette heure ici les affaires que nous avons, et le procès que on vous met sus ne procède que à faute d'alliance. Je vous prie et commande que vous preniez l'alliance de l'empereur. Promettez-moi d'y faire toutes les diligences que vous pourrez, et j'en mourrai plus contente (1). » Le connétable n'eut pas de peine à suivre un conseil qu'Anne de France croyait conforme à son intérêt, et que lui suggérait sa propre passion.

Dès l'été de 1522, dans la seconde campagne sur la frontière de France et des Pays-Bas, il ouvrit à ce sujet une négociation secrète par l'entremise du sénéchal de Bourbonnais, d'Escars, seigneur de la Vauguyon, la Coussière, la Tour-de-Bar, etc., et capitaine de cinquante hommes d'armes. Enfermé dans Thérouanne, qu'assiégeaient les Impériaux, d'Escars demanda à Chabot de Brion, l'un des favoris de François Ier, et qui commandait la place attaquée, la permission d'aller conférer avec Adrien de Croy, seigneur de Beaurain, second chambellan de Charles-Quint, pour l'échange d'une terre qu'il possédait en Flandre (2). Sous prétexte de cet échange, il instruisit alors Beaurain des sujets de mécontentement qu'avait le connétable, et de l'intention où il était d'accepter les anciennes offres de l'empereur. Le connétable ne désirait pas seulement de s'allier à Charles-Quint, il proposait de se révolter contre François Ier. Victime de l'injustice royale, il se présentait comme le futur libérateur

(1) Déposition de l'évêque d'Autun, f. 230.
(2) Déposition de Perot de Warthy du 17 septembre. *Ibid.*, f. 37 v° et 38 r°. « This overture was now of late renowed, under colour of a subtile and craftie practise, by a capitain being now in Tirwen (Thérouanne) named Mr de Cares (d'Escars), etc. » Instructions données par Henri VIII à Th. Boleyn et à Richard Sampson, envoyés auprès de l'empereur en octobre 1522. — *State Papers*, t. VI, part. v, p. 104, London, in-4, 1869.

du pays. Il s'élevait contre le gouvernement désordonné, arbitraire, onéreux, d'un prince plongé dans les plaisirs, livré aux emportements de ses passions, et il se disait résolu à réformer l'État et à redresser l'insolente conduite du roi, qui accablait le royaume, l'appauvrissait et le mettait sur le penchant de sa ruine. Si l'empereur lui donnait l'une de ses sœurs en mariage, il était disposé à se soulever dans l'intérieur de la France et à joindre ses forces aux forces espagnoles et anglaises (1). Il y mettrait en mouvement cinq cents hommes d'armes et huit ou dix mille hommes de pied, au moment où les troupes de Charles-Quint et d'Henri VIII paraîtraient sur les frontières du royaume. Il faisait demander que l'empereur et le roi d'Angleterre, dont il ne craignait pas de flatter les plus ambitieuses convoitises et de ranimer les prétentions à la couronne (2) de France, envoyassent des personnages de confiance et d'autorité dans le voisinage

(1) « The duke of Burbon not being contented with the inordinate and seusuall governaunce that is used by the French king, is much inclined and in maner determined to refourme and redresse the insolent demeanures of the said king. » Henri VIII ajoute que le duc de Bourbon y a été induit par plusieurs importants conseillers aussi bien que « by loss of such landes, dominions and seniories as he possessed outwardly, as also the impoverisching and in maner destruccion of his reame;... mynding therefore not oonely to have aliaunce with the emperour by mariage of oon of his susters, but also, in the same may be assuredly promised to take effete, to joyne with the king and the emperour with his strenght and power at such tyme as they shall make actuall ware in Fraunce. » — *State Papers*, t. VI, p. 103, 104.

(2) « The said duke... considering also that the king had title to the crowne of Fraunce, was contented it shuld be notified unto the kinges Highnes. » Ibid., p. 104.

de sa pricipauté de Dombes, à Bourg en Bresse, où il dépêcherait lui-même son chancelier, pour se mettre d'accord sur les points importants et dresser un traité en règle.

Beaurain communiqua au comte de Surrey, amiral d'Angleterre, qui commandait sur le continent les troupes d'Henri VIII, les propositions du connétable, afin qu'il en instruisît le roi son maître, et il les porta lui-même, vers la fin de l'automne, en Espagne, où l'empereur s'était rendu depuis quelques mois. Dès ce moment, des rapports suivis et secrets s'établirent entre le connétable, l'empereur et le roi d'Angleterre, pour concerter la révolte au dedans et l'invasion du dehors. Henri VIII se montra tout d'abord très-favorable aux projets de Bourbon et prêt à conclure une alliance avec lui; il fit même presser Charles-Quint par ses deux ambassadeurs, Richard Sampson et Thomas Boleyn, d'envoyer au plus tôt Beaurain muni des instructions et des pouvoirs nécessaires pour traiter (1). Beaurain arriva en Angleterre au commencement de février 1523 (2). Il trouva Henri VIII, naguère si zélé, alors très-refroidi. Ce prince parut même mécontent de sa rupture avec François Ier, qui

(1) « For whiche purpose the kinges grace thiketh right expedient that the emperour shuld send thider Monsr de Beuren, with auctoritie power and instructions sufficient, like as the kinges Highnes shall auctorise summe convenable personne semblaby to doo for his pare, etc. » Ibid., p. 104-105.

(2) Dépêches manuscrites de l'évêque de Badajoz et de Louis de Praet, ambassadeurs de Charles-Quint en Angleterre, du 5 et du 13 février 1523. — *Archives impériales et royales de Vienne.*

l'exposait à de grands périls, l'obligeait à des armements ruineux, et l'avait réduit à des sacrifices jusque-là sans compensation. Henri se plaignait de n'avoir pas été remboursé encore par l'empereur de 150,000 écus d'or qu'il lui avait prêtés, de n'avoir rien reçu de l'indemnité de 100,000 écus d'or que Charles-Quint s'était engagé à lui payer en dédommagement de la pension annuelle que lui donnait le roi de France, et à laquelle il avait renoncé pour embrasser une alliance dont il ne sentait que les charges, et qui ne lui apportait que des dangers. Il dit qu'il avait à repousser sur la frontière d'Écosse l'agression du duc d'Albany, qu'il avait à préserver l'Angleterre de l'invasion dont la menaçait Richard de la Poole, dernier représentant du parti dynastique de la Rose blanche; qu'il devait envoyer contre l'Écosse une armée de trente mille hommes sous son lieutenant général le grand trésorier, pourvoir à la subsistance de cette armée au moyen d'une flotte chargée de vivres, et qui, montée par quatre mille bons soldats, attaquerait Édimbourg du côté de la mer; qu'il équipait une autre flotte pour garder le canal de la Manche et assurer les communications entre les Pays-Bas et l'Espagne; qu'il tiendrait de plus vingt-cinq mille hommes de Douvres à Falmouth, sous le commandement de son beau-frère le duc de Suffolk, pour défendre la côte d'Angleterre; qu'enfin il se proposait de lever une grande armée de réserve à la tête de laquelle il se placerait lui-même. Il annonçait que, jusqu'à ce qu'il eût affermi la sûreté intérieure de son royaume par la soumission des Écossais et la défaite de la Rose blanche, et qu'il eût amassé dans ses coffres assez d'argent pour suffire à la solde de ses troupes pendant une année, il ne s'engagerait dans rien de sérieux sur le continent (1). Il semblait suspecter, sinon les intentions, du moins la puissance de l'empereur, qu'il savait mal obéi en Espagne, et qui, dénué d'argent, était à ses yeux hors d'état de faire face aux engagements qu'il avait contractés et d'entretenir les armées qu'il avait promis de mettre sur pied. Il reprochait à son inexact confédéré de n'avoir rempli aucune de ses obligations, tandis que lui avait été fidèle à toutes les siennes, et il voulait renvoyer la grande entreprise projetée contre la France à l'année 1525.

C'est dans ces dispositions qu'il reçut et qu'il fit partir Beaurain ; mais bientôt, avec la mobilité soudaine qu'il portait dans ses desseins comme dans ses alliances, il revint à d'autres sentiments. Il autorisa ses ambassadeurs auprès de Charles-Quint à tout concerter pour le soulèvement du duc de Bourbon (2) et pour l'invasion de la France. Il leur per-

(1) Dépêche du 20 janvier, de l'évêque de Badajoz et de Louis de Praet à Charles-Quint. *Archives impériales et royales de Vienne.* — Wolsey le dit en grande partie dans sa dépêche de janvier 1523 à Th. Boleyn et à Rich. Sampson. — *State Papers,* t. VI, p. 113 à 120.

(2) Henri VIII dit à Louis de Praet : « Touchant l'affaire de Bourbon, puisque l'empereur l'a tant à cœur, j'envoyrai par delà mon povoir à mes ambassadeurs avec instructions telles dont l'empereur aura cause d'estre content pour besongner conjoyntement sur le dict affaire. » Dé-

mit d'offrir la moitié de l'argent qu'exigerait la levée des gens de cheval et des hommes de pied que le connétable mettrait en campagne, et de déterminer avec quelles forces et dans quel moment on attaquerait François Ier dans son royaume. La double négociation du traité avec le duc de Bourbon et de l'expédition en France, après s'être poursuivie quelque temps à Valladolid, fut continuée à Londres, où les plénipotentiaires de Charles-Quint et d'Henri VIII convinrent, en mai 1523 (1), des moyens et de l'époque de la grande agression, et où Beaurain arriva de nouveau le 19 juin pour régler tout ce qui pouvait faciliter la rébellion (2) et la prise d'armes du duc de Bourbon.

Conformément à ses instructions (3), Beaurain devait avant tout proposer au roi d'Angleterre et obtenir de lui qu'il contribuât à la solde des cinq cents hommes d'armes et des dix mille hommes de pied à la tête desquels se placerait le connétable révolté (4). Après s'être assuré du concours d'Henri VIII, il avait à se rendre à Bourg en

pêche manuscrite de Louis de Praet à Charles-Quint du 8 mai 1523. — *Archives impériales et royales de Vienne.*

(1) Dépêches manuscrites du 1er juin de Louis de Praet à l'empereur, et de Louis de Praet et de Jehan de Marnix au même.

(2) « Sire, en suyvant la charge qu'il a pleu à Vostre Majesté bailler à moy Beaurain, j'ay fait telle diligence que suis arrivé en cette ville de Londres hier xix de ce mois. » Dépêche d'Adrien de Croy et de Louis de Praet à l'empereur, du 21 juin.

(3) Ces instructions, données le 28 mai à Valladolid, sont imprimées dans le t. VI des *State Papers,* p. 151, note 2, et p. 152.

(4) Dépêches de Beaurain et de Louis de Praet du 21 juin. *Archives impériales et royales de Vienne.*

Bresse, où le connétable avait promis de se trouver, et là traiter de son mariage soit avec Éléonore, veuve du roi de Portugal, soit avec Catherine, la plus jeune des sœurs de Charles-Quint; convenir que, dans les dix jours qui suivraient l'entrée des deux princes alliés sur le territoire de la France, il se déclarerait et joindrait ses troupes à l'armée d'invasion; lui garantir, aussitôt qu'il serait déclaré, le payement successif de 200,000 couronnes pour l'entretien de ses hommes de guerre; lui demander d'ouvrir ses villes aux confédérés, qui recevraient des vivres dans ses États; enfin lui promettre, en concluant une ligue offensive et défensive, qu'il serait soutenu envers et contre tous, et que l'empereur et le roi d'Angleterre ne feraient ni paix ni trêve sans l'y comprendre. Beaurain avait charge de s'enquérir de lui sur quels points de la France il convenait le mieux de diriger l'invasion, quels étaient les personnages qui tenaient son parti, si le duc de Lorraine, son beau-frère, le duc de Vendôme et le comte de Saint-Paul, ses cousins, Jean d'Albret, roi de Navarre, partageaient ses mécontentements et adhéraient à ses desseins (1).

Le cardinal Wolsey remit des articles conçus dans ce sens à Beaurain au moment de son départ (2). En même temps, le docteur Knight, am-

---

(1) Instructions de l'empereur à Beaurain, du 28 mai 1523, publiées dans le sixième volume des *State Papers*, p. 151, note 2.

(2) Ces articles, intitulés *Memoriale eorum quæ Dominus de Beaureyn tractabit cum illustrissimo duce Burbonio pro communi beneficio utrius-*

bassadeur de Henri VIII auprès de Marguerite d'Autriche, tante de Charles-Quint et gouvernante des Pays-Bas, dut suivre Beaurain, et fut chargé d'une mission semblable. « Le duc de Bourbon, disait Henri VIII dans ses instructions, qui est un homme d'un noble et vertueux courage, voyant combien, par le désordre, le mauvais gouvernement et l'extravagante conduite du roi François, le royaume de France est tombé dans un misérable état, surchargé qu'il est de tailles, d'exactions et d'autres impositions indues, outre les autres grandes et journalières indignités et iniquités dont l'accable le roi des Français, et sentant que le commun peuple ne peut pas les supporter plus longtemps, il a appliqué son esprit et mis ses soins à lui donner assistance et à opérer le redressement de ces énormités (1). » Il ajoutait que, fort aimé et fort estimé dans le royaume de France, dont il voulait la réforme, le duc de Bourbon s'était adressé à l'empereur et à lui, roi d'Angleterre, et qu'il serait, sans aucun doute, suivi de beaucoup de nobles hommes et du peuple réduit en servitude et désireux d'en sortir. Il prescrivait au docteur Knight de se rendre en poste à Bâle, comme pour aller en Suisse, et de se transporter de là, sous un déguisement, jusqu'à Bourg en Bresse, où il trouverait

---

que majestatis, sont imprimés dans le sixième volume des *State Papers,* p. 153 et 154.

(1) « Instructions given by the kinghnes to his trusty clerc and counsaillour master William Knyght. » *State Papers,* t. VI, p. 131.

Beaurain et le connétable. Henri VIII, qui prétendait être l'héritier légitime de la couronne de France, exigeait que le duc de Bourbon lui prêtât serment (1), après quoi il autorisait à conclure tous les arrangements proposés. Le docteur Knight partit de Bruxelles à la dérobée, et s'achemina, en suivant le tortueux itinéraire qui lui était tracé, vers la ville de Bourg en Bresse, où Beaurain, arrivé au commencement de juillet, s'était enfermé dans l'abbaye de Brou (2).

Le connétable n'avait point paru. Reculait-il devant les criminels engagements qui allaient faire de lui un traître envers la couronne et un ennemi de sa patrie, le rendre coupable d'une dangereuse révolte et complice d'une odieuse invasion? ou bien avait-il craint de donner l'éveil sur ses projets et de les compromettre par un voyage qu'il ne pourrait pas cacher et qui exciterait la défiance de François Ier, déjà instruit en partie de ses relations? Il était loin de se repentir, et son animosité croissante le portait aux résolutions extrêmes. Le procès qui devait le dépouiller de ses biens suivait son cours. Depuis plus d'un an, on le plaidait devant le Parlement de Paris, qui avait plus le désir que la force d'être juste. Deux célèbres avocats, Bouchard et Montholon, avaient défendu les droits de sa belle-

---

(1) Le duc de Bourbon devait le reconnaître pour « his suppreme and soverayn lord makyng othe and fidelitie as to the rightful inheritour of the said crowne of Fraunce ». *State Papers*, p. 137.

(2) Dépêche de L. de Praet à Charles V, du 9 août 1523. — *Arch. imp. et roy. de Vienne.*

mère, Anne de France, et les siens, contre les prétentions de la duchesse d'Angoulême et les réclamations de François Ier, dont l'astucieux avocat Poyet et l'avocat général Lizet s'étaient faits les soutiens hardis et zélés (1). Le roi s'était approprié déjà le comté de la Marche, le comté de Gien, la vicomté de Murat, et toutes les possessions données par Louis XI et Charles VIII à Anne de France, transmises par Anne de France à Suzanne et léguées au connétable (2). Il avait ainsi déclaré revenus à la couronne les domaines qui en avaient été le plus récemment détachés, et il avait annulé de lui-même la donation que le connétable en avait reçue de sa femme et de sa belle-mère. Pour mieux montrer son dessein, au lieu de les incorporer au domaine royal, François Ier les avait accordés à la duchesse d'Angoulême. Le connétable avait mis opposition à cette saisie prématurée et à ce don contestable.

La cause entière était pendante devant le Parlement, où le duc, menacé d'une dépossession prochaine, avait perdu, depuis le mois de décembre 1522, sa puissante auxiliaire Anne de France, qui, renouvelant ses anciennes dispositions avant de mourir,

---

(1) Suite de l'*Histoire de Bourbon*, par Marillac, f. 281 v° à 293, contenant les extraits des plaidoyers. — *Journal d'un Bourgeois de Paris*, publié par la Société de l'Histoire de France. Paris, chez J. Renouard, 1854, p. 150 à 152.

(2) Par donation du 6 septembre 1522. — Voyez cette donation aux *Archives nationales*. — Voyez aussi *Journal d'un Bourgeois de Paris*, p. 151.

l'avait laissé son légataire universel. Bien qu'il se regardât comme héritier substitué de la partie masculine de cette succession et comme héritier doublement désigné de la partie féminine, il sentait que l'autorité de ses adversaires l'emporterait sur son droit. Le Parlement traînait l'affaire en longueur ; c'était toute la justice que le connétable pouvait en attendre : il n'avait à espérer que dans le désistement improbable du roi et de la régente. Si le roi et la régente avaient renoncé à le dépouiller, il aurait cessé de s'entendre avec leurs ennemis.

Il fit auprès d'eux une tentative dans les premiers mois de 1523. Au moment où sa cause se plaidait devant la justice, entre les deux voyages de Beaurain en Angleterre pour y négocier sa défection, le connétable se rendit à la cour. Il y parut à l'heure où le roi François Ier et la reine Claude étaient à table dans des salles séparées. Il se présenta d'abord devant la reine, qui l'invita à s'asseoir près d'elle. Informé de son arrivée, François Ier acheva rapidement de dîner et vint dans la chambre de la reine. Le duc, en voyant le roi, se leva pour lui rendre ses devoirs (1). « Il paraît, lui dit brusquement le roi, que vous êtes marié ou sur le point de l'être. Est-il vrai ? » — Le duc répondit que non ; le roi répliqua que si, et qu'il le savait ;

(1) Cette scène fut racontée par l'empereur au docteur Sampson, qui l'écrivit à Wolsey, dans sa dépêche du 23 mars. — Musée britan. Vespasien, c. II, f. 117, original.

il ajouta qu'il connaissait ses pratiques avec l'empereur et répéta plusieurs fois qu'il s'en souviendrait. « Alors, sire, repartit le duc, c'est une menace ; je n'ai pas mérité un semblable traitement. »
— Après le dîner, il se rendit à son hôtel, situé près du Louvre, où beaucoup de gentilshommes l'accompagnèrent en lui faisant cortége.

Il partit ensuite pour aller attaquer une bande de soldats aventuriers qui ravageaient, sans rencontrer d'obstacle, les bords de la Champagne et de la Bourgogne du côté de Paris (1). Ce fut la dernière fois qu'il exerça ses fonctions de connétable. Après avoir dispersé cette bande, il retourna dans le Bourbonnais en disant tout haut qu'il renverrait à François Ier son collier de l'ordre de Saint-Michel et son épée de connétable, parce qu'il aimait mieux aller vivre pauvre hors de France que d'être si peu estimé dans le royaume. Deux seigneurs de la cour passant par le Bourbonnais le visitèrent au château de Moulins. Le connétable demanda à Saint-André, l'un d'eux, ce que le roi voulait faire de lui et ce qu'ils en avaient entendu. Saint-André lui répondit que le roi n'aspirait point à ses héritages et qu'il serait plus disposé à les lui donner qu'à les lui prendre. Le connétable leur proposa de porter à François Ier une lettre pour le remercier des bonnes paroles qu'il avait reçues d'eux ; mais ils s'excusèrent l'un et l'autre de s'en charger. Le con-

---

(1) Interrogatoire d'Escars. — Mss. Dupuy, n° 484, f. 251.

nétable vit dans ce refus le signe des véritables dispositions du roi. Il appela ces deux seigneurs des *affectez* (1), parce qu'ils n'auraient pas dû décliner son message à François Ier, si François Ier eût réellement manifesté les intentions qu'ils lui avaient attribuées. Il apprit au contraire que le chancelier Du Prat conseillait de le réduire à la condition d'un gentilhomme de quatre mille livres de rente (2). Outré au dernier point, n'espérant rien du roi, comptant peu sur le Parlement, il dit avec une amertume altière « qu'il attendait des nouvelles de son procès pour savoir s'il serait duc ou Charles » (3). L'issue n'en était pas éloignée et ne pouvait guère être douteuse. Sous la pression irrésistible de l'autorité royale, le Parlement allait prononcer le séquestre des biens contestés (4), comme prélude de la dépossession du connétable, auquel il les retirerait pour les adjuger plus tard à la duchesse d'Angoulême et à François Ier.

Pendant qu'il était agité de ces craintes et en proie à ces ressentiments, le duc de Bourbon apprit l'arrivée de Beaurain à Bourg en Bresse. Il fallait se décider à traiter ou à rompre avec Charles-Quint, rester soumis à François Ier malgré de

---

(1) Déposition d'Antoine de Chabanes, évêque du Puy. — Mss. Dupuy f. 183 r° et v^o.
(2) Interrogatoire de l'évêque d'Autun du 26 octobre. — Ibid., f. 221 v°.
(3) Interrogatoire de Saint-Bonnet, du 24 septembre. — Ibid., f. 43 r°.
(4) Suite de l'*Histoire de Bourbon*, p. 293 v°.

profonds mécontentements, ou se révolter contre lui au mépris des plus saintes obligations. Le duc de Bourbon se décida pour la rébellion et la vengeance ; il fut prêt à conclure le pacte funeste qui, avec la puissance du roi, menaçait l'intégrité du royaume. Il n'alla cependant point à Bourg, de peur de se trahir. Sous le prétexte d'un pèlerinage à Notre-Dame du Puy, il se rendit dans la partie la plus montagneuse de ses États, et il s'établit à Montbrison, capitale du haut Forez, avec toute sa maison (1). C'est là qu'il fit venir l'ambassadeur de Charles-Quint, que n'avait pu joindre à Bourg l'envoyé de Henri VIII, *master* Knight, arrêté en route par divers incidents. Le connétable dépêcha vers Beaurain deux de ses gentilshommes, qui le conduisirent, à travers la principauté de Dombes, le Beaujolais, le Forez, jusqu'à Montbrison, où il entra le soir du 17 juillet, suivi de Loquingham, capitaine au service de l'empereur, et de Château, son secrétaire. Il fut enfermé pendant deux jours dans une pièce voisine de la chambre du connétable, et n'en sortait que la nuit pour traiter mystérieusement avec lui (2).

(1) Dans sa dépêche du 9 août, L. de Praet, après avoir appris de Château, qui était envoyé à Londres par Beaurain, tout ce qui s'était passé à Montbrison, l'écrivait à l'empereur en lui envoyant copie du traité conclu avec le duc de Bourbon : « Le dit Grasien revint accompagné de deux gentilshommes qui menèrent le dit Beaurain et sa compagnie jusques en une villette nommée Montbrison. Le d. Bourbon vint parler au d. Beaurain de nuit, etc. » — *Arch. imp. et roy. de Vienne.*
(2) Déposition de Saint-Bonnet. — Mss. Dupuy, n° 484, f. 43 r° et v°. — Déposition d'Anne du Peloux, f. 71 v°.

Le connétable avait réuni à Montbrison un grand nombre de ceux sur lesquels il pouvait compter. Avant d'y arriver, il avait eu à Varennes un long entretien avec Aymard de Prie, seigneur de Montpoupon, de la Mothe, de Lézillé, etc., et capitaine de cinquante hommes d'armes des ordonnances du roi, par l'aide duquel il croyait pouvoir se rendre maître de Dijon. Il était accompagné de deux hommes d'église, ses confidents et ses conseillers, Antoine de Chabannes, évêque du Puy, frère du maréchal de la Palice, et Jacques Hurault, évêque d'Autun. Tansanne, seigneur de Chezelles, Philippe des Escures, seigneur de Quinsay-le-Chastel, ses chambellans; Jean de Bavant, Anne du Peloux, Jacques de Beaumont, seigneur de Saligny, ses maîtres d'hôtel; le lieutenant de sa compagnie d'hommes d'armes, Antoine d'Espinat, et d'Espinat le jeune, seigneur de Coulombiers; Robert de Grossone, seigneur de Montcoubelin, Hector d'Angeray, seigneur de Bruzon, Hugues Nagu, seigneur de Varennes; les seigneurs de la Souche, de Pompérant, de Lallière, de Lurcy, de Charency, et une foule de jeunes gentilshommes du Bourbonnais, de l'Auvergne, du Forez, du Beaujolais (1), attachés à sa personne, dévoués à ses projets, lui formaient une cour, et ils étaient prêts à prendre les armes pour lui.

Il avait fait venir des bords du Rhône à Montbri-

---

(1) Mss. Dupuy, n° 484 passim.

son le personnage qui, avec René de Bretagne, comte de Penthièvre, vicomte de Bridier et seigneur de Boussac, était le plus considérable de ses partisans : Jean de Poitiers, seigneur de Saint-Vallier et comte de Valentinois (1). Saint-Vallier descendait d'une des plus anciennes familles de France ; il avait occupé de grands emplois et rendu à la couronne de notables services. Gouverneur du Dauphiné sous Louis XII, il avait levé et conduit à ses frais en Italie, sous François Ier, sept ou huit mille hommes de pied, s'était vaillamment comporté à la prise de Milan et à la bataille de la Biccoca, avait dépensé plus de 100,000 écus dont il n'avait pas été remboursé (2), se plaignait d'être négligé par le roi, bien qu'il fût chevalier de son ordre et capitaine des cent gentilshommes de sa maison, et d'avoir été trompé par la duchesse d'Angoulême, qui, malgré sa promesse, ne lui restituait pas le comté de Valentinois. Il avait pour gendre Louis de Brézé, comte de Maulevrier, grand sénéchal de Normandie, auquel il avait marié sa fille, la célèbre Diane de Poitiers, alors dans tout l'éclat de la jeunesse et de la beauté. Puissant par sa position et par sa parenté, Saint-Vallier était redoutable par son caractère, aussi hardi que véhément. Le connétable

(1) Marquis de Cotron, vicomte d'Estoille, baron de Clerieu, de Serignan, de Chalançon et de Florac, seigneur de Privas, de Corbempré, etc., — *Histoire généalogique des comtes de Valentinois et de Diois, seigneurs de Saint-Vallier*, etc., *de la maison de Poitiers*, par André Du Chesne. Paris, in-4, 1638, p. 105.

(2) Interrogatoire de Saint-Vallier, du 12 octobre 1523. — Mss. Dupuy, n° 484, f. 172 r° et 173 v°.

n'avait pas eu de peine à le faire entrer dans ses desseins. Après s'être déchaîné contre François Ier, qui attentait à ses droits, et surtout contre la duchesse d'Angoulême, qui voulait dépouiller la maison de Bourbon, où elle avait été nourrie, le connétable avait dit à Saint-Vallier : « Cousin, tu es aussi maltraité que moi; veux-tu jurer de ne rien dire de ce que je vais te confier(1)? » Saint-Vallier, l'ayant juré sur un reliquaire qui contenait du bois de la vraie croix, et que le connétable portait toujours à son cou, reçut confidence de la conjuration, à laquelle il participa.

Ce fut en sa présence que le connétable traita avec Beaurain dans la nuit du samedi 18 juillet 1523 (2). Amené auprès de lui vers onze heures du soir, l'ambassadeur de Charles-Quint remit au duc de Bourbon les lettres de créance de son maître. « Mon cousin, lui écrivait l'empereur, je vous envoie le sieur de Beaurain, mon second chambellan. Je vous prie le croire comme moi-même, et, ce faisant, vous me trouverez toujours vostre bon cousin et amy. » Beaurain communiqua ensuite au connétable les instructions qu'il avait reçues de l'empereur, les articles qu'il était chargé de proposer à son acceptation de la part de Charles-Quint comme de la part de Henri VIII, et, de concert avec lui, il dressa un traité de mariage et de confédération. Il fut stipulé que le duc de Bourbon

---

(1) Interrogatoire et aveux du 23 octobre 1523, f. 207.
(2) Déposition de Saint-Bonnet, du 24 septembre, f. 43 v°.

épouserait ou la reine Éléonore veuve du roi de Portugal ou l'infante Catherine avec une dot de 200,000 écus, et qu'il s'unirait à l'empereur envers et contre tous, sans excepter personne. Dans la ligue offensive et défensive qu'il conclut avec Charles-Quint, il s'engagea à attaquer François Ier, mais il ne consentit pas encore à reconnaître Henri VIII comme roi de France. Offrant d'être l'allié du roi d'Angleterre sans promettre de devenir son sujet, il s'en remit sur ce point à ce que déciderait l'empereur. La ligue devait être suivie d'une invasion par le dehors et d'un soulèvement à l'intérieur. Il fut convenu que l'empereur pénétrerait en France par le *quartier* de Narbonne avec dix-huit mille Espagnols, dix mille lansquenets allemands, deux mille hommes d'armes, quatre mille hommes de cavalerie légère ; que le roi d'Angleterre descendrait en même temps sur les côtes occidentales du royaume avec quinze mille Anglais et cinq cents chevaux, auxquels se joindraient trois mille hommes de pied et trois mille hommes d'armes levés dans les Pays-Bas ; que cette invasion simultanée s'exécuterait aussitôt que le roi François Ier aurait quitté Lyon, où il devait se rendre vers le milieu d'août, pour passer en Italie et y commander son armée ; que, dix jours après l'agression de l'empereur et du roi d'Angleterre, le duc de Bourbon se déclarerait et se mettrait aux champs avec les troupes qu'il tiendrait prêtes et dix mille lansquenets qu'on enrôlerait pour lui en Allemagne, qui descendraient en

Franche-Comté, d'où il les dirigerait sur le point le plus favorable, et qui seraient payés au moyen de 200,000 écus fournis au connétable par Charles-Quint et par Henri VIII. L'archiduc Ferdinand, délégué de son frère en Allemagne et représentant de son autorité impériale, était compris dans ce traité, où il fut formellement établi qu'on ne ferait aucun accord avec l'ennemi commun, sans y comprendre le duc de Bourbon (1).

La nécessité du secret et l'évidence du péril n'avait pas permis d'appeler des gens de robe longue et de donner à un pareil traité des formes solennelles (2). Il fut rédigé sous des formes simples par Château, secrétaire de Beaurain, et transcrit à deux exemplaires, dont l'un devait être porté à Charles-Quint et l'autre rester entre les mains de Bourbon. Le connétable et Beaurain le revêtirent de leurs seings privés et en jurèrent sur les Évangiles la fidèle observation, le connétable en son nom, Beaurain au nom de l'empereur (3). Lorsque tout eut

(1) La copie de ces articles, dont Saint-Vallier rapporte assez fidèlement les stipulations, fut portée en Angleterre par le secrétaire Château et envoyée par Louis de Praet à Charles-Quint dans sa dépêche du 9 août. *Arch. imp. et roy. de Vienne.* — J'en donne ici l'extrait.

(2) « Item, que pour le dangier de déceler cette affaire et aussi pour la haste qu'il requiert, n'avoit esté possible que aucunes gens de longue robe eussent esté presens à conclure lad. lighe afin de la mectre en forme de lettres patentes selon la coutume. » — Dépêche du 9 août.

(3) « Et jura le dict Bourbon pour sa part, et le dict de Beaurain de la vostre sur les sancts Évangilles, l'effect et articles qui s'en suivent, lesquelx furent mis en escrit en deux billets de la main du d. de Beaurain, et signés des seings manuels des deux sieurs, dont l'ung demeura auprès du d. de Bourbon et l'autre empourta le d. de Beaurain pour le montrer à Votre Majesté. » — Dépêche du 9 août.

été conclu, le connétable fit entrer vers minuit Saint-Bonnet, seigneur de Bruzon, qu'il se proposait de dépêcher en Espagne. Après avoir pris son serment, il lui dit : « Je vous veux envoyer devers l'empereur, auquel vous direz que je me recommande très-humblement à sa bonne grâce, que je le prie de me donner sa sœur en mariage, et que, en me faisant cet honneur, il me trouvera son serviteur, son bon frère et ami (1). » Saint-Bonnet ayant accepté cette mission, le connétable lui remit une lettre de créance et dit à l'envoyé de l'empereur, d'après les conseils duquel Saint-Bonnet eut ordre de se conduire entièrement : « Monsieur de Baurain, voici le gentilhomme qui ira avec vous. »

Dans la nuit même, une ou deux heures avant le jour, ils partirent pour Gênes, où ils devaient s'embarquer. Ils traversèrent les montagnes du Forez accompagnés de Lallière et de François du Peloux, dont le premier les quitta dans la principauté de Dombes et le second retourna vers le connétable, après les avoir conduits jusqu'en Bresse. Arrivés là, Beaurain écrivit en chiffres plusieurs dépêches qu'il adressa, avec une copie du traité, à l'archiduc Ferdinand par le capitaine Loquingham, à Henri VIII par le secrétaire Château. Il invita le frère de l'empereur à faire lever immédiatement les dix mille lansquenets à la tête desquels devait se mettre le duc de Bourbon au moment de sa ré-

---

(1) Déposition de Saint-Bonnet, du 24 septembre. — Mss. Dupuy, n° 484, f. 43 v°.

volte, et il proposa au roi d'Angleterre de ratifier ce traité en ce qui le concernait, ou d'en conclure promptement un semblable. Il se rendit ensuite le plus vite qu'il put à Gênes pour gagner de là l'Espagne, y rendre compte à l'empereur de ce qu'il avait conclu en son nom, et hâter les préparatifs de l'invasion convenue.

Le lendemain de cet engagement du connétable de France avec le plus redoutable ennemi de son pays, Saint-Vallier, épouvanté, s'il faut l'en croire, de l'énormité d'un pareil attentat et de ses funestes suites, chercha à en détourner Bourbon par les plus vraies comme par les plus pathétiques raisons. « Monsieur, lui dit-il, avec cette alliance que l'on vous présente, vous devez être cause que l'empereur et le roi d'Angleterre, les Allemands, Espagnols et Anglois entreront en France. Pensez au gros mal qui s'ensuivra, tant en effusion de sang humain que destructions de villes, bonnes maisons, églises, forcements de femmes et autres calamités qui viennent de la guerre, et considérez que vous estes sorti de la maison de France et l'un des principaux princes qui soient aujourd'huy dans le royaulme et tant aymé et estimé de tout le monde que chascun se réjouist de vous veoir. Et si vous venez à estre occasion de la ruyne de ce royaulme, vous serez la plus maudite personne qui jamais fust, et les malédictions qu'on vous donnera dureront mille ans après vostre mort Songez aussi à la grande trahison que vous faites; après que le roy sera party pour l'Italie et vous aura laissé en France se fiant de vous, vous irez luy donner à dos et le destruire ainsi que son royaulme. Je vous prie pour l'amour de Dieu de considérer tout cela, et si vous n'avez égard au roy, à madame sa mère, lesquels vous dites vous tenir tort, au moins ayez égard à la reine et à messieurs ses enfants. Ne veuillez causer la perdition de ce royaulme, dont les ennemis, après que vous les aurez introduits, vous chasseront vous-même (1). »

Le connétable, ému au dire de Saint-Vallier, répondit : « Cousin, que veux-tu que je fasse? Le roi et madame me veulent détruire. Déjà ils ont pris une partie de ce que j'ai. — Monsieur, répliqua Saint-Vallier, laissez, je vous prie, toutes ces meschantes entreprises ; recommandez-vous à Dieu et parlez franchement au roy. » — Le connétable sembla disposé à abandonner ses pernicieux desseins ; mais, s'il fut ébranlé un moment, il se remit bientôt. Les animosités passionnées et les intérêts menacés qui les lui avaient fait concevoir les lui firent reprendre ou poursuivre. Il donna l'ordre de fortifier et de munir de canons, de poudre et de vivres ses deux principales places, Chantelle et Carlat (2). Il

(1) Interrogatoire de Saint-Vallier, du 23 octobre. — Mss. Dupuy, n° 484, f. 214 r° et v°.
(2) « Le dict seigneur a retiré dedans deux fortes places force vivres et artillerye, c'est assavoir dedans Chantelle et dedans Carlat et en chacune d'icelles a mis cinquante ou soixante hommes. » Lettre du capitaine de La Clayette à la duchesse d'Angoulême. Mss. Dupuy, n° 484, f. 114 r°.

se livra à des préparatifs mystérieux dans ses États. Il avait mandé auprès de lui le capitaine La Clayette, qui commandait sa compagnie d'hommes d'armes, et le capitaine Saint-Saphorin, qui avait servi sous ses ordres en Italie et devait lever quatre mille fantassins dans le pays de Vaud et le Faucigny (1). Il fit partir pour la Savoie Antoine de Chabannes, évêque du Puy, chargé de demander au duc son parent de se déclarer en sa faveur (2). Une troupe de mille hommes de pied devait être introduite dans Dijon par Aymard de Prie, qui y tenait garnison avec ses gens d'armes (3). Le connétable, le jour où il se déclarerait, comptait entraîner dans sa révolte deux mille gentilshommes dont il assurait avoir la parole (4). Il écrivit à deux jeunes seigneurs normands qui avaient servi sous ses ordres et qu'il avait comblés de ses générosités et de ses bonnes grâces, à Jacques de Matignon et à Jacques d'Argouges, de se rendre à Vendôme, où

(1) « Le capitaine Saint-Saphorin fut à Montbrison cet esté passé cependant que le connestable y estoit, alors que la monstre fut faicte de la compagnie du dict connestable. » — Déposition de Baudemanche, du 28 novembre. — Mss. Dupuy, f. 254 r°. — Le connétable envoya l'archer Beaudemanche le 31 août auprès de Saint-Saphorin et lui dit : « Allez-vous-en devers luy et sachez si les quatre mille hommes sont prêts et en quelle sorte ils veulent être payés, combien d'argent il lui fauldra. » — Déposition de Baudemanche, du 23 septembre. — Ibid., f. 38 v°.
(2) Interrogatoire de l'évêque du Puy, du 6 et 7 septembre. — Ibid., f. 11 r°; du 21 octobre, f. 185 r°.
(3) « Messire Aymar de Pryc devait mestre mil hommes de pied dedans Dijon, et en mestre dehors Beaumont son lieutenant, pour après mestre la dite ville es mains du connestable. » — Déposition de d'Argouges, d'après Lurcy. — Ibid., f. 6.
(4) Dépositions de l'évêque du Puy, f. 183 r° et 189 r°, n° 484.

Lurcy, son agent infatigable, leur ferait une communication de sa part (1). Il espérait les gagner aisément à son entreprise et faciliter, avec leur aide, la descente de l'armée anglaise en Normandie et l'occupation de cette province par Henri VIII. Le corps malade et l'âme agitée, il partit ensuite de Montbrison en litière (2) et il retourna lentement à Moulins attendre que tous ces ressorts jouassent à la fois, après que François Ier aurait passé les Alpes et serait allé reconquérir le duché de Milan, en laissant son royaume exposé à l'invasion et prêt à la révolte.

III.

François Ier avait achevé les grands et coûteux préparatifs de l'expédition qu'il devait cette fois conduire lui-même. Il avait tiré de l'argent de partout, fait des emprunts à l'hôtel de ville de Paris, aliéné les biens de la couronne, pris l'or et l'argent qu'il avait trouvés dans les églises, mis sur le peuple de plus pesantes charges, mécontenté les gens de justice et de finance en multipliant les créations d'offices qui grossissaient leurs rangs d'acheteurs ignorants ou avides dont l'adjonction diminuait leur importance ou leurs pro-

(1) Dépositions de d'Argouges et de Matignon. — Mss. Dupuy, f. 5 v° et 7 r°.
(2) Déposition de l'évêque d'Autun. — Ibid., f. 22 r°.

fits. Il avait concentré vers l'est la partie la plus considérable de ses troupes, sous les ordres de l'amiral Bonnivet, qui l'avait précédé à Lyon et qui le devança en Italie. Il avait envoyé Lautrec en Gascogne et Lescun en Languedoc pour y défendre ces deux frontières contre les Espagnols, si les Espagnols y descendaient par la Navarre ou le Roussillon. Il opposait des forces assez médiocres à l'empereur du côté des Pyrénées, mais il comptait détourner Henri VIII d'une agression en Picardie ou en Normandie, par des attaques qui le retiendraient dans son royaume. Il l'avait menacé d'une tentative de révolution dynastique par l'envoi de Richard de La Poole, dernier représentant de la maison d'York, et il avait expédié sur une flotte, avec des soldats et de l'argent, le duc d'Albany, qui, débarqué à Édimbourg, devait, à la tête d'une armée écossaise, marcher contre la frontière septentrionale de l'Angleterre.

Avant son départ, François Ier, suivi de la reine Claude, sa femme, de la duchesse d'Angoulême, sa mère, et de toute sa noblesse, alla à Saint-Denis invoquer pour ses armes l'appui du patron de la France (1). Il se prosterna pieusement devant la châsse du saint exposée sur l'autel de la vieille basilique, comme aux jours des grands dangers et des solennités patriotiques. Le lendemain, revenu à Paris, il se rendit processionnellement du

(1) Le 23 juillet 1523. — *Journal d'un Bourgeois de Paris sous François Ier*, p. 139.

palais des Tournelles à la Sainte-Chapelle, pour y faire ses dévotions et visiter les reliques qu'y avait apportées d'Orient le plus religieux et le plus vénéré de ses prédécesseurs. Il n'avait pas quitté Paris sans paraître à l'Hôtel-de-Ville, prendre congé du prévôt des marchands et des échevins, les remercier de l'aide qu'il avait obtenue d'eux pour ses guerres, leur recommander les intérêts du royaume et l'obéissance envers sa mère, qu'il laissait régente. Il partit ensuite pour se rendre à Lyon, en séjournant à Fontainebleau, et fut accompagné jusqu'à Gien par la reine Claude et la duchesse d'Angoulême, qui s'embarquèrent sur la Loire et descendirent vers Blois.

Il connaissait vaguement les pratiques du connétable avec les ennemis du royaume. Avant qu'il quittât Paris, on lui avait conseillé de ne pas le laisser en France lorsqu'il en sortirait (1). Il avait vu à Gien d'Escars, l'un des serviteurs alarmés et des complices attiédis du connétable, et il lui avait dit : « Si j'étois aussi soupçonneux que le feu roi Louis XI, j'aurois grande occasion d'entrer en défiance du seigneur connétable, car on m'a rapporté qu'il est curieux d'avoir des nouvelles d'Angleterre, d'Allemagne, d'Espagne, de quoi il pourroit bien se passer (2). » Il en savait plus qu'il n'en disait. Il croyait que le connétable, dont il

---

(1) Interrogatoire de Popillon, du 7 octobre. — Mss. Dupuy, n° 484, f. 166 v°.

(2) Interrogatoire du 7 octobre. — Ibid., f. 166 v°.

avait appris les menées en Savoie, n'était pas sans engagement avec l'étranger, et il prétendit que l'Anglais Jernigam était venu prendre son serment en Bourbonnais. Il ajouta qu'il se proposait lui-même de le voir en passant par là, et, après une franche explication, de s'en faire suivre au-delà des Alpes. Sans trahir le connétable, d'Escars intimidé approuva beaucoup le projet qu'avait le roi de ne pas le laisser en France ; mais, sur la route même du Bourbonnais, François Ier reçut de bien autres informations.

Matignon et d'Argouges, les deux gentilshommes normands vers lesquels le connétable avait dépêché Lurcy, s'étaient trouvés dans les premiers jours d'août à Vendôme, où Lurcy leur avait donné rendez-vous. Chacun d'eux y était venu suivi de cinq ou six chevaux, croyant que le connétable était de l'expédition d'Italie et voulait les mener avec lui. Au lieu de leur adresser cette invitation, comme ils s'y attendaient, Lurcy les conduisit dans une chambre isolée de l'hôtellerie des Trois-Rois, où ils étaient descendus, et là, après leur avoir fait jurer de ne rien révéler de ce qu'il allait leur dire, il leur parla du mariage convenu du connétable avec la sœur de l'empereur, du voyage de Beaurain, qui était venu conclure ce mariage à Montbrison, des dix mille lansquenets qui devaient entrer par la Bresse dans le royaume, lorsque le roi aurait passé les monts, de l'armée espagnole qui pénétrerait en Languedoc par Perpignan, de l'armée anglaise qui était attendue sur les côtes de France, de la troupe qu'Aymard de Prie introduirait dans Dijon, des bandes de soldats que commanderaient Lallière, Peloux, Godinières. Puis, supposant que Matignon et d'Argouges n'hésiteraient pas à embrasser le parti du connétable, il leur proposa de faciliter l'accès et l'occupation de la Normandie à l'amiral d'Angleterre (1). Il ajouta qu'ils régiraient cette province lorsque le connétable, à la tête de ses troupes et de celles de l'empereur, aurait pris Lyon et marcherait au centre du royaume, dont il se ferait d'abord gouverneur, ensuite roi.

Dans ses confidences, non moins outrées que criminelles, Lurcy alla jusqu'à dire qu'il avait été question d'arrêter François Ier quand il traverserait le Bourbonnais, de lui mettre, ainsi qu'il s'exprimait, un *chaperon en gorge* et de l'enfermer à Chantelle. Il se vantait même d'avoir opiné pour qu'on le tuât, ce à quoi le connétable n'avait pas voulu consentir. Une machination aussi odieuse révolta les deux gentilshommes normands et les remplit d'effroi. Ils s'en étonnèrent de la part du connétable. D'Argouges refusa sur-le-champ d'y entrer, et répondit qu'il ne serait jamais traître au roi et à son pays. Matignon demanda une nuit pour réfléchir à une proposition de telle conséquence, et déclara le lendemain qu'il aimerait mieux être mort

---

(1) Dépositions de d'Argouges et de Matignon, f. 5 v°, 6 et 7.

que de l'accepter. Non-seulement ils désapprouvèrent l'un et l'autre la conjuration, mais ils la dénoncèrent. Ils dirent en confession à l'évêque de Lisieux tout ce qu'ils avaient appris de la bouche de Lurcy, et l'évêque de Lisieux se hâta d'en instruire le grand sénéchal de Normandie (1). Celui-ci ne perdit pas un moment pour en informer le roi. Il fit partir deux courriers avec une lettre écrite en *duplicata* (2), et dans laquelle il prévenait François Ier de l'invasion qu'avaient préparée ses ennemis, et que devait seconder *un des plus gros personnages de son royaume et de son sang*. Il lui indiqua et les dangers que courait son État, et ceux dont était menacée sa personne. « Sire, lui écrivait-il, il est besoin aussi de vous garder, car il a esté parole de vous essayer à prendre entre cy et Lyon, et de vous mener en une place forte qui est dedans le pays du Bourbonnois ou à l'entrée de l'Auvergne. »

François Ier reçut la lettre du grand sénéchal de Normandie à Saint-Pierre-le-Moustier, le 15 août, avant-veille du jour où il devait entrer dans Moulins. Sans être troublé d'un péril dont la révélation lui arrivait si à propos, il s'entoura de précautions et se rendit le plus fort pendant son passage dans le Bourbonnais. Le connétable n'était pas venu à sa rencontre et lui avait envoyé Robert de Grossone avec des lettres pour s'excuser de ne l'avoir pas pu,

(1) Lettre missive du grand sénéchal de Normandie de Brezé au roy, écrite d'Harfleur le 10 août, f. 108.
(2) « Je vous fais courre deux courriers, de peur qu'il n'en tombe un malade, qui ne savent rien de ce que je vous escrips. » — Mss. Dupuy, f. 109.

retenu qu'il était dans sa chambre par une maladie qui l'empêchait d'en sortir (1). François Ier envoya l'ordre au bâtard de Savoie, grand maître de France, qui avait déjà dépassé Moulins, d'y revenir avec ses lansquenets. Ayant fait battre les champs par une grosse troupe que commandait le duc de Longueville, il s'avança, au milieu de ses gardes, vers la capitale des États du connétable. En y arrivant, il se logea au château, dont il prit les clefs, s'y garda avec une vigilance défiante et fit surveiller la ville par le guet, qui fut relevé trois fois dans la nuit.

Le connétable était malade, et il affectait de l'être encore plus qu'il ne l'était. François Ier eut avec lui un entretien dans lequel il ne lui cacha point ce qu'il avait appris de ses criminelles relations avec les ennemis de l'État et les siens. Sans les nier, le connétable les atténua. Il prétendit que l'empereur l'avait fait rechercher en lui envoyant un de ses serviteurs, mais il assura qu'il avait rejeté ses offres. Il désavoua donc son mariage avec la sœur de Charles-Quint et son alliance avec les ennemis du royaume. François Ier, sans peut-être ajouter une foi entière à son désaveu, s'en contenta. On lui conseillait de le faire arrêter comme un conspirateur et comme un traître ; il ne le voulut point, soit qu'il craignît l'effet que produirait l'emprisonnement du second prince du sang, soit qu'il ne crût

---

(1) Déposition de Robert de Grossone, f. 79 v°.

pas pouvoir établir suffisamment sa trahison, soit plutôt qu'il espérât le ramener en lui témoignant de la confiance et en le traitant avec cordialité. Préférant l'indulgence à la rigueur, il affecta une générosité habile, quoique un peu tardive. Il promit au connétable la restitution de ses biens, si le parlement lui était défavorable dans son arrêt, et lui offrit, en l'amenant de l'autre côté des Alpes, de partager avec lui le commandement de l'armée, dont chacun d'eux conduirait une moitié (1). Il croyait apaiser par là cette âme farouche, guérir ce cœur ulcéré, gagner cet esprit superbe. Il se flattait surtout de rompre ses desseins, quels qu'ils fussent, et de prévenir tout danger de sa part en rendant par sa présence en Italie sa défection impossible en France. C'est ainsi qu'il partit de Moulins, après s'être assuré que le connétable, qui se montra soumis et reconnaissant (2), le suivrait bientôt à Lyon. Il fit cependant demeurer auprès de lui La Roche-Beaucourt, qui ne devait pas le quitter avant qu'il fût prêt à se mettre en route ; et ce qui prouvait que François Ier avait moins de confiance qu'il n'en montrait, c'est qu'il laissa derrière lui le bâtard de Savoie et ses lansquenets comme pour couvrir sa marche.

Le connétable de Bourbon avait promis d'accompagner le roi en Italie et de le joindre à Lyon sans

---

(1) Ce qu'il lui fit répéter par Perot de Warthy. — Déposition de Warthy, du 15 septembre, f. 28 v°.

(2) Interrogatoire de Popillon, f. 167 v°.

avoir l'intention de tenir sa promesse. Il se sentait trop engagé avec l'empereur pour rompre avec lui. Beaurain avait porté en Espagne le traité signé de sa main, et Saint-Bonnet, qui devait accompagner Beaurain, étant revenu de Gênes sans avoir rempli sa mission, le connétable avait fait partir deux des siens pour se rendre, l'un par la voie de Bayonne, l'autre par la voie de Perpignan, auprès de Charles-Quint, avec des lettres dans lesquelles il confirmait ses engagements (1). Il se croyait d'ailleurs trop compromis dans l'esprit du roi pour espérer rentrer sincèrement en grâce, et il ne comptait pas sur l'exécution de promesses qu'il croyait arrachées par la nécessité et variables comme elle. Il s'obstina dans son entreprise, et, afin de pouvoir l'accomplir, il évita de se rendre auprès de François Ier tout en se montrant disposé à le suivre, dans l'espérance que François Ier se déciderait à passer les Alpes sans qu'il l'eût rejoint. Il différa ainsi près de deux semaines son départ pour Lyon, où le roi persévéra prudemment à l'attendre.

Ce prince, lassé et inquiet de si longs retards, fit partir en poste un gentilhomme de sa chambre, Perot de Warthy, pour presser la venue du connétable. Warthy le trouva étendu sur son lit et s'acquitta de sa commission en lui renouvelant de la part du roi toutes les assurances que le roi lui avait données récemment à Moulins (2). Le connétable

---

(1) Déposition de Saint-Bonnet, du 25 septembre.—Mss. Dupuy, f. 51 v°.
(2) Déposition de Warthy. — Ibid., f. 28 v°.

chargea Warthy de remercier François Ier et de lui dire qu'il se sentait un peu mieux, qu'il s'était promené quelques instants sur sa mule dans la matinée, qu'il irait le lendemain dans le parc de Moulins pour s'accoutumer à l'air et au mouvement, qu'il délogerait dans trois jours au plus tard, et servirait le roi partout où, il voudrait le mettre. Comme François Ier exprimait l'ardent désir de se trouver en Lombardie, où, *pour cent mille écus,* faisait-il dire au connétable, *il voudrait être déjà* (1), le connétable lui donna par Warthy le conseil indirect de s'y transporter au plus vite, en soutenant que *sur toutes choses il avait besoin de diligence* (2).

Malgré cette insinuation et sa propre envie, le roi ne bougea pas de Lyon. N'y voyant pas arriver le connétable, il dépêcha de nouveau vers lui Perot de Warthy le mardi 1er septembre. Cette fois Warthy rencontra le connétable en route. Il le trouva à Saint-Gerand-de-Vaux, à une lieue de Varennes. Il avait l'ordre de ne plus le quitter, de le prévenir que le roi n'attendait plus que lui pour passer en Italie, et d'ajouter qu'il laisserait aux environs de Lyon une troupe de quatre ou cinq mille hommes à cause du grand nombre de lansquenets qui s'amassaient du côté de la Bourgogne. C'étaient les lansquenets qui, levés en Allemagne et placés sous le

---

(1) Il chargeait Robert de Grossone de lui annoncer « que les affaires de Milan se portoient très-bien, et qu'il eust voulu avoir donné cent mille écus pour qu'il eust esté où estoit monseigneur l'admiral. » Déposition de Robert de Grossone, f. 80 r°.

(2) Déposition de Warthy, f. 29 v°.

T. I. 27

commandement des comtes Guillaume de Furstenberg et Félix de Werdenberg, devaient joindre le duc de Bourbon après que le roi François Ier aurait franchi les Alpes.

Le connétable voyageait en litière et fort lentement. Il arriva à La Palice le jeudi matin 3 septembre. Il annonça à Warthy qu'il irait le lendemain à Lallière, de là à Changy, puis à Roanne, et qu'il se rendrait à Lyon en faisant trois lieues chaque jour ; mais dans la nuit du jeudi au vendredi, le mal du connétable s'étant aggravé, comme les médecins le dirent à Warthy, le connétable ne sortit pas de La Palice. Ce fut bien pis le lendemain. Pendant toute la nuit les gens du connétable avaient été sur pied, allant, venant, parlant à haute voix, demandant et apportant des remèdes, et le matin Warthy fut prévenu par les médecins que le connétable, beaucoup plus souffrant et en proie à la fièvre, ne pouvait pas se mettre en route sans un véritable danger. Le connétable le lui confirma bientôt lui-même. L'ayant fait appeler auprès de son lit : — « Je me sens, lui dit-il, la personne la plus malheureuse du monde de ne pas pouvoir servir le roi. Si je passais outre, les médecins, qui sont là, ne répondraient pas de ma vie, et je suis encore plus mal que ne le croient les médecins. Je ne serai jamais plus en état de faire service au roi. Je retourne vers mon air natal, et, si je retrouve un jour de santé, j'irai vers le roi (1). »

(1) Déposition de Warthy. — Ibid., f. 31 et 32.

Il se tourna ensuite comme accablé et se tut.

Warthy lui exprima sa surprise et le mécontentement qu'éprouverait le roi à cette nouvelle. « Il en sera, dit-il, terriblement marri. » Ayant appris que le connétable devait ce jour-là coucher à Gayete et faire quatre lieues en retournant sur ses pas, tandis qu'il prétendait ne pas pouvoir en faire trois en avançant du côté de Lyon, il n'eut plus aucun doute sur la perfidie de ses intentions. Il courut en informer le roi, auprès duquel il se rendit à franc étrier, et arriva le soir même vers minuit.

François Ier fut encore moins disposé à sortir du royaume sur la foi de la maladie feinte du connétable et de son impuissance affectée qu'il ne l'avait été sur la promesse de sa prompte arrivée. Dans la nuit même, il fit arrêter Saint-Vallier, qui était à sa cour comme capitaine des cent gentilshommes de sa maison, Aymard de Prie qui commandait une de ses compagnies d'ordonnance, Antoine de Chabannes, évêque du Puy, qui était revenu de Savoie sans avoir réussi auprès du duc, et quelques autres personnages qui étaient de la conjuration. Le 6 septembre au matin, il dépêcha une troisième fois Warthy vers le connétable, avec charge de lui dire combien il trouvait étrange qu'il eût assez de force pour retourner à Moulins, tandis qu'il en manquait pour se rendre à Lyon; que jusqu'alors il n'avait pas voulu croire aux projets qu'on lui attribuait, et dont maintenant il commençait à ne plus douter en voyant qu'il faisait tant de difficulté de venir le joindre, qu'il ne lui avait déclaré à Moulins que la moitié de ce qu'il savait parce qu'il ne supposait pas le reste vrai, car sans cela il l'aurait fait arrêter, comme il en avait le moyen. Il l'engageait à songer à son honneur et à son bien, et le pressait de se justifier. Il ajoutait que, s'il y parvenait, personne en son royaume n'en serait plus aise que lui, et, s'il restait quelque chose à sa charge, il userait plus en son endroit de miséricorde que de justice (1). Il fit marcher en même temps vers le Bourbonnais son oncle, le bâtard de Savoie, grand maître de France, et le maréchal de La Palice, Jacques de Chabannes, à la tête de quelques mille hommes de pied et de quatre ou cinq cents chevaux pour s'emparer du connétable, s'il n'obéissait point.

Bien que ses desseins fussent découverts, Bourbon n'y avait pas renoncé. Il avait ordonné des levées dans ses États. Il avait convoqué la noblesse à Riom pour l'arrière-ban. Le 31 août, jour même où il s'était mis en route en feignant d'aller à Lyon, il avait envoyé l'un de ses serviteurs, l'archer Baudemanche, au capitaine Saint-Saphorin, qui avait servi dix ans dans sa compagnie, afin de savoir si les quatre mille hommes qu'il devait lever pour lui dans le pays de Vaud et dans le Faucigny étaient prêts à se mettre aux champs (2). Pendant la nuit du 6 septembre, lorsqu'il revenait sur ses pas, il avait reçu secrètement à Gayete sir John Russell, parti

(1) Déposition de Warthy.
(2) Déposition de Baudemanche, du 23 septembre, f. 38 v°.

d'Angleterre avec le secrétaire Château et le capitaine Loquingham et muni des pouvoirs de Henri VIII (1). Lallière était allé le chercher à Bourg en Bresse (2) et l'avait conduit, non sans risque, au centre de la France, où le connétable avait traité avec lui, après l'arrestation de ses complices à Lyon, et lorsque les troupes du bâtard de Savoie et du maréchal de La Palice s'avançaient pour le prendre. Dans cette nuit du 6 au 7 septembre, une ligue offensive et défensive, semblable à celle qui avait été conclue à Montbrison entre Charles-Quint et le duc de Bourbon, fut conclue à Gayete entre le duc de Bourbon et Henri VIII. Il fut convenu que le roi d'Angleterre ferait descendre son armée en Picardie, comme l'empereur conduirait la sienne en Languedoc, qu'il fournirait les cent mille écus destinés au payement partiel des lansquenets du connétable, qui de son côté aiderait le roi d'Angleterre et l'empereur dans leur invasion de la France et attaquerait François Ier, avec lequel il ne s'accorderait pas plus sans eux qu'eux ne feraient la paix sans lui. Bourbon ne consentit point encore à reconnaître les droits d'Henri VIII au royaume de France et à lui prêter serment comme à son souverain. Ces divers points furent remis à la décision de l'empereur (3).

(1) Instructions et pouvoirs de sir John Russell. Mss. brit. Vespas., c. II, 66, et *State Papers,* t. VI, p. 163 à 166.
(2) Lettre de Château à de Praet. Ibid., Vespas., c. II, 165.
(3) Les articles du traité en français tirés des *Miscell. Letters Henr. VIII,* troisième série, vol. VIII, n° 20, et sur lesquels Henri VIII a écrit de sa

Après la conclusion du traité, sir John Russell repartit pour l'Angleterre afin d'en presser l'exécution, Château alla dans les Pays-Bas inviter le comte de Buren à joindre les troupes flamandes à l'armée anglaise descendue sur les côtés de la Picardie, et Loquingham se rendit auprès des lansquenets pour les conduire au connétable à travers le Beaujolais et le Forez (1). Le connétable avait déjà dépêché Lurcy vers l'archiduc Ferdinand, qui occupait le Wurtemberg, pris sur le duc Ulrich, ancien allié de François Ier, pour lui faire recommander de venir à son secours, s'il le savait en nécessité (2). Il annonça en même temps qu'il courait s'enfermer dans une de ses plus fortes places, où il pourrait se défendre plusieurs mois (3) et d'où, assisté par ses confédérés du dehors et ses amis du dedans, il tiendrait tout ce qu'il avait promis.

Averti en effet de l'approche du bâtard de Savoie et du maréchal de La Palice, il se mit de grand matin en marche pour Chantelle, qu'il croyait et qu'autour de lui on regardait comme aussi difficile

---

propre main : *Tharticles passyd wit the duke off Burbon,* sont publiés p. 174 et 175 du sixième volume des *State Papers.*

(1) Lettres de Loquingham et de Château à Beaurain, du 9 septembre, dans les Mss. Dupuy, vol. 484, f. 133.

(2) Déposition de l'évêque d'Autun. — Ibid., f. 20.

(3) « Le dict seigneur de Bourbon nous a dict que de celuy pas s'en alloit retirer en une sienne maison forte, laquelle il avoit faict fournir de vivres, artillerye et autres choses nécessaires suffisamment pour se garder deux ou trois mois. » Lettre de Château et de Loquingham à Beaurain, du 9 septembre. — Ibid., f. 134.

à prendre que le château de Milan. C'est là qu'il comptait attendre l'entrée des lansquenets par le Beaujolais, l'attaque des Anglais et des Flamands en Picardie, la venue des Espagnols en Languedoc et leur mouvement combiné vers le centre de la France. Sorti de Gayete dans sa litière, il demanda un cheval pour aller plus vite, passa l'Allier au bac de Varennes, fit six lieues d'une seule traite et ne s'arrêta que lorsqu'il fut entré dans Chantelle, où il arriva à une heure après midi (1). Le danger avait dissipé son mal ou le lui avait fait surmonter.

Warthy, qui le suivait de près, ne tarda pas à le joindre. Après avoir attendu quelque temps hors de la place, il y fut introduit par l'ordre du connétable, qu'il trouva assis sur son lit, vêtu comme un malade, d'une robe contre-pointée, et la tête enveloppée d'une coiffe de taffetas piqué (2). « Monsieur de Warthy, lui dit le connétable en le voyant, vous me chaussez les éperons de bien près. — Monseigneur, lui répondit Warthy, vous les avez meilleurs que je ne croyais. — Pensez-vous que je n'ai pas agi sagement, si, n'ayant qu'un doigt de vie, je l'ai mis en avant pour éviter la fureur du roi ? — Comment ! monseigneur, répliqua Warthy, le roi n'a jamais été furieux envers aucun homme, et encore moins le serait-il en votre endroit. — Non, non, continua le connétable, je sais

(1) Dépositions de Saint-Bonnet, f. 48; — de l'évêque d'Autun, f. 87 v°; — de Desguières, f. 58 r°; — de Warthy, f. 33 r°.
(2) Déposition de Warthy. — Mss. Dupuy, f. 33 v°.

bien que M. le grand maître et M. le maréchal de Chabannes sont partis de Lyon avec les deux cents gentilshommes, les archers de la garde et quatre ou cinq mille lansquenets pour me prendre; c'est ce qui m'a fait venir en cette maison en attendant que le roi me veuille ouïr (1). » Il s'éleva alors contre ceux qui, disait-il, l'avaient menteusement accusé, désigna Popillon, son chancelier, d'Escars, son chambellan, et les deux gentilshommes normands Matignon et d'Argouges. Il tint ensuite conseil avec les siens, hors de la présence de Warthy, pour savoir s'il s'enfermerait dans Chantelle et s'y défendrait. La place ayant été trouvée moins forte qu'on ne l'avait cru d'abord, quoiqu'il y eût quinze ou seize pièces d'artillerie, il ne fut pas jugé prudent d'y rester. Dans la crainte que les troupes qui s'avançaient ne la cernassent le lendemain et ne l'empêchassent d'en sortir, il résolut de se réfugier vers une place d'un plus difficile accès, dans les montagnes du centre. Afin de donner le change sur ses intentions, il fit venir Warthy, lui remit une lettre pour le roi et le chargea de deux autres lettres pour le grand maître et le maréchal de Chabannes. Il demandait à ceux-ci d'arrêter leurs lansquenets et leurs hommes d'armes jusqu'au lendemain deux heures après-midi, promettant de ne pas bouger de Chantelle et offrant de s'aboucher avec eux pour se justifier. Il ajouta devant Warthy

---

(1) Déposition de Warthy. — Mss. Dupuy, f. 33 v° et 34 r°.

que, s'il sortait de Chantelle, ce ne serait que pour se rendre à quelques lieues de là et qu'il ne s'en éloignerait point. — « Et où iriez-vous, monseigneur? lui dit Warthy, croyant qu'il lui serait impossible de fuir; si vous vouliez sortir du royaume, vous ne le sauriez, le roi y a pourvu partout. — Non, non, repartit le connétable, je ne veux point sortir, car j'ai des amis et des serviteurs (1). »

Warthy prit congé de lui et partit accompagné de l'évêque d'Autun, qui portait à François Ier une sorte d'ultimatum ainsi conçu : « Pourvu qu'il plaise au roy luy rendre ses biens, monseigneur de Bourbon promet de bien le servir et de bon cœur, en tous endroits et toutes les fois qu'il lui conviendra. En témoing de ce, il a signé les présentes et prie le roy qu'il luy plaise pardonner à ceux auxquels il veut mal pour cette affaire. CHARLES (2). » Le connétable ne comptait aucunement sur cette négociation, et en se séparant de l'évêque d'Autun, il lui dit : « Adieu, mon évêque, je m'en vais gagner Carlat, et de Carlat je me déroberai avec cinq ou six chevaux pour m'acheminer en Espagne. » L'évêque, arrivé dans le camp royal, soutint que le roi devait rendre ses terres au connétable, s'il ne voulait pas faire éclater en France la plus grande guerre qu'on y eût jamais vue. Le surlendemain, le bâtard de Savoie le retint prison-

---

(1) Déposition de Perot de Warthy. — Mss. Dupuy, 484, f. 35 v°.
(2) Lettres et instructions données à l'évêque d'Autun, envoyé vers le roi par le connétable. — Mss., f. 25 et 26.

nier. Selon le désir exprimé par le connétable, le maréchal de Chabannes n'en avait pas moins arrêté ses troupes et chargé le baron de Curton d'aller lui dire que l'armée ne dépasserait point La Palice, et convenir du lieu où ils pourraient conférer ensemble; mais Curton, en entrant dans Chantelle, n'y trouva plus le connétable.

Le mardi 8 septembre, vers une heure du matin, le connétable, monté sur sa mule et suivi de tous les siens, avait pris le chemin des montagnes (1). Il emportait de 25,000 à 30,000 écus d'or placés dans des sacoches, dont chacune était confiée à un homme de sa suite (2). Il s'arrêta un moment pour entendre la messe à Montaigut en Combrailles, après avoir fait sept lieues de pays. S'étant ensuite remis en route, il passa par le château de Lafayette, où il prit son vin, et dont le seigneur eut un long entretien avec lui et l'accompagna pendant quelque temps. Il parcourut, non sans effort, dix-huit lieues dans cette première journée, et, abattu par le mal, il se fit déposer deux fois sous des arbres, presque évanoui (3). Il alla coucher au château d'Herment, où l'avaient précédé deux de ses fourriers, qui avaient averti le

(1) Déposition de Saint-Bonnet. — Mss., f. 48 r°.
(2) Ibid., f. 50, et dépositions de Symone Bryon, f. 56 r°, et de Desguières, f. 58 v°.
(3) « Le connétable se trouva fort las, tellement que par deux fois il descendit soubs quelques arbres fort esvanoy et portant très mauvais visage embéguiné d'un couvre-chef. » — Déposition de Desguières, fol. 58.

châtelain Henri Arnauld et les consuls de la ville de préparer les logis pour le connétable et cent vingt chevaux de sa suite (1). Arrivé à la nuit tombante et fort las, il se jeta sur un lit, demanda au châtelain Henri Arnauld la distance qui séparait Herment de Carlat, écrivit une lettre à la noblesse d'Auvergne réunie à Riom pour l'arrière-ban, et se retira après avoir soupé. Les gentilshommes qui lui avaient fait cortége, et qui étaient présents le soir à son repas, se trouvèrent à cheval, le lendemain, à deux heures après minuit, devant le château. Ils croyaient, comme on l'avait dit la veille, aller à Carlat (2). Ce ne fut pas sans surprise et sans mécontentement qu'ils apprirent la fuite du connétable. Un de ses valets de chambre, nommé Bartholmé, leur annonça qu'il était parti en petite compagnie. François du Peloux, qui était sans doute dans sa confidence, et qui le rejoignit bientôt avec quelques autres, s'écria alors : *Sauve qui peut*. « Il eût mieux valu, dit Robert de Grossone, se faire tuer avec ses gentilshommes que s'exposer à être pris comme un valet. Je pense m'être acquitté de la nourriture que j'ai reçue chez lui. Vous m'êtes témoins que je ne l'ai pas laissé, c'est lui qui me laisse (3). » La troupe se dispersa. Peloux, Lallière, Tansannes, Saint-Bonnet, Desguières, Brion, etc.,

---

(1) Déposition de Henri Arnauld, châtelain d'Herment. — Mss., fol. 93 r°.
(2) Mss., f. 93, et déposition de Saint-Bonnet, f. 48 r°.
(3) Déposition de Robert de Grossone, ibid.,

se sauvèrent de château en château, emportant avec eux quelques-unes des sacoches contenant les écus d'or, et se dirigèrent vers la Franche-Comté (1).

Le connétable n'avait pas encore quitté le château d'Herment. Il s'était enfermé dans sa chambre avec ceux qui devaient être les compagnons peu nombreux de sa fuite (2). A l'aube du jour, il se mit en route, précédé du châtelain Henri Arnauld, qui dut lui servir de guide. Il avait laissé la robe de velours qu'il portait à son arrivée, et il s'était vêtu d'une robe courte de laine noire appartenant à l'un de ses gens. Deux gentilshommes de ses plus affidés, Pomperant et Godinières, le suivaient seuls avec son médecin, Jean de l'Hospital, et deux de ses valets de chambre, ayant chacun un aubergeon rempli d'or, et mettant tour à tour sur la croupe de leur cheval une petite malle qui pesait beaucoup pour son volume, et dans laquelle étaient probablement les pierreries et les joyaux du connétable. Le châtelain d'Herment avait reçu défense de le désigner, même involontairement, par ses respects, et, pour qu'on ne le cherchât point sous le déguisement qu'il avait pris, le connétable ne se distinguait d'aucun des siens. Ils mangeaient tous à la même table, et quittaient chaque matin, avant le jour, le gîte où ils s'étaient arrêtés la veille (3).

(1) Déposition de Desguières, f. 59.
(2) Déposition du châtelain d'Herment, f. 94 r°.
(3) Tous ces détails et la désignation de tous les lieux par où passa le connétable dans sa fuite sont contraires au récit de Du Bellay, qui a servi de fondement à l'histoire : ils sont tirés de la déposition d'Henri

Dans la première journée, les fugitifs arrivèrent à Condat. Henri Arnauld ne connaissait plus la route. Le connétable prit alors pour guide un cordonnier du pays qui le mena jusqu'à Farrières; mais là ni le châtelain ni le cordonnier « ne savaient plus chemin ni voie ». Cependant le connétable les garda encore l'un et l'autre pour panser les chevaux, et peut-être aussi afin qu'ils ne missent personne sur ses traces, s'il les laissait partir. Il avait traversé ce jour-là les montagnes du Cantal, et, se dirigeant tant bien que mal vers l'est, il alla coucher à Ruynes, au-dessous de Saint-Flour. A deux lieues de cette ville, il rencontra sur la route même une compagnie de sept ou huit cents hommes de pied du pays de Gascogne, qui de Lyon se dirigeaient du côté de Bayonne, sans doute afin de s'y joindre à Lautrec et de l'aider à repousser l'invasion prévue de Charles-Quint. Le connétable les vit passer sans se cacher d'eux et sans en être reconnu. De Ruynes, il fut conduit le lendemain au château de La Garde par Pomperant, qui en était seigneur. Il demeura quatre jours pleins dans ce château, où il garda son déguisement et s'assit pendant les repas au-dessous de Pomperant, qui tenait le haut bout de la table. Après avoir attendu là, du vendredi 11 au mardi matin 15 septembre, des nouvelles qu'il avait envoyé prendre par Bartholmé, et qui vraisemblablement ne le satisfirent

Arnauld, qui accompagna le connétable du château d'Herment au château de Pomperant, non loin de Saint-Flour. — Mss., f. 92 à 98.

CHAPITRE V.

pas, il congédia ses guides et se remit en route.

Où alla-t-il? Tout ce qu'il avait préparé, sans assez de promptitude et de précision, avait échoué. Ses menées avaient été découvertes, ses ruses déconcertées, ses mouvements intérieurs rendus impossibles. François Ier, avec une défiance opiniâtre et une résolution habile, l'avait attendu à Lyon et fait poursuivre en Bourbonnais. La place de Chantelle n'avait pas été trouvée suffisamment forte pour y rester et pour s'y défendre jusqu'à la venue des lansquenets (1). Il n'était pas probable que Carlat offrît un asile plus sûr, et le connétable ne songeait pas à s'y renfermer après avoir licencié les braves et nombreux gentilshommes dévoués à sa fortune. Ce qu'il y avait de mieux pour lui était d'aller joindre en Franche-Comté les lansquenets qu'il ne pouvait plus attendre au cœur du royaume; mais les chemins étaient gardés de ce côté par les troupes de François Ier, qui avait fait publier sa trahison à son de trompe et promis dix mille écus d'or à qui le prendrait ou le livrerait (2). C'est peut-être ce qui le décida à se diriger vers l'Espagne, après avoir paru dans Carlat sans s'y arrêter (3).

(1) Déposition de Warthy, d'après l'évêque d'Autun. — Mss. 484, f. 36 r°.

(2) « Voulons estre publié à son de trompe que s'il y en a aucun qui nous livre et mette entre les mains la personne du dit connestable, que nous luy donnerons la somme de dix mille escus d'or soleil, et luy ferons d'autres biens et honneurs tant qu'il en sera mémoire perpétuelle du service qu'il aura faict à la couronne et chose publique de France. » Proclamation de François Ier, de Lyon, septembre. — Mss. Clairambault, Mélanges, vol. XXXVI, f. 8777.

(3) Déposition du châtelain d'Herment. — Ibid., f. 97 v°.

Du 15 septembre au 3 octobre (1), on ne sait pendant trois semaines ce qu'il fit et ce qu'il devint. Il est à croire seulement qu'il gagna, à travers les régions montagneuses du centre, la frontière orientale du Languedoc, qui était à Saulces, au-dessus de Narbonne (2), pour se réunir à l'empereur, dont les troupes auraient dû se trouver en Roussillon. La frontière cependant était gardée par le maréchal de Foix, et l'armée de Charles-Quint n'avait point paru. Le connétable rebroussa chemin, remonta vers Lyon, passa le Rhône à deux reprises, non sans difficulté et surtout sans péril, en allant du Vivarais dans le Viennois et le Dauphiné, et du Dauphiné dans la Franche-Comté. Après de dangereuses rencontres (3), ayant plusieurs fois traversé ou côtoyé des bandes de soldats qui se rendaient au camp de Lyon ou s'acheminaient vers

(1) « Et m'advertissoit ma dite dame (Marguerite d'Autriche, gouvernante des Pays-Bas) de l'arrivée du sr de Bourbon à Besançon, environ le 3e du mois passé. » Lettre de Louis de Praet à Charles V, du 7 novembre 1523. *Archives impériales et royales de Vienne.*

(2) Louis de Praet ayant interrogé un gentilhomme de Savoie que le duc de Bourbon avait envoyé à Londres pour y réclamer l'exécution du traité, sur ce qu'il était devenu après avoir quitté ses États, ce gentilhomme lui répondit : « Qu'il avait entendu que le dit sieur avoit esté jusques aux marches et frontières de Saulce, à intention de se tirer devers Vostre Majesté ; mais voyant qu'il ne povoit passer sans grand péril et dangier de sa personne, s'estoit mis au retour, et passant à trois ou quatre lieues près de Lyon, où estoit lors le roy François, arriva à Saint-Claude en vostre comté de Bourgoigne, auquel lieu l'évesque de Genève l'assista de gens et de montures, et l'accompagna jusques au dit Besançon. » — Dépêche de Louis de Praet à l'empereur, du 9 novembre. Ibid.

(3) D'après le récit de Du Bellay ; — tome XVI de la collection Petitot, p. 415 à 418.

l'Italie, après avoir failli tomber entre les mains de ceux qui le cherchaient, il arriva à Saint-Claude et s'y trouva enfin en sûreté. Le cardinal de Labaume, évêque souverain de Genève et zélé partisan de l'empereur, lui donna une forte escorte de cavalerie, et bientôt il fut joint par Lurcy, Lallière, Du Peloux, Espinat, Montbardon, Tansannes, Le Peschin, et la plupart de ceux qui l'avaient quitté à Herment. Il fit son entrée dans Besançon le 9 octobre, et, après un mois perdu depuis son départ de Chantelle, il comptait se mettre à la tête des dix mille lansquenets que les comtes Guillaume de Furstenberg et Félix de Werdenberg avaient levés pour lui, et des quatre mille Vaudois qu'il avait demandés au capitaine Saint-Saphorin.

François Ier, auquel avait échappé Bourbon et qui avait ordonné la saisie de ses États, fit plusieurs tentatives encore pour enlever aux ennemis du royaume ce dangereux auxiliaire. C'était avec peine qu'il se trouvait détourné de son expédition d'Italie, et il restait plein d'inquiétude sur la fidélité intérieure de la France. Il offrit au redoutable fugitif la restitution immédiate de ses biens, le remboursement sur le trésor royal de ce qui lui était dû, le rétablissement de ses pensions et l'assurance qu'elles seraient payées avec exactitude. Bourbon refusa tout. « Il est trop tard, » répondit-il. L'envoyé de François Ier lui demanda alors de rendre l'épée de connétable et le collier de l'ordre de Saint-Michel. « Vous direz au roi, repartit Bourbon, qu'il m'a ôté l'épée de connétable le jour où il m'ôta le commandement de l'avant-garde pour le donner à M. d'Alençon. Quant au collier de son ordre, vous le trouverez à Chantelle sous le chevet de mon lit (1). » François Ier eut recours aussi, pour ramener Bourbon, à la duchesse de Lorraine, sa sœur, qui ne réussit pas mieux. Après l'avoir fait sonder, elle écrivit à François Ier que le duc son frère « était délibéré de suivre son entreprise, et qu'il se proposait de tirer vers la Flandre, par la Lorraine, avec dix-huit cents chevaux et dix mille hommes de pied, et de se joindre au roi d'Angleterre (2). »

Selon le plan convenu, les troupes de la coalition devaient attaquer la France sur plusieurs points. Prospero Colonna, qui commandait en Italie l'armée impériale, avait reçu de Charles-Quint l'ordre de pénétrer en Provence, lorsqu'il aurait repoussé l'armée française, conduite dans la Lombardie par l'amiral Bonnivet (3). Sur la frontière du nord-ouest, l'invasion avait déjà commencé de la part des Anglais et des Flamands. Henri VIII n'avait pas attendu l'issue de la négociation dont il avait chargé sir John Russell auprès du duc de Bourbon pour en-

(1) Mss. de la Bibliothèque nationale. — Clairambault, *Mélanges*, vol. 36, f. 8771. — Du Bellay, collection Petitot, t. XVII, p. 418. — Brantôme, *Vies des grands Capitaines, Bourbon*, t. I, p. 182.
(2) Lettre de Renée de Bourbon à François Ier du 14 octobre 1523. — Mss. Dupuy, v. 484, f. 102.
(3) Lettre de Charles V au duc de Sessa, du 13 juillet, dans la *Correspondance de Charles-Quint avec Adrien VI et le duc de Sessa*, publiée par M. Gachard. — In-8, Bruxelles, 1859, p. 193.

trer en campagne. Il avait embarqué, sous les ordres de son beau-frère le duc de Suffolk, quinze mille hommes de pied et environ mille chevaux. Cette armée avait pris terre à Calais avant la fin d'août (1). Dès les premiers jours de septembre, le comte de Buren s'était réuni à elle avec trois mille hommes de cavalerie des Pays-Bas, trois ou quatre mille lansquenets et deux mille deux cents chariots pour transporter les munitions et les bagages des troupes combinées (2). Dans le même temps que les Anglo-Flamands marchaient en Picardie, les dix mille Allemands levés par les comtes de Furstenberg et de Werdenberg avaient paru vers la Bresse, prêts à pénétrer en France par la frontière de l'est. Au sud, les Espagnols, renforcés par les lansquenets que Charles-Quint avait fait venir de Zélande, traversaient les Pyrénées dans l'intention de se porter sur Bayonne et sur un autre point important de la Guienne, dont l'empereur croyait se rendre maître facilement à l'aide des intelligences qu'il s'y était ménagées (3).

François Ier semblait pris au dépourvu. Il avait envoyé la plus grande partie de ses forces en Italie

---

(1) *History of the Reign of Henry VIII*, etc., by Sharon Turner, third edit. 1828, t. I, p. 112, etc. — Turner raconte toute cette guerre en France et en Écosse en se servant des papiers d'État et des documens authentiques.

(2) *Advertissement* du Gueldrois venant d'Angleterre sur l'état de l'armée anglaise, de Calais, etc. — Très-curieux et très-exact. — Mss. 484, f. 105 à 108.

(3) Lettre de Charles-Quint au duc de Sessa, du 4 oct. *Correspondance*, etc., p. 198. — Du Bellay, t. XVII, p. 424.

et en Écosse pour s'emparer du Milanais et inquiéter par une diversion le roi d'Angleterre. Tandis qu'au dehors il prenait ainsi l'offensive, il avait négligé la défense de ses propres États. Hormis quelques places de la frontière, telles que Boulogne, Thérouanne, Doulens, etc., qui étaient bien fortifiées, les villes de l'intérieur n'avaient ni remparts suffisants pour les protéger, ni garnison pour les défendre. Si les ennemis marchaient droit sur Paris, comme ils en avaient le projet, il était à craindre qu'aucun obstacle ne les empêchât d'y entrer. Le vaillant et expérimenté seigneur de la Trémoïlle, que François Ier avait chargé de secourir la Picardie, dès qu'il avait appris la descente des Anglais dans cette province, n'y avait trouvé que fort peu de monde à leur opposer (1). Avec les faibles troupes dont il disposait, La Trémoïlle avait cherché, par d'habiles et rapides manœuvres, à arrêter ou à troubler la marche des Anglo-Flamands. Ceux-ci avaient paru devant Doulens, qu'ils avaient sommé de se rendre; mais cette ville, assez forte pour exiger un siége régulier, leur ayant résisté, ils avaient passé outre après être restés quelques jours sous ses murailles. Ils s'étaient avancés vers Bray-sur-Somme, qu'ils avaient pris et brûlé, afin de donner l'épouvante aux autres villes et de les déterminer à

---

(1) « Le pays estoit merveilleusement mal porveu;... il n'y avoit gens de pied ni gendarmerie. » Lettre de d'Escars, écrite le 11 septembre de Montreuil au chancelier du Bourbonnais Popillon. — Mss., vol. 488, f. 110. — Du Bellay, t. XVII, p. 434.

ouvrir leurs portes dans la crainte d'essuyer un sort semblable. Franchissant la rivière, dont les troupes françaises leur disputèrent vainement le passage, ils se portèrent, après les avoir culbutées, devant Roye et devant Montdidier, qui n'hésitèrent pas à les recevoir. De cette dernière ville, où ils crurent que les lansquenets du duc de Bourbon pourraient les joindre pour marcher en force sur Paris, leurs coureurs se montrèrent jusqu'à Compiègne, Clermont-en-Beauvoisis et Senlis (1). Ces villes, effrayées, firent demander du secours à Paris, en annonçant que, hors d'état de se défendre, elles se rendraient à l'ennemi dès qu'il arriverait sous leurs murailles. Paris n'était pas dans un effroi moins grand. Le prévôt des marchands et les échevins dépêchèrent en poste un messager à Lyon, pour avertir le roi du danger où était la capitale du royaume. Les quarteniers et les dizainiers allèrent de maison en maison afin d'enrôler les habitants qui devaient prendre les armes et garder la ville. On s'attendait chaque jour à voir déboucher les Anglais et les Flamands dans la plaine de Saint-Denis, et, pour mieux entendre tous les bruits qui avertiraient de leur approche, il fut interdit de sonner les cloches à la solennité de la Toussaint (2).

Le 1ᵉʳ novembre, le duc de Vendôme arriva dans

---

(1) Lettre de François Iᵉʳ à l'amiral Bonnivet et au maréchal de Montmorency, du 22 octobre, dans les Mss. Baluze, v. $\frac{8471}{14}$, f. 200. — *Journal d'un Bourgeois de Paris*, p. 170 à 174.

(2) *Journal d'un Bourgeois de Paris*, p. 174 à 178.

Paris, où Chabot de Brion était entré la veille. François Ier les y avait envoyés l'un et l'autre de Lyon, celui-ci afin de raffermir les habitants et de faire prendre sur-le-champ les mesures nécessaires à la sûreté de la ville, celui-là pour en être le gouverneur à la place de son frère, le comte de Saint-Paul, qui était à l'armée d'Italie. Brion, le jour même de son arrivée, se présenta au parlement, qu'il convoqua extraordinairement au nom du roi (1). Il y exposa avec une patriotique véhémence tout ce qu'avait de criminel et de dangereux la trahison du connétable, devenu l'ennemi du royaume comme du roi, puisqu'il menaçait l'intégrité de l'un ainsi que la couronne de l'autre. Il prétendit même que l'empereur, le roi d'Angleterre et le duc de Bourbon avaient projeté de partager le royaume quand le roi aurait passé les monts, que le duc de Bourbon devait faire couronner le roi d'Angleterre dans Paris, qui serait compris au lot de ce prince avec l'Ile-de-France, la Picardie, la Normandie et la Guienne; qu'à l'empereur demeureraient la Bourgogne, la Champagne, le Lyonnais, le Dauphiné, le Languedoc et la Provence; que le duc de Bourbon aurait le Poitou, l'Anjou, le Maine, la Touraine, le Berri, l'Auvergne, réunis à ses domaines patrimoniaux, avec 150,000 écus d'or que lui paieraient l'empereur et le roi d'Angleterre, qui le reconnaîtraient et le laisseraient régent en

---

(1) Relation de cette séance dans les Mss. Clairambault. *Mélanges,* vol. 36, f. 8729.

France. Après avoir affirmé, au nom du roi, les particularités supposées de ce dépècement du royaume, afin de rendre plus odieux ce grand traître et les ennemis invétérés auxquels en était attribué le dessein, Chabot de Brion annonça que le roi s'occupait à délivrer ses frontières envahies. Il fit connaître les mesures militaires qu'il avait prises, et il insista principalement sur l'importance qu'il attachait à la possession de Paris : « Le seigneur roi, dit-il, plutôt que de perdre Paris, aimeroit mieux se perdre lui-même. Il est délibéré de vivre et de mourir avec ceux de la ville de Paris, et s'apprête à les défendre. S'il en étoit empêché et n'y pouvoit venir en personne, il y enverroit femme, enfants, mère et tout ce qu'il a, car il est assuré que, quand il auroit perdu le reste du royaume et qu'il auroit la ville de Paris, il recouvreroit aisément ce qu'il auroit perdu. » Il ajouta que le roi, resté encore à Lyon pour repousser les périls qui de divers côtés fondaient sur le royaume, consultait sa cour de parlement, et lui demandait de pourvoir à la conservation de son État. Les présidents et les conseillers du parlement répondirent qu'ils étaient prêts à faire pour le roi ce que leurs devanciers avaient fait en pareil cas pour les rois précédents, que ceux de la compagnie et ceux de la ville de Paris le serviraient et lui obéiraient, qu'il leur déplaisait que messire Charles de Bourbon eût été si mal conseillé de prendre autre parti que celui du roi, et que c'étaient là des matières de grosse importance auxquelles la cour ne saurait pourvoir. Ils ajoutèrent qu'ils accompliraient les volontés du roi comme de vrais et loyaux sujets y étaient tenus.

Le surlendemain, le duc de Vendôme, le seigneur de Brion et les principaux membres du parlement se rendirent à l'Hôtel-de-Ville, où les attendaient le prévôt des marchands et les échevins. Le duc de Vendôme fit là des communications semblables à celles qu'avait faites Brion. L'assemblée décida de pourvoir tout de suite à la défense de Paris. Elle prescrivit d'y creuser des tranchées et d'y élever des remparts du côté de la Picardie. Une taille de seize mille livres fut imposée aux habitants pour solder deux mille hommes de pied. On leva les francs archers de la prévôté et de la vicomté de Paris qui n'avaient pas été convoqués depuis longtemps. Le prévôt des marchands et les échevins ordonnèrent de tendre les chaînes de fer aux lieux accoutumés, et l'on se mit à l'œuvre pour remparer les faubourgs de Saint-Honoré et de Saint-Denis et les enceindre de grands fossés (1).

IV.

François Ier était à Lyon, plein d'alarmes. Il y était resté avec une partie des troupes qui devaient des-

(1) *Journal d'un Bourgeois de Paris*, p. 178 à 180.

cendre en Italie. L'attaque combinée des ennemis qui envahissaient la France par plusieurs côtés, l'évasion heureuse du connétable qui s'entourait d'hommes d'armes et levait des gens de pied en Franche-Comté dans l'intention de les joindre aux lansquenets et de marcher ensuite vers Paris de concert avec les Anglais et les Flamands, le décidèrent aux efforts les plus grands, quoique les moins prompts, afin de préserver son royaume. Pendant que Chabot de Brion et le duc de Vendôme se rendaient dans la capitale menacée, il avait donné l'ordre au grand sénéchal de Brezé de lever six mille hommes de pied, de réunir tous les gentilshommes de Normandie et de les conduire sur ce point avec les cent lances de la compagnie de Lude. Il avait prescrit de mener en Picardie les quatre cents hommes d'armes qui étaient en Bretagne et de transporter d'Orléans à Paris vingt-cinq grosses pièces d'artillerie sur roues. Il avait en même temps chargé le comte de Guise et le comte d'Orval, ses lieutenants en Bourgogne et en Champagne, de veiller à la défense de leur province, d'y entraver la marche des lansquenets avec des troupes qu'ils avaient sous la main, qu'il renforça des compagnies d'hommes d'armes des ducs d'Alençon et de Vendôme. Ils devaient retirer les vivres du plat pays, rompre les fers des moulins, abattre les fours, empêcher ainsi les Allemands de subsister sur leur route et les assaillir, quand ils pourraient le faire avec assez de monde et de succès. « En toutes choses, écrivait François Iᵉʳ, sera si bien pourvu de tous costez que j'espère, moyennant l'aide de Dieu, les contraindre à se retirer à leur grosse honte, perte et dommage (1). »

Il n'était pas non plus sans crainte sur l'état intérieur du royaume. Il croyait la conjuration plus étendue et plus redoutable qu'elle ne l'était réellement. Bien qu'il en eût saisi les principaux complices ou qu'il les eût forcés à se dérober aux poursuites en sortant de France, comme l'avait fait le comte de Penthièvre, il craignait que Bourbon n'eût beaucoup d'adhérents secrets prêts à se soulever en sa faveur. Il avait fait transporter au château de Loches Saint-Vallier, Aymard de Prie, les évêques d'Autun et du Puy, le chancelier du Bourbonnais Popillon, seigneur de Parey, et sur ses ordres La Trémoïlle y avait envoyé d'Escars, qui servait en Picardie et dont il avait appris ou soupçonné la complicité. Il avait désigné pour les entendre et les juger le premier président du parlement de Paris de Selve, le président des enquêtes de Loynes, le maître des requêtes Salat et le conseiller Papillon. Ces commissaires procédaient avec une régularité que François Iᵉʳ trouva intempestive et montraient des ménagements qui le surprirent. Il les pressa de pénétrer jusqu'au fond de la conjuration dont l'entière connaissance importait à la

---

(1) Lettre de François Iᵉʳ, du 27 octobre, à l'amiral Bonnivet et au maréchal de Montmorency. Mss. Baluze, n° $\frac{8471}{2}$, f. 180. — *Journal d'un Bourgeois de Paris,* p. 180, 181. — Du Bellay, t. XVII, p. 421, 422.

tranquillité royale et intéressait la sécurité publique. « Messire Charles de Bourbon, leur écrivit-il, est avec un gros nombre d'Allemands entré en armes dans la Bourgogne; les rois d'Espagne et d'Angleterre sont aussi en armes contre nous et nostre royaulme à grosse puissance, sur le fondement de cette conjuration prétendant y avoir des intelligences qui se déclareront quand ils seront dans le pays. Il est donc besoin que vacquiez à cette affaire avec la plus grande diligence et que tiriez la vérité de ceux que vous avez entre les mains, par torture ou autrement, toutes choses cessantes. L'affaire en soi est privilégiée, et il n'est requis d'y garder les solemnitez que l'on fait en aultres cas. La vérité sceue à heure et à temps, on pourra obvier à plus gros inconvénient, ce qui seroit impossible après que les fauteurs de la conjuration se seroient déclarés en portant faveur, aide et secours à nos ennemis. Nous vous prions derechef de bien peser cela et de nous oster de la peine où nous sommes (1). »

Peu satisfait des lenteurs des commissaires et des aveux insuffisants qu'ils avaient obtenus des prisonniers, courroucé des dispositions à l'indulgence qu'ils faisaient apercevoir, il leur adressa dix jours après une lettre plus vive, en leur reprochant de ne lui avoir rien appris qu'il ne sût déjà, et de ne pas répondre à sa confiance par leur dévoue-

(1) Lettre de François Ier, écrite de Lyon, le 20 octobre, dans le Mss. Dupuy, vol. 484, f. 129.

ment. « La conspiration, déloyauté, parjurement et trahison de Charles de Bourbon, leur dit-il, est plus que notoire, puisqu'il est en armes contre nous et nostre royaulme avec nos ennemis ; mais ce qui est nécessaire à sçavoir et où gist le fondement de l'affaire pour la conservation de nous, de nos sujets, Estat et royaulme, est d'entendre quels sont ceux qui tiennent la main à ladite conspiration, car il n'est pas vraisemblable que Charles de Bourbon eût entrepris une telle folie, s'il n'eût trouvé gens sur lesquels il comptât pour en conduire l'exécution... Afin que nous sachions à qui nous devons nous fier et de qui nous devons nous défier, il est besoin de connoître ceux qui tiennent le parti dudit Bourbon... Advisez de mettre prompte fin en cette affaire, qui est de l'importance et conséquence que chacun connoît. Il ne faut y procéder froidement, mais virilement et vertueusement, et n'épargner ceux qui ont été si méchants, déloyaux, parjures et traîtres que de sçavoir, sans la révéler, la menée qui se faisoit, et que nos ennemis exécutent pour ruiner entièrement nous, nos enfants, sujets et royaume (1). » Il se refusait à renvoyer la connaissance et la décision du procès au parlement, comme le lui insinuaient les commissaires, dont il accusait la faiblesse et gourmandait la timidité. « Nous vous avons choisis, leur disait-il, pour votre savoir, votre prud'homie et la singulière foi qu'a-

(1) Lettre de François Ier, écrite le 1er novembre, aux commissaires délégués pour instruire le procès. — Mss. Dupuy, f. 129 v° à 131 v°.

vons en vous. Montrez que vous êtes tels que jusques ici nous vous avons estimés, et ne nous donnez pas à connoître que par pusillanimité vous voulez vous décharger de cette affaire. Il faut découvrir, et par torture, si besoin est, quels sont les conjurateurs et conspirateurs, afin que nous y pourvoyions à temps et ne soyons pas surpris. Saint-Vallier et d'Escars savent tout... Nos ennemis sont de tous costés en nostre royaulme, et Bourbon fait gros amas de gens du costé de cette ville. Vous voyez l'imminent péril qui est à nos portes. Parquoy pourvoyez-y en sorte que mal, dont Dieu nous veuille garder, ne nous advienne. »

Heureusement le péril se dissipa plus vite qu'il ne devait l'espérer, et moins par la prévoyance de ses mesures que par les hésitations, le défaut de concert et l'impuissance de ses ennemis. L'armée anglo-flamande n'avait pas continué sa marche sur Paris. Elle avait voulu auparavant opérer sa jonction avec les lansquenets du duc de Bourbon, au-devant desquels elle était allée vers les confins de la Picardie et de la Champagne. Ceux-ci, après avoir attendu quelque temps le connétable, que sa fuite au sud de la France avait empêché de se mettre à leur tête, s'étaient dirigés du côté de l'ouest pour se réunir à l'armée anglo-flamande (1). Conduits par les comtes Guillaume de Furstenberg et Félix de Werdenberg, ils avaient assiégé et pris

(1) Dépêche de L. de Praet, du 10 octobre. — *Arch. imp. et roy. de Vienne.*

la place de Coiffy, à six lieues de Langres. Passant ensuite la Meuse au-dessus de Neufchâteau, ils avaient tourné vers la partie occidentale de la Champagne, et s'étaient emparés du château de Monteclaire, près de la Marne, entre Chaumont et Joinville (1); mais là ils rencontrèrent des obstacles qu'ils ne purent pas surmonter. Le comte de Guise, avec sa compagnie d'hommes d'armes et les compagnies de Vendôme et d'Alençon, que François Ier avait envoyées en Bourgogne, s'était joint au comte d'Orval à Chaumont. Il côtoya les lansquenets, qui manquaient de chevaux, et les empêcha de fourrager. Il les harcela à tel point qu'il les réduisit à mourir de faim ou à battre en retraite. Les lansquenets se décidèrent à prendre ce dernier parti. Sans attendre que le connétable, qui levait un peu tard de la cavalerie en Franche-Comté, vînt les renforcer et les secourir, ils retournèrent sur leurs pas. Ils repassèrent la Meuse à Neufchâteau, et entrèrent en Lorraine après avoir perdu beaucoup de monde au passage de la rivière, où le comte de Guise les devança, les surprit et les culbuta.

Privée de ce renfort, l'armée anglo-flamande n'osa pas s'avancer davantage. Bien que Henri VIII eût préparé l'envoi de six mille hommes de plus sur le continent, la guerre, que les confédérés étaient convenus de ne pas même suspendre

(1) *Mémoires* de Du Bellay, t. XVII, p. 431, 432.

pendant l'hiver (1), devint impossible à continuer de leur part. La gouvernante des Pays-Bas, Marguerite d'Autriche, déclara que toutes ses ressources étaient épuisées, qu'elle n'avait plus d'argent, qu'elle ne pouvait pas solder plus longtemps les troupes flamandes commandées par le comte de Buren. Si les Anglais voulaient conserver ce corps auxiliaire, elle offrait de le leur laisser, pourvu qu'ils le payassent (2). Ce n'était pas l'intention de Henri VIII, dont les dépenses avaient été très-considérables sans être bien fructueuses. Il avait eu à entretenir plusieurs armées, et celle qui avait envahi la France, et celle qui, après avoir défendu les frontières de l'Angleterre contre les attaques du duc d'Albany, avait pénétré en Écosse, qu'elle avait ravagée, et celle qui gardait le canal de la Manche. Il se plaignit vivement du départ trop prompt des lansquenets, qui s'étaient éloignés sans avoir rien fait ; des lenteurs du duc de Bourbon, qui n'avait su ni soulever ses États, ni rejoindre à temps la troupe levée pour lui ; de l'abandon où la gouvernante des Pays-Bas laissait les Anglais en Picardie, s'il ne prenait pas à sa solde le corps auxiliaire qui devait être défrayé par l'empereur ; de la discontinuation d'une guerre qu'on s'était engagé à poursuivre durant l'hiver. Il trouva que

(1) Dépêche de L. de Praet à l'empereur, du 9 novembre (*Arch. imp. et roy. de Vienne*). — Lettre de Wolsey à Sampson et à Jernigam, ambassadeurs d'Henri VIII auprès de Charles V, du 8 novembre (*State Papers*, vol. VI, p. 185 à 187).

(2) Ibid. Dépêches du 19 novembre et du 9 décembre.

c'était le charger de tout le fardeau de l'entreprise, dont les avantages étaient certains pour l'empereur et fort éventuels pour lui. Il refusa de garder à ce prix les troupes flamandes, qui, faute de payement, se replièrent sur Valenciennes. L'armée anglaise à son tour fut obligée de repasser la Somme. N'ayant plus de cavalerie, réduite chaque jour en nombre par le mauvais temps et les maladies, elle abandonna Montdidier, Roye, Bray, qu'elle pilla, et le duc de Suffolk la reconduisit à Calais, où elle rentra vers la fin de novembre (1).

Les plans des confédérés, qui n'avaient réussi ni au centre du royaume par un soulèvement, ni au nord par une invasion, n'eurent pas une meilleure issue au midi par l'irruption qu'y fit Charles-Quint. Avec vingt-cinq mille fantassins, trois mille hommes d'armes et trois mille chevau-légers, l'empereur devait franchir les Pyrénées en même temps que l'armée de Henri VIII passerait la Manche; mais il avait annoncé plus qu'il ne pouvait accomplir. Outre une certaine lenteur naturelle, qui du caractère s'étendait à la conduite, et qui, dans ce qu'il faisait, le mettait constamment en retard sur ce qu'il voulait, il était retenu par la pénurie de ses moyens. Ses forces se trouvaient toujours disproportionnées à ses desseins. Moins actif qu'opiniâtre, il était aussi plus entreprenant que puissant.

(1) Dépêches des 9 et 19 novembre et du 9 décembre. — Lettre de Wolsey à Sampson et à Jernigam du 4 décembre. *State Papers*, t. VI, p. 201 à 206.

L'argent lui manquait sans cesse. Afin de payer l'armée qui défendait l'Italie, de fournir à la solde des lansquenets de Bourbon, d'entretenir le corps auxiliaire des Pays-Bas, de former et de mettre en mouvement les troupes destinées à envahir le sud de la France, il lui en fallait beaucoup plus qu'il n'en avait. Il avait demandé aux cortès des subsides qui lui étaient accordés avec parcimonie et par annuités (1). Il avait taxé les ordres de chevalerie, imposé le clergé, levé la *cruzada*, pris même l'argent venu des Indes, et dont la plus grande partie appartenait à ses sujets (2). Néanmoins les sommes qu'il avait retirées ou qu'il s'appropriait ainsi étaient insuffisantes pour ses besoins.

Charles-Quint avait eu de plus à lutter contre la mauvaise volonté de ses peuples. Les grands de Castille, qui avaient naguère soumis les *comuneros*, conservaient le vieil esprit de l'indépendance espagnole et ne se montraient pas disposés à seconder ses projets extérieurs ; ils lui avaient amené beaucoup moins de troupes qu'il n'en avait attendu, et ces troupes n'étaient ni bien zélées, ni même assez obéissantes (3). Il leur avait fait passer les Pyrénées

---

(1) Les cortès de Castille, réunies à Palencia en juillet 1623, « le servieron con quatro ciento mil ducados pagados en tres años ». Sandoval, *Historia de Carlos Quinto*, lib. xi, § xv.

(2) Dépêche de Sampson, etc., à Henri VIII, du 12 novembre, à Pampelune. *State Papers*, t. VI, p. 193.

(3) Charles-Quint en fit lui-même l'aveu aux ambassadeurs d'Angleterre. Dépêche de Sampson et Jernigam à Henri VIII, du 12, à Pampelune. *State Papers*, t. VI, p. 192. — Charles-Quint le dit aussi au duc de Sessa dans sa lettre du 2 octobre. *Correspondance*, etc., p. 198.

en septembre, non du côté de Perpignan comme on en était d'abord convenu, mais du côté de Bayonne, où il s'était ménagé des intelligences. Son armée, qui comptait presque autant d'Allemands que d'Espagnols, se porta sur cette ville, qu'elle espérait surprendre et enlever. Lautrec, que François Ier avait chargé de la garde de cette frontière, se montra plus prévoyant et plus résolu qu'il ne l'avait été en Italie : il se jeta dans Bayonne et s'y défendit vaillamment. Durant plusieurs jours, il n'en quitta point les murailles et fit face au danger avec beaucoup de vigilance et d'intrépidité (1). Il parvint ainsi à repousser les attaques de l'armée ennemie, que devaient seconder, du côté de la mer, les efforts d'une flotte dont les vents empêchèrent l'approche. Plus heureux en Guienne qu'en Lombardie, Lautrec couvrit le sud-ouest de la France, que les Espagnols évacuèrent après leur infructueuse tentative sur Bayonne.

Charles-Quint ne vit pas, sans quelque trouble et sans un peu de confusion, les résultats humiliants de projets si vastes et en peu de temps rendus si vains. La France, qui, à l'automne de 1523, devait être soulevée au centre et envahie par les extrémités, était partout paisible et sur tous les points délivrée avant la fin de l'année. Le grand rebelle sur lequel il avait compté, pour susciter des embarras intérieurs à son rival François Ier, était fugitif et

(1) *Mémoires* de Du Bellay, t. XVII, p. 424, 425.

impuissant. Quittant la Franche-Comté, comme il avait quitté le royaume, Bourbon s'acheminait assez tristement vers Gênes et allait demander en Espagne la sœur de Charles-Quint, condition de son inefficace alliance et prix convenu de son inutile révolte. Les lansquenets avaient regagné l'Allemagne à moitié débandés; les Flamands étaient rentrés, en pillant, dans les Pays-Bas; les Anglais mécontents avaient été rappelés dans leur île par Henri VIII, plein de regret et d'aigreur; les Espagnols, réduits en nombre, avaient repassé les Pyrénées, après avoir paru un instant sur le territoire français, où ils avaient échoué en attaquant Bayonne, et n'avaient pu que saccager Sauveterre et Saint-Jean-de-Luz (1). Charles-Quint fut réduit à se justifier, auprès des ambassadeurs de son allié Henri VIII, de la faiblesse de ses efforts, et à leur expliquer l'inexécution involontaire d'une partie de ses engagements (2). Il fallut convenir qu'il avait moins pu qu'il n'avait promis, et faire le pénible aveu des obstacles directs ou des résistances détournées qui, dans son royaume de Castille, s'opposaient à ses desseins ou arrêtaient ses volontés. Il se plaignit d'avoir été trompé par certains personnages dont il ne manquerait pas de se souvenir pour les châtier, lorsqu'il y verrait de l'opportunité. Il ne commandait pas encore en maître à ceux

---

(1) Lettre de Charles-Quint à l'archiduc Ferdinand, du 16 janvier 1524, dans Lanz, t. I, p. 81.

(2) Dépêche du 12 novembre, écrite par Sompson et Jernigam à Henri VIII. — *State Papers*, t. VI, p. 192.

qui l'avaient rendu victorieux à Villalar. Cependant il ne se découragea point. De Pampelune, où il s'était établi et où il avait transporté toute son artillerie, il faisait lever en Aragon des troupes qu'il croyait devoir être plus dociles, et il se préparait à entreprendre une campagne d'hiver. Il envoyait en même temps Beaurain à la rencontre du duc de Bourbon (1), pour le charger d'être son lieutenant général en Italie et d'y représenter sa personne. La campagne n'était point terminée dans cette péninsule : l'armée française et l'armée impériale y étaient encore en présence et combattaient, la première pour reprendre, la seconde pour conserver le duché de Milan.

(1) Dépêche du 18 décembre, écrite de Pampelune par Sampson et Jernigam à Wolsey. — *State Papers,* t. VI, p. 215.

CHAPITRE VI.

NOUVELLE EXPÉDITION EN ITALIE. — ÉLECTION DU PAPE CLÉMENT VII. — ÉVACUATION FORCÉE DU MILANAIS. INVASION DE LA PROVENCE. — SIÉGE DE MARSEILLE.

L'amiral Bonnivet commande au-delà des Alpes l'armée que François Ier s'était proposé de conduire lui-même en Italie. — Il est chargé de reprendre le Milanais avec des forces d'abord plus considérables que les forces impériales placées sous les ordres de Prospero Colonna. — Il se rend maître de Lodi, fait assiéger Crémone, et bloque Milan. Mort d'Adrien VI au moment où il s'était déclaré contre la France. — Élection de Jules de Médicis, qui prend le nom de Clément VII. — — Dispositions du nouveau souverain pontife. — Mort de Prospero Colonna, qui avait déjoué les plans de Bonnivet et empêché ses progrès. — Le connétable de Bourbon, nommé lieutenant général de Charles-Quint en Italie, y commande les troupes impériales devenues plus nombreuses et rendues plus entreprenantes. — Échecs successifs de Bonnivet, qui bat en retraite vers les Alpes. — Mort de Bayard, tué d'un coup d'arquebuse en couvrant avec intrépidité l'arrière-garde dans cette retraite. — Les débris de l'armée battue rentrent en France. — Bourbon, à la tête de l'armée impériale, pénètre, par les Alpes maritimes, sur le territoire français, qu'il presse Charles-Quint et Henri VIII d'envahir par les Pyrénées et par la Picardie. — Bourbon occupe la Provence et met le siége devant Marseille. — Belle résistance de cette ville, que Bourbon attaque sans succès. — L'armée impériale est réduite à son tour à battre en retraite et retourne en Italie.

I.

François Ier, malgré l'invasion dont était menacé son propre royaume, avait donné suite à l'expédition d'Italie. Retenu à Lyon par la nécessité de pourvoir à la sûreté de sa couronne contre la conspiration découverte du connétable de Bourbon, et à la défense de son pays contre l'agression combinée des Anglais, des Flamands, des Allemands et des Espagnols, il ne rappela néanmoins aucune des troupes qui avaient passé les Alpes. Il les laissa outes sous le commandement de l'amiral Bonnivet, qui, de concert avec le maréchal Anne de Montmorency, fut chargé de reprendre le duché de Milan. Dans sa passion ambitieuse, François Ier semblait tenir encore plus à s'emparer de la Lombardie qu'à préserver la France.

L'armée envoyée à cette conquête était très-forte pour le temps : elle se composait d'environ quinze cents hommes d'armes et de vingt-cinq mille hommes de pied tirés des cantons suisses, du duché de Lorraine, du duché de Gueldre, des provinces les plus belliqueuses de la France, et de quelques petits États d'Italie (1). Les chefs des divers corps étaient célèbres par leur expérience comme par leur bravoure. Parmi eux se trouvaient Bayard, devenu un homme de guerre consommé; l'intrépide Jean de Chabannes, seigneur de Vandenesse, frère du maréchal de La Palice, qui était le digne compagnon

---

(1) *Mémoires* de Martin du Bellay; collection Petitot, vol. XVII, p. 423 et 424. Guichardin la présente comme un peu plus forte. L'armée de Bonnivet se composait, selon lui, de « mille ottocento lance, seimila Suizzeri, due mile Grigioni, seimile fanti tedeschi, dodicimile Franzesi, e tremile Italiani. » Guicc., lib. xv.

de Bayard et partageait son héroïsme; le capitaine de Lorges, un des meilleurs conducteurs de bandes; le comte de Saint-Paul, frère cadet du duc de Bourbon-Vendôme; le Suisse Jean de Diesbach; les Italiens Federico da Bozzolo, de la maison de Gonzague, et Renzo da Ceri, de la maison des Orsini. Commandée par un habile général, cette armée aurait pu remporter en peu de temps des avantages décisifs; mais la faveur de François Ier avait mis à sa tête l'amiral Bonnivet, auquel la prise de Fontarabie, en 1521, avait valu une réputation militaire. Courageux sans être capable, présomptueux plus que résolu, Bonnivet descendit, avec son armée, à travers le Piémont, et parut le 14 septembre sur les bords du Tessin, après s'être aisément rendu maître de toute la partie du duché de Milan située à la droite de ce fleuve.

Prospero Colonna commandait toujours les troupes impériales, qu'il avait jusque-là rendues victorieuses. Seulement ces troupes étaient réduites en nombre, et lui-même, vieux et affaibli, ressentait les atteintes de la maladie à laquelle il succomba trois mois après. Il n'avait plus à côté de lui le hardi Ferdinand Davalos, marquis de Pescara, dont l'ascendant était sans bornes sur les soldats de sa nation, qui le suivaient avec confiance partout, parce qu'ils n'avaient jamais, sous ses ordres, rencontré d'échec nulle part. Le fier Espagnol n'avait pas pu s'entendre avec l'impérieux Italien. Indépendant de caractère, il se pliait difficilement à l'autorité d'un chef, et il s'était retiré, aimant mieux être inactif que subordonné, ne gagner aucune gloire que de l'acquérir pour autrui. Si Prospero Colonna était privé de cet incommode mais habile auxiliaire, il lui restait deux Espagnols qui avaient autant de valeur et d'opiniâtreté qu'il avait lui-même de capacité et de science militaire, les capitaines Alarcon et Antonio de Leiva, ainsi qu'un chef de bandes italien, Jean de Médicis, qui, sans égaler Pescara, se rapprochait beaucoup de lui par la fertilité des expédients et l'heureuse audace des entreprises.

Soit défaut de prévoyance, soit manque de moyens, le général de Charles-Quint et de la ligue italienne avait faiblement mis la Lombardie en état de défense. Ne se sentant point en mesure de disputer à l'armée française la partie du Milanais qui s'étendait à la droite du Tessin, il l'avait fait évacuer par les troupes qui occupaient Asti, Alexandrie et Novare (1), et il s'était posté, avec son artillerie et une douzaine de mille hommes, sur les bords de cette rivière dans le dessein d'en empêcher le passage et de couvrir le reste de la Lombardie (2). Il croyait pouvoir garder la rive gauche du Tessin contre les Français, qui n'avaient ni ville

(1) Du Bellay, etc., vol. VII, p. 426, 428. — Galeazzo Capella, *delle Cose fatte per la restituzione di Francesco Sforza*, etc., lib. III. — Guicciardini, lib. xv.
(2) *Cronica milanese di Gianmarco Burigozzo merzaro*, dal 1500 al 1544; — dans l'*Archivio storico italiano*, vol. III, p. 441. — Galeazzo Capella, lib. III.

ni pont pour y aborder. Mais depuis deux mois et demi il n'avait pas plu : le fleuve, ordinairement large et profond, n'avait presque pas d'eau, et se trouvait guéable sur plusieurs points. Arrivés à Vigevano, les Français commencèrent à le traverser, et Prospero Colonna, comprenant qu'il ne pourrait pas arrêter leur marche et qu'ils seraient bientôt plus nombreux et plus forts que lui du côté qu'il occupait, se replia en toute hâte sur Milan. Il y rentra avec sa petite armée, que ce mouvement de retraite avait affaiblie presque autant qu'une défaite, et qui trouva dans la ville un découragement semblable à celui qu'elle y portait.

La capitale du duché, que Prospero Colonna n'avait pu couvrir, ne semblait pas pouvoir être défendue. Cette grande ville était ouverte sur plusieurs points. Les ouvrages en terre qui y avaient été faits précédemment n'avaient pas été entretenus. Prospero Colonna, croyant que Bonnivet s'avançait à marches forcées avec une armée supérieure et irrésistible, était disposé à évacuer Milan, d'où Francesco Sforza se préparait aussi à sortir. On avait déjà chargé les bagages, et les habitants se lamentaient de perdre leur duc national et de retomber sous la domination française, lorsqu'on apprit que Bonnivet s'était arrêté sur le Tessin. Au lieu de pousser en avant et de prendre ce que les impériaux étaient décidés à ne pas lui disputer, le trop prudent Bonnivet resta plusieurs jours immobile. Il laissa des garnisons dans les principales places abandonnées à la droite du Tessin, établit un pont à Vigevano, et ne reprit qu'avec lenteur sa marche, mal à propos suspendue (1). Prospero Colonna et Francesco Sforza profitèrent de cette faute et se servirent de ce délai pour se raffermir dans Milan, qu'ils mirent à l'abri d'une attaque. On travailla jour et nuit à relever les parties abattues des remparts qui couvraient les faubourgs, à fermer les brèches, à rétablir les bastions. La population de la ville, qu'animait de sa présence le duc Sforza et qu'enflammait par ses discours Girolamo Morone, l'ardent ministre du duc, se montra prête à faire tous les sacrifices, à affronter tous les périls, pour ne pas retomber sous la main des étrangers (2). Elle prit les armes avec non moins de zèle que d'ensemble et seconda puissamment les troupes impériales, fortes d'environ douze mille hommes de pied et de huit cents chevaux. Milan était en mesure comme en disposition de se défendre, lorsque le général français parut un peu trop tardivement sous ses murailles. Bonnivet s'en approcha sans obstacle : il plaça son camp au sud-ouest, entre la porte qui conduisait au Tessin et celle qui menait à Rome, il mit en batterie ses canons et sembla résolu à tenter un

(1) Du Bellay, vol. VII, p. 427, 428. — Burigozzo, p. 441. — Guicciardini, lib. xv.
(2) « ... Fu fatto provisione et de artellaria et de repari alli bastioni; et la città sempre all' arma dì e notte;... et el duca, sempre a cavallo, armato, con li gentilomeni andava per la città, tenendola in arma. » Burigozzo, p. 441. — Galeazzo Capella, lib. III.

assaut; mais sa présence et ses attaques ne causèrent dans la ville aucun ébranlement. Il crut alors qu'une place fermée, ayant pour garnison une petite armée, et dont les habitants étaient devenus des soldats, ne se laisserait pas prendre de force et fournirait une défense insurmontable. Il avait perdu l'occasion de l'enlever par surprise, il songea à s'en emparer par lassitude, et, au lieu de l'assiéger, il la bloqua.

Bonnivet transporta son camp un peu au-dessous de Milan, entre Pavie et Lodi. De cette position, il intercepta du côté du sud et du côté de l'est toutes les communications avec la place, qu'il se proposait de soumettre en l'affamant. A l'ouest, il tenait le cours du Tessin par Abbiate-Grasso et Vigevano, empêchant ainsi l'envoi des vivres qui pouvaient y arriver de la Lomelline. Il fit occuper au nord le fort emplacement de Monza, où il laissa assez de troupes pour inquiéter Milan dans cette direction et pour s'opposer à ce que des subsistances y parvinssent de la Lombardie supérieure. Il rendit ce blocus encore plus rigoureux en détournant les eaux qui entraient dans la ville et en détruisant tous les moulins qui s'élevaient aux environs. N'ayant pas envahi soudainement le duché, Bonnivet était réduit à le conquérir pièce à pièce. Quatre villes avaient été conservées par Prospero Colonna : Milan, où il s'était enfermé lui-même; Pavie sur le bas Tessin, dont il avait confié la garde à Antonio de Leiva; Lodi sur l'Adda, et, un peu au-dessous de la jonction de l'Adda avec le Pô, Crémone, où il avait envoyé la garnison d'Alexandrie. De ces quatre points qu'il croyait pouvoir défendre, le prudent général italien espérait reprendre tout ce qu'il livrait aux Français lorsque l'ardeur des Français se serait ralentie, que leurs forces se seraient épuisées (1), et que les troupes des confédérés se seraient accrues.

En même temps qu'il serrait étroitement Milan, Bonnivet ordonna au capitaine Bayard de se rendre, avec huit mille hommes de pied, quatre cents hommes d'armes et dix pièces d'artillerie, sur l'Adda, où il devait être joint par quatre mille Italiens levés la plupart dans le duché de Ferrare et placés sous les ordres de Federico da Bozzolo et de Renzo da Ceri (2). A la tête de cette petite armée, Bayard devait occuper Lodi et prendre Crémone. Lodi ne lui opposa aucune résistance. Le marquis de Mantoue, général des troupes pontificales, n'y avait pas plus de cinq cents hommes de pied et de cinq cents chevaux. Il ne pouvait pas s'y maintenir avec si peu de monde : il en sortit en se dirigeant vers l'armée vénitienne, réunie à Pontevico sur l'Oglio, et il abandonna Lodi à Bayard, qui y laissa une garnison considérable, commandée par Federico da Bozzolo et qui marcha sur Crémone. Bayard commença le siége de cette place, dont les Fran-

---

(1) « Attendant que notre armée eust passé sa fureur, et que l'hiver qui estoit proche l'eust mattée. » Du Bellay, *Mémoires*, p. 428.

(2) Du Bellay, ibid., p. 429, 429. — Galeazzo Capella, lib. III.

çais avaient jusqu'alors gardé le château et qui venait de recevoir de Prospero Colonna un puissant renfort. Après s'en être approché suffisamment, il mit ses pièces en batterie et il canonna les remparts de Crémone jusqu'à ce qu'il y eût ouvert une brèche assez grande pour y donner l'assaut avec l'espérance de l'enlever. Ces approches et ces attaques se firent presque sous les yeux de l'armée vénitienne, qui n'était pas à quatre lieues de distance, et qui, n'osant rien tenter ni même rien empêcher, laissait prendre cette importante place du Milanais sans y mettre obstacle.

Bonnivet se croyait sur le point de réussir (1). La détresse de Milan, où, après la destruction des moulins et l'épuisement de l'ancienne farine, on fut plusieurs jours sans pain (2); la tiédeur des Vénitiens, qui ne donnaient aucune assistance à leurs confédérés, malgré les engagements qu'ils avaient pris avec eux; la lassitude des Florentins, des Siennois, des Lucquois, qui ne fournissaient plus le

(1) Il en informait François Ier, qui lui écrivait de Lyon, le 22 octobre, en le complimentant d'avoir resserré la ville de Milan en plaçant des troupes « èz lieux d'où elle avoit aide et secours de vivres, de sorte que par ce moyen me rendrez bon compte de la d. ville de Milan, ou que vous essayerez de la forcer si voyez que par ce moyen-là ne la puissiez avoir. Je suis fort aise du bon espoir que avez de bien tost mettre la d. ville en mon obéissance, car ce seroit le jeu gaigné de l'autre costé, à mon très grant honneur, faveur et réputation, et grande deffaveur à tous nos ennemys tant deçà que delà. » Lettre de François Ier à l'amiral Bonnivet et au maréchal de Montmorency. Bibl. nat., mss. Baluze $\frac{8471}{2\ 4}$.

(2) « Se stette quattro o cinque giorni che non se trovava pane, nè alli prestini, nè in altri loghi. » Burigozzo, p. 442.

contingent pécuniaire auquel ils étaient tenus pour la défense commune; enfin le trépas d'Adrien VI, chef récent de la ligue italienne contre la France, mort le jour même où Bonnivet avait passé le Tessin, plaçaient les Impériaux dans une situation fort périlleuse. Réduits en nombre, privés de subsides, n'occupant plus que quelques points du territoire lombard, pressés à Milan par la faim, menacés d'un assaut à Crémone, ils ne paraissaient pas pouvoir tenir longtemps encore dans la haute Italie. Bonnivet espérait que, faute de vivres, Milan se rendrait, et que, faute d'argent, l'armée impériale se dissoudrait. La nomination du pape futur devait être d'une grande influence sur l'issue de la lutte en Lombardie et la rendre favorable à Charles-Quint ou à François Ier, selon les dispositions politiques du souverain pontife qui serait élu et le temps qu'on mettrait à l'élire.

Le pape Adrien VI était mort le 14 septembre. Il était tombé malade le 5 août, en célébrant la grande alliance de toute la péninsule, dans laquelle il avait été entraîné avec les Vénitiens par l'empereur et par le roi d'Angleterre. Il assista à cette fatigante cérémonie où fut prononcé contre les Français un long discours dans l'église de Sainte-Marie-Majeure, au milieu d'une accablante chaleur. Il en sortit comme épuisé, et alla prendre son repas dans l'église de Saint-Martin, où il se sentit mal. Une inflammation des plus dangereuses, accompagnée d'une forte fièvre (1), le saisit d'abord à la gorge, et pendant plusieurs jours l'empêcha d'avaler et presque de respirer. Cette inflammation se porta successivement sur diverses parties du corps, et amena une décomposition irrémédiable, à laquelle il succomba après de cruelles souffrances. Il périt en quelque sorte de la difficile résolution qu'il avait prise en rompant la paix avec le roi très-chrétien. Les longues agitations qu'il avait éprouvées avant de s'y décider le livrèrent ébranlé, et comme sans résistance, à la maladie qui fondit sur lui le jour même où il fit sa déclaration solennelle.

L'ancien professeur de Louvain n'était pas un politique. Il manquait de caractère. Circonspect jusqu'à la plus pénible indécision, défiant sans être avisé, timide et faible, il avait porté une simplicité extrême, une piété profonde, une incapacité troublée au milieu de ces astucieux politiques italiens, accoutumés à ne se diriger que par la vue de l'intérêt particulier ou par des maximes d'État. Ce qui avait fait défaut au prince avait également frappé d'impuissance le pontife. Savant théologien, de mœurs irréprochables, d'une austérité chrétienne depuis longtemps inconnue sur la chaire de Saint-Pierre et rare même dans les monastères, animé des intentions les plus droites comme des sentiments les plus purs, il avait voulu empêcher dans l'Église la réforme des dogmes en y opérant lui-même la ré-

(1) Pauli Jovii *Vita Hadriani VI*, cap. xvi. — Gerard. Moringi *Vita Hadriani*, c. xxv, p. 76, dans Burmann.

forme des abus : il le tenta avec le désir sincère de l'accomplir, mais sans en avoir la force. Dans ses projets de limiter la concession des indulgences, d'épurer la pénitencerie et de réduire la *daterie* (1) de la cour romaine, il rencontra des objections qui l'émurent et des obstacles qui l'arrêtèrent. Prince inhabile et pontife inerte, il indisposa les Italiens et ne ramena point les Allemands.

Il vivait comme un pauvre religieux dans le Vatican désert. Étonné de la magnificence dispendieuse de son prodigue devancier, il avait supprimé dans le palais pontifical une grande partie des emplois qui lui paraissaient onéreux et inutiles (2). Il était servi par une vieille femme de son pays et ne dépensait qu'un ducat par jour pour sa nourriture (3). Il se levait dans la nuit pour dire ses offices, et, le jour, il se retirait volontiers dans une pièce réservée, où, fuyant les soucis du pontificat, il se livrait à l'étude de la théologie ; mais, s'il aimait les lettres chrétiennes, il portait moins de faveur aux lettres humaines, et sa trop scrupuleuse piété avait repoussé tous les poëtes qu'encourageait naguère de ses faveurs le joyeux Léon X. Les arts, qui faisaient la gloire de l'Italie et qui avaient passionné ses prédécesseurs, étaient sans attraits pour

---

(1) Office pour l'expédition et la taxation des bulles et dispenses émanées du pouvoir pontifical.
(2) Ranke, *Histoire de la Papauté pendant les seizième et dix-septième siècles*, t. I, p. 134.
(3) *Sommario del Viaggio degli oratori veneti*, etc., 1523, dans Alberi, *Relazioni venete*, etc., ser. II, vol. III, p. 119.

lui, et il en regardait d'un œil indifférent les anciennes merveilles comme les chefs-d'œuvre renaissants. Des douze portes qui, du belvédère de Jules II, conduisaient aux splendides galeries où l'on allait admirer la Vénus, le Laocoon, il en avait fait fermer onze. Les Romains insensibles à ses vertus, outrés de sa parcimonie, choqués de la simplicité de ses habitudes et de l'humilité de ses goûts, voyaient en lui un prince sans habileté, un pape sans grandeur, un barbare sans délicatesse et sans générosité. Aussi se réjouirent-ils ouvertement de sa mort, et, dans les manifestations de leur allégresse, plusieurs d'entre eux allèrent jusqu'à entourer de feuillages la maison de son médecin, sur la porte de laquelle ils mirent cette inscription : *Au libérateur de la patrie, le sénat et le peuple romain* (1) !

II.

Par qui Adrien serait-il remplacé sur le trône pontifical ? Chacun des deux monarques rivaux avait intérêt à faire nommer un pape qui lui fût favorable, et surtout à en faire repousser un qui lui serait contraire. Ils ne négligèrent rien pour l'emporter dans cette lutte électorale, dont les effets

(1) « Non defuerunt petulantissimi juvenes qui Joanni Antracino, pontificis medico, portas fronde... protinus exornarent, cum titulo uncialibus literis inscripto in hæc verba : *Liberatori patriæ S. P. Q. R.* » Pauli Jovii *Vita Hadriani VI*, c. XVI.

devaient s'étendre à la lutte militaire. Trente-cinq cardinaux entrèrent d'abord en conclave ; il en survint ensuite quatre, ce qui porta leur nombre à trente-neuf (1). Comme il fallait réunir les deux tiers des voix pour être pape, il était nécessaire que vingt-six cardinaux s'accordassent dans un choix commun. Les candidats étaient les mêmes que lors du précédent conclave, et le sacré collége présentait les mêmes divisions.

Dès que Wolsey avait connu la mort d'Adrien, il s'était mis de nouveau sur les rangs, cette fois avec décision et confiance. Il avait transmis en toute hâte à l'évêque John Clerk, ambassadeur d'Henri VIII à Rome, son ambitieux désir et l'invitation d'acquérir les suffrages, même en les achetant. « Mylord de Bath, lui avait-il dit, le roi m'a chargé de vous écrire que sa grâce a une merveilleuse opinion de vous..., et ne doute point que, par votre habileté, la chose ne soit conduite au but souhaité. N'épargnez point les offres raisonnables, ce qui est une chose qui, parmi les nécessiteux, est plus estimée d'aventure que les qualifés de la personne. Soyez prudent... et ne vous laissez pas séduire par de belles paroles de la part de ceux qui disent ce qu'ils veulent et désirent plus leur agrandissement que le mien. Il faudra user de dextérité, et le roi pense que tous les impériaux seront clairement avec vous, si on peut se fier à l'empereur.

(1) Dépêche de Rome du 2 décembre, écrite par J. Clerk, R. Pace et Th. Hannibal au cardinal Wolsey. — *State Papers*, t. VI, p. 196.

Les jeunes gens, qui la plupart sont besoigneux, prêteront de bonnes oreilles à vos offres, lesquelles seront remplies, n'en doutez pas. Le roi souhaite que vous n'épargniez ni son autorité ni l'argent. Vous pouvez être assuré que toutes les promesses seront tenues, et que le roi notre sire y mettra de la diligence (1). »

En même temps que Wolsey envoyait à l'ambassadeur d'Angleterre l'ordre d'employer jusqu'à la corruption pour le faire élire. Henri VIII demandait à Charles-Quint d'appuyer la candidature de son principal ministre de manière qu'elle réussît (2). L'empereur avait plus que jamais intérêt à ménager l'orgueilleux Wolsey. Aussi lui écrivit-il en le flattant : « Monsieur le cardinal, mon bon amy, le roy mon bon père, oncle et meilleur frère, m'a escript dernièrement une lettre de sa main, me priant, autant affectueusement que faire se pourroit, que j'escrivisse à Rome pour vostre élection à pape. Desjà avant la réception de sa lettre,

(1) Wolsey à mylord de Bath (autographe), 4 oct. 1523, dans Fiddes, *the Life of cardinal Wolsey, collections,* p. 71 et 72.

(2) Dans cette curieuse lettre inédite du 6 octobre, Henri VIII disait à Charles-Quint : « Mon mieulx aimé fils, il me semble convenient vous reduyre à mémoire les devises qui ont esté maintes fois entre nous pour l'advancement à ceste dignité pappalle de nostre plus entièrement commun conseiller et serviteur mon cardinal d'York..... Je vous prye et desire le plus cordialement que faire puys, comme je croy fermement vous avez fait, devant l'arrivée de ces présentes mes lettres, pour votre part, et comme j'ay fait et feray semblablement de la mienne, soliciter, procurer et mectre en avant ceste matière en si effectuelle manière, qu'elle puisse estre mennée à nostre desire, en quoy faisant, quel honneur, bénéfice, seureté et commodité ensouyvra à nous deux et à nos royaulmes ! » — *Arch. imp. et roy, de Vienne.*

je l'avois fait, me souvenant de ce que autrefois je vous ai quant à ce promis, et cognoissant le bien que ce seroit pour toute la chrestienté, et aussi pour nos communes affaires, avec la vraie amour que vous avez audict seigneur roy et à moy. J'ai derechef escrit comme pour chose que je voudroye le plus (1). » Loin de souhaiter l'élection du cardinal d'York, qui lui était utile en Angleterre, Charles-Quint voulait celle du cardinal de Médicis, qu'il croyait disposé à le servir mieux qu'un autre en Italie. Il donnait des espérances au premier pour ne pas l'indisposer, et il agissait en faveur du second, afin que, lui étant redevable de son élévation, il lui montrât sa reconnaissance par son dévouement. Avant même la mort d'Adrien, il avait prescrit au duc de Sessa, son ambassadeur à Rome, d'employer, si le pontificat devenait vacant, les moyens les plus propres à y faire arriver le cardinal de Médicis. Le duc de Sessa avait à négocier cette nomination par voie d'influence ou à l'imposer par la force, suivant les procédés auxquels aurait recours le roi de France. « Vous aurez toujours égard, lui écrivait Charles-Quint, à ce que l'élection se fasse avec toute liberté, à moins que, du côté des François, on ne veuille agir par la violence : dans ce cas, vous vous montrerez avec vigueur pour nous, vous aidant à cet effet des vice-rois de Naples et de Sicile et de notre armée, ainsi que de tous les se-

---

(1) Mus. britann. Vespas., c. II, f. 226, olographe.

cours et autres moyens que vous aurez à votre disposition (1). »

Avant que les cardinaux fussent complétement enfermés dans le conclave, le comte de Carpi, représentant de François Ier à Rome, vint se plaindre à eux de l'alliance que le pape Adrien avait conclue avec les ennemis du roi très-chrétien, bien que le roi très-chrétien n'eût rien fait pour provoquer ses hostilités, et l'accusa de s'être rendu complice de la conjuration du duc de Bourbon (2). De son côté, le duc de Sessa s'adressa à eux dans l'intérêt de l'empereur son maître, en leur demandant de payer le contingent pécuniaire que le pape Adrien s'était engagé à fournir en contractant l'alliance du 3 août. Les cardinaux lui répondirent que le pape Adrien ne les avait pas consultés, et qu'ils n'étaient pas obligés de tenir des engagements auxquels ils étaient demeurés étrangers. Le duc de Sessa travailla ouvertement à faire élire le cardinal Jules de Médicis, qui continuerait la politique des deux précédents pontifes. Ce cardinal disposait encore de dix-huit ou de dix-neuf voix (3), décidées à n'élire

---

(1) Lettres de Charles-Quint au duc de Sessa, du 13 juillet et du 14 décembre 1523. *Correspondance de Charles-Quint avec Adrien VI et le duc de Sessa*, p. 192 et 199.

(2) *Conclave Clementis VII*, Mss. lat. de la Bibl. imp., n° 5157, in-4, fol. 104 v°.

(3) ..... L'évêque de Bath et les autres ambassadeurs anglais disent que les trente-neuf voix étaient fort divisées et que « the cardinal de Medices with 17 or 18 m°, for hymself or suche as he shold thynke best... » — Dépêche du 2 décembre à Wolsey. — *State Papers*, t. VI, p. 196.

que lui. Il espérait de plus quelques adhésions qui se déclareraient au moment où elles seraient utiles. Entré cette fois dans le conclave avec la résolution de n'en sortir que pape, il était le principal et devait être le plus opiniâtre des candidats. Il était repoussé par le parti des vieux cardinaux comme trop jeune (1), et par le parti français comme trop espagnol. Pas assez fort pour nommer un pape, ce dernier parti pouvait empêcher l'élection du candidat que Charles-Quint poussait le plus au trône pontifical, et qu'il convenait le moins à François Ier d'y laisser monter. Il agissait de concert avec le cardinal Pompeio Colonna, l'un des membres les plus influents du sacré collége, et qui, bien que du parti impérial, était opposé à Jules de Médicis (2) par une animosité envieuse et si profonde qu'elle semblait insurmontable.

Durant deux mois les divisions se prolongèrent dans le conclave, où l'on ne parvint pas à s'accorder pour faire un pape. Les jours se passèrent en luttes animées et en scrutins inutiles. Pendant que l'Église restait sans chef et que les cardinaux désunis ne se décidaient pas à lui en donner un, le duc de Ferrare, secrètement soutenu par le roi de France (3), s'était emparé de Reggio et de Bres-

---

(1) Les vieux cardinaux, comme dans le précédent conclave, étaient au nombre de plus de vingt, formant un parti qui repoussait la candidature de tout cardinal d'un âge peu avancé.

(2) Relation italienne du conclave dans les Mss. Colbert, n° $\frac{10425}{B}$.

(3) Le 27 septembre, Bonnivet écrivait au duc de Ferrare : « Monseigneur, j'envoye présentement à Cremonne jusques au nombre de

cello, et il menaçait Modène, que les papes avaient incorporée au Saint-Siége. Le plus grand trouble se répandit dans les États de l'Église, et le mécontentement était très-vif à Rome. Dès le 8 octobre, pour contraindre les cardinaux à une élection plus prompte, on retrancha une grande partie de leur service de table et on réduisit chacun d'eux à un seul mets. Le 14 octobre, les conservateurs de la cité pendant la vacance pontificale, suivis d'une foule de Romains, se rendirent à la porte du conclave, adressèrent aux cardinaux les plaintes du peuple, leur reprochèrent les périls qu'ils faisaient courir aux États de l'Église par un interrègne aussi prolongé, et dirent qu'il était honteux à tant d'hommes sages comme ils devaient l'être, de ne pas s'entendre mieux ni plus tôt (1).

dix mille hommes de pied, six cents hommes d'armes et une bonne bande d'artillerie, afin de mectre à l'obéissance du roy la ditte ville, et sont chefs de cette entreprise messires Bayart et le seigneur Federic de Bauge (da Bozzolo), lesquels sont dejia près du d. Cremonne... J'escriptz promptement au seigneur Renze (Renzo da Ceri) se joindre incontinent avec la force qu'il a avec mes dicts seigneurs de Bayart et Federic, pour, après l'affaire du dict Cremonne vidée, marcher tous ensemble droit vers la Rommaigne et vous aider à recouvrer et remectre soubz vostre obéissance Rege et Modene, ainsi que j'ai expresse charge et commission du roy de ce faire. » (Mss. ancien fonds français de la Bibl. nat., n° 8569, f. 89.) — Il l'avait même poussé par une lettre postérieure à attaquer Parme et Plaisance revenues au Saint-Siége : « J'ay pareillement veu ce que avez escript au duc de Ferrare touchant Parme et Plaisance; je doubte que, après avoir recouvré Rege et Modene, il ne veuille tirer oultre, qu'il ne voit que ayez pris Milan. » Lettre de François Ier du 22 octobre, dans Mss. Baluze, n° $\frac{8471}{2\,A}$.

(1) *Conclave Clementis VII.* Mss. n° 5157 v°. — Dépêche écrite de Rome, le 24 octobre, par J. Clerk, Ri. Pace et Th. Hannibal à Wolsey. — *State Papers*, vol. VI, p. 180.

Le cardinal Armellino, député par le sacré collége avec plusieurs autres cardinaux, répondit de la fenêtre du conclave qu'ils voulaient nommer un bon pape qui convînt, après Dieu, aux nobles et au peuple de Rome; qu'ils espéraient le faire bientôt et demandaient qu'on eût assez de patience pour leur en laisser le loisir, car si, comme à la dernière élection, on les forçait à précipiter leur choix, ils pourraient bien élire un absent. « Si vous vous contentez d'un tel pape, ajouta-t-il, nous sommes prêts à vous en donner un qui est en Angleterre. » Il savait que les Romains avaient plus que jamais horreur d'un étranger, que rien n'était plus propre que cette crainte à tempérer les impatiences du peuple et à faire accorder du temps au conclave. Il s'éleva aussitôt un grand murmure du sein de la foule, et l'on cria qu'il fallait élire un pape parmi les présents, dût-on prendre une *bûche* (1).

Les ambassadeurs d'Angleterre, obéissant aux ordres de Wolsey, mais ne rencontrant pas l'appui des agents impériaux, demandèrent au cardinal Jules de Médicis de se déclarer pour le cardinal d'York, s'il ne parvenait pas à se faire nommer lui-même. Pompeio Colonna en fut instruit, et il fit répandre par la ville que le cardinal de Médicis, dont les manéges avaient naguère amené l'élection d'un barbare flamand, travaillait maintenant à l'élection d'un barbare anglais (2). Il comptait, en

(1) Dépêche anglaise, du 24 octobre, p. 180.
(2) Même dépêche, p. 182.

le rendant ainsi suspect, le faire détester davantage et l'éloigner du trône pontifical, en même temps qu'il empêcherait, par les manifestations de la répugnance publique, le cardinal d'York d'y être appelé.

Les désaccords continuèrent, et il se passa plusieurs semaines encore sans qu'on cédât d'aucun côté. Le mécontentement des Romains s'accroissait chaque jour et allait presque à la sédition. Aux objurgations précédentes s'ajoutèrent alors les menaces. Le peuple se porta en foule autour du palais où étaient enfermés les cardinaux, et il demanda que, conformément à la constitution de Boniface VIII, on les réduisît au pain, à l'eau et au vin (1), afin de les forcer à élire. Rien n'y fit. Les vieux souffrirent cette longue captivité sans fléchir, et le cardinal de Médicis, à la tête des jeunes, attendit avec une imperturbable patience que, par calcul ou par ennui, quelques-uns de ses adversaires, moins persévérants ou moins haineux que les autres, s'en détachassent pour conclure un arrangement avec lui (2). Ce moment arriva, comme il l'avait prévu.

Le cardinal Colonna savait que le cardinal de Médicis ne consentirait jamais à un choix pure-

(1) « Tertio idus novembris populus romanus petiit vehementissimis verbis ut Bonifacii bulla quæ ultra xx dies ipsis tantum panem, aquam, et vinum tradi volebat, observaretur. » — *Conclave Clementis VII*, fol. 119.

(2) Dépêche de Rome, du 2 décembre, des ambassadeurs anglais à Wolsey. — *State Papers*, t. VI, p. 196.

ment français. Son autorité, qui aurait été compromise dans Florence, son honneur, qui en aurait souffert, sa conduite passée, qu'il aurait par là démentie, ne laissaient aucune incertitude à cet égard. Il fit dès lors promettre aux cardinaux français que, s'ils ne pouvaient rien pour eux-mêmes, ils consentissent à porter leurs suffrages sur un des siens. Après quelques essais infructueux tentés dans leur sens et qui ne parvinrent pas même à faire nommer le cardinal Fieschi, le moins repoussé des cardinaux attachés à la France, Pompeio Colonna somma ces derniers de tenir leur engagement, et il leur proposa de donner leurs voix au cardinal Jacobaccio, excellent et savant homme, en faveur duquel il espérait détacher du parti de Médicis assez de voix pour compléter le nombre requis de vingt-six. Jacobaccio était Romain, ami de la maison Colonna, et au fond impérialiste, quoique avec une certaine modération. Les Français se montrèrent d'abord disposés à lui être favorables, mais quelques-uns d'entre eux et de la faction Orsini déclarèrent que pour rien au monde ils ne nommeraient un partisan de l'empereur et des Colonna. Il fut alors décidé qu'on promettrait toutes les voix, et qu'au moment de l'élection on en retirerait quelques-unes pour la faire manquer. On prétendit que Colonna n'aurait pas lieu de se plaindre si, en échange des voix peu nombreuses qu'il avait apportées, il lui en était donné quatorze.

Le cardinal Colonna, se croyant assuré de tout

le parti français, alla trouver le cardinal Jules de Médicis et lui demanda s'il avait le dessein de rendre l'élection interminable et s'il voulait demeurer à jamais enfermé dans cette prison. Le cardinal de Médicis lui répondit qu'il resterait dans cette prison et dans une pire plutôt que de consentir à la nomination d'un de ses ennemis et à la création d'un pape de la nation française. Le cardinal Colonna lui dit alors : — « Vous n'aurez rien de semblable à craindre et à vous reprocher. Nous pouvons avoir un bon pape, et un pape impérialiste. Vous ne sauriez vous refuser à sa promotion (1). » Il lui désigna en même temps le cardinal Jacobaccio, qui devait réunir les vingt-deux suffrages des vieux cardinaux et du parti français, et auquel il ne faudrait plus que quatre autres voix pour être élu. Il les demanda au cardinal de Médicis, qui voulut, avant de les accorder, s'en entretenir avec les siens. Le cardinal de Médicis apprit, par de secrètes informations, que le parti français ne serait point unanime à voter en faveur de Jacobaccio, et lui refuserait trois ou quatre voix afin d'empêcher qu'il fût élu. Dès qu'il fut rassuré par l'impossibilité de cette élection, que devaient repousser le cardinal Franciotto Orsini et les plus ardents des cardinaux français, il revit Pompeio Colonna. — « Que ferez-vous pour moi, lui demanda-t-il, si je donne au cardinal Jacobaccio les quatre voix dont il a besoin et

---

(1) Dépêche du 2 décembre, p. 196, 197 et 198.

s'il échoue malgré cette accession? — Dans le cas où, par un accident quelconque, cette élection manquerait, répondit Pompeio Colonna, qui s'en croyait maintenant certain, je vous donnerai pour vous ou pour un de vos amis autant de voix que vous en aurez donné au cardinal Jacobaccio. »

Avertie des pourparlers de Colonna et de Médicis, la faction française, pour être plus sûre de déjouer l'arrangement conclu entre eux, résolut de retirer au cardinal Jacobaccio autant de voix que devait lui en apporter le parti des *jeunes*. Aussi, lorsqu'on dépouilla le scrutin, on n'y trouva que dix-huit voix en faveur du candidat dont l'élection était convenue et semblait assurée. A ces dix-huit voix s'adjoignirent par *accès* les quatre voix du cardinal de Médicis, ce qui n'en fit que vingt-deux. Colonna, outré du manque de parole qui avait empêché la nomination de Jacobaccio, le reprocha amèrement aux cardinaux d'origine française. Ceux-ci s'en excusèrent en disant qu'ils avaient obéi à l'ordre exprès de leur prince, qui leur avait prescrit de ne consentir qu'à une élection conforme aux intérêts de la France. Ils ajoutèrent que le cardinal Jacobaccio était homme de bien et aurait été bon pape, mais non pour le roi leur maître. — « Bien, répondit Colonna, je vous en ferai un de bon pape pour le roy vostre maistre (1). » Il alla trouver immédiatement le cardinal de Médicis, qu'il remercia

---

(1) Ces mots sont en français dans la dépêche anglaise, p. 199.

d'avoir tenu fidèlement sa promesse, et auquel il dit qu'il était prêt à tenir la sienne, et qu'il ne voulait pas d'autre pape que lui. Avec sa voix, il lui donna les voix du Romain Jacobaccio et des Vénitiens Cornaro et Pisani. Il l'aida même à en détacher du parti des *vieux cardinaux* trois autres qui, réunies à celles qu'il apportait et aux dix-neuf dont disposait le cardinal Jules de Médicis, assuraient sa nomination. La majorité exigée ayant cessé d'être douteuse dans la nuit du 17 au 18 novembre, on résolut de procéder le lendemain à un scrutin qui mît un terme à ce long conclave. Ceux qui repoussaient encore le cardinal de Médicis, devenus certains que son élection se ferait sans eux, jugèrent qu'il valait mieux y concourir que s'y opposer, et ils demandèrent que le scrutin fût différé d'un jour. Dans l'intervalle, ils convinrent de s'associer à la nomination du cardinal de Médicis; mais comme la plupart d'entre eux avaient juré de ne jamais y consentir, ils entrèrent dans la chapelle du conclave pour se délier les uns les autres du serment qu'ils s'étaient prêté. Ils y appelèrent le cardinal de Médicis, et, le soir même du 18, ils le nommèrent par *adoration*. Le lendemain matin 19, cette élection fut régularisée par un scrutin solennel, et l'unanimité des voix fut accordée au cardinal Jules de Médicis, qui devint pape sous le nom de Clément VII.

III.

Le nouveau pape, immédiatement après son élection, avait promis de s'unir aux confédérés. Il leur avait envoyé une partie du contingent pécuniaire que le Saint-Siége, Florence, Lucques et Sienne devaient fournir pour l'entretien des troupes de la ligue italienne (1) et la poursuite de la guerre, qui avait continué en Lombardie. Bonnivet, n'ayant pas su profiter tout d'abord de ses avantages, et au lieu d'attaquer le Milanais avec une impétuosité qui aurait pu être irrésistible, ayant agi avec une circonspection qu'il croyait savante et qui n'avait pas été habile, était bien vite arrivé au terme de ses succès. Le corps d'armée qu'il avait envoyé devant Crémone ne parvint pas à s'en rendre maître (2). Il le rappela dans son ancienne position de Monza, afin de resserrer le blocus de Milan, qu'il espérait toujours contraindre à se rendre. Il pressait cette grande ville de tous les côtés. Il avait fermé les diverses routes par lesquelles des vivres pouvaient y être portés. Ses garnisons à Abbiate-Grasso et à

(1) « Le pape a envoyé XX mille escus dès que je veins ysy... Les potentats come Florence, Siene, Luques, n'ont volu paie la contribution de ses trois mois courans, le pape a fait que Florence vient XXX mille ducas..., de Sienne V mille et au plus X, de Lucques V des XV mille des trois mois de la contribution. » Lettre de Charles de Lannoy à Charles V, écrite de Milan, le 1er février 1524. — *Arch. imp. et roy. de Vienne.*

(2) Du Bellay, *Mémoires,* p. 429 et 430.

Vigevano sur le Tessin, le corps de Bayard et de Renzo da Ceri à Monza, la troupe de Federico da Bozzolo à Lodi, le reste de son armée campé au sud vers Binasco, interceptaient les communications avec Milan dans les quatre principales directions. Ses chevaux parcouraient l'intervalle qui le séparait de la ville bloquée. Il attendit dans cette position que l'armée ennemie, qu'on ne payait point, se dispersât et que la ville de Milan, où l'on fut réduit pendant une semaine à manger de l'avoine et de l'orge, se décidât à capituler; mais les rigueurs du blocus n'y abattirent point le courage des habitants, et l'irrégularité de la paye n'y amena point la dispersion de l'armée. On fabriqua des moulins à bras pour moudre le blé qui restait dans la ville et l'on fit de fréquentes sorties. Bientôt même les manœuvres menaçantes des confédérés et les rigueurs inaccoutumées d'un hiver qui couvrit de neige les campagnes de la Lombardie ne permirent pas à Bonnivet de se maintenir autour de Milan. La garnison espagnole de Pavie, renforcée par les troupes pontificales que commandait le marquis de Mantoue, fit des incursions vers les derrières de son camp et les poussa jusqu'au Tessin. Bonnivet craignit de perdre les ponts qu'il avait sur cette rivière, par où les subsistances lui venaient des riches contrées de la Lomelline et du Novarais. Afin de les mettre à l'abri d'une surprise ou d'une destruction qui l'aurait exposé lui-même à ce dont il menaçait Milan, il donna l'ordre à Bayard et à Renzo da Ceri de quitter Monza et de se porter à Abbiate-Grasso pour y garder le cours du Tessin et les ponts qu'il y avait jetés. Le corps qui fermait la Lombardie supérieure ayant abandonné Monza, Prospero Colonna occupa cette porte position, et les Milanais reçurent des vivres par la route ouverte du mont de Brianza. L'amiral, réduit à dégager au nord la ville qu'il tenait bloquée depuis un mois et demi afin de protéger à l'ouest sa propre ligne d'opérations, ne fut pas plus en mesure de l'avoir par famine qu'il n'avait su la prendre de vive force (1).

Bientôt même il ne put plus rester campé au-dessous de Milan. La campagne était couverte de neige et ses troupes souffraient beaucoup. Sans espérance de réduire désormais, en l'affamant, la ville à moitié débloquée, Bonnivet prit le parti de s'en retirer complétement. Il se replia sur le Tessin, dont il occupa les deux rives et où il demeura en force ; mais dès ce moment le but de la campagne était manqué, la conquête du Milanais était devenue impossible. Le mouvement de retraite commencé par l'échec de Crémone, continué par l'abandon de Monza, rendu plus marqué par le déblocus de Milan, ne devait pas s'arrêter. L'amiral Bonnivet était condamné à perdre ce qu'il tenait encore sur la rive gauche du Tessin, et à être enfin dépossédé de toute la partie de la Lombardie située à la droite de ce fleuve.

(1) Galeazzo Capella, lib. III. — Du Bellay, t. XVII, p. 439 à 443.

L'armée impériale, d'abord faible et prise au dépourvu, s'était peu à peu renforcée et raffermie. Le vieux capitaine italien qui la commandait avait succombé le 28 décembre; mais avant de mourir il avait vu le succès de ses savantes dispositions et de ses fermes mesures. Charles-Quint avait donné l'ordre à Lannoy, vice-roi de Naples, d'aller remplacer à Milan Prospero Colonna, dont la maladie faisait présager la mort prochaine; il dépêchait en même temps Beaurain au connétable de Bourbon, qui était à Gênes, pour qu'il devînt en Lombardie son lieutenant général, représentant sa personne, et qu'il commandât à tout le monde, même au vice-roi de Naples (1). Lannoy avait remonté la péninsule avec quatre cents hommes d'armes et quatre mille hommes de pied, qu'il devait joindre à l'armée de la ligue (2), déjà grossie sous Prospero Colonna des troupes italiennes conduites par Jean de Médicis et des levées faites pour Francesco Sforza. Il amenait le marquis de Pescara, qui consentait à servir avec le vice-roi de Naples, dont il reconnaissait l'autorité politique et ne craignait pas la rivalité militaire. Lannoy, qui apportait de sa vice-royauté une somme d'argent (3) à laquelle s'ajoutèrent 65,000

---

(1) « Sire, cant à Mons. de Bourbon, je ly obeiray en la sorte que Beaurain m'a dit et ly ferey tout le service qui me sera possible. » Lettre de Lannoy à Charles-Quint du 26 janvier 1524. — *Arch. imp. et roy. de Vienne.*

(2) Lettre écrite de Rome, le 7 novembre, par l'évêque de Bath à Wolsey. — *State Papers*, t. VI, p. 191.

(3) « La povreté de cette armée estoit de telle sorte, que si ne fut ar-

ducats fournis par l'Italie centrale, et 90,000 tirés du Milanais, appela d'Allemagne six mille lansquenets de plus (1). Il s'était arrêté à Pavie, d'où il ne se rendit à Milan qu'après la mort de Prospero Colonna. Il ne voulut pas entrer dans cette ville et y prendre le commandement des troupes confédérées tant que respirerait encore le capitaine à l'habileté duquel l'empereur son maître était si redevable, qui avait su conquérir le duché de Milan sur les Français et le défendre à deux reprises contre eux. Lorsque l'armée à la tête de laquelle il se plaça, et dont le duc de Bourbon (2) vint bientôt, de concert avec lui, diriger les mouvements, eut

gent que appourtay de Naples, la dite armée fust desjà rompue. » Charles de Lannoy à l'empereur, du 20 février. — *Arch. imp. et roy. de Vienne.*

(1) Lettre de Beaurain à Charles-Quint, du 25 janvier 1524. — *Arch. imp. et roy. de Vienne.*

(2) Le connétable avait écrit de Gênes, lorsqu'il allait partir pour la Lombardie et y agir comme lieutenant général de l'empereur, au comte de Penthièvre, alors en Angleterre, de presser Henri VIII de faire une nouvelle descente en Picardie, ce qu'il avait demandé à Henri VIII lui-même (lettres du 18 janvier 1524. Mus. britann. Nero B. vi, f. 52. — Vitellius B. vii, f. 26). Il écrivit du camp impérial à Charles V, de concert avec Lannoy et Beaurain : « Serions d'avis que deussiez requerir le seigneur roi d'Angleterre de descendre en personne le plus tost que faire se pourroit ou du moins envoyer une bonne armée, laquelle tînt le chemin que la dernière a fait, et que de votre part fissiez tout votre effort du costé de Perpignan, que vinssiez à Barcelonne pour vous conduire selon les nouvelles que pourriez entendre, car s'il plaisoit à Dieu que de ce costé votre armée gagnast la bataille de laquelle sommes bien près ou que les Franssois se retirassent, nous marcherions droit par la Prouvensse vers Narbonne, et vous pourriez venir joindre avec votre armée, et seriez puissant assez pour en personne présenter la bataille au roy de France, et, s'il ne la vouloit, pourriez venir droit à Lyon. » Lettre du 16 mars 1524. *Arch. imp. et roy. de Vienne.*

reçu le renfort des six mille lansquenets; elle compta dix mille Allemands, sept mille Espagnols, quatre mille Italiens, huit cents lances et huit cents chevau-légers, outre les cinq mille hommes de pied, Italiens et Espagnols, les cinq cents lances et les six cents chevau-légers qui étaient dans Pavie sous Antonio de Leiva et le marquis de Mantoue.

Dès ce moment, la guerre changea de face. Loin que les Français cherchassent à enlever aux impériaux le duché de Milan, les impériaux se mirent en mouvement pour expulser les Français de la partie du territoire lombard qu'ils occupaient encore. De défensive qu'elle avait été jusque-là pour les confédérés, la guerre devint offensive. Les Vénitiens, qui étaient demeurés inactifs tant qu'ils avaient cru les impériaux plus faibles, se décidèrent à les seconder dès qu'ils les jugèrent les plus forts. Ils ordonnèrent à leur général, le duc d'Urbin, de passer l'Adda et de se joindre aux impériaux avec les six mille fantassins, les sept cents hommes d'armes et les cinq cents chevau-légers qu'il commandait. Les confédérés réunis, agissant avec ensemble, quoique placés sous tant de chefs, attaquèrent Bonnivet dans les diverses positions qu'il tenait encore, et au moyen d'adroites manœuvres, ainsi que par de hardis coups de main, ils le poussèrent hors de l'Italie.

Bonnivet s'était établi à Abbiate-Grasso, où il avait concentré son armée. Ses avant-postes, à l'est du Tessin, étaient à Rebecco, lieu ouvert, malaisé à défendre, et que les impériaux, conduits par Pescara et par Jean de Médicis, n'eurent pas de peine à enlever en y surprenant la faible troupe que l'amiral y avait aventurée. Après l'échec et la prise de Rebecco, il ne restait plus aux Français, sur la rive gauche du Tessin, que la ville d'Abbiate-Grasso. Afin de les déloger de cette position, les confédérés passèrent le fleuve un peu en dessous avec des forces supérieures, et ne laissèrent dans Milan que six mille hommes, suffisants pour mettre la ville à l'abri d'une attaque. Ils s'établirent à Gambolò, s'emparèrent du château de Garlasco, et menacèrent de couper les vivres que Bonnivet tirait de la Lomelline.

Bonnivet était comme enfermé à Abbiate-Grasso. Pendant longtemps il avait fait espérer au roi son maître la soumission prochaine du Milanais (1); mais, depuis qu'il avait commencé à revenir sur ses pas, il lui avait demandé des renforts avec lesquels il pût reprendre l'offensive. Il attendait cinq mille Grisons qui, descendus de leurs vallées sous la conduite de Dietingen de Salis, devaient se réunir vers Lodi à Federico da Bozzolo, et opérer une utile diversion entre l'Adda et Milan. François Ier, entretenu dans la confiance d'un succès décisif en

---

(1) « ... Vous esperez dans huit jours après vostre dite lettre de faire parler aultre langage ceulx qui sont dedans Milan et de mectre icelle ville en mon obeissance... » — Lettre de François Ier du 27 octobre 1523. — Mss. Baluze, $\frac{8471}{1}$, f. 180.

Italie, apprit presque en même temps la position périlleuse où était son favori Bonnivet et les avantages que son ennemi Charles-Quint venait de remporter sur la frontière des Pyrénées.

L'empereur, que le manque d'argent et de troupes avait empêché de pénétrer en France dans l'automne de 1523, n'avait rien négligé pour remettre son armée sur pied. Afin de la renforcer et de s'en servir, il avait cherché partout de l'argent. Outre celui qu'il avait obtenu des cortès de Palencia, qu'il avait réclamé des ordres militaires de chevalerie, qu'il avait tiré de la cruzade et de l'église, il avait pris toutes les sommes venues des Indes, et dont la plus grande partie était destinée à ses sujets. Il avait écrit à l'archiduc Ferdinand, son vicaire général dans l'empire, pour qu'il en obtînt de la ligue de Souabe et de l'opulent clergé d'Allemagne. Il lui disait qu'il ne pouvait songer à repousser les entreprises des Turcs du côté du Danube qu'après avoir arrêté celles des Français en Italie, qu'il avait déjà dépensé des quantités innombrables de deniers, qu'il en avait besoin encore, afin de lever de grosses armées de gens de pied et de cheval, et qu'il requérait les Allemands de l'y aider, comme ils y étaient tenus par intérêt et par devoir. Il recommandait en même temps à son frère de faire procéder par la chambre impériale contre le roi François Ier comme usurpateur du royaume d'Arles, « et de faire prononcer la confiscation du Dauphiné, de la Provence, du Lyonnais, des comtés de Valence et de Die, etc. (1), qu'il avait enlevés à l'empire. »

Lorsque son armée fut en état d'entrer en campagne, elle franchit de nouveau les Pyrénées au cœur de l'hiver. L'empereur, qui s'était transporté lui-même de Valladolid à Pampelune et de Pampelune à Vittoria, n'ayant ni le moyen ni l'espoir de s'emparer de la place forte de Bayonne, qui ouvrait la France de ce côté, songea à reprendre la ville de Fontarabie, que les Français occupaient depuis plusieurs années et qui leur donnait accès en Espagne. Vers le commencement de février, son armée, commandée par le connétable de Castille, parut devant cette place, qui fut également investie par mer. Une artillerie des plus formidables, composée de soixante pièces de gros calibre, la foudroya, et fit bien vite taire ses canons et tomber ses défenses. Menacée d'être prise d'assaut, la garnison capitula; elle rendit la ville, d'où elle sortit librement, vie et bagues sauves, mais en laissant l'artillerie et les munitions au pouvoir de Charles-Quint. Après avoir recouvré Fontarabie, l'empereur licencia la plus grande partie de ses soldats, que les rigueurs du temps et la disette de vivres sur cette frontière l'empêchèrent de tenir plus longtemps en campagne (2). Il les renvoya,

(1) Lettre de Charles-Quint à l'archiduc Ferdinand, du 16 janvier 1524, dans Lanz, *Correspondenz des Kaisers Karl V*, t. I, p. 80 à 83.
(2) Lettres de Charles-Quint, du 2 mars 1524, à l'archiduc Ferdinand et au vice-roi de Naples Charles de Lannoy, auxquels il raconte les mou-

comme s'il n'avait pas projeté de faire entrer l'armée d'Italie en Provence aussitôt qu'elle aurait rejeté les troupes de Bonnivet au-delà des Alpes, et de renouveler contre le royaume de François Ier l'attaque générale qui n'avait pas réussi l'année précédente.

IV.

Pendant que son armée était en danger et battait en retraite dans la haute Italie, pendant que l'extrémité méridionale de son royaume avait été ravagée par les troupes de Charles-Quint, qui reprenait ensuite possession de Fontarabie, François Ier était à Blois, plus livré encore à ses passe-temps (1) et à ses plaisirs qu'occupé de ses affaires. Il songeait moins à aller, comme il en avait annoncé bien des fois le projet (2), commander les troupes dont dépendaient

vements de son armée, le siége et la prise de Fontarabie, et les causes de la rentrée de ses troupes en Espagne. Dans Lanz, p. 95 à 98.

(1) Brion écrivait de Blois, le 1er février 1524, au maréchal de Montmorency : « Le roy revint hier de la chasse de Saint-Laurens-des-Eaux, là où il a couru le cerf deux jours ; du passetemps je vous laisse à penser quel il a esté, car pour demourer jusques à dix heures du soir sans revenir au logis, il n'y a gens qui l'ayent mieux fait que nous et bien mouillez. » Mss. Clairembault, *Mélanges,* vol. 36, f. 8789. — Le 19 janvier, le secrétaire Robertet écrivait au même : « Le roy fait bonne chère. » Ibid., vol. 36, f. 8781.

(2) Il disait à l'amiral de Bonnivet et au maréchal de Montmorency dans sa lettre du 17 septembre : « Si vous iray-je veoir le plus tost que je pourray, car je ne seray jamais à mon aise que ne soye joint avec vous et mon armée. » Mss. Baluze, v. $\frac{8471}{2A}$, f. 244. — Dans sa lettre du 18 janvier 1524, il leur annonçait encore qu'il était disposé non-seulement à leur envoyer des troupes, mais « à les secourir de sa propre personne ». — Mss. Baluze, $\frac{8472}{2}$, f. 140.

le recouvrement du Milanais et la sûreté de la France qu'à poursuivre les complices du connétable de Bourbon. Il croyait que le complot avait des ramifications étendues, et il voulait connaître tous ceux qui y avaient adhéré, autant pour se rassurer que pour les punir. Il lui importait de découvrir les soutiens cachés de desseins auxquels n'avait pas renoncé l'implacable rebelle que l'empereur avait nommé son lieutenant général, et qui en ce moment était à la tête des armées ennemies. Aussi pressait-il l'instruction et le jugement des prisonniers arrêtés soit à Lyon, soit dans d'autres parties du royaume, comme ayant pris part à la conjuration. Les commissaires du parlement, qu'il avait désignés lui-même d'après les indications du chancelier Du Prat, procédaient avec des lenteurs qu'il prenait pour des ménagements. Il s'irritait de la régularité des formes et se plaignait de la douceur des interrogatoires. Aussi enjoignait-il aux méthodiques magistrats, qui répugnaient encore plus à employer dans la justice la précipitation que la violence, d'agir vite et de recourir à la torture pour tirer la vérité de ceux qui s'obstinaient à la taire. Interrogés à Loches et conduits ensuite à Paris, les plus considérables des prisonniers n'avouaient rien. L'évêque du Puy et l'évêque d'Autun (1) déclaraient qu'ils ne pouvaient pas révéler ce qu'ils avaient appris sous le secret de la confession. Ay-

(1) Mss. Dupuy, v. 484, f. 220 v°.

mard de Prie, d'Escars et Popillon se disaient étrangers au complot. Le gros de la conspiration avait cependant été découvert par quelques-uns des agents du connétable. Saint-Bonnet, saisi dans sa fuite sur la frontière de la Franche-Comté, avait raconté tout ce qu'il savait (1); et Saint-Vallier lui-même, après de longues dénégations, s'était décidé à convenir des engagements pris à Montbrison et à faire connaître le traité qui s'y était conclu entre le connétable et l'empereur (2).

Le procès étant instruit vers la fin de décembre, François Ier l'avait renvoyé au parlement de Paris pour être jugé immédiatement. « L'affaire, disait-il, touche grandement nous, notre royaume et la chose publique. Nous désirons qu'elle soit dépeschée en bonne et grosse compagnie, afin que telle punition et démonstration en soit faite, qui soit exemple à tous (3). » Le parlement, le 16 janvier, condamna Saint-Vallier à être décapité. Il décréta d'une vaine prise de corps tous ceux qui s'étaient évadés en même temps que le connétable ou à sa suite : René de Bretagne, comte de Penthièvre; Jean de Vitry, seigneur de Lallière; Philibert de Saint-Romain, seigneur de Lurcy; Pompérant, les deux d'Espinat, François de Tansannes, Jean de Bavent, François du Peloux, Bartholomé de Guerre,

---

(1) Révélation de Saint-Bonnet, f. 310 à 313.
(2) Aveux de Saint-Vallier, du 23 octobre 1523, f. 206 à 211.
(3) Lettre de François Ier, du 20 décembre. — Mss. 484, fr. 306 v° et 307 r°.

Beaumont, Guignard, Jean de L'Hôpital. Par des arrêts successifs du 23 et du 26 janvier, Desguières et Brion, instruits de la conspiration et ne l'ayant pas révélée, durent faire amende honorable et être relégués pendant trois ans dans un lieu qu'il plairait au roi de désigner, tandis que Aymard de Prie et Baudemanche furent élargis, sous la condition de rester dans Paris et de se présenter devant les juges toutes les fois qu'ils en seraient requis (1).

François Ier trouva ces sentences entachées d'une indulgence presque factieuse. Elles lui avaient été communiquées à Blois. Il prescrivit d'y surseoir à Paris. « Chancelier, écrivit-il à Du Prat, dites à ceux de ma cour qu'ils n'aient à prononcer lesdits arrêts que je ne soye arrivé là et que je n'aye parlé à eux (2). » Il ordonna de dégrader Saint-Vallier, qui dut être mis à la torture et violemment questionné avant d'être envoyé au supplice. Le duc Charles de Luxembourg fut commis pour lui ôter le collier de l'ordre de Saint-Michel. Accompagné du président Leviste et de sept conseillers, il vint dans la tour de la Conciergerie exécuter les ordres du roi. Saint-Vallier y était gravement malade. En proie à la fièvre, il écouta du lit où il était étendu la sentence qui prescrivait sa dégradation avant son supplice. « Le roi, dit-il, ne peut m'enlever l'ordre de Saint-Michel qu'en présence de mes confrères

---

(1) Arrêts des 16 et 23 janvier 1524, Mss. 484, f. 321 à 327.
(2) Lettre du 26 février. — Mss. 484, f. 345 v°.

convoqués et assemblés. » Il protesta contre cette injure. Comme on lui demandait où était son collier, il répondit que le roi savait bien où il l'avait perdu, et que c'était à son service. Il refusa deux fois de s'en laisser mettre au cou un autre qu'on n'y attacha que pour l'en arracher. On fit apporter ensuite dans sa chambre les instruments de torture, et on le pressa de faire des aveux plus étendus. Le malheureux dit qu'il s'abandonnait à la cour, rappela qu'il avait servi le roi à ses dépens, se plaignit que ses amis le délaissassent en son besoin, soutint qu'il n'avait rien à ajouter à ses précédentes déclarations, protesta vivement contre tout projet d'attenter à la personne du roi ou de ses enfants, et demanda à se confesser et à faire son testament. Après avoir passé une heure avec son confesseur, sommé de nouveau de désigner tous les complices de la conspiration, il permit au prêtre qui venait de l'entendre de révéler sa confession. La torture fut jugée dangereuse et inutile. On renonça à la lui donner et l'on disposa tout pour son supplice.

Saint-Vallier avait fait invoquer la miséricorde du roi par ceux qui pouvaient la lui concilier. Il s'était adressé avec de pathétiques supplications à son gendre, le grand sénéchal de Normandie, qui avait découvert au roi la conspiration, à l'évêque de Lisieux, qui l'avait le premier révélée, et à sa fille, la belle Diane de Poitiers. « Si vous ne pouvez venir jusqu'ici, avait dit Saint-Vallier au grand sénéchal, je vous requiers en l'honneur de Dieu que vous me veuilliez envoyer votre femme... De vostre costé, écrivez au roi et à Madame tout ainsi que vous le saurez bien faire. J'ai le cœur si serré qu'il me crève. Ayez pitié de moi, car le cas vous touche (1). » Il avait demandé aussi à Diane de Poitiers, qui devait passer par Blois et y retourner après s'être concertée avec lui, d'avoir assez pitié de son pauvre père pour venir le voir. La grande sénéchale avait obtenu du roi la vie de son père.

Cependant Saint-Vallier, extrait de la tour de la Conciergerie, avait été mené sur le perron du Palais-de-Justice, où lui avait été lue à haute voix la sentence qui le condamnait à avoir la tête tranchée. Il avait ensuite été placé sur une mule avec un archer monté en croupe derrière lui pour le soutenir. Il fut ainsi conduit à la place de Grève au milieu des arbalétriers, des sergents à verge et du guet. Il était sur l'échafaud tout prêt à y subir sa sentence, lorsqu'accourut, fendant la foule, un archer de la garde du roi qui apportait sa grâce (2). Cette grâce était accordée, disait le roi dans sa déclaration, aux prières du grand sénéchal, en récompense surtout du service éclatant qu'il en avait reçu (3) ; mais elle était loin d'être entière. Au lieu

(1) Mss. Dupuy, v. 484, f. 121 r°.
(2) « 17 fev. mercredi. Ce jour le seigneur de Saint-Vallier estant en Grève sur l'eschaffault, prest à décoller, ont esté apportées lettres patentes du roy, etc. » — Mss. Clairembault, v. 36, f. 8797, et Mss. Dupuy, v. 484, f. 339 v° à 342.
(3) « Comme puis nagueres nostre cher et feal cousin conseiller et chambellan le comte de Maulevriers, grand sénéchal de Normandie, et les parens et amis charnels de Jehan de Poitiers seigneur de Saint-Val-

d'avoir la tête tranchée, Saint-Vallier était condamné à passer sa vie entre *quatre murailles maçonnées, n'ayant qu'une petite fenêtre par laquelle on lui administrerait son boire et son manger.* Ce supplice, que la perpétuité aurait rendu aussi cruel pour lui que la mort, ne commença pas même à lui être infligé. François Ier, que les prières de Diane de Poitiers avaient touché autant que les instances et le dévouement du grand sénéchal, étendit la grâce du père. Peu de jours après avoir fait remise de la peine capitale à Saint-Vallier, il prescrivit de surseoir à son emprisonnement, et il envoya bientôt un capitaine de sa garde avec ordre au parlement de lui remettre le prisonnier pour le conduire où le voulait son bon plaisir (1). Mené dans un de ses châteaux sur les bords de l'Isère, Saint-Vallier y passa librement le reste de sa vie, qui ne se termina que douze ans après (2).

lier, nous ayant en très grande humilité supplié et requis avoir pitié et compassion dudict de Poitiers et en faveur et contemplation d'eulx et des services par eux faicts aux rois nos prédécesseurs, à nous et à nostre royaulme depuis nostre advenement à la couronne et mesmement puis naguères le grand senechal, lequel en monstrant la loyauté, fidélité qu'il nous a et à nostredit royaulme, nous a descouvert les machinations et conspirations faictes contre nostre personne, nos enfans et nostredit royaulme, et en ce faisant nous a préservé des maux qui par icelles nous pouvoient ensuir, nostre plaisir soit commuer et changer la peine de mort, etc. » — Mss. Dupuy, p. 342.

(1) Lettre de surséance au parlement, quant à l'emprisonnement, du 20 février, ibid., f. 343 ; — lettre du 23 mars portée au parlement par le seigneur de Vaulx, capitaine de sa garde, Ibid., f. 411 r°.

(2) Étienne Pasquier, ordinairement si bien instruit et si exact, en parlant de la *fièvre de Saint-Vallier* (*Recherches de la France*, liv. VIII, p. 825), dit que « ce dicton est venu de ce que Saint-Vallier fut saisi sur l'eschaffaut, au moment où il alloit estre décapité et où il reçut sa

François Ier, qui avait accordé la grâce de Saint-Bonnet à cause de ses révélations, celle de Saint-Vallier à cause des supplications de son gendre et de sa fille, trouva les juges trop indulgents envers quelques-uns des accusés et pas assez prompts à faire le procès de tous les autres. Il vint à Paris pour s'en plaindre. Il se rendit au Palais-de-Justice et reprocha au parlement de n'avoir condamné Desguières et Brion qu'à une détention de trois années, de n'avoir pas soumis à la question d'Escars, le chambellan du connétable, et Popillon, son chancelier, et de n'avoir pas prononcé contre eux la confiscation. Il ajouta que Brion et Desguières s'attendaient à être pendus lorsqu'ils furent pris, et qu'il ne pouvait pas tolérer de telles voies en des affaires qui concernaient de si près sa personne et son royaume. Il fit, en sa présence, citer à bref délai le connétable de Bourbon. L'avocat général Lizet demanda que, transfuge du royaume et notoirement criminel de lèse-majesté, messire de Bourbon fût, sous le bon plaisir du roi, assisté de ses pairs, princes du sang et membres de son conseil, condamné à être décapité, que ses fiefs fussent réunis à la couronne et ses autres biens confisqués. Les trois délais d'ajournement furent fixés à des termes assez rapprochés.

grâce, d'une fièvre à laquelle il succomba peu de jours après. » Or son testament, fait le 26 août 1539 au château de Pizanson, est dans l'*Histoire des comtes de Valentinois et des seigneurs de Saint-Vallier*, par André Duchesne, p. 103 et 104 des preuves à la suite de l'*Histoire généalogique des ducs de Bourgogne*, in-4, Paris, 1628.

François Ier fit entendre des paroles hautaines et impérieuses au parlement, qu'il trouvait trop disposé à l'indépendance, et qu'il accusait d'entraver les actes de l'administration royale et de ne pas pourvoir avec assez de zèle aux plus pressants intérêts de sa couronne et à sa propre sûreté. Le parlement avait résisté longtemps à l'exécution du concordat de 1516; il avait très-mal accueilli l'établissement des nouvelles charges judiciaires que François Ier n'avait instituées que pour les vendre et en tirer de l'argent. Aussi le roi le réprimanda-t-il de la lenteur avec laquelle avait été enregistrée la création de quatre maîtres de requêtes, de deux présidents et de dix-huit conseillers, qui devaient lui rapporter, les premiers 60,000 livres, et les seconds 70,000. Il dit que, par suite de ces condamnables retards, et faute de pouvoir recouvrer ces sommes à temps, Milan avait été perdu. « Je n'ai pas cause, ajouta-t-il, de me contenter de pareilles longueurs. Sachez bien que toute l'autorité que vous avez n'est que de par moi, et que la cour de parlement n'est pas un sénat de Rome. » En même temps qu'il restreignait son contrôle politique, il voulut forcer l'action de sa justice. Traitant pour ainsi dire en suspect le parlement de Paris dans le jugement de la conspiration du connétable, il annonça qu'il adjoindrait à ses membres d'autres commissaires, tirés des divers parlements du royaume, afin qu'ils revisassent en commun les procès déjà vidés, et, en attendant, il prescrivit que les prisonniers ne bougeassent d'où ils étaient.

C'est lors de ce voyage à Paris qu'il apprit la position critique de l'amiral Bonnivet en Italie. Il le crut cerné à Abbiate-Grasso et gravement menacé sur ses flancs et sur ses derrières. Il ordonna une procession générale (1), qu'il suivit à pied, pour demander à Dieu de dégager son armée de la situation dangereuse où elle se trouvait. Il remercia avec effusion l'Hôtel-de-Ville de Paris d'un prêt opportun de 300,000 écus qu'il lui avait fait, et qui permettait d'assister ses troupes en Lombardie autrement que par des prières. Il demanda par son ambassadeur auprès des cantons huit mille Suisses de plus, et il donna l'ordre à quatre cents hommes d'armes de se réunir sous le duc de Longueville pour aller recevoir ces huit mille Suisses à Ivrée, à la descente des Alpes, et les conduire jusqu'au camp de Bonnivet.

En attendant les secours qu'il avait demandés, l'amiral avait quitté la rive gauche du Tessin. Il avait laissé une faible troupe de mille fantassins et de cent chevaux pour garder Abbiate-Grasso, et il s'était porté avec toute son armée à Vigevano, afin d'assurer ses communications et ses vivres dans la

---

(1) « Le jeudi dixième de mars, le roy, estant à Paris venu de Bloys, eut nouvelles par la poste que, le quatrième dudict moys, l'armée qui estoit devant Milan estoit enclose des ennemis... Lors le roy, oyant ces nouvelles, fist faire une belle procession générale à Paris en grande solennité, où il se trouva en personne à pied avec toute la noblesse, etc. » — *Journal d'un Bourgeois de Paris*, p. 147, 148.

Lomelline. Les confédérés ne l'y laissèrent pas longtemps. Conduits par le duc de Bourbon, le marquis de Pescara et le duc d'Urbin, ils le poursuivirent de leurs incessantes et heureuses attaques. Ils le menacèrent sur sa droite en assiégeant Sartirana, qui fut prise d'assaut avant qu'il pût s'en approcher, bien qu'il se fût avancé jusqu'à Mortara pour la secourir. Tandis que les confédérés s'emparaient de Sartinara, la garnison laissée dans Milan, suivie d'une foule d'habitants armés, marcha sur Abbiate-Grasso, et l'enleva de vive force. Ne conservant rien à sa gauche le long du Tessin, et pressé de plus en plus par les impériaux, qui le débordèrent vers sa droite, en remontant jusqu'à Verceil, sur la Sesia, Bonnivet, de peur de manquer de vivres à Mortara et d'avoir ses derrières coupés, continua son mouvement de retraite et recula jusqu'à Novare. Il s'y établit, croyant qu'il y serait bientôt joint par les hommes de pied et les hommes d'armes qui descendaient des vallées des Grisons, des cantons suisses et du royaume de France. C'était sa dernière ressource : elle lui manqua. Les Grisons, conduits par Dietingen de Salis, débouchèrent bien vers le Bergamasque ; mais, arrivés à Chiavenna, où ils espéraient trouver de l'argent pour les solder, de l'infanterie pour les soutenir, de la cavalerie pour les escorter, ils ne virent rien. Federico da Bozzolo n'avait pu sortir de Lodi avec sa garnison et aller à leur rencontre. Jean de Médicis occupait et battait le pays. Les confédérés l'avaient envoyé jusqu'à l'ouverture des vallées des Grisons avec quatre mille fantassins italiens, une troupe d'hommes d'armes et de cavalerie légère, que joignirent les forces vénitiennes, restées sur la rive gauche de l'Adda. Jean de Médicis inquiéta les flancs des Grisons, arrêta leur marche, les contraignit à rebrousser chemin et à rentrer dans leur pays. L'armée impériale, n'ayant dès lors plus à craindre aucune attaque détournée contre Milan, se maintint tout entière à la droite du Tessin. Supérieure en force, encouragée par des succès continus, elle s'avança contre l'armée française, que des échecs et des maladies avaient diminuée et abattue. Elle se plaça à Cameriano, à moins de deux lieues de Novare.

Bonnivet ne pouvait pas demeurer plus longtemps dans cette position. Il n'avait plus d'espérance que dans les huit mille Suisses qui s'étaient mis en route le 12 avril, et qui comptaient trouver au pied méridional des Alpes les quatre cents hommes d'armes destinés à les escorter jusqu'à l'armée française, dont ils devaient renforcer les rangs et sauver les débris. Il quitta Novare, d'où le maréchal de Montmorency, presque moribond, sortit le premier en litière, et il se dirigea vers le haut de la Sesia pour effectuer sa jonction avec les troupes des cantons et les hommes d'armes de France. Il remonta jusqu'à Romagnano, toujours suivi par les impériaux, qui voulaient le jeter hors de l'Italie.

Romagnano est sur la gauche de la Sesia, à l'endroit même où cette rivière sort des montagnes et entre dans la plaine du Piémont. Un peu au-delà, sur la rive droite, se trouve Gattinara, où arrivaient les huit mille Suisses, sans avoir été joints à Ivrée par la cavalerie du duc de Longueville, qui, demeuré en arrière, n'avait pas encore atteint les Alpes. Ils avaient continué leur marche, fort mécontents, dans l'intention non de s'unir à l'armée française pour qu'elle reprît l'offensive, mais de protéger sa retraite, de dégager leurs compatriotes et de les ramener dans les cantons. Ils étaient de l'autre côté de la Sesia, grossie par les pluies, qu'ils ne voulaient pas franchir (1). Ne pouvant décider ce corps auxiliaire à passer la rivière, Bonnivet fut réduit à la traverser lui-même avec l'armée fugitive. Il le fit de nuit avec assez de désordre et en perdant beaucoup de monde. La Sesia franchie, il se mit en pleine retraite, poursuivi par les corps les plus avancés des impériaux, sous Bourbon et Pescara. Blessé grièvement au bras d'un coup d'arquebuse, il abandonna le commandement de l'armée. Il le laissa au comte de Saint-Paul et au chevalier Bayard, chargés de diriger cette difficile retraite.

(1) Tous les détails de cette fin de campagne sont tirés des lettres inédites du duc de Bourbon, de Charles de Lannoy et de Beaurain à l'empereur, des 1er, 20 février, 6, 15, 16, 18, 27, 28 mars, 17, 18, 20, 23 avril, 2, 3, 5, 24, 26 mai, aux *Arch. imp. et roy. de Vienne*; — de Martin Du Bellay, vol. XVII, p. 441 à 452; — de Guicciardini, lib. x; — de Galeazzo Capella, lib. III; — de Hottinger, *Histoire de la Confédération suisse*, etc., vol. X, liv. VII, chap. V, p. 75 à 82, de la traduction de M. Vulliemin.

Le vaillant chevalier était aussi un expérimenté capitaine. Il se mit à l'arrière-garde avec quelques compagnies d'hommes d'armes et quelques bandes suisses que commandait Jean de Diesbach. Il couvrait la marche de l'armée française, qui se retirait à grands pas. Lorsque les plus hardis des confédérés s'approchaient trop, il les chargeait à la tête de ses hommes et les faisait reculer. C'est à la suite d'une de ces charges que l'un de ses plus valeureux compagnons, le seigneur de Vandenesse, frère du maréchal de La Palice, reçut une blessure à laquelle il succomba peu de temps après, et que lui-même fut mortellement atteint d'un coup d'arquebuse. La balle lui fracassa les reins. Il se fit descendre de cheval et placer sous un arbre en face de l'ennemi. Il supplia tous ceux qui étaient autour de lui de pourvoir à leur sûreté ; puis, baisant la croix de son épée, après avoir adressé au connétable de Bourbon, qui le consolait, les plus nobles paroles (1), à Dieu les plus touchantes prières, il mourut en humble chrétien, après avoir combattu toute sa vie en héros. La perte du chevalier sans peur et sans reproche, qui avait fait les diverses guerres de Charles VIII, de Louis XII, de François Ier, qui, aussi avisé qu'intrépide et non moins réfléchi qu'entreprenant, était entré le premier dans

(1) Voyez Symphorien Champier, les *Gestes du noble chevalier Bayard*, dans les *Archives curieuses de l'histoire de France*, par Cimber et Danjou, 1re série, t. II, p. 175 à 177 ; — Du Bellay, t. XVII, p. 441 ; et l'*Histoire du chevalier sans peur et sans reprouche*, par Le loyal Serviteur ; — collection Petitot, t. XVI, p. 124, 125.

Gênes, avait décidé par sa bravoure la prise d'assaut de Brescia, avait été l'un des vainqueurs d'Agnadel, de Ravenne et de Marignan; la mort de l'incomparable preux par lequel François Ier avait voulu être armé chevalier sur le champ de bataille à la suite de sa première victoire, jeta la consternation dans l'armée et répandit le deuil parmi ses ennemis mêmes (1). Dès ce moment la retraite ne fut plus conduite que par le comte de Saint-Paul; elle s'opéra rapidement sans être beaucoup inquiétée, les confédérés cherchant encore plus à pousser hors de l'Italie les débris de l'armée fugitive qu'à l'anéantir. Les Suisses se retirèrent par le val d'Aoste, et les Français rentrèrent dans leur pays par Suze et Briançon, où ils trouvèrent, mais trop tard, les quatre cents hommes d'armes qu'amenait le duc de Longueville.

C'était pour la seconde fois que François Ier perdait le Milanais ou se trouvait impuissant à le reprendre. Bonnivet n'avait été ni plus heureux ni

---

(1) Voici ce que Beaurain écrivait à Charles-Quint : « Le capitaine Bayart retourna avec aucuns chevaucheurs françois et quatre ou cinq enseignes des gens de pied, si rebouta nos gens et rescouit les pièces d'artillerie que mieulx luy eut vallu laisser perdre, car ainsi qu'il se cuidoit retourner, il eut ung cop de hacquebute duquel il mourut le jour mesme..... Sire, combien que ledict Sr Bayart fust serviteur de votre ennemy, si a ce esté dommaige de sa mort, car c'étoit un gentil chevalier bien aymé d'ung chacung, et qui avoit aussi bien vescu que fit jamais homme de son estat, et à la vérité il a bien monstré à sa fin, car ce a esté la plus belle dont je ouys oncques parler. La perte n'est point petite pour les François, et aussi s'en trouvèrent-ils bien estonnez, de tant plus que tous ou la plus part de leurs capitaines sont malades ou blessés. » Lettre du 5 mai 1524. — *Arch. imp. et roy. de Vienne.*

plus habile que Lautrec. Les dernières places que le roi tenait encore en Italie se rendirent. Bussy d'Amboise et Federico da Bozzolo capitulèrent dans Alexandrie et dans Lodi, où ils ne pouvaient plus être secourus, et le château de Crémone, qui avait résisté plus de deux ans, ouvrit ses portes. Les garnisons de ces places prirent le chemin de la France, qui allait être exposée à une invasion.

V.

Dans le moment où les deux armées française et impériale étaient à peu de distance l'une de l'autre occupant le Milanais, la première à la droite, la seconde à la gauche du Tessin, des négociations s'étaient engagées par l'entremise de Clément VII. Le nouveau pape, à l'élection duquel l'empereur avait travaillé avec tant de confiance et le roi de France s'était opposé si vivement, n'avait pas tardé à montrer à Charles-Quint qu'il avait peu à espérer, et à François Ier qu'il ne devait rien craindre de lui. Il changea de sentiments en changeant de position ; mais il le fit sans résolution comme sans franchise. Sa politique eût été habile, s'il avait su la rendre forte. Elle était tout à la fois d'un souverain pontife et d'un prince italien. Pape, il aurait voulu pacifier les rois chrétiens pour arrêter les Turcs, qui, s'avançant vers l'Europe orientale, envahissaient la Hongrie, et pour comprimer l'hérésie de Luther, qui se répandait sans obstacle en Allemagne. Chef territorial de l'Italie centrale, il redoutait dans la péninsule la prépondérance d'un des dangereux contendants qui se la disputaient. Il aurait désiré les y contenir tous deux sous la médiation pontificale et sous la surveillance des États italiens confédérés, et empêcher que l'entière défaite de l'un n'y établît la domination absolue de l'autre. La paix en Europe et l'équilibre de l'Italie furent les grands desseins qu'il tenta par de petites manœuvres. S'il avait été plus hardi et moins artificieux, s'il s'était servi de la puissance dont il disposait, en sa double qualité de pape et de prince, avec la résolution entreprenante d'un Jules II, il aurait pu atteindre le but qui se déroba constamment à ses tortueuses recherches.

Très-peu de temps après être monté sur le trône pontifical, Clément VII se détacha de ceux qui l'y avaient élevé et se rapprocha de ceux qui l'en avaient repoussé. Il le fit en usant d'artifice, sans rompre avec les uns et sans s'unir aux autres. Il ne sortit pas brusquement de la ligue que son prédécesseur Adrien VI avait conclue avec l'empereur, et dans laquelle étaient entrés les Vénitiens, les Florentins, les Siennois et les Lucquois; mais il ne s'y maintint point. Le premier contingent pécuniaire envoyé, il se refusa à en fournir d'autres, prétendant que le trésor pontifical était vide, et que les États confédérés se trouvaient épuisés. Il ne consentit pas à renouveler la ligue, comme l'en pressait Beaurain, qui, du camp impérial, s'était rendu à Rome, par l'ordre de son maître, afin de l'y décider. Il affecta la plus vive reconnaissance envers Charles-Quint, avoua que c'était avec son appui qu'il était arrivé à la dignité pontificale, et dit « que, si étant cardinal il avait été son serviteur, à cette heure comme pape il tenait les affaires de l'empereur pour les siennes (1). » En même temps qu'il assurait à l'envoyé de Charles-Quint et au duc de Sessa, son ambassadeur, que les intérêts de l'empereur étaient les siens et qu'il n'avait pas de meilleur ami que lui, comme il le verrait bientôt à l'œuvre, il faisait des promesses formelles d'amitié à François Ier. Les représentants de ce prince à Rome, le comte de Carpy et l'ambassadeur Saint-Marsault, lui écrivaient : « Le saint-père assura, avec paroles encore plus formelles qu'auparavant, ne vouloir en sorte que ce soit favoriser vos ennemis, mais estre bon père universel, et rien moins votre ami que d'eux, et entendre travailler au bien de la paix (2). » Il prétendit avoir refusé aux impériaux et aux Anglais l'argent qu'ils lui demandaient pour la continuation de la guerre en Italie, et d'un autre côté il fit savoir à Charles-Quint qu'il avait rejeté la pro-

(1) Lettre d'Adrien de Croy (Beaurain) à Charles-Quint, du 28 février 1524. — *Arch. imp. et roy. de Vienne.*
(2) Dépêche du comte de Carpy et de Saint-Marsault à François Ier, du 3 mars 1524. — Mss. Baluze, $\frac{8471}{2A}$, f. 52 : « Et aussy despuy, moi Carpy ay esté devers sa sainteté qui m'a dict et repliqué le semblable et qu'elle tiendra sa parole en cela tout autant que s'il s'en feust fait cinquante contrats. » — *Ibid.*

position du roi de France, qui lui offrait de marier son second fils le duc d'Orléans, depuis Henri II, avec sa nièce Catherine de Médicis, en donnant aux deux époux le duché de Milan pour dot. Il affirmait qu'il tiendrait les engagements pris avec l'empereur (1).

Au fond, Clément VII ne voulait se joindre à aucun des deux adversaires : il désirait mettre un terme à la guerre, et il s'établit bientôt en médiateur pacifique entre les belligérants. Il fit partir de Rome, pour se rendre d'abord en France, puis en Espagne et en Angleterre, Nicolas Schomberg, archevêque de Capoue, avec la mission d'y négocier une trêve qui serait un acheminement à la paix. L'archevêque de Capoue et le dataire Giovan-Matteo Giberto se partageaient la confiance du pape, qui se servit tour à tour de l'un et de l'autre suivant qu'il voulait concilier à ses desseins l'empereur, du côté duquel le premier penchait davantage, ou le roi de France, auquel le second était plus favorable. Nicolas Schomberg arriva à Blois le 27 mars. Il resta dix jours à la cour de François Ier, et lui proposa une trêve d'une année. Pendant la durée de la trêve, chacun devait garder ce qu'il possédait en Italie (2). Celui qui sortirait de ses limites, qui occuperait sur l'autre un territoire fortifié et ne le

---

(1) Lettre de Charles-Quint au duc de Sessa, écrite de Burgos, le 16 mars 1524. — *Correspondance de Charles-Quint avec Adrien VI et le duc de Sessa*, p. 201, 202.

(2) « Ut quisque de presenti possidet, ita interim possideat. » — Lettre du 22 avril, dans les Mss. Brequigny, v. 90, f. 114.

restituerait pas sans délai, serait l'infracteur de la trêve, et le pape se déclarerait contre lui avec les Florentins et les autres États d'Italie qu'il pourrait rallier. On devait évacuer l'État de Milan après la trêve, dans laquelle seraient compris les adhérents et confédérés des princes qui l'auraient conclue; elle se prolongerait au-delà d'un an, si elle n'était point dénoncée trois mois avant l'expiration. On lèverait l'argent pour la défense de la Hongrie dès l'admission de cette trêve, dont le pape serait le protecteur et le conservateur (1).

Tout temporaire qu'il était, l'arrangement proposé au nom du pape avait rencontré des objections des deux côtés. François Ier en acceptait à peu près tous les articles, mais il n'avait pas voulu admettre celui qui permettait de comprendre le duc de Bourbon dans la trêve. Charles-Quint à son tour en rejetait d'autres. Il exigeait que le terme de la trêve fût irrévocablement fixé à la fin d'avril 1525, et qu'on supprimât les expressions d'après lesquelles elle semblait devoir être perpétuelle; que des réserves fussent faites en faveur du roi d'Angleterre, surtout en ce qui touchait la question de l'indemnité; qu'on revisât l'article qui obligeait à l'évacuation du duché de Milan, de peur qu'à l'expiration de la trêve, les Espagnols ayant quitté les positions qu'ils y occupaient et s'en étant éloignés, les Français, qui étaient dans le voisinage, n'eus-

---

(1) Papiers de Simancas, Leg. D $\frac{34}{6130}$.

sent le temps d'envahir cette partie de la Lombardie ; qu'on ne pratiquât pas plus les Suisses et les Écossais du côté des Français qu'on ne pratiquerait les sujets de François Ier du côté des Anglais et des Espagnols (1).

Pendant que se négociait cette trêve, au sujet de laquelle il était si difficile de tomber d'accord, les événements avaient marché. Loin de réussir dans sa mission, l'archevêque de Capoue écrivait au pape qu'aucune de ses propositions destinées à réconcilier les parties contendantes n'avait été acceptée par elles, et qu'il semblait devoir en sortir de nouvelles guerres. Charles-Quint songeait moins à traiter avec le roi de France qu'à réaliser l'ancien projet d'envahir ses États. Les succès obtenus en Italie lui en suggéraient la pensée, et l'armée victorieuse lui en offrait le moyen. « Je vous tiens averty, écrivait-il à son allié Henri VIII, de la bonne opportunité qu'il plaît à Dieu nous donner de pouvoir avoyr l'entière raison de notre commun ennemi... Je vous prie de mettre à effet de vostre costé ce que vous et moi avons dès longtemps désiré, en quoi de ma part je m'efforceray de tout mon pouvoir (2). »

(1) Simancas, Leg. D $\frac{3}{615}\frac{54}{1011}$.
(2) Lettre olographe du 21 mai 1524. — Mus. Brit. Vespas., c. II, f. 320. Charles-Quint excitait aussi, en le flattant, Wolsey ; il lui écrivait de sa propre main : « Monsieur le légat, mon bon amy, j'ay par l'évesque de Badajoz entendu toutes les bonnes choses que le roy mon bon frère et vous lui avez dites touchant le bien de nos communes affaires, desquelles estes le principal conducteur et en qui en avons l'entière confidence, et de ma part me tiens bien votre tenu de la continuelle peine que pour icelles prenez. » — Lettre du 6 mai. Mus. Brit. Titus, B. I, f. 328.

Si Charles-Quint était lent, il était opiniâtre. Il exécutait ses projets moins bien qu'il ne les concevait, mais il les faisait réussir en y persistant. Dans sa persévérance était une grande partie de son habileté. Comprenant combien il lui importait de ne pas laisser le roi François Ier reprendre possession du Milanais, il avait entretenu résolûment, quoique avec beaucoup de difficulté, l'armée d'Italie, jusqu'à ce qu'elle eût contraint les Français à repasser les Alpes. « Cette entreprise, avait-il écrit en Angleterre, est la principale. Notre ennemi y emploie toutes ses forces et en fait plus d'estime que de tout son royaume. D'elle dépend l'entière conservation de nos États de Naples et Sicile et de l'empire; c'est pourquoi nous sommes contraints d'appliquer à cette entreprise tout autant que nous avons (1). » Les derniers succès obtenus par ses généraux en Lombardie le décidèrent à poursuivre son rival en France. Henri VIII fut du même avis; son ambition s'était réveillée avec ses espérances. L'inutilité des efforts qu'il avait tentés l'année précédente et l'énormité des dépenses qu'il avait faites l'avaient un moment découragé. Il revint alors aux anciens projets d'invasion du royaume de France, dont il revendiqua formellement la possession.

Non-seulement les deux souverains alliés rejetèrent toutes les propositions de paix ou de trêve

---

(1) Instruction de Charles-Quint à son ambassadeur à Londres, mars 1524. — Mus. Brit. Vespas., c. II, f. 305.

avec François Ier, mais ils conclurent le 25 mai un nouveau traité (1) contre lui. Il fut convenu par ce traité que le duc de Bourbon franchirait les Alpes à la tête de l'armée victorieuse, dont l'empereur et le roi d'Angleterre fourniraient la solde, que le roi d'Angleterre conduirait ou enverrait en Picardie des troupes auxquelles se joindraient trois mille chevaux et mille hommes de pied des Pays-Bas; que l'empereur de son côté pénétrerait en France par le Roussillon (2). En même temps le premier secrétaire d'État de Henri VIII, sir Richard Pace, que son habileté, éprouvée en plusieurs rencontres, avait fait envoyer récemment encore à Venise, lorsqu'il fallait détacher cette république de l'alliance française, reçut l'ordre de se rendre auprès du duc de Bourbon. Il était chargé d'une mission au succès de laquelle Henri VIII subordonnait sa coopération à l'attaque contre François Ier. Ce que le duc de Bourbon avait refusé à Montbrison et près de La Palice, en traitant avec Beaurain et avec sir John Russell, devait lui être cette fois demandé péremptoirement (3). Henri VIII exigeait qu'il le reconnût pour roi, et qu'il s'engageât à lui procurer la couronne de France, dont il s'agissait de déposséder François Ier.

(1) Voyez les Mss. de Bréquigny, vol. 90, f. 153 à 159.
(2) Ibid. Le maintien du traité de Windsor y était stipulé.
(3) L'un des articles du traité spécifiait que le duc serait abandonné, s'il ne prêtait pas serment deux jours après en avoir été requis. — *State Papers*, vol. VI, p. 291.

Richard Pace arriva le 16 juin à l'armée impériale, qui était encore à Montecalieri, près de Turin (1). Il pressa Bourbon de jurer fidélité au roi d'Angleterre et de lui prêter hommage comme roi de France. Bourbon hésitait toujours. Il objectait la crainte, s'il prêtait un pareil serment, qu'on ne le sût bientôt; que le pape Clément VII, en l'apprenant, ne se détachât de l'empereur ainsi que du roi d'Angleterre et ne se déclarât contre eux; que plusieurs de ses amis de France, et particulièrement ceux qui le supposaient enclin à se faire roi, n'en fussent indisposés, et n'interrompissent les pratiques qu'ils entretenaient avec lui. Il demandait donc que ce serment, auquel il refusait de joindre l'hommage féodal, fût différé dans l'intérêt de la cause commune. L'envoyé de Henri VIII ne cessa point de requérir de lui l'engagement formel que réclamait son maître. Il l'interrogea de la part de ce prince sur les forces avec lesquelles il entrerait en France, sur les intelligences qu'il y avait, sur la route qu'il y suivrait et le but qu'il se proposait d'atteindre (2). Bourbon lui fit

(1) A la date du 16 juin, il écrivait à Henri VIII, de concert avec Lannoy et Beaurain, pour lui annoncer que l'empereur avait envoyé 200,000 ducats, et qu'il en attendait 100,000 de lui. Il ajoutait : «Avons jà équipé nostre armée à l'avenant de nos finances. » Enfin il achevait en disant : « Depuis ces lettres escriptes est arrivé monsr vostre ambassadeur maistre Richart, par lequel avons entendu le bon vouloir qu'avez envers nous et de nous ayder en l'affaire de pardeçà de quoy, sire, vous mercyons très humblement. » — Mus. Brit. Vitellius, B. VI.

(2) La pièce contenant les questions au nombre de douze et les réponses du duc de Bourbon, datée de juin 1524, est au Mus. Brit. Vitellius, B. VI, f. 82.

connaître l'état de son armée, ne consentit point à découvrir ses relations, qu'il s'était engagé à tenir secrètes, et affirma qu'il recouvrerait avant peu tout ce qui appartenait au roi Henri, à l'empereur Charles et à lui-même. Lannoy, se rendant l'interprète des intentions que Bourbon laissait enveloppées de quelque obscurité et qui n'étaient pas assez claires pour rassurer l'ambassadeur de Henri VIII, ajouta « que le duc entrerait en France pour y couronner la grâce du roi ». Quant à la direction qu'il prendrait, le connétable dit que deux chemins s'ouvraient devant lui, l'un par le Lyonnais, l'autre par la Provence. La ville de Lyon, à ce qu'il assurait, n'était fortifiée que d'un côté, et il ne lui semblait pas plus long d'y aller par la Provence que par le Dauphiné. Tout en comptant sur le duc de Savoie, avec lequel il s'était entendu, qui lui offrait des vivres et un libre passage par ses États, il préférait la voie de Provence. En cinq ou six jours, il pouvait passer les montagnes, et, longeant ensuite la mer avec son armée, que seconderait la flotte impériale, il recevrait des secours et des renforts d'Espagne, traverserait un pays fertile, couvert de villes hors d'état de lui résister et n'en ayant pas la volonté, où il ne rencontrerait que deux places fortes, le château de Monaco, dont les portes lui seraient ouvertes, et la ville de Marseille, qu'il prendrait en l'assiégeant. Si le roi François, qui dans le moment n'avait plus d'armée, en refaisait une et lui offrait la bataille, il l'accepterait, et, après l'avoir vaincu, il s'avancerait vers Lyon du côté où cette ville était sans défense. Soutenant qu'il restait quatre mois pour faire de grandes choses, il dit avec résolution et confiance : « Si le roi veut sans délai entrer en France, je permets à sa grâce de m'arracher les deux yeux si je ne suis pas maître de Paris avant la Toussaint. Paris pris, tout le royaume de France est en ma puissance(1). » Il demandait que Henri VIII opérât immédiatement sa descente en Picardie, qu'il prît le chemin suivi l'année précédente par le duc de Suffolk, sans s'inquiéter des hommes d'armes qu'il trouverait devant lui et qui seraient trop faibles pour arrêter sa marche, ou le chemin de la Normandie, moins bien défendue encore, et qu'il s'avançât en droite ligne vers Paris, faible et facile à prendre. Insistant de nouveau sur l'importance qu'avait la possession de cette ville, il ajoutait : « Paris en France est comme Milan en Lombardie. De même que si Milan est pris on perd tout le duché, de même, Paris pris, on perd toute la France. »

Ce fut quelques jours après que, pressé de plus en plus par l'ambassadeur anglais, le duc de Bourbon consentit à prêter serment de fidélité à Henri VIII. Cette grande trahison envers son pays, qu'il allait envahir, comme envers son prince, qu'il voulait renverser du trône, ne le troubla pas un seul ins-

---

(1) Mus. Brit. Vitellius, B. VI.

tant. Dévot et vindicatif, il se confessa sans agitation, communia avec ferveur avant de passer la frontière, et il dit à Richard Pace, en présence de quatre de ses gentilshommes : « Je vous promets, sur ma foi, de mettre, avec l'aide de mes amis, la couronne sur la tête de notre commun maître (1). »

Le besoin d'argent l'avait retenu près de deux mois au pied des Alpes avec l'armée victorieuse. Avant de toucher deux traites, de 100,000 ducats chacune, que l'empereur lui avait envoyées sur Gênes pour payer la solde arriérée de ses troupes, et de pouvoir mettre celles-ci en mouvement, Bourbon avait demandé que l'invasion de la France s'exécutât en même temps par la Provence, le Languedoc et la Picardie, afin que François Ier, obligé de diviser le peu de forces qui lui restaient, fût si faible partout qu'il se trouvât dans l'impossibilité de résister nulle part (2). « Je suis sur le point, écrivait-il à Charles-Quint, de passer outre en France, suivant ce qu'il vous a plu me mander, ayant espoir que, de votre côté, vous ferez diligence et gros effort (3). » De concert avec Lannoy, qui devait, du Piémont, pourvoir aux nécessités de l'expédition, et avec Beaurain, qui devait en faire par-

---

(1) Dans une lettre à Henri VIII, du 25 juin, R. Pace lui dit que le duc de Bourbon a prêté le serment de fidélité, mais n'a pas consenti à l'hommage. — Mus. Brit. Vitellius, B. VI, f. 107 à 110.

(2) Lettre du duc de Bourbon à Charles-Quint, du 31 mai 1524. — Arch. imp. et roy. de Vienne.

(3) Lettre du duc de Bourbon à Charles-Quint, du 24 mais. — Ibid.

tie, il avait annoncé à Henri VIII qu'après avoir reçu l'argent de l'empereur, il n'attendait plus que le sien pour entrer en campagne. « Nous sommes délibérez, lui disaient-ils, de mener dix-neuf mille bons piétons, onze cents lances, quinze cents chevau-légers avec l'artillerie équipée de munitions à l'avenant. Nous espérons, à l'aide de Dieu, faire chose à l'honneur, réputation de l'empereur et de vous, et sommes déterminés à y employer corps, biens, le sang et la vie (1). » Lannoy écrivait peu de jours après au cardinal Wolsey que le roi d'Angleterre pénétrerait sans doute en France avec une armée considérable, et ne manquerait pas une aussi belle occasion de recouvrer ce qu'il appelait son royaume (2). Enfin Richard Pace suppliait avec instance le ministre tout-puissant de Henri VIII d'agir vite et résolûment dans l'intérêt et pour la renommée de leur maître. Il faisait dépendre de lui le succès de l'entreprise, et en mettait le revers sous sa responsabilité dans le cas où il ne prendrait pas les mesures propres à la faire réussir. Il avait la hardiesse de lui dire : « Si vous n'avez point égard à ces choses, j'imputerai à votre grâce la perte de la couronne de France (3). »

Le duc de Bourbon traversa les Alpes dans les derniers jours de juin, et pénétra sur le territoire

---

(1) Lettre du 16 juin, écrite par le duc de Bourbon, Lannoy et Beaurain à Henri VIII. — Mus. Brit. Vitellius, B. VI, f. 89.
(2) Lettre du 24 juin. — Mus. Brit. Vitellius, B. VI, f. 99.
(3) Lettre de Pace à Wolsey, du 25 juin. — *State papers*, t. VI, p. 314.

français le 1ᵉʳ juillet (1). Son armée était moins nombreuse qu'il ne l'avait annoncé à Henri VIII, parce qu'il avait été obligé de laisser de l'autre côté des montagnes les troupes dont il n'avait pas pu payer la solde, et qui devaient le rejoindre plus tard après l'avoir reçue; mais elle était fort aguerrie. Elle se composait de vieux soldats espagnols, allemands, italiens, qui n'avaient pas quitté le drapeau depuis longtemps, et qui, sous une direction habile, avaient été également victorieux, soit en reprenant le duché de Milan sur les Français, soit en le défendant contre eux. L'habitude du succès leur avait donné une grande confiance, et ils joignaient à la solidité que procure l'expérience guerrière l'élan qu'inspire une constante supériorité. De vaillants chefs étaient à leur tête. Le duc de Bourbon s'était fait suivre du marquis de Pescara (2). Ce célèbre capitaine n'était d'abord pas disposé à prendre part à une expédition qu'il ne dirigerait point. Il était si propre à commander qu'il ne savait pas se plier à obéir. Le duc de Bourbon flatta son orgueil et le décida à accepter le titre de capitaine général de l'armée dont il con-

(1) Lettre du duc de Bourbon à Charles-Quint, du 10 juillet. — *Arch. imp. et roy. de Vienne.*

(2) « Monseigneur, combien que vous n'ayez rien escrit au marquis de Pescaire de venir avecques moy en cette entreprise, touteffois, voyant que pour vostre service sa venue estoit très-nécessaire, je l'en ay prié, luy offrant l'estat de capitaine général de l'armée soubz moy... C'est ung personnaige qui mérite bien ung tel estat. » Lettre du duc de Bourbon à Charles-Quint, du 24 mai, écrite de Chivasso. — *Arch. imp. et roy. de Vienne.*

servait lui-même la suprême direction. Afin de lui complaire encore plus, il donna le titre de capitaine général des Espagnols au marquis del Vasto (1), neveu de Pescara, cher à son affection, formé à son école, et l'héritier futur de sa renommée et de son habileté militaires. Les lansquenets étaient sous les ordres de deux hommes de guerre éprouvés, les comtes de Hohenzollern et de Lodron, avec lesquels se trouvait le fils du fameux George Frondsberg. Des victoires récentes et successives avaient rendu supérieurs aux bataillons suisses ces corps de lansquenets, dont l'obéissance était néanmoins subordonnée à l'acquittement régulier de leur solde.

Dès qu'il eut traversé le Var, le duc de Bourbon s'établit au camp de Saint-Laurent, vers les bords de la mer, pour y recevoir son artillerie, qu'il avait fait transporter sur des navires espagnols et génois. Il comptait y attendre aussi la portion de son armée qu'il avait laissée derrière les Alpes (2). Le château de Monaco, qui dominait un port favorable à des débarquements de vivres et de canons, et que sa position rendait imprenable, lui avait été ouvert par Augustin Grimaldi, évêque de Grasse et tuteur du jeune Honoré Grimaldi, à qui en appartenait la seigneurie. Ce port abrité devait lui être d'autant plus utile que la flotte française tenait la mer. L'en-

(1) Lettre du duc de Bourbon à Charles-Quint, du camp de Draguignan, le 26 juillet.
(2) Lettres du duc de Bourbon et d'Adrien de Croy à l'empereur, du camp de Saint-Laurent, du 10 juillet 1524. — *Arch. imp. et roy. de Vienne.*

treprenant Génois André Doria, dont les galères étaient la patrie depuis qu'il avait perdu la sienne, et qui devait conserver à François Ier la supériorité dans la Méditerranée tant que François Ier saurait le garder à son service, avait réuni sa petite flotte à celle que commandait le seigneur de Lafayette. Plus forte que la flotte impériale, placée sous les ordres de Ugo de Moncada, elle avait capturé quelques jours auparavant le prince d'Orange, parti d'Espagne sur un brigantin pour se joindre au lieutenant de l'empereur. Elle attendait dans ces parages les navires ennemis, qui longeaient la côte, et qui devaient porter à l'armée d'invasion des canons, des munitions et des vivres.

L'expédition fut menacée à son début de perdre les moyens sans lesquels elle ne pouvait pas être continuée. Au moment où la flotte espagnole approchait du lieu où Bourbon avait dressé son camp, la flotte française fondit sur elle, et y jeta le désordre et l'effroi. La plupart des navires espagnols prirent le large et retournèrent vers Monaco, où ils débarquèrent l'artillerie; mais trois galères, dont les mouvements furent moins prompts ou les équipages plus épouvantés, se jetèrent à la côte et furent abandonnées avec les pièces qu'elles portaient par ceux qui auraient dû les manœuvrer et les défendre, et qui s'enfuirent vers la montagne. Elles allaient être prises à la vue même de l'armée, ce qui lui aurait été à la fois un détriment et une honte. Le duc de Bourbon, par une résolution soudaine et avec une rare intrépidité, s'y précipita, au risque d'être tué ou pris. Suivi de quelques arquebusiers espagnols, il monta dans la plus exposée des trois galères, et dit à Pescara et à Beaurain d'en faire autant pour les deux autres. « Sauvons, cria-t-il fort haut, l'honneur du camp et de l'empereur! » Tous les trois s'y jetèrent et y combattirent vaillamment. Pendant le reste de la journée, ils essuyèrent le feu de la flotte française, que les arquebusiers espagnols tinrent à distance, et qui n'eut pas la hardiesse d'aborder les trois galères, ni l'habileté de les couler à fond (1).

Après avoir reçu son artillerie et quelques-unes des troupes qu'il avait laissées en arrière, Bourbon partit du camp de Saint-Laurent, où il s'était arrêté près de vingt jours, et s'avança dans l'intérieur de la Provence. Il ne rencontra de résistance sérieuse nulle part. Vence, Antibes, Cannes, Grasse, Fréjus, Draguignan, se rendirent à lui, ce que firent également Lorgues, Hyères, Cotignac, Brignoles, Trets

(1) Dans sa lettre du 10 juillet, Bourbon racontait à l'empereur ce qu'il avait fait très-simplement : « Nos ennemis, disait-il, ont contraynt trois de vos galères de se séparer des autres et vindrent geter en terre vers nous, et ne peurent tant fayre nos dits ennemis que maugré eulx n'ayons sauvé tout ce qui estoit dans les dites galères, combien qu'ils nous saluassent à coups de canon... » *Arch. imp. et roy. de Vienne.* — Mais Beaurain, dans sa lettre à Charles-Quint du même jour, faisait le récit que je lui ai emprunté et disait : « Si vous eussiez veu mons. de Bourbon, vous l'eussiez estimé ung des hardis gentilshommes qui soient sur la terre, et voyant toutes les galleres de France qui venoient pour prendre les trois vostres, commanda au marquis et à moy d'en garder chacun une, et qu'il garderoit l'autre, et pour ce faire nous monstra le chemin, etc. » *Ibid.*

et Tourves. Lorsqu'il fut à deux lieues d'Aix, les consuls de la ville, qu'avait abandonnée le maréchal de La Palice en se repliant avec ce qu'il avait de troupes du côté d'Avignon, sommés de rendre leur ville, vinrent lui en porter les clefs et faire leur soumission. Bourbon entra dans cette capitale du pays le 9 août (1), y reçut le serment des magistrats, et prit dès ce moment le titre de comte de Provence.

Sur toute sa route, il ne cessa de presser l'empereur, par les lettres qu'il lui écrivit ou les messagers qu'il lui dépêcha, de mettre en mouvement l'armée de Catalogne, qui devait se réunir à la sienne sur les bords du Rhône. Ce renfort lui était d'autant plus nécessaire pour gagner le centre de la France, qu'une partie de ses troupes n'avait pas encore franchi les Alpes. « Monseigneur, disait-il à Charles-Quint, hâtez-vous, je vous supplie, pendant que le roi de France n'est en gros équipage. Il fait lever avec grande diligence Suisses et Allemands. Si vos Allemands et Espagnols étoient joints avec nous, nous serions suffisants pour combattre toute la puissance du roi de France, quelque nombre qu'il sût avoir, et, avec l'aide de Dieu, qui maintient toujours les bonnes et justes querelles, nous aurions victoire (2). » Bourbon comptait éga-

(1) Lettre du duc de Bourbon à l'empereur, du 10 août. — *Arch. imp. et roy. de Vienne.*
(2) Lettre du duc de Bourbon à Charles-Quint, du 26 juillet, écrite au camp de Draguignan.

lement sur la diversion du roi d'Angleterre (1). Wolsey lui avait annoncé, par le chevalier Gregorio Casale, la très-prochaine arrivée de sir John Russell avec l'argent que devait lui fournir Henri VIII (2). Il avait en même temps chargé Richard Pace de lui dire qu'une armée était prête à descendre sur la côte de France. « Le roi, assurait-il, envoie un grand nombre de chevaux et d'hommes de pied à Douvres pour être transportés à Calais, se réunir avec la cavalerie bourguigonne et les lansquenets des Pays-Bas. Suivi de son armée, il pénétrera en peu de temps, si le cas le requiert, jusqu'au cœur du pays, comme l'empereur doit y entrer du côté de l'Espagne, ce qui fera que, de son côté, le duc de Bourbon trouvera peu de résistance en marchant en avant. » Bourbon s'était avancé sur la foi de la double promesse de Charles-Quint et de Henri VIII; mais, parvenu à Aix, il n'eut aucune nouvelle ni de l'armée espagnole, ni de l'armée anglaise. Sans avoir reçu le renfort de l'une et appris la descente de l'autre, il eût été téméraire de se diriger vers Lyon.

Dans un conseil où le connétable appela Richard Pace avec le marquis de Pescara, il fut décidé que le chevalier Gregorio Casale serait renvoyé en Angleterre pour demander que les troupes de Henri VIII

---

(1) Il écrivait le 10 août à l'empereur : « Les Anglois doyvent estre descendus, car aultrement il feroit faulte en notre affaire. »

(2) Il arriva le 26 août. Lettre de Richard Pace, écrite le 31 août du camp devant Marseille. — Mus. Brit. Vitellius, B. VI, f. 193.

opérassent sans délai au nord-ouest de la France (1).
Il fut décidé de plus qu'on irait mettre le siége
devant Marseille. Plusieurs raisons poussèrent à
entreprendre ce siége hasardeux : la nécessité de
ne pas rester dans l'inaction en attendant que les
Espagnols franchissent les Pyrénées et que les Anglais parussent en Picardie; l'utilité dont serait
pour l'empereur la possession d'une ville qui le
rendrait maître de ce golfe de la Méditerranée et
lui ouvrirait le passage de Barcelone à Gênes; l'affermissement, par l'occupation d'une place aussi
importante, de toutes les conquêtes faites en Provence; la certitude de laisser soumis les derrières de
l'armée d'invasion et d'assurer ses subsistances lorsqu'elle s'avancerait du côté de Lyon et marcherait
sur Paris; l'intimidation que la prise d'une ville
bien fortifiée inspirerait à toutes les autres, qui
ouvriraient leurs portes afin d'éviter les périls d'un
siége et les calamités d'une prise d'assaut; enfin
l'obligation où serait François Ier, s'il voulait secourir
Marseille, d'offrir la bataille, qui serait acceptée, et
l'impossibilité, s'il était vaincu comme Bourbon
l'espérait, de couvrir son royaume sans défense (2).

(1) Longue lettre de Richard Pace à Wolsey, écrite le 31 août, du camp devant Marseille. — Mus. Brit. Vitellius, B. VI, f. 193. — Le même jour 31 août, le duc de Bourbon écrivait à Henri VIII : « Monsieur, je vous supplie très-humblement faire avancer vostre armée pardeçà et je mettray peine de ce costé suivant le commencement de vous aller veoir en tirant de Lyon à Paris. » — Mus. Brit. Vitellius, B. VI, f. 182.

(2) Lettres de Richard Pace à Wolsey, des 26 et 31 août. — Vitellius, B. VI, f, 193.

Dans la nuit du 14 août, le duc de Bourbon, avec le marquis de Pescara et deux mille Espagnols, alla reconnaître lui-même l'assiette et les défenses de Marseille, qu'il avait fait examiner par deux capitaines expérimentés, qui les avaient trouvées extrêmement fortes. Il en parcourut et visita les dehors avec le plus grand soin, et, malgré les évidentes difficultés de l'entreprise, il n'hésita point à s'y engager (1). Le 19 août, il parut devant la place, que cerna l'armée impériale (2).

VI.

La ville de Marseille se dressait alors sur un coteau assez spacieux et d'un accès difficile. Au sud, elle descendait jusqu'au port, dont elle couvrait tout le bord septentrional, sans s'être jetée encore vers le bord méridional, où s'élevait l'antique abbaye de Saint-Victor. A l'ouest, elle longeait le rivage de la mer, dont les flots la baignaient en plusieurs endroits. Au nord, elle remontait en amphithéâtre au sommet de la colline, que couron-

---

(1) Dépêche de Pace, du 31 août. — Ibid.
(2) Dépêche de R. Pace du 31 août. — Dans un journal manuscrit du siége de Marseille par Honorat de Valbelle, qui prit part à la défense de la ville, et dont M. Rouard, bibliothécaire de la ville d'Aix, possède une belle copie qu'il a eu l'obligeance de me communiquer, il est dit à la date du 19 août : « Lo camp del dich Borbon ambe (avec) lo dich de Pescairo torneron devant Marseilla, los quals foron festegas (furent festoyés) de nostro artillerie et de los galleros que leu tueron plusors de leu gens. »

naient ses tours et ses murailles, à douze ou quinze cents pieds desquelles étaient construites la chapelle et la léproserie de Saint-Lazare. Elle formait du côté de l'est une ligne sinueuse qui, de la porte d'Aix, aboutissait en se courbant à l'extrémité intérieure du port. Ni le Cours, extension de cette ligne, ni la Cannebière, suite du port, n'existaient encore. Ainsi resserrée, se déployant en étages sur un terrain montueux que la mer protégeait des deux côtés et qu'entouraient des deux autres des murailles flanquées de bastions, garnies de tours, précédées de fossés, la ville de Marseille pouvait soutenir un long siége, pour peu qu'on lui donnât le moyen et qu'elle eût la volonté de résister.

Or rien ne manquait à la défense ; tous les préparatifs en avaient été faits de bonne heure. Dès le mois de juin, avant que les impériaux franchissent les Alpes, François Ier avait envoyé à Marseille le commissaire Mirandel pour la fortifier encore davantage et la mettre à l'abri du danger qui la menaçait. Mirandel fit abattre les deux couvents des dominicains et des frères mineurs, les trois églises de Saint-Pierre, de Sainte-Catherine et de Notre-Dame-de-Bon-Voyage (1), dont les édifices,

---

(1) *Journal* de Valbelle et *Histoire mémorable des choses advenues au pays de Provence à l'arrivée de Monsieur Charles de Montpensier, auparavant connétable de France, en l'an 1524, avec le discours véritable de tout ce qui se passa durant le siége mis devant la fameuse cité de Marseille.* — Ce récit a été écrit en français au commencement du dix-septième siècle, surtout d'après les *Mémoires* de Jean Thierry, dit l'Étoile ; il est à la bibliothèque d'Aix.

rapprochés de la ville, auraient secondé l'attaque et gêné la défense. Il fit raser et niveler, dans la même intention, les faubourgs, les maisons de plaisance et les jardins qui s'élevaient à un tir d'arquebuse des deux côtés de l'est et du nord, par où seulement la place pouvait être abordée et assaillie. Les Marseillais, avec un patriotique attachement à la couronne de France, à laquelle le pays de Provence n'était réuni que depuis quarante ans, travaillèrent de leurs propres mains à ces démolitions. Ils déterrèrent les morts ensevelis dans les églises et les portèrent processionnellement avec les images de leurs saints et les objets de leur culte dans l'enceinte de la ville et sous la protection de ses murailles. « Il n'y avait ni petit ni grand, dit un témoin de ce triste spectacle, qui ne pleurât (1). »

Vers la fin de juin et le commencement de juillet, la garnison sortie de Lodi et beaucoup d'enseignes de gens de pied étaient entrées dans Marseille sous le commandement de Renzo da Ceri, et Chabot de Brion y avait été dépêché par François Ier avec deux ou trois cents hommes d'armes. Outre cette troupe régulière, qui s'éleva à environ quatre mille (2) soldats d'infanterie et de cavalerie, les habitants de Marseille furent organisés en milices par leurs viguier et consuls. Huit mille d'entre eux, remplis d'une généreuse ardeur, et enrôlés par

---

(1) *Journal du Siège*, etc.
(2) Le 1er août, jour où fut faite la revue des troupes. — *Journal* de Valbelle.

quartiers sous des capitaines (1), durent veiller à la garde intérieure de la ville, seconder la garnison dans les sorties et la soutenir dans les assauts. François Ier, comprenant que de la conservation de Marseille dépendait la sûreté du royaume, avait pourvu la ville d'armes et de munitions, ainsi que de soldats. Renzo da Ceri, versé dans l'art des fortifications, aussi ingénieux que brave, très-vigilant, et d'une constance inébranlable, avait reçu la principale autorité sur les troupes et devait diriger la défense de la place. Il avait employé le mois de juillet et la première moitié du mois d'août à tout préparer pour repousser l'ennemi (2). Plusieurs des portes de Marseille furent fermées et terrassées. En avant et en arrière de celles qui restèrent ouvertes, il fit construire des ouvrages destinés à les rendre inabordables. A la porte de la Calade, aboutissant à la pointe orientale du port, et à la Porte-Royale, placée un peu au-dessus et faisant face à l'est, il éleva des bastions entourés de tranchées, garnis de canons et d'arquebuses à croc qui balayaient le terrain, de manière à interdire de ce côté l'appro-

---

(1) » Le seigneur Ransse de Serres, homme fort expérimenté, mit diligence à remparer les murailles, y faire plates-formes, comme aussy fit parachever le grand bolevard dit la plate-forme duquel les murailles ont 28 grands pieds d'espesseur que incontinent fut bien garny d'artillerie. » *Histoire mémorable* mss. d'après Thierry. — *Journal* mss. de Valbelle.

(4) « Soubs quatre capitaines enfans de la dite ville estoient de huit à neuf mille combattants bien armés de cuirasses, acquebutes, arbalètes, piques et autres armes nécessaires à la dite defense, rangés en fort bel et bon ordre qu'il faisoit bon voir marcher par la ville, etc. » — *Histoire mémorable*, etc., d'après Thierry de l'Étoile.

che de la place. Tout le monde concourut avec zèle et par quartier à creuser les fossés, à former les boulevards, à exécuter les travaux qui devaient affermir la sûreté commune. Outre les pièces d'artillerie placées sur les remparts, de gros canons en bronze, disposés sur un monticule intérieur que couronnaient des moulins, hissés sur le clocher de la Major, sur la grande tour construite au sommet du coteau que couvrait Marseille, sur la grande horloge près des Accoules, d'où l'on dominait tous les alentours, battaient principalement la plaine qui s'étendait vers le nord. L'un de ces canons, nommé le *Basilic,* était monstrueux. Il jetait des boulets du poids de cent livres, et il fallait soixante hommes pour le remettre en place quand il avait tiré. Ayant la mer ouverte et le port libre, pouvant recevoir ainsi des vivres et des secours, protégés par la flotte française, qui, supérieure à la flotte espagnole, stationnait à l'île de Pomègue et devait ajouter ses feux aux feux de la place pour inquiéter l'ennemi, les Marseillais, qu'encourageaient ces puissants préparatifs et qu'animaient les plus patriotiques sentiments, attendirent sans crainte l'attaque de l'armée impériale.

A son arrivée devant Marseille, le duc de Bourbon occupa les hauteurs qui entouraient la ville de l'est à l'ouest : il y dressa son camp ; les lansquenets furent placés non loin du rivage de la mer ; les Espagnols eurent leur quartier vers la plaine Saint-Michel et le chemin d'Aubagne, et les Italiens se postèrent entre les lansquenets et les Espagnols. Le point d'attaque fut pris au nord. Depuis le couvent franciscain de l'Observance jusqu'à la porte d'Aix, sur un espace d'environ mille pas, la place paraissait moins forte. Dans cet espace étaient compris la tour de Sainte-Paule, qui flanquait les remparts au dehors, l'évêché et la vieille église de Saint-Cannat, qui y adhéraient au dedans. C'est par là que les Impériaux résolurent de canonner la ville et de l'assaillir. De la chapelle de Saint-Lazare, où s'établit Pescara, le duc de Bourbon en fit les approches avec prudence. Pendant la nuit, couverts par des gabions, logés dans des tranchées, ses soldats se livrèrent aux travaux de cheminement, qu'on essaya de troubler soit de la ville, soit de la flotte, par des sorties et des descentes ; mais ni les unes ni les autres ne réussirent. Les assiégés durent regagner leurs murailles, et les marins remonter sur leurs navires, après avoir perdu du monde et laissé des prisonniers entre les mains des ennemis.

Le duc de Bourbon plaça sur une hauteur une batterie qui obligea la flotte française, venue vers la plage d'Arenc pour inquiéter le flanc droit de l'armée impériale, à reprendre le large (1). Il s'avança ensuite de plus en plus, et au bout de quatre jours il se crut assez près de la ville pour la battre en brèche (2). Le 23, ses canons tirèrent sur les

(1) Lettre de R. Pace à Wolsey, du 31 ooût. — Mus. Brit. Vitellius, B. VI, f. 193.

(2) *Journal mss. du siége de Marseille*, par Valbelle. — *Histoire mémorable*, etc., d'après Thierri de l'Étoile.

murailles du côté où se trouvait le couvent de l'Obsevance ; dans la journée même, ils les entamèrent et y firent une ouverture qui, à la partie supérieure, avait une trentaine de pieds d'étendue, mais n'en offrait pas au-delà de six à la base (1). Les troupes, rendues confiantes par les succès qu'elles avaient obtenus sur les assiégés, repoussés dans les tentatives qu'ils avaient faites pour troubler les opérations du siége, demandèrent à monter à l'assaut. On s'y attendait dans la ville. Renzo da Ceri, Brion et les capitaines des Marseillais, à la tête des troupes et des habitants armés, étaient en bataille sur les remparts, dans les tranchées, au débouché des rues, prêts à recevoir vigoureusement les impériaux, s'ils paraissaient ; mais ceux-ci trouvèrent la brèche insuffisante, et n'attaquèrent point. Peut-être, en montant à l'assaut avec une impétuosité hardie, eussent-ils brisé toute résistance et emporté la ville. Le lendemain, il n'était plus temps. Dans la nuit du 23 au 24, le vigilant Renzo da Ceri, sans perdre un moment et à force de bras, avait fermé la brèche à l'intérieur avec des tonneaux remplis de terre, des fascines, des pierres, des poutres, et élevé un arrière-rempart à la place où l'ancienne muraille avait été ouverte.

Bourbon et Pescara, croyant leurs canons trop petits ou leur poudre trop faible pour faire de loin une brèche à travers laquelle ils pussent pénétrer

---

(1) « La brèche demeura grande pour lors de cinq cannes (la canne mesurait six pieds) et une canne par le bas. » *Histoire mémorable,* etc.

dans Marseille, résolurent de s'en approcher davantage. Ils avaient d'ailleurs besoin de ménager leurs munitions, qui n'étaient pas abondantes. Ils cessèrent presque de tirer, et par des tranchées obliques ils s'avancèrent vers la ville avec l'intention d'en saper les murailles et de les renverser par la mine (1). En même temps, Bourbon envoya Beaurain devant la tour de Toulon, où étaient des pièces d'un plus fort calibre et un grand amas de poudre et de boulets. Beaurain par terre et Ugo de Moncada par mer devaient assiéger cette forteresse, que ne défendrait point la flotte française, chargée de protéger Marseille à l'ouest et de maintenir libre l'accès du port.

La suspension du feu et le cheminement des impériaux du côté des murailles menacées par la sape et la mine avertirent les Marseillais du nouveau danger auquel ils étaient exposés. On prit aussitôt les mesures les plus propres à y faire face. Deux édifices, l'un antique et vénéré, l'église de Saint-Cannat, l'autre vaste et agréable, la résidence de l'évêque, touchaient à la partie des murailles vers laquelle marchaient souterrainement les impériaux (2). Ils furent démolis sans hésitation, comme

(1) Richard Pace à Wolsey, du camp devant Marseille, le 31 août. — Mus. Brit. Vitellius, B. VI, f. 193.

(2) « Quoy voyant le capitaine Ransse et que les ennemys se préparoient merveilleusement pour batre et invader la ville et parce aussi qu'il sçavoit très bien qu'ils travailloient aux mines pour faire avec poudre choir les murailles, fit abastre et razer, à l'endroit desdits bolevards et remparts, la belle église de Saint-Cannat tout proche les mu-

l'avaient été les faubourgs et les maisons des champs des Marseillais, de peur que l'ennemi n'y parvînt et ne s'y logeât. Après avoir ainsi déblayé les remparts de tout ce qui pouvait mettre obstacle à la défense, Renzo da Ceri pratiqua au dedans comme au dehors des tranchées longitudinales très-profondes qui devaient arrêter les travaux des assiégeants. En même temps il ouvrit dans cette direction des contre-mines. Tout le monde mit la main aux nouvelles tranchées. Les femmes elles-mêmes y travaillèrent avec une ardeur non moins patriotique qu'intéressée : elles se croyaient menacées des derniers outrages par Bourbon, aussi redouté qu'exécré dans Marseille, où on l'accusait de vouloir livrer les personnes à la brutalité comme les maisons au pillage de ses soldats, si la ville était prise de vive force. Les plus riches d'entre elles et les plus délicates, ainsi que les plus pauvres et les mieux endurcies à la fatigue, aidèrent à creuser, à déblayer, à fortifier ces tranchées, qui furent achevées en trois jours, et qui, en leur honneur, reçurent le nom de *tranchées des dames* (1). Renzo da Ceri les rempara par de hautes levées de terre formant de larges parapets percés de meurtrières, et derrière lesquels étaient placés et abrités de nombreux et habiles tireurs. Ces moyens

---

railles, en outre fit mettre à bas et démolir la grand maison de l'évesché qu'estoit une somptueuse maison de plaisance. » — *Histoire mémorable*, etc., d'après Thierri de l'Étoile. — *Journal du Siége*, etc., par Valbelle, à la date du 29 août.

(1) Cet emplacement conserve encore le nom de *boulevard des Dames*.

de défense s'étendaient du couvent de l'Observance et de la tour de Sainte-Paule à la porte d'Aix. Tout en se livrant à ces travaux, les assiégés, par de vives et fréquentes sorties, troublaient les impériaux dans leurs manœuvres et allaient les inquiéter jusque dans leur camp. Jour et nuit, ils veillaient à la garde de la ville, dont les rues étaient éclairées par des torches et des lanternes qu'on allumait aux fenêtres des maisons, de peur des surprises.

Le duc de Bourbon, malgré son peu de progrès devant Marseille, qu'il n'avait pu ni intimider ni forcer, ne se découragea point; mais la confiance qu'il avait d'abord inspirée autour de lui commençait à fléchir, et les chefs de ses troupes doutaient beaucoup de la reddition ou de la prise d'une ville qui opposait une résistance aussi opiniâtre. Bourbon, dans l'orgueilleuse opinion où il était de son irrésistible ascendant, avait annoncé que Marseille ne tarderait pas à lui ouvrir ses portes, ainsi que l'avaient fait les autres villes de Provence. Pescara le lui rappela avec un ironique à-propos. Le 10 du mois de septembre, vingt-deux jours depuis l'ouverture du siége, un coup de canon tiré de la tour de l'Horloge tua, non loin de lui, dans le quartier de Saint-Lazare, un prêtre qui disait la messe et deux gentilshommes. Au mouvement qui se fit, Bourbon, alors dans le voisinage, s'approcha de Pescara et lui demanda ce que signifiait ce bruit. « Sans doute, répondit l'Espagnol en raillant, ce sont les consuls de Marseille qui vous apportent les clefs de la ville (1). »

Le duc ne chercha pas moins à s'en rendre maître. Il la serra de plus près. Il avait reçu pour la solde de son armée cent mille ducats que lui avait apportés sir John Russell de la part d'Henri VIII. Il fut rejoint par une partie des troupes qu'il avait laissées en Piémont. Trois fortes pièces d'artillerie et six canons moyens lui furent amenés, avec une grande quantité de munitions, de la Tour de Toulon, qu'avaient prise le 2 septembre Beaurain et Ugo de Moncada. Les nouvelles les plus impatiemment attendues lui arrivèrent coup sur coup d'Espagne et d'Angleterre, et l'entretinrent dans toutes ses espérances. L'empereur lui avait envoyé le comte de Montfort pour lui annoncer la venue prochaine de l'armée de Catalogne, à laquelle il avait prescrit de pénétrer en France, et Gregorio Casale, arrivé de Londres, lui donna, au nom de Henri VIII et de Wolsey, l'assurance que les troupes anglaises étaient prêtes à descendre en Picardie (2). Bourbon avait déjà dépêché deux jours avant vers l'empereur le capitaine Loquinghan (3), en le conjurant de hâter la marche du corps auxiliaire, sans

(1) *Journal du Siége de Marseille*, par Valbelle, à la date du 10 septembre.
(2) « Monseigneur..., est venu le chevalier Grégoire, qui a apporté nouvelles que les Anglois sont près à dessandre ayant su mon vouloir; aussy je despesche aujourd'huy homme exprès pour suplyer le roy d'Angleterre de faire dessandre son armée, etc... » Lettre du duc de Bourbon à Charles-Quint, du 15 septembre. — *Arch. imp. et roy. de Vienne.*
(3) Lettres du même au même des 13 et 14 septembre.

lequel il ne pouvait rien entreprendre de décisif, et de fortifier sa flotte pour la rendre maîtresse de la mer. Il lui écrivit de nouveau en insistant de plus en plus : « Votre affaire, disait-il, n'en peut que bien aller, et serons suffisants pour donner la bataille au roi de France. Si nous la gagnons, ce que j'espère Dieu aidant, vous vous en allez le plus grand homme qui oncques fut, et pourrez donner la loi à toute la chrétienté (1). »

Lorsqu'il avait touché l'argent apporté par sir John Russell, il en avait remercié Henri VIII et lui avait écrit : « Monsieur, je vous supplie très-humblement faire avancer votre armée par-deçà, et je mettrai peine de ce côté de vous aller voir en tirant de Lyon à Paris (2). » Croyant alors à la diversion de l'armée anglaise et désirant pour la sienne un nouvel envoi d'argent, il écrivit à Wolsey que dans huit ou dix jours il aurait pris Marseille, et que, dans quinze au plus tard, il comptait être joint par les troupes de Catalogne. « Notre délibération, ajouta-t-il, est d'aller trouver le roi François, qui est par-deçà le Rosne avec son armée. S'il ne se renforce plus qu'il n'est à présent, j'espère que nous ferons un très-bon service à l'empereur et au roi (3). »

(1) Lettre du duc de Bourbon à l'empereur, du 15 septembre. —*Arch. imp. et roy. de Vienne.*

(2) Lettre du duc de Bourbon à Henri VIII, du 31 août. — Mus. Brit. Vitellius, B. VI, f. 182.

(3) Lettre du duc de Bourbon au cardinal Wolsey, du 19 septembre. — Mus. Brit. Vitellius, B. VI, f. 201.

Avant de mettre en batterie les gros canons amenés de Toulon dans son camp, le duc de Bourbon proposa une conférence à Renzo da Ceri et à Brion, dans l'intention sans doute de leur persuader que toute résistance serait bientôt inutile et de leur offrir une capitulation avantageuse, alors qu'il en était encore temps. Mais Renzo et Brion refusèrent de s'aboucher avec lui; ils répondirent qu'ils n'entendaient traiter qu'à coups d'arquebuse et de canon. Cependant les Marseillais n'étaient pas sans inquiétude. Malgré l'opiniâtreté heureuse de leur défense et la vigueur persistante de leur résolution, ils craignirent à la longue d'être forcés, s'ils n'étaient pas secourus. Ils envoyèrent en députation auprès du roi deux d'entre eux, Pierre Cépède et Jean Bègue, pour l'informer de ce qu'ils avaient fait jusqu'alors, l'instruire de la reddition de Toulon, lui annoncer que la grosse artillerie destinée à protéger cette place avait été transportée au camp impérial, d'où elle allait battre Marseille et pouvait servir à la prendre, s'il n'accourait pas la dégager. Embarqués dans le port, les deux ambassadeurs de la ville assiégée prirent terre un peu avant l'embouchure du Rhône et s'acheminèrent vers François Ier. Ils le trouvèrent au milieu de son camp, à Caderousse, un peu au-dessus d'Avignon.

Après des retards inévitables, et non sans de grandes difficultés, François Ier était parvenu à refaire une armée. Il avait déployé une activité soutenue et habile en pourvoyant à la défense de Marseille et en rassemblant les troupes à la tête desquelles il se proposait de descendre en Provence. La conspiration du rebelle qu'il allait combattre et le procès de ses complices n'avaient cessé de l'occuper. Ainsi qu'il en avait menacé le parlement de Paris, il avait quelque temps auparavant adjoint à ses membres deux présidents du parlement de Toulouse, deux présidents du parlement de Bordeaux, deux présidents du parlement de Rouen, le président du parlement de Bretagne et un conseiller du grand conseil, afin qu'ils prononçassent de concert sur les adhérents de messire Charles de Bourbon (1). Il avait désigné surtout à leur rigueur Aymard de Prie, d'Escars, le chancelier de Bourbonnais Popillon, Desguières et Brion. Les juges procédèrent à de nouveaux interrogatoires, sans faire usage de la torture pour arracher aux accusés des aveux plus étendus. Leur sentence, qu'ils ne prononcèrent pas aussi vite que le désirait François Ier, avait tout l'air d'un acquittement. Sans rien changer au jugement de Brion et de Desguières, ils décidèrent qu'Aymard de Prie, Pierre Popillon et d'Escars seraient élargis et relégués dans telle ville du royaume qu'il plairait au roi de leur assigner (2).

(1) Mss. Dupuy, v. 484, f. 355.
(2) Le parlement prononça quelque temps après la peine de mort contre les complices du connétable qui étaient hors de France et réunis à lui. Il condamna, par arrêt du 13 août, à être décapités le comte de Penthièvre, Lurcy, dont le corps devait de plus être mis en quatre quartiers, Tansannes, des Escures, Desguières, Pomperant, Simon, Beaumont, les d'Espinat, de Tocques, Louis de Vitry, François du Peloux, Jean de l'Hospital, Bavant, Nagu, Ponthus de Saint-Romain. Leurs têtes

Francois Ier, en apprenant cette décision, se montra aussi surpris qu'irrité. Il allait partir de Blois pour marcher contre Bourbon, qui venait de pénétrer en Provence ; aussi écrivit-il au Parlement du ton de la défiance, du commandement et de la menace, comme s'il le suspectait de n'être pas défavorable à sa rébellion. « Nous avons trouvé vos arrêts fort étranges, vu le temps où nous sommes. Et pour ce, nous vous mandons et expressément enjoignons de n'élargir aucunement les prisonniers, mais de les tenir en bonne et seure garde, en sorte qu'ils ne puissent échapper, et n'y faites faute sur vos vies. Au demeurant, vous avisons que nous allons à Lyon pour empescher que Charles de Bourbon et aultres nos ennemis n'entrent dans notre royaume, ce qu'il nous sera facile de faire, et, à notre retour, vous ferons savoir de nos nouvelles, vous assurant que ledit Charles de Bourbon n'est pas encore en France (1). »

Le parlement lui ayant aussitôt répondu qu'il ne passerait outre à l'élargissement, mais qu'il voulait prononcer les arrêts de peur que le peuple ne murmurât et ne l'accusât de refuser justice, François Ier éclata de plus en plus. « A ce que nous voyons, lui écrivit-il de la route, vous estes délibérés persévérer dans votre erreur et préférer vos

devaient être mises au bout d'une lance, leurs corps pendus au gibet de Montfaucon, leurs biens confisqués, et leurs fiefs incorporés à ceux du roi.

(1) Lettre du 10 juillet. — Mss. Dupuy, v. 484, f. 484 v°.

volontés particulières à notre honneur, service, et au bien de tout le royaume, voulant déclarer que vous avez fait justice et que nous voulons l'empêcher; nous ne saurions le souffrir ni permettre, et pour ce nous vous mandons et défendons que vous n'ayez à autrement prononcer les dits arrests, ni élargir les dits prisonniers d'où ils sont, et n'y veuillez faire faute sur tant que craignez à nous désobéir et déplaire, autrement nous en ferons telle démonstration que en sera exemple aux autres (1). » Il continua sa marche, et, comme, des trois citations exigées pour procéder au jugement régulier du connétable contumace, les deux premières avaient été faites dans ses États, François Ier écrivit sept jours après de Bourges de donner contre lui le troisième défaut, sans épuiser les délais et sans attendre son assistance (2). Il voulait que le parlement se mît en mesure de le condamner comme rebelle, tandis qu'il allait le combattre comme ennemi public.

L'armée qu'il avait réunie dans la vallée du Rhône était considérable. Bien que les Suisses fussent mécontents de l'inexécution de ses promesses, qu'il eût à se plaindre de leur indiscipline croissante et de leur récent abandon, il avait demandé aux cantons et il avait obtenu d'eux une levée de plus de six mille hommes. Deux corps de lansquenets venus des bords de la Moselle et du pays de Gueldre, et

---

(1) Autre lettre, Mss. Dupuy, f. 486 v°.
(2) Lettre du 25 juillet, ibid., f. 486.

placés sous le commandement de François de Lorraine et de Richard de la Poole, avaient fortifié son infanterie, à laquelle se joignirent plusieurs troupes d'aventuriers français. Ne voyant pas opérer de descente sur la côte de Picardie, il crut, la saison étant déjà avancée, qu'il ne serait attaqué ni par les Anglais ni par les Flamands, et il fit marcher vers le sud du royaume la plus grande partie des hommes d'armes, avec La Trémoïlle, le comté de Guise et tous les vaillants chefs qui avaient défendu la frontière du nord-ouest contre l'invasion de l'année précédente. Il appela même auprès de lui le jeune roi Henri de Navarre, que le retour de l'armée de Charles-Quint au-delà des Pyrénées après la prise de Fontarabie laissait sans inquiétude pour ses propres États, et qui vint le joindre avec une troupe de Gascons. En se rendant au milieu de cette armée, François Ier laissait éclater sa belliqueuse ardeur. Il écrivait le 11 août, de Vienne en Dauphiné, au maréchal de Montmorency avec esprit, mais d'un ton peut-être un peu trop dégagé pour un prince dont le territoire était envahi, le pressant d'accourir auprès de lui et d'amener tous les hommes d'armes qui ne l'avaient pas encore rejoint : « Je vous advise que je pars demain de cette ville pour aller droit en mon camp, que je fais dresser à trois lieues d'Avignon. Et pour autant que je ne sçais si l'on parle de la guerre à Blois ou là où vous estes, je vous veux bien advertir qu'il en est ici très grand bruit, et me semble que, si vous en voulez avoir votre part, vous ferez bien de vous hâter et mettre diligence à faire marcher toute la gendarmerie que vous trouverez en chemin (1). »

C'est dans ce camp que François Ier reçut les députés de Marseille. Il les accueillit avec grand honneur, loua leur courage comme leur fidélité, et les exhorta à défendre leurs murailles jusqu'à ce qu'il parût devant elles pour en chasser l'ennemi. Il promit de délivrer bientôt leur ville, où fut alors introduit un secours de quinze cents hommes, venus par mer du côté d'Arles et des Martigues avec toute une flottille de bateaux chargés de farine, de vins, de bestiaux (2). Il remit aux députés, pour leurs compatriotes, une lettre bien propre à les entretenir dans leur courageuse résistance. « Nous vous prions, y disait-il, estre de bonne volonté et continuer à faire votre devoir comme très-bien et loyalement l'avez fait jusques ici, de quoi vous en sçavons très-bon gré, et croyez que nous reconnoîtrons ci-après les services que nous aurez rendus. De votre loyale fidélité il sera mémoire perpétuelle, et elle servira d'exemple aux autres (3). » Au retour de Pierre Cépède et de Jean Bègue du camp royal, les principaux habitants de Marseille furent convoqués à son de trompe pour savoir le résultat de

(1) Mss. Béthune, v. 8569, f. 62.
(2) *Journal du Siége*, etc., par Valbelle. — *Histoire mémorable*, etc., d'après Thierri de l'Étoile.
(3) Cette lettre est dans Ruffi, *Histoire de la ville de Marseille*, liv. VIII, f. 313.

leur mission et entendre lire la lettre de François Ier. Animés par les éloges et les remercîments du roi, confiants dans ses assurances, les Marseillais s'apprêtèrent à soutenir l'effort de l'ennemi et à repousser l'assaut dont ils étaient menacés.

Bourbon s'était rapproché de la ville par ses tranchées, et il avait mis en batterie les grosses pièces venues de Toulon. Cette artillerie avait tiré avec furie et sans interruption du côté de l'ancienne brèche, entre le couvent de l'Observance et la porte d'Aix. Le 24 septembre, après avoir essuyé plus de huit cents coups de canon (1), le rempart avait été abattu sur une étendue d'environ cinquante pieds vers le haut, mais de beaucoup moins vers le bas. Dix hommes de front pouvaient pénétrer par cette large ouverture et se précipiter dans la ville. Bourbon, l'ayant trouvée plus que suffisante, fit taire ses canons et mit son armée en bataille pour monter à l'assaut. Les Marseillais étaient prêts à la bien recevoir. Ils occupaient en bon ordre les fortes positions et les ouvrages défensifs qui

---

(1) « Et tant tirèrent les ennemys que la bresche nouvelle fut par le dessus large de douze cannes (soixante-douze pieds). » *Histoire mémorable*, etc., d'après Thierri de l'Estoile. — Valbelle, dans le *Journal du Siége*, la fait moins grande. Il dit qu'après huit cent dix-sept coups comptés tirés contre le rempart, les canons ennemis « y féron uno bercho de 6 canos et la vieilho bercho que podia estre de 2 canos que ero en tot 8 canos » à la date du 24 septembre. — Un Espagnol qui servait dans le camp de Bourbon, Juan de Oznayo, dit dans sa *Relacion*, publiée au t. IX de la *Coleccion de documentos inéditos para la historia de España*, que la brèche était moins grande, et d'un accès malaisé, t. IX, p. 418.

s'élevaient aux abords et sur les derrières de la brèche. Près de six mille soldats de toutes armes avaient été distribués dans ces divers postes. Les arquebusiers et les escopettiers, du fond des tranchées et du haut des bastions, devaient par leurs décharges jeter le désordre parmi les assaillants, tandis que les piquiers et les hommes d'armes, tout resplendissants sous leur armure impénétrable, devaient les repousser avec le tranchant des hallebardes et la pointe des lances, si le feu ne les arrêtait pas. Le fossé profond qui avait été creusé entre la brèche et la ville était rempli de poudre, de matières inflammables, de machines à explosion, et le bord intérieur de ce fossé était flanqué d'un rempart large et haut, aussi aisé à défendre que rude à escalader. Outre les nombreuses troupes de la garnison, les habitants de Marseille en armes gardaient les ouvertures des rues barricadées et en occupaient les principales places (1).

C'est contre cette ville protégée par des tranchées qu'il fallait franchir, couverte d'ouvrages qu'il fallait enlever, hérissée de défenseurs qu'il fallait vaincre, que s'avança hardiment le duc de Bourbon avec les impériaux, moins résolus que lui. Le feu qu'ils essuyèrent, à leur approche, les arrêta. Ayant su que derrière la brèche étaient des fossés remplis de poudre, de résine, de pétards, de pointes de fer, et par-delà les fossés un nouveau rempart, ils ne

(1) D'après le *Journal du Siége*, etc., par Valbelle, l'*Histoire mémorable*, etc., et la *Relacion* de Juan de Oznayo, t. IX, p. 418-419.

voulurent pas poursuivre l'attaque. L'armée tout entière recula devant le danger d'un assaut qui serait aussi sanglant, et qu'on jugeait devoir être inutile. Les lansquenets, désignés les premiers pour tenter l'escalade de la brèche, s'y refusèrent. Les Espagnols, pressés par Bourbon, n'y consentirent pas davantage. Pescara, qui croyait l'entreprise plus que téméraire, les en détourna lui-même avec sa verve familière. — « Les Marseillais, leur dit-il, ont apprêté une table bien couverte pour traiter ceux qui les iront visiter. Si vous avez envie d'aller souper aujourd'hui en paradis, courez-y. Si vous n'y songez nullement, ainsi que je le crois et que je le fais, suivez-moi en Italie, qui est dépourvue de gens de guerre et va être menacée (1). » Sollicités à leur tour, les Italiens refusèrent comme les Espagnols et les Allemands. Bourbon, désespéré et désobéi, dut ramener l'armée dans ses quartiers en renonçant à emporter la ville de vive force ce jour-là.

S'obstinerait-il à camper devant Marseille, si difficile à prendre? marcherait-il contre l'armée française, qui approchait sous le commandement du roi, et dont l'avant-garde, conduite par le maréchal de La Palice, n'était pas éloignée? Il n'était plus maître de ses troupes découragées, qui ne se croyaient ni en mesure d'enlever une place ainsi défendue, ni en état de résister à une armée nombreuse et enhardie. Rien de ce qu'il avait demandé

(1) Pauli Jovii *Vita Pescaril*. — Illescas, *Istoria pontifical y católica*, segunda parte, p. 421.

avec tant d'insistance et de ce qui lui avait été plusieurs fois annoncé n'avait été fait par le vice-roi de Naples, par l'empereur, par le roi d'Angleterre. Il était presque abandonné en pays ennemi sans avoir les forces suffisantes pour s'y avancer et même pour s'y soutenir. Lannoy, soit mauvaise volonté comme on l'en accusait, soit impossibilité comme il le mandait plus tard à Charles-Quint, ne lui avait pas envoyé tous les hommes de pied (1) et tous les hommes d'armes qui devaient le rejoindre. C'est ainsi qu'une portion de l'infanterie et de la cavalerie qu'attendait Bourbon lui manqua pendant toute la campagne.

De son côté, Charles-Quint, qui avait donné l'ordre de faire marcher par la frontière de Roussillon les Espagnols et les Allemands (2) qu'il avait en

(1) Lannoy écrivait d'Asti, le 28 septembre, à Charles-Quint que les piétons et les compagnies de gens d'armes que demandait le duc de Bourbon « n'avoient peu passer la montaigne depuis la fin d'aoust à cause que ceulx de la montaigne avoient pris le passage de Tende ». Il annonçait qu'il allait forcer le passage, mais c'était trop tard. — *Arch. imp. et roy. de Vienne.*

(2) Il l'écrivait le 15 août au duc de Bourbon : « Mon bon frère,... j'ay par suyvant vostre advis faict marcher au quartier de Perpignan les Allemands qu'estoient par deçà, lesquels pourront aucunement ayder à divertir la puissance de nostre ennemy. Je suis après pour faire retenir navires pour embarquer eulx ou aultres piétons et les envoyer par delà. J'ay aussi faict assembler parlement en Aragon et Catheloigne par devant nos viceroys pour se servir d'eulx et tirer ce qu'ils pourront tirer soit en argent ou gens. » Papiers de Simancas, série D, liasse 3, n° 54. Il écrivait la même chose à Lannoy et lui disait de renforcer l'armée de Bourbon et de faire argent de tout pour lui envoyer 100,000 ducats. Simancas, D. 615, $\frac{54}{5}$. Il écrivait le 12 août à L. de Praet pour qu'il pressât le roi d'Angleterre afin qu'il envoyât tout au moins 300,000 ducats au duc de Bourbon, comme il le faisait lui-même, pour soutenir l'armée impériale. — *Ibid.*

Catalogne, ne pourvut pas avec assez de promptitude et de précision à leur passage; il le promit de bonne heure, le commanda tard et ne le fit pas exécuter du tout. La lenteur espagnole s'étant ajoutée à la lenteur impériale, ces troupes, tant de fois réclamées et si absolument nécessaires, ne s'étaient pas encore mises en mouvement vers l'automne. Charles-Quint les contremanda, et crut que leur assistance serait utilement remplacée par un envoi d'argent (1). Après avoir tenu les cortès de Castille afin de se procurer une somme considérable, il avait le projet de se faire accorder aussi des subsides par les Aragonais, les Catalans et les Valenciens. Les Espagnols des divers royaumes s'intéressaient peu à ses entreprises extérieures, mais ils cédaient à ses volontés. La défaite des *comuneros* les avait disposés à la soumission. Bien qu'ils ne comprissent point l'importance politique et qu'ils n'ambitionnassent pas la gloire onéreuse d'agrandissements lointains, inutiles à leur sûreté et funestes à leurs droits, ils ne se refusaient pas à y concourir de leurs deniers et de leurs soldats.

Quant à Charles-Quint, il visait moins à déposséder François Ier de son royaume qu'à l'abattre sous des revers assez grands pour le contraindre à faire la paix en renonçant à l'Italie et en cédant la Bourgogne. C'était en ce moment le but où ten-

---

(1) Lettre de Charles-Quint au duc de Sessa, du 7 octobre 1524. — *Correspondance de Charles-Quint avec Adrien VI et le duc de Sessa*, p. 209.

daient ses efforts. Il avait dépêché à Rome, comme négociateurs de la paix sous la médiation du pape, le seigneur de La Roche, qui y portait neuf projets aboutissant presque tous, par des combinaisons diverses, à rendre le duché de Milan indépendant de la France, et à faire rentrer le duché de Bourgogne sous la domination espagnole (1). Il crut sans doute alors que le duc de Bourbon, en recevant l'argent nécessaire au payement de l'armée, serait en état de s'emparer de Marseille, et, après avoir pris cette importante ville, de se maintenir dans sa conquête, d'où François Ier ne pourrait le débusquer que par une bataille qu'il ne livrerait point de peur d'y hasarder son royaume. L'échange postérieur de la Provence avec la Bourgogne l'aurait conduit à ses fins. Heureusement il négligea les moyens qui seuls lui auraient permis d'y parvenir.

Henri VIII avait été tenu jusque-là dans l'inaction par de timides conseils et de faux calculs que son ministre Wolsey avait crus profonds. Il n'avait rien voulu exposer à moins d'être certain d'un succès qui dépendait surtout de sa coopération. Pour qu'une armée anglaise descendît en Picardie, il exigeait que le duc de Bourbon eût pénétré dans l'intérieur de la France, que son arrivée y eût produit une révolution, ou que la défaite de François Ier eût facilité la conquête du royaume, resté sans dé-

---

(1) Papiers de Simancas. — Série D, liasse 3, n° 54.

fense (1). La promesse d'une diversion n'avait été faite au duc de Bourbon que pour l'encourager dans son entreprise. Aussi Wolsey avait très-mal accueilli les instances de Richard Pace, qui n'avait pas craint de lui écrire qu'il lui attribuerait les revers de l'expédition, s'il négligeait de prendre les mesures propres à en assurer la réussite, et l'accuserait d'avoir fait perdre au roi leur maître la couronne de France. Il lui avait reproché avec une amère ironie la témérité offensante de ses conseils. « Vous demandez, lui disait-il, que le roi, avec toute la célérité possible, profitant de l'opportunité qu'il a de recouvrer sa couronne de France, s'avance dans ce royaume avec son armée, soit en personne, soit par lieutenant, et, pour faciliter l'entreprise, vous voudriez que je misse en gage mon chapeau de cardinal, mes croix, mes masses et moi-même (2). » Au lieu d'envoyer des troupes, il avait transmis un plan de campagne.

Il répondait à l'ambassadeur de Henri VIII, d'après les délibérations en conseil sur ce qu'il convenait de faire : que le duc de Bourbon devait s'emparer d'abord des villes de Marseille et d'Arles, et s'engager ensuite dans l'intérieur du pays; que tant qu'il resterait en Provence, le roi d'Angleterre ne pouvait s'exposer, ni exposer une armée anglaise

---

(1) Lettre de Wolsey à Pace, du 28 mai. — *State papers*, t. VI, p. 289-290.

(2) Lettre de Wolsey à Pace, du 31 août. — *State papers*, t. VI, p. 334.

à une attaque où le roi François Ier aurait l'avantage; qu'aussitôt qu'il aurait pris Marseille et Arles, il devait se diriger vers Lyon et s'enfoncer dans les entrailles de la France; qu'en apprenant sa marche, François Ier, ou irait au-devant de lui pour l'arrêter, ou se retirerait sans oser lui livrer bataille; que si le roi se hasardait à combattre, le duc le vaincrait; que s'il s'enfermait dans Lyon pour défendre cette place, très-faible, le duc l'y prendrait; que s'il se retirait en fuyant, le duc le poursuivrait. A la nouvelle des progrès du duc, ajoutait-il, Henri VIII ne manquerait pas d'opérer en Picardie la descente dont il faisait les préparatifs : il assemblait déjà quatorze mille Anglais, avait ordonné de lever en Allemagne cinq mille hommes de pied et six mille chevaux, et dépêché vers la gouvernante des Pays-Bas, Jerningham, pour requérir le corps auxiliaire que l'empereur s'était engagé, par le dernier traité, à joindre à l'armée anglaise. Il assurait enfin que les troupes, les charrois, les vivres, les munitions, les attelages de l'artillerie, tout serait prêt dans les derniers jours de septembre, et qu'alors le roi d'Angleterre se porterait sur Paris ou sur Rouen, selon que le duc de Bourbon le désirerait (1). En apportant si peu de concert et tant de lenteur dans l'exécution d'une entreprise qui exigeait de la part de tous les confédérés la promptitude et l'accord, Wolsey empêchait

---

(1) Même lettre du 31 août, p. 335 à 342.

qu'elle ne réussît. Déjà compromise en ce moment par les retards que le vice-roi de Naples avait mis à renforcer l'armée d'invasion en la complétant, par l'imprévoyante inexactitude de l'empereur, qui n'avait pas envoyé en Languedoc les troupes de Catalogne, par l'inaction trop circonspecte du roi d'Angleterre, qui n'avait pas opéré sa descente en Picardie, cette entreprise, dont l'issue aurait pu être si funeste à la France, était totalement ruinée à la fin de septembre.

Après avoir voulu donner l'assaut à Marseille et ne l'avoir pas pu, le duc de Bourbon avait tenu conseil avec les chefs de ses troupes. Ceux-ci avaient trouvé qu'il serait peu sage et fort dangereux de rester plus longtemps devant une ville que le roi de France venait délivrer à la tête d'une puissante armée; ils furent d'avis de lever le siége. Bourbon, dont l'orgueil entretenait l'opiniâtreté, et que la passion portait à l'audace, voulait tout au moins, en abandonnant Marseille, marcher à la rencontre du roi, lui livrer bataille, et rétablir par une victoire l'honneur de l'armée qu'il commandait et les affaires des souverains qu'il représentait; mais il rencontra pour la bataille la même opposition que pour l'assaut. Ses capitaines dirent que le roi de France n'accepterait pas le combat et ne pourrait pas y être forcé; qu'il aimerait mieux gagner du temps, les retenir jusqu'à l'hiver en Provence, où les vivres et l'argent leur manqueraient également, les attaquer alors et les détruire; que leurs soldats, qui n'étaient pas entièrement payés, ne consentiraient ni à se battre ni à rester, et qu'ils commençaient à se mutiner (1). Ils conclurent qu'il fallait non-seulement lever le siége de Marseille, mais évacuer la Provence et reprendre en toute hâte le chemin de l'Italie. Entraîné malgré lui par les résistances des capitaines et les dispositions des soldats, il se décida à la retraite. Pendant deux jours il en fit les préparatifs avec lenteur et comme à regret. Il jeta dans la mer des amas de boulets qu'il ne pouvait pas emporter, il enterra quatre gros canons, et envoya, traînées par des chevaux, d'autres pièces à Toulon, d'où elles devaient être embarquées pour Gênes. Les petits canons de campagne furent placés sur des mulets, et, le 29 septembre, l'armée leva le camp en se dirigeant vers les Alpes maritimes.

François Ier s'était rapproché des impériaux pendant les derniers jours du siége de Marseille. Quoique ses forces fussent supérieures aux leurs, il ne chercha point à les jeter dans une position semblable à celle où il fut placé lui-même cinq mois après à Pavie, en les pressant entre son armée et la valeureuse garnison qui s'était si bien défendue. Avec une prudence louable, il n'avait rien voulu hasarder, aimant mieux rester en observation devant des troupes aguerries que de les pousser au désespoir par une attaque inconsidérée et de s'exposer à les rendre victorieuses. Il était assuré que Marseille ne

(1) Lettre du 10 octobre écrite de Rome, par l'évêque de Bath, au cardinal Wolsey. — *State papers*, t. IV, p. 355.

laisserait pas forcer ses murailles, et que les impériaux, bientôt réduits à évacuer la Provence, regagneraient l'Italie, sinon en désordre, du moins dans l'affaiblissement d'une retraite. Aussi, dès qu'il sut qu'ils avaient levé le camp, il lança sur leurs derrières le maréchal de Montmorency à la tête de quelques compagnies d'hommes d'armes, d'une grande partie de la cavalerie légère et d'une bande d'arquebusiers. Il lui ordonna d'inquiéter leur marche, de les assaillir sans s'exposer, de les accompagner ainsi jusqu'au-delà du Var (1), et de passer ensuite les montagnes à gauche par le col de Tende, afin de le joindre en Italie, où il se rendrait lui-même, avec le gros de son armée, par le col de Suze, après avoir remonté la vallée de la Durance.

La retraite des impériaux se fit sans désordre. Leur armée s'achemina vers le Piémont en marchant de nuit et de jour. Le vigilant Pescara en dirigeait l'arrière-garde, qui remplaçait dans les mêmes logements l'avant-garde aussitôt que celle-ci avait achevé sa halte et pris un peu de repos. Il tenait à ne laisser tomber personne des siens entre les mains des paysans, ameutés déjà sur les flancs de l'armée impériale, de peur qu'ils ne prissent goût à les poursuivre et à les tuer. Une fois il ne put pas réveiller du sommeil dans lequel ils étaient

---

(1) Lettres de François Ier à Montmorency, 2, 4, 5, 6 octobre 1524. — *Captivité du roi François Ier*, in-4, publié par M. Aimé Champollion-Figeac dans la *Grande collection des documents inédits sur l'histoire de France,* etc., p. 10 à 19.

plongés quelques lansquenets qui avaient trop bu du vin du pays. Les chevau-légers du roi de France paraissaient à l'horizon, et les gens de la campagne n'attendaient que son départ pour égorger les Allemands endormis. Il les fit brûler dans la grange d'où il ne parvenait pas à les faire sortir, et il continua sa retraite avec une inexorable régularité (1). Les soldats avaient leurs vêtements en lambeaux et manquaient de souliers. Aussi, lorsqu'on tuait des bœufs ou des moutons pour leur nourriture, ils en prenaient plus avidement encore la peau que la chair, pour la couper en lanières et s'en faire des chaussures (*abarcas*). Ils disaient en murmurant contre Bourbon que c'étaient là les chaussures de brocart qu'il leur avait promises en les conduisant en France.

Tandis que les impériaux précipitaient leur retraite, poursuivis par le maréchal de Montmorency, François Ier s'était rendu à Aix afin d'y reprendre possession de la Provence. Il y parut le 1er octobre en maître irrité. Il y fit décapiter le consul de Prat, qui avait prêté serment de fidélité au duc de Bourbon, et avait accepté de lui la charge de viguier. Après avoir rétabli l'autorité royale dans la capitale de la province recouvrée, avoir transmis à la fidèle et courageuse ville de Marseille les témoignages d'une gratitude qu'il promit d'aller lui-même exprimer plus tard, il partit pour l'Italie.

(1) *Relacion* de Juan de Oznayo dans la *Coleccion de documentos ineditos*, etc., t. IX, p. 420.

L'invasion de la France avait échoué deux fois, la première fois au nord, la deuxième au sud. Heureusement les confédérés l'avaient moins bien exécutée que conçue; ils avaient été arrêtés par l'insuffisance de leurs moyens d'attaque et leur défaut de concert, tout comme par la vigueur de la résistance qu'ils avaient rencontrée et qu'ils n'avaient pas prévue. En 1523, Paris, couvert par les places de Picardie, n'avait pas eu besoin de se défendre contre eux; en 1524, Marseille seule avait suffi à les repousser. La France était de nouveau délivrée, et le théâtre de la guerre allait être transporté encore une fois en Lombardie.

FIN DU TOME PREMIER.

TABLE DES MATIÈRES

DU TOME Ier.

                                                              Pages

INTRODUCTION. — Guerres d'Italie sous Charles VIII et sous Louis XII. 1

CHAPITRE Ier. — Passage de François Ier en Italie. — Bataille de Marignan. — Recouvrement du Milanais. 59

CHAPITRE II. — Élection à l'empire en 1519 ; première rivalité de François Ier et de Charles-Quint. 119

CHAPITRE III. — Alliances disputées avant la rupture. — Camp du drap d'or. — Conférence de Calais. — Commencement de la guerre. 223

CHAPITRE IV. — Conclave de 1522. — Bataille de la Biccoca. — Coalition contre François Ier. 309

CHAPITRE V. — Conjuration du connétable de Bourbon. — Invasion de la France en 1523. 363

CHAPITRE VI. — Nouvelle expédition en Italie. — Élection du pape Clément VII. — Évacuation forcée du Milanais. — Invasion de la Provence. — Siége de Marseille. 453

Paris. — Typographie Georges Chamerot, rue des Saints-Pères, 19.

www.ingramcontent.com/pod-product-compliance
Lightning Source LLC
Chambersburg PA
CBHW072022240426
43667CB00044B/1658